현대 한국사회와 기독교

현대 한국사회와 기독교 -변화하는 한국사회에서의 교회 역할

지은이 박영신 / 정재영
펴낸이 정덕주

펴낸 곳 한들출판사
서울시 종로구 연지동 136 - 46 기독교회관 1012호
등록 제2-1470호 1992.

E-Mail book@ehandl.com
홈페이지 www. ehandl.com
전화: 편집부 741-4068~69
영업부 741-4070 FAX 741-4066

2006년 9월 15일 1판 1쇄 인쇄
2014년 8월 15일 1판 3쇄 발행

ISBN 89-8349-376-3 93230

현대 한국사회와 기독교

변화하는 한국사회에서의 교회 역할

박영신 | 정재영

한들출판사

책 앞에

우리 사회만큼 여러 종교가 혼재해 있는 사회도 많지 않다. 그리고 그 종교들은 각자의 목소리를 높이기에 여념이 없다. 우리 역시 하나의 종교를 삶의 가치와 신념으로 택한 사람으로서 우리 생각을 작은 목소리로 담고자 했다. 그러나 우리의 목소리는 우리 자신을 드러내고자 함이 아니고 우리의 종교 신념을 강요하고자 함도 아니다. 그동안 우리가 가지고 살아온 종교 신념이 과연 올바른 것인가, 우리는 우리가 선택한 종교가 가르치는 바대로 의미 있게 살아왔는가에 대해 스스로 돌아보고, 우리와 뜻을 같이 하는 사람들과 함께 나누고자 하는 것이다. 우리는 우리의 종교가 다른 종교보다 우월하다고 주장하는 것도 아니라 오히려 우리 관심은 우리 사회에서 저마다 가지고 있는 종교와 종교 신념이 어떻게 서로를 존중하며 우리 사회에 기여할 수 있는가에 있다.

이런 생각으로 지난 몇 해 동안 우리 사회와 개신교에 대하여 써 온 글들을 여기에 모았다. 몇몇 글들은 발표한 지 여러 해가 지나서 현재 시점과 어울리지 않아 보이기도 하지만, 그 문제 의식만은 여전히 유효하다고 생각한다. 첫째 가름에 실린 네 글은 우리 전통 사회의 변동 과정에서 기독교가 기여한 역할에 대한 논의를 펼친 글들이고, 둘째 가름에 실린 네 글은 현대 사회에서 한국의 기독교가 세속의 영역과 초월의 영역 사이에서 어떤 위치에 서 있어야 하는가에 대한 고뇌를 담고 있다. 마지막 셋째 가름에는 세속화라는 종교사회학 주제와 한국 교회에서 중요한 현상으로 떠오른 소집단 운동에 대한 논의를 실었다.

이 글은 우리 두 사람의 연구 결과이지만, 같은 관심을 가지고 함께 공부하며 토론해 온 동료들의 자극과 도움이 적지 않았음을 밝혀 둔다. 특히 모든 생각과 마음을 함께 나눌 수 있는 '사회학연구모임'의 사람들을 기억하고 싶다. 그럼에도 여전히 부족하게 남아 있는 부분은 모두 두 사람의 몫이다. 끝으로, 두 사람이 한 강의실에서 한국사회와 한국교회를 생각하며 목회자들과 토론할 수 있는 장을 마련해 준 실천신학대학원대학교 은준관 총장에게 감사하고, 글을 묶어 책으로 출판해 준 한들출판사 정덕주 사장에게 고마움을 전한다.

2006년 9월 1일
박영신 · 정재영

차 례

덧붙이는 글

제1부
한국사회의 변동과 기독교

1. 한국 전통 종교 윤리와 자본주의
2. 한국사회의 변동과 가족주의
3. 기독교와 사회 변동
4. 사회 변동, 가족의 삶, 그리고 종교 지향성

1. 한국 전통종교 윤리와 자본주의

I. 논의의 뜻과 테두리

몇 해 전 어떤 서양인이 동아시아의 여러 나라들이 경제 · 정치 · 군사적 차원에서 구미(歐美)에 도전하고 있다는 점을 표현하기 위하여, 유교적 전통을 지키고 있지만 새로운 산업주의적 내용을 덧붙이고 있는 문화, 곧 "후기 유교적 국가들의 도전"이라는 글귀를 쓴 적이 있다.[1] 익히 잘 알고 있는 대로, 일본은 거의 최초의 후발 국가로서, 지난날 세계 대전에 큰 몫을 맡아 끼어들었고, 오늘날 세계 무대에서 주요 국가가 되어 서구를 겁내주고 있다. 그런데 역사를 훑어보면 일본만이 그런 것은 아니다. 일찍이 서양 국가들이 중국 · 한국 · 월남과 같이 유교 전통을 가진 나라들과 정치 · 군사적으로 맞붙어 엄청난 희생을 치렀다는 사실을 다시 떠올려 보면 말이다.[2] 최근 들어 경제 영역에서의 도전은

---

1) Roderick MacFarquhar, "The Post-Confucian Challenge," *The Economist*, 1980년 2월 9일.

2) 위의 글, 67쪽 아래를 볼 것.

더욱 뚜렷해졌다. 이른바 "네 마리의 호랑이(용)", 또는 '사인방'이라고 불리는 대만, 홍콩, 싱가포르, 그리고 한국은 짧은 시간 안에 놀라운 경제 성장을 이루었다.[3] 통설에 따르면, 서구의 경제 발전이 자본과 기술이 느리게 축적되어 온 몇 세기의 역사적 과정을 밟아 이루어진 것이라면, 동아시아에서 새롭게 올라서고 있는 몇몇 나라들의 경제 발전은 불과 수십 년 만에 이루어진 것이다. 동아시아의 여러 나라들의 '경제적' 도전은 최근 들어 급격히 바뀌어 가고 있는 세계 무역 구조에서 쉽게 찾아볼 수 있다. 바로 이런 까닭으로 해서, 서양 사람들이 동아시아의 유교 전통 국가들의 움직임을 위협으로 생각하게 되는 것은[4] 이해할 만하다.

사실상, 이 극적이고 또한 '위협적인'(?) 경제 발전은 최근 몇 해 동안 논쟁거리를 마련해 주었다. 제법 많은 이들이 이 문제에 대하여 관심을 표명하고 나섰다. 이들은 접근 방법을 달리하기도 하고, 분석의 영역과 차원을 달리 택하기도 했다. 어떤 이들은 근대화 이론의 눈으로 보았는가 하면, 또 어떤 이들은 종속 이론이나 세계 체계적 접근을 따르기도 했다. 어떤 이들은 경제 발전 과정에서 국가가 수행한 역할과 경제 정책에 주목하여 계급 형성 과정을 중시하였고, 다른 이들은 세계 경제와 무역 조건, 또는 전쟁과 식민지적 규제의 조건 상황을 살펴보기도 하였다. 최근 들어 서구에서 근대화 이론이 이념적으로 못마땅하다는 비판이 일자, 이러한 지적 흐름에 편승하여 종속적 또는 세계 체계적 관점에서 이런 등속의 분석을 경험적으로 검증하거나 그런 관점을 부분적으로 수정, 또는 보충하려는 논의를 내놓는 이들이 나타났다. 우리나라가 경험한 산업화, 또는 경제 성장이 사회적 균형을 깨뜨렸고, 분배의 불평등 현상을 두드러지게 했기 때문에, 이른바 반(反)근대화 이론이 개념적·논리적으로 거칠다 하더라도 이념적인 정당성을 요구한

---

3) 손쉽게 얻을 수 있는 것으로서, 이각범(엮음), 《제3세계 사회 발전 논쟁》(서울: 한울, 1986), 11장을 볼 것.

4) Roderick MacFarquhar, 앞의 글.

사실은 이해할 만하다.[5)]

하지만 숱한 이론적 · 방법론적인 논쟁을 일으킨 종속 이론 역시, 근대화 이론의 일면적 관점의 편파성과 꼭 마찬가지로 자체의 일면적 편협성을 뚜렷하게 지니고 있다. 보건대, 그것은 한국사회의 '변동'을 단지 경제적인 차원에서 측정하려는 시도이다. 그러나 이것은 정당하지 못하다. 왜냐하면 우리 사회가 경험한 극적인 변동은 도시화, 교육의 성장, 주택 상황의 변화 같은 비경제적인 것일 뿐만 아니라, 경제적 차원의 변동이 다른 사회적 차원과 동떨어져 고립된 사회적 진공 상태에서 벌어진 것은 아니기 때문이다. 변동은 경제라는 수치의 놀이나 경제라는 '기계'의 움직임만으로는 결코 파악될 수 없는 인간의 경험 세계와 떼어 놓을 수 없게 이어져 있는 동시에, 이 경험 세계에서 생각하고 의식해 온 인간의 사회적 개입과 관여의 내용이고 산물이며 그 변증의 구조화일 따름이다.[6)]

바로 이 경험 세계에서 한국사회가 겪은 우리 특유의 경제 성장과 그 성격을 풀이해 낼 수 있을 것이다. 그렇다고 해서, 우리의 경제 발전이 지닌 특성을 이해하기 위해서는 종속 이론이나 세계 체계론이 비판하고 있는 근대화 이론의 제한된 틀 속으로 되돌아가야 한다는 주장을 펴는 것은 아니다. 곧 다른 어떤 것보다도 서구적 인종주의나 우월주의를 내세우면서 비서구 국가의 전통적 유산은 발전과 성장을 저해한다는 근대화 이론의 주장은 거부되어야만 한다. 이렇게 밀어 제치듯 전통적 유산을 일방적으로 정죄하는 것은 단지 역사적 경험 세계에 대한 연구 업적을 모르는 얼간이들만이 저지를 수 있는 짓에 불과하다.

---

5) 일반적인 수준에서 두 입장을 견주고 있는 에바 에치오니-할레비 지음, 김성건 · 김의순 · 박경식 옮김, 《사회 변동: 현대사회의 등장과 발전》(서울: 현상과 인식, 1985), 1부를 볼 것.

6) 이러한 관점에 대해서는 박영신, "역사 · 구조적 접근의 일반 원리", 《사회학 연구》, 첫째 책(1984), 10-31쪽, 또는 나의 글 모음, 《사회학 이론과 현실 인식》(서울: 한국사회학연구소/ 민영사, 1992)의 6장을 볼 것.

그러므로 내가 던지고자 하는 물음은 분명하다. 이 물음은 우리가 경험한 경제 성장이 우리의 전통적 유산과 어떻게 엇물려 있는가이다. 이것은 우리나라의 내재적인 문화나 전통이 성공적인 경제 성장을 이룩한 사회들의 문화나 전통과 유사한가 하는 점을 확인하고자 하지 않는다. 또한 국제 관계나 세계 경제라는 하나의 외적 체계가 주는 영향에 눈감은 채 전통적 문화유산에 부정적인 태도로 임하는 좁고 굳은 근대화 이론의 특정 관점을 복구하자는 것도 아니다. 나의 물음은 한국사회 속에서 인간이 경험한 관여와 개입의 세계에 주목하여 사회·경제적인 변동과 전통적 유산—여기서는 전통종교—사이의 역동적 관계에 이어져 있다. 그러므로 짧은 논의일망정, 아래에서는 근대화 이론이든, 종속 이론이든 그것이 가지고 있는 몰역사적인 허점을 거부하고, 우리 사회의 특유한 경험 세계를 '역사적'으로 바라보고, 또한 그 세계 속에 개입하고 관여하는 사회 구성원의 모습을 존중하자는 뜻에서 '역사적'인 차원을 강조할 것이다.

II. 우리네 자본주의의 성격

다 알고 있는 대로, 우리나라의 경제 성장은 빠른 속도로 진행되었다. 1951년 80달러에 미치지 못했던 국민 1인당 총생산량은 1962년에도 96달러에 머물고 있었다. 하지만 이후 10% 안팎의 높은 경제 성장률이 계속되면서 1979년에는 1,662달러로 올해(1987)에는 2,817달러로 추산되고 있다. 이에 따라 고용·직업 구조도 크게 바뀌었다. 1958년, 농업 인구는 전체 인구의 82%였으나 1982년에는 32% 정도로 줄어들고 제조업 종사 인구는 같은 기간 4.6%에서 거의 30%로 늘어났다. 전문직·관리직·사무직·판매직 종사자들을 '화이트 칼라층'으로 묶어 그 구성 비율의 변화를 살펴보고 있는 한 보고서에 따르면, 화이트 칼라층은 1960년에 15%, 1970년에는 20%, 1980년에는 27%에 이르고 있다.[7] 그뿐 아니다. 한국개발연구원의 보고를 보면 우리나라의 절대 빈곤 인구 역시, 지난 20년간 계속 줄어들었다. 1965년에 40.9%이던 절대 빈곤 인구의 비율이 1980년에는 9.8%로 감소했다는 것이다.[8] 이와 나란히, 중간 계급이 실질적으로 증가하고 이 중간 계급에의 '귀속 의식' 조차 계속 증대하고 있다는 조사 보고도 있다.[9] 여기에다 의·식·주의 조건 변화와 텔레비전, 냉장고 같은 가전제품의 보급률, 자동차 공급률의 증대 등을 덧붙이면, 경제 성장과 그 형편은 넉넉히 확인되고도 남는다.

이 같은 경제 성장의 모습을 이른바 '선진국'(?)이라는 이름을 붙이고 있는 일본, 나아가 구미 여러 나라와 견주어 보면, 우리나라는 경제 발전이라는 일정한 역사 발전의 법칙과 같은 축에 따라 앞서간 나라들을 제법 서둘러 좇아가고 있는 듯하다. 직업 구조의 변화를 지표로 삼아 일본과 미국에 우리나라를 비교해 보면, 우리나라의 전체 취업 인구 가운데 비육체 노동자가 차지하는 1980년의 비율은 1955-1960년경의 일본, 1920-1930년경의 미국과 비슷하고, 농업 인구의 비율은 1900년경의 미국에 이르고 있어, 뒤떨어져 있으나 일본과 미국이 걸어간 길을 뒤좇아 밟아 가고 있는 모습을 역력히 알 수 있다는 주장이 그 보기가 된다.[10] 앞에 든 여러 지표들만으로 우리나라를 경제 성장을 이룩한 다른 나라들과 견주어 본다면, 우리나라가 뒤지고는 있으나 다른 나라와 비슷해지고 있다고 여기게 되고, 또한 아무런 어색한 느낌 없이 우리나라를 다른 나라와 같은 '자본주의' 국가라고 부를 수도 있게 된다. 물론, 우리나라는 자유 경제와 무역을 바탕으로 시장 기제에 따라 노동을 이

---

7) 이각범(엮음), 앞의 글, 10장과 11장을 볼 것. 그리고 홍두승, "직업 및 계층 구조의 변화와 전망", 한국사회학회(엮음), 《한국 사회 어디로 가고 있나》(서울: 현대사회연구소, 1983)를 볼 것.

8) 한국개발연구원, 《貧困의 實態와 零細民對策》(1981)를 볼 것.

9) 홍두승, 앞의 글, 75쪽.

10) 위의 글, 여러 곳, 특히 70쪽.

용하여 상품을 생산하고 이익을 극대화하는 자본주의 원리를 따르고도 있다. 그리하여 산업 사회의 조직 원리라 할 수 있는 능률성과 효율성을 높이기 위하여 외국 기술의 도입과 수용, 나아가 그 기술의 습득과 개발에까지도 이르는 높은 수준의 능력을 갖추고 있고, 이 같은 분야에서 기업체들이 맹렬하게 경쟁하면서 기업의 확장을 꾀하는 기업적 태도를 보여주기도 한다.

경제 성장의 지표를 나열하거나 경제적 이익을 극대화하기 위한 능률성과 효율성의 원리를 내세워 우리나라는 구미 자본주의 사회에 가까이 옮아가고 있을 뿐만 아니라, 본질적으로는 이들 사회와 다를 바 없다고 주장하는 것이 이치에 전적으로 어긋난다고는 말할 수 없다. 그러나 이러한 논지는 외형적 인상에 터한 견문기(見聞記)의 수준에 머물 뿐이다. 우리 사회의 경제 성장이나 발전의 모습, '자본주의적'인 형상의 속바탕과 그 됨됨이, 그리고 그 움직임의 성질과 속뜻을 알려고 하지 않고 겉만 건드려 보는 수박 겉핥기식만으로는 우리가 역사·사회적인 상황 안에서, 그리고 그 상황과 엇물려 생각하고 관여해 온 우리 사회 특유의 '역사적 경험'을 인식의 대상으로 끌어들일 수 없다. 단순히 겉모양만 본다면 다른 자본주의 사회와 비슷하다고 여길 것이다. 물론, 그러한 유사점을 전적으로 무시하자고 주장해서는 안 된다. 그렇지만 우리의 산업 사회가 형성되어 오기까지 우리가 겪은 삶의 내용과 형식이 구미의 그것들과 '비슷하다'고 할 수는 없고 그런 논지를 펴기 위하여 외형적인 경제 수치나 지표를 벌려 놓기만 한다면 그것보다 더 어리석은 짓은 없을 것이다.

물론 종속적인 세계 체계의 맥락에서 우리나라의 경제 발전을 파악할 경우에는 국제적 이익 분배의 구조와 국가 및 국제 자본주의 체제 사이에 놓여 있는 대기업의 성격과 같은 문제에 대해서 보다 확연히 알 수 있는 인식의 빛을 얻을 수도 있다. 하지만 종속적 발전의 관계로 파악되는 여러 나라의 상황과 같은 범주에 속하기까지의 그 과정과 성격은 애매한 상태에 묻혀 있을 뿐이다.

결국 근대화 이론이나 종속 이론이든 그것은 우리의 역사적 삶, 좁혀 말한다면 우리가 어떻게 경제 성장을 이룩하였는가라는 질문에 만족할 만한 대답을 주지는 못한다. 다시 말해서, 우리의 경제 발전이 이룩한 결과가 다른 선발 국가의 그것과 비슷하거나 종속되어 있는 주변 또는 반주변 국가의 상태와 유사하다 하더라도 여기에 이르게 된 역사적 경험의 특유한 내용, 꼴, 그리고 흐름에 대한 지적 호기심은 쉽게 사그라지지 않는다.

이 문제에 대한 논의에 박차를 가하기 위하여 얼마 전에 발표된 우리나라 대기업, 곧 재벌을 분석하고 있는 논문 하나를 여기에 끌어들여 봄이 좋을 듯싶다. 김광정의 글, "어느 개발 국가에서의 친족 집단과 세습적 경영 간부"가 그것이다.[11] 이 글에 따르면, 조사 대상이 된 2,797명의 경영 간부 가운데 345명(12.3%)이 창업주의 친·인척이었으며, 기업체 58개 가운데 50% 이상은 창업주의 아들이 경영자의 위치를 차지하고 있었다. 이런 등속의 연줄망은 아래의 표와 같다.[12]

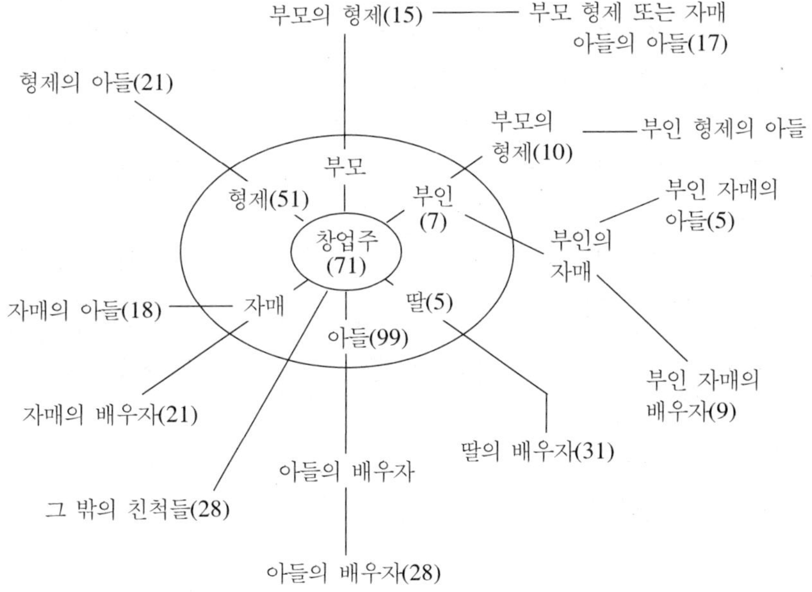

세습적 경영 간부의 비율은 그렇게 큰 것처럼 보이지 않는다. 그러나 이들이 동시에 여러 간부의 자리를 차지하고 있을 뿐만 아니라, 회장, 부회장, 또는 사장과 같은 영향력 있는 자리를 차지하고 있는 비율이 비세습적인 경영 간부들보다 훨씬 높다는 것에 주의해야 한다.[13]

대기업체의 인원 충원과 진급 과정이 자본주의의 생리 그대로, 매우 경쟁적이고 또 성취 지향적이란 점은 의심할 여지가 없다. 1956년 럭키재벌이 공개 입사 시험을 치른 이후 그 다음 해에 삼성, 그리고 현대재벌이 경쟁에 의해 대학 졸업 사원을 충원해 왔다. 이 과정에서 이른바 우수한 학생들을 배출한다는 서울의 주요 대학 출신들—곧, 세습적이지 않은—이 채용되는 비율이 높기도 하다. 그러나 이것도 자세히 따져 보면, 비세습적인 경영 간부의 14.5%는 창업주와 같은 시·군(市·郡) 출신이고, 또 14%는 창업주와 같은 도(道) 출신이고, 10%는 같은 지방 출신이라 이 비율은 모두 40%에 육박한다.[14]

김광정의 글에서 우리나라 대기업의 경영진들은 그의 말대로 "귀속적 유대"를[15] 갖고 있음을 알 수 있다. 친·인척이거나 같은 지역이란 줄로 이어진 경영 간부의 비율은 46.2%나 된다.[16] 경영진이 100% 세습적이지 않은 것은 '능력을 갖춘' 세습적 경영 간부가 충원·상승 이동한다는 것을 보여주고 있으며 그만큼 친족 집단이 절대적인 영향을 행사하는 변수가 아니라는 점을 밝혀 주는 바이다. 그러나 여기에서 주의해야 할 점은, 비세습적인 전문 경영인의 참여폭이 제법 넓은 듯하지만, 그것조차 '지역적 관계'를 갖고 있는 비율이 높다는 것이다. 이처럼

---

11) 1985년 8월 26-30일 워싱턴에서 열린 미국 사회학 대회에서 읽은 Kwang Chung Kim, "Kinship Group and Patrimonial Executives in a Developing Nation", 아래 그림에서 괄호 안의 숫자는 사람 수임.

12) 위의 글, 11쪽.

13) 위의 글, 16쪽.

14) 위의 글, 20-22쪽.

15) 위의 글, 25쪽.

16) 위의 글, 같은 곳.

우리나라의 대기업은 친족 관계 · 지역 관계, 여기에 더하여 학교 관계와 같은 '귀속적' 유대의 틀 속에서 엮여 움직이고 있으며, 또한 이러한 모습이 더욱 강화될지언정 결정적으로 약화될 것 같은 낌새는 보이지 않는다. 특히 우리나라의 경제 영역에는 정치 지도자나 행정 관료의 관여도가 높고, 이들과의 관계가 합리적이거나 공개적인 근대적 체제로 제도화되지 않고 있기 때문에, 경제와 정치 · 행정의 관계는 계속 '사사롭고' 비공식적인 수준에 크게 머물러 있을 것이다. 곧, 경제 영역의 귀속적 유대는 좀처럼 허물어지지 않을 것만 같다.

위에서 보았듯이, 우리나라의 '자본주의'는 경제 지수나 성장의 수치로 표현되지 않는 우리 특유의 성질을 담고 있다. 곧, 우리 사회는 경쟁적이고 성취 지향적이라는 점에서 보편적 성격을 나누어 갖고 있지만, 그 경쟁과 성취가 세습적 또는 다양한 귀속적 유대와 떼어놓을 수 없게 이어져 있다는 점에서 특수한 성격을 지니고 있는 자본주의 사회이다. 아무리 전문 경영인의 점유비가 높아진다 하더라도 이들 속에 도사리고 있는 귀속적 의식은 '친분적 자본주의'로서 작동할 것이기 때문이다.

일찍이 베버가 말한 글귀, "친족의 사슬"을[17] 부수지 못한 우리의 체제를 '자본주의'라고 이름 붙인다면, 그것은 '친분적' 자본주의라 해야 할 터이다. 이 같은 자본주의가 형성되어 작동할 수 있게 된 원인은 무엇인가? 여기에서 역사 사회학적인 관심이 일게 된다.

오늘의 경험 세계와 전통종교의 유산

일본의 야만적 강압기에도, 그리고 광복 이후에도, 우리 전래의 가치체계는 끈질기게 이어져 왔다. 그 엄청난 사회 변동의 소용돌이 속에서

17) Max Weber, *The Religion of China: Confucianism and Taoism* (New York: Macmillan, 1951), 14쪽.

도 인륜 관계와 이어진 전통적인 가치 발상과 지향성은 그 밑바탕에서 크게 바뀌지 않았다. 두말할 나위도 없이, 겉에서 본다면, 전통적 가치 의식이 깨진 것처럼 보인다. 도시화, 산업화, 교육 수준의 상승, 주거와 주택 양식의 변화, 문물과 취향의 변화, 이런 것들은 광복 이후에 서서히 두드러지더니, 지난 1960년대와 1970년대에 들어서서는 급격하게 나타났다. 이 과정에서 가족의 크기가 소규모화 하고, 나이 든 사람에 대한 태도가 바뀌고, 여성과 남성의 관계가 변하고 선생과 학생 사이의 관계도 바뀌는 듯하고, 인문 지향의 교육은 상경 계통과 공학·기술 계통에 대한 선호로 바뀌었다. 가족 안에서 부모의 권위는 떨어지고 자녀들의 위치가 돋보이고 강화되기도 하였다. 그러나 이 모든 변화에도 불구하고, 한국사회의 심층적 의식 속에는 전통적인 가치 의식이 깊이 진을 치고 도사리고 있음을 부인하지는 못한다.

나는 몇 해 전, 이러한 전래의 가치 의식과 행동 지향성을 '가족주의' 또는 '유사 가족주의'로 표현한 적이 있다.[18] 거기서 든 보기는 아래와 같다. 경제 성장 정책의 일환으로, 인구 증가에 대처하기 위하여 대대적인 가족계획 사업을 추진한 바 있었다. 이러한 사업에 방해가 되는 여러 요인들 가운데 하나가 '남아 선호'의 생각이었다. 남아 선호가 장애가 된 것 역시 전래의 가족 중심적인 가치 때문이겠으나, 더욱 흥미로운 것은 인구 억제를 정당화하기 위하여 그리고 사회 구성원들에게 설득하기 위하여 내놓은 가족계획의 논리가 "집안이 보다 잘 살아 보자!"라는 더욱 더 가족주의적인, 어쩌면 산업 사회에 어울리는 가족주의적인 의식으로 나타났다는 점이다. 가족계획 사업이 성공적이었다고 평가할 수 있는 밑바탕에는 여러 가지 요소들이 있을 것으로 짐작된다. 그 가운데 하나는, 집안이 잘 살아 보기 위하여 산아를 제한해야 한다는 주장이, 우리의 의식 깊숙이 자리하고 있는 가족주의적인 발상에 커

18) 박영신, 《역사와 사회 변동》(서울: 한국사회학연구소/민영사, 1987), 7장을 볼 것. 아래의 논의는 이 글에 크게 터하고 있음.

다란 호소력을 행사했을 것이란 점이다. 이것은 훌륭한 전략이었고 효과적인 방책이었다. 이 보기는 경제 성장과 인구 증가와 관련된 변동 현상의 단편적인 서술에 지나지 않지만, 여기에서 우리는 우리 사회가 힘주어 말하는 산업화다 또는 근대화다 하는 변동이 기존의 가치 지향성의 부정이나 청산은 그만두고서라도 그 지향성의 수정이나 재구성 위에서 진행된 것이 아니었다는 점을 분명하게 알 수 있다. 그것은 "기존의 가치 지향성의 준거 틀과 이어진 일정한 범위 안에서 진행된 것" 이었다.[19]

가족 중심적인 가치 지향성은 경제 성장과 이에 따라 빚어지는 갖가지 사회적 긴장을 처리하는 데 일정한 사회·심리적 그리고 제도적 장치를 마련해 주었다. 농업적 노동에서 비농업적 노동으로의 이동, 또는 도시 이입의 현상은 인정적인 농촌적 사회관계가 보다 비인격적인 도시적 사회관계로 바뀌고 있음을 뜻하였다. 보기를 들어, 오늘의 산업생산 조직체 안에서 노동자들은 지난날 농촌에서 자기 편리에 따라 일의 시간을 택했던 습속과는 달리 외부적으로 조직이 강제하는 노동 시간과 규율에 통제 받게 되었다. 다시 말해서 생산 노동의 현장에 들어선 노동자들은 기술·분업·명령·통제의 새로운 상황적 조건을 경험해야 했다. 이들 노동자들뿐만 아니라 기업체에서 일하는 사무직 노동자들도 공식 조직이 갖고 있는 위계적 통제, 시장 경제가 요구하는 경쟁과 적응, 그리고 업적과 성취가 강조되는 일의 성격에 따라 피할 수 없이 인격적 관계라기보다는 비인격적인 관계를 엮어 가게 되었다. 이 긴장의 확장과 심화 과정에서 우리 사회는 손쉽게 친밀한 가족 공동체적인 일차적 결속 관계로 회귀하여 거기에서 긴장을 처리하고자 한다.[20]

실제로 경제 성장의 도를 더해 가고 산업화의 폭을 더 넓혀 갈수록, 우리 사회는 미풍양속이나 전통적 풍습을 더욱 강화해 왔다. 정부를 필

---

19) 위의 글, 257쪽.

20) 《역사와 사회 변동》, 8장을 볼 것. 아래 논의는 이 글에 크게 기대고 있음.

두로 하여 근대화와 세계적 추세에 밀려 음력설을 억압해 왔고 또 이중과세를 억제해 왔지만, 몇 해 전부터는 지식인들은 말할 것도 없고 정부가 '선도적' 인 역할이라도 하는 듯이 "우리 것을 찾아야 한다"면서 드디어 음력설을 공식화하기에 이르렀다. 이야기는 여기서 끝나지 않는다. 일간 신문과 정부가 관장하고 있는 텔레비전 망을 통하여 한결같이 옛것을 되찾자는 분위기를 고조시켰고, 특히 조상을 기리는 차례 지내는 일을 강조하고 제사장 차리는 방법까지도 거의 규격화하여 '조선 시대를 재현한 듯한' 특집을 꾸며 서술·선전하기까지 하였다. 그리고 모기업과 생산업체들은 대개의 경우 3일 휴가를 주어 친척과 가족이 함께할 수 있게 고향 동네를 방문하도록 하였으며, 대중 매체는 이것을 또한 기업과 생산업체들의 후의라고 떠들면서 귀성객을 위한 버스의 행렬을 부각시키는 장면들을 자꾸만 내보였다. 급속한 경제 성장의 과정에서 생기는 사회적 관계의 변화는 사회 구성원들에게 긴장을 자아내었고, 거기에서 소외와 불만의 상황도 나타났다. 이 같은 산업 사회적인 경험, 곧 전통적 사회의 결속 관계가 뿌리째 뒤흔들려 버리는 긴장의 경험을 하게 되는 이들에게 전통적인 가족 공동체에의 복귀는 안정감을 뜻하는 것이었다.[21]

절기에 따라 주기적으로 전래의 관습적인 의례에 젖어들어 흐트러진 자기의 참모습을 되찾아 삶의 공동체 의식을 확인할 뿐만 아니라, 삶의 터전인 노동 현장의 구조와 과정 자체를 전래의 가족주의적인 또는 유사 가족주의적인 유대 관계로 통상화하고 제도화하려는 현상도 지적해 볼 수 있다. 어떤 생산 기업체의 경영 책임자가 자기 업체의 종업원들을 상하 관계라는 위계적 질서에 따라 다루지 않는다고 하면서 "대부분의 시간을 보내는 직장에서 따뜻한 분위기가 없다면 어떻게 지낼 수 있겠는가"라고 반문하고는 종업원들을 "가족처럼" 대한다고 한 말은, 우리 사회의 구성원 모두에게 공감을 불러일으킬 만한 설득력을

21) 위의 글, 278쪽 아래.

지니고 있다.[22] 작업장에서의 생산을 효율화하기 위해 노동자의 작업 동기를 높이고 사기를 돋우는 데는, 그리고 거기서 생기는 긴장을 줄이는 데는, 우리나라 전래의 문화적 자원인 가족 공동체적 가치의 활성화 또는 통원이 가장 적절할 것이다. 가족 공동체에 은유하여 생산 기업체 또는 공장을 '유사 가족'으로 보는 것은 어색하고 살벌한 적업장의 인간관계를 보다 견디기 편한 인간관계로 받아들이게 유도할 것이며, 나아가 노동 조직이 거칠게 가하는 작업 규율에 '자연스럽게' 복종하도록 할 것이다.

위에서 본 바와 같이 우리나라의 경제 성장 과정은 전래의 가족 중심적인 가치 지향성의 유형이 본질적으로 흔들리지 않는 상태에서 진행되어 왔다. 가족 또는 유사 가족주의적인 틀 안에서 생산 조직의 원리와 긴장이 처리되었고, 어떤 노동 여성의 "남자 동생의 공부를 돕고, 가계(家計)를 보조하기 위해서 일한다"고 한 절실한 이야기에서 보듯이,[23] 열심히 일하는 그 노동의 동기조차도 가족 중심적인 가치 지향성에서 솟아났다고 할 수 있다. 이러한 지향성은 재벌 또는 대기업체의 내적 구조화를 귀속적 유대로 보는 논지와 이어진다. 결국 우리가 경험하고 있는 이 특유한 자본주의는 지극히 '한국적'인 자본주의라고 규정해야 한다.

이 한국적 자본주의의 출처와 기원은 어디인가? 우리가 살고 있는 역사적 경험 세계로서의 이 자본주의적 성격의 근원은 두말할 나위도 없이 서구의 전통이나 윤리가 아닌 우리의 역사 속에서 찾아야 한다. 지난 몇 십 년 동안 역사의 마당에서 펼쳐진 산업화 과정은 조선 시대에 이미 제도화되어 있던 가족 중심의 가치 지향성과 이어져 있다고 보아야 옳다. 곧 유교적 가치에 의하여 정당화되고 논리화되어 우리의 삶과 의식 속에 내면화된 종교적 전통에서 우리가 갖고 있는 가족주의

22) 위의 글, 284쪽.

23) 위의 글, 277쪽.

적인 가치 지향성의 뿌리를 찾을 수 있다. 20세기 후반 한국의 생산 노동자와 경영 간부, 그들과 이어져 사는 사회 구성원 모두가 얽혀 사는 오늘의 역사적 삶의 공동체는 사회 의식과 가치의 수준에서 조선 시대의 역사적 공동체와 지속성을 유지하고 있다는 말이다.

유교의 종교 전통을 단지 가족주의적 가치 지향성이라고만 축소시키거나 환원시킬 수는 없다.[24] 유교는 크게 보아 인간의 도덕적 구원과 사회 질서에 대한 체계적인 일련의 원리를 가지고 있었다. 이것은 다른 역사 종교와 마찬가지로 위대한 종교 문명을 이룩하였다.[25] 그러한 전제 위에서, 유교는 다른 어떤 종교 문명보다도 '가족'을 가장 중심적인 것으로 파악하고[26] 이것을 사회에서 철저히 제도화시키려고 했다는 점을 확인해 둘 필요가 있다. 유교의 영향을 받은 동양의 여러 나라 가운데서, 특히 조선은 다른 어떤 나라보다도 더 철저히 유교적인 사회가 되도록 지배 양반층이 유교적으로 다스린 나라였다.

유교를 국가의 통치 이념으로 택하여 조선을 유교적으로 다스리는 데 큰 몫을 맡았던 정도전은 일찍이 정치 지도자들은 유교 경전 이외의 것은 펴놓지 말고 오직 이 경전만을 늘 상고(想考)하여 그 뜻을 찾으라고 했고, 그 근본은 특히 "효제는 모든 행실의 근본"(孝爛乃百行之本)이라는 뜻에 귀결되어 효를 철저히 함이 배움의 뜻이라고도 하였다.[27] 유형원의 주장에서 보듯이, 실학자라는 개혁적 지도층도 모두 이러한 생각에서는 그들이 공박한 양반 지도층과 조금도 다르지 않았다. 흔히 우리가 이르는 바 "백성은 부모·임금·스승에 의하여 살게 되므로 똑같이 섬기라"(民生於三事之如一)는 군사부일체란 말에서도 우리

---

24) 자세한 것은 玄相允,《朝鮮儒學史》(서울: 민중서관, 1949)을 볼 것.

25) 로버트 벨라 지음, 박영신 옮김,《사회 변동의 상징 구조》(서울: 삼영사, 1981), 2장을 볼 것.

26) 위의 글, 107쪽.

27) 박영신,《현대 사회의 구조와 이론》(서울: 일지사, 1978), 5장을 볼 것. 아래의 논의는 이 글에 터함.

의 전통종교가 상대적으로 효를 강조하고 있다는 사실을 어렵지 않게 유추할 수 있다. 구체적으로 국가 공동체와 가족 공동체에 대한 헌신과 복종의 조건 상황을 견주어 보면, 이 같은 사실이 보다 뚜렷해진다. 유교의 정수라고도 해야 할 정치적 정당성에 대한 의문이 당연히 인정되고 있음에 주목해 볼 필요가 있다. 정도전의 글을 읽어보면, "임금이 백성의 마음을 얻어야 한다든가 "백성은 오직 나라의 근본"(民者國之本)이라는 《서경》(書經)의 글귀와 근사한, 이른바 '백성 중심'의 민본사상을 찾을 수 있다. 뒤집어 보면 이것은 왕권에 대한 도전이 가능하다는 말이다. 곧, 임금의 하늘이 되는 백성을 나라의 본으로 떠받들지 않는 경우에는 왕의 정치적 정당성은 마땅히 질문될 수 있고, 임금이 백성의 마음을 얻느냐 얻지 못하느냐 하는 것은 지배의 성패에 결정적인 문제가 될 수 있다. 그러나 효에는 어떠한 조건도 달려 있지 않아 효의 인륜적 정당성이 질문될 여지란 아무 데도 없다는 사실이 중요하다. '백성 중심'에 버금하는 '자(녀) 중심'의 발상은 유교의 전통에서 불가능하다.[28] 그러므로 유교에서 "가족은 많은 점에서 종교적 배경 그 자체"이며, "너희 부모를 공경하라는 것이 유교의 거의 전부"라고 한 벨라의 말은[29] 정확하다.

조선 사회에서 유교는 철저하게 제도화되었다. 가족 공동체 중심의 인륜 관계에 우위성을 둔 가치 지향성이 교육 과정을 통하여 지배 양반층에 침투하고 관료제와 신분 계층 구조에 의하여 강화·유지되었을 뿐만 아니라, 모든 사회 제도 속에 '스며들어' 있었다. 곧, 조선은 유교적인 가치로 '용해된' 사회로 구조화되었다고 할 수 있다.[30] 그리하여 주도적 통치 이념과 사회 가치를 대변하고 이를 내세우는 지배 양반층을 중심으로 가족 중심적인 효의 가르침은 피지배층에게도 서서히 확장하여 침투해 들어갔다. 언뜻 보면, 조선사회의 유교는 양반 지배층의

---

28) 위의 글, 122쪽 아래.

29) 로버트 벨라, 앞의 글, 122쪽.

30) 박영신, 앞의 글(1978), 134쪽 아래를 볼 것.

종교이지 결코 피지배층의 종교는 아니라는 주장이 나올 수도 있다. 왜냐하면 지배 이념으로서의 유교는 지배 양반층과 불가분의 밀착 관계에 있었을 뿐이고, 민가에는 불교가 있고 무속적 의례도 널리 퍼져 있었기 때문이다. 사실, 조선 왕조 초기에는 불교, 도교, 그리고 민간 신앙 때문에 유교 이념의 저변 확대와 제도화에는 상당한 어려움이 있었다. 그러나 효를 근본으로 하는 조상숭배 의식에서 유교와 그 밖의 종교 전통은 어느 만큼의 상동성을 가지고 있었기 때문에, 유교의 가족 중심적이며 혈연적인 가치 의식은 종교들 사이의 심각한 갈등이나 대립을 장기화시키거나 표출시키지 않은 채 유교적 조상 숭배로 수렴되어 갔다. 그리고 지배 종교로서의 유교는 민간 신앙이나 그 밖의 종교적 전통을 용납하고 때로는 종교 의식을 흡수하기도 하였지만 혈연적 관계를 상징하는 효의 가치가 손상되지 않는 범위 안에서는 기존 종교를 관용하고 묵인하였다고 할 수 있다.[31] 퓌스텔 드 쿨랑주가 《고대 도시》에서[32] 밝히고 있는 바와 같이, 조상 숭배의 의식(儀式)을 통하여 혈연적 관계로 의식에의 참여자를 규정하는 종교 습속은 비단 동양권에 한정되어 있는 것이 아니라 매우 보편적이면서도 가장 원초적인 종교적 의식이며 의례이다. 그러기에 우리의 전통종교들도 제가끔 조상 숭배를 지켜 가족 관계를 굳게 다지고 그 혈연적 지속성에 의미를 부여해 왔다.[33] 다른 종교가 행한 가족 중심적인 조상 숭배 의식과 조선의 유교가 잠정적으로 공존해 오다가, 점차 효를 근본으로 하는 조상숭배의 제사로 형식화하고 체계화한 것이[34] 유교의 지배이며 제도화라고 할 수 있다.

---

31) 위의 글, 131-132쪽. 그리고 崔吉城, 《韓國의 祖上崇拜》(서울: 예전사, 1986), 1장을 볼 것.

32) Numa D. Fustel de Coulanges, *The Ancient City* (Baltimore, London: Johns Hopkins University Press,1980)[1864].

33) 위의 글, 1부 "고대 신앙"과 2부 "가족"의 1-8장을 볼 것.

34) 崔吉城, 앞의 글, 같은 곳을 볼 것.

가장 원초적이며 또한 가장 '자연스러운' 인간관계는 부자 관계이며, 이러한 혈연적 가족 공동체에 대한 헌신과 복종에 종교적 의미를 주고 그것을 실천의 마당으로 끌어들인 것이 유교이다. 민간 신앙, 불교, 도교 할 것 없이, 우리의 역사 전통에서 가족 공동체는 종교적 중요성을 갖는 것이라고 믿어졌는데, 그 믿음을 보다 논리화하고 제도적으로 구현한 것은 유교 전통이었다. 이에 대한 간헐적인 비판이 없었던 것은 아니다. 선진 지식인들이 이 문제를 두고 고뇌하면서 효의 가치를 질문하기도 하였으며, 기독교는 이것에 부분적으로 도전하기도 하였다. 적어도 기독교의 가르침은 "부모를 공경하라"는 것이 그 전부일 수는 없기 때문이다.[35] 부모나 가족 공동체를 넘어서는 초월적 가치와 상정에 대한 초월적 헌신과 복종이 일차적 우위성을 가져야 하기 때문이다.[36] 그러나 그것도 많은 경우 가족 중심적인 의식 속에 매몰되어 버리곤 하였다. 외국 세력의 침공과 압박에 시달릴 때, 혈연적 가족 공동체가 국가 공동체로 확장되어 기능적으로 제한된 의미에서 가족주의적인 발상과 가치 지향성이 무너져 내릴 수는 있을 것이라고 기대해 봄직도 하다. 그런데도 전통적 부자 관계와 효 중심의 가족주의적인 의식 세계가 결정적으로 부수어지는 사회적 계기는 없었던 것 같다. 일본식 군국주의의 서투른 모방이 고작이었다. 그렇지만 일본이 범한 신도(神道)의 군국주의화에 이르지 않게 된 배경에는 국가 공동체를 강력하게 뒷받침하는 상대적인 의미에서의 보편주의가 약하고 그 대신 강한 가족주의적인 가치 지향성이란 특수주의가 있었다고도 말할 수 있다.[37]

---

35) 〈독립신문〉의 사설, 윤치호의 여러 글, 이승만의 〈독립정신〉, 그리고 이광수의 몇몇 논설이 보기가 될 수 있을 것이다. 윤치호에 대해서는 박영신, 《변동의 사회학》(서울: 학문과 사상사, 1980), 4장, 특히 95-96쪽을 볼 것.

36) 기독교를 유교에 대비시키고 있는 글로써, 로버트 벨라, 앞의 글, 5장을 볼 것. 그리고 초기 기독교 전통을 도시의 발전에 이어 놓았던 Max Weber, *The City* (London: Heinemann, 1958)을 볼 것. 이와 관련하여 《역사와 사회 변동》, 1장, 특히 24쪽 아래를 볼 것.

37) 우리나라와 일본 그리고 중국을 비교론적으로 따질 때 우리의 경험 내용이 보다 명

이렇듯 지난 1960년대와 1970년대 이후 국가 행정의 동원 체제에 발맞추어 4천만 동포가 예외 없이 "우리(집안) 잘 살아 보자!"는 구호에 장단 맞추어 이룩해 놓은 것이, 오늘의 경제 성장이며 산업화이다. 그때 '잘 살아' 보자는 뜻은 전적으로 물질적이고 경제적인 것이었으며, 그것은 '옳게' 살아 보자든가 '바르게' 살아 보자는 깊은 도덕적 · 윤리적 성찰이 덧붙여지지 않은 것이었다. 아마도 '우리 집'이 잘 살아 보자는 것이 곧 도덕이요 윤리였을지는 모른다. 실제로 이것은 '종교'라고 불리기도 했다. 이것은 윤리와 도덕 이전의 원초적인 지향성이며 가장 자연스런 목표이었기 때문에 말이다. 바로 이것이 혈연적이고 가족 중심적인 사고와 의식의 전통종교 지향성이다. 그러므로 우리가 이룩한 발전, 이 괴상한 '자본주의'는 가족 중심적인 전통적 가치 의식의 유산에 대한 검토와 비판을 가하지 않은 채 외래적인 산업화의 외형적 껍데기만 도입하여 단지 이익의 극대화를 위해 효율성과 능률성을 높이는 데 모든 힘과 관심을 쏟고 있는 그러한 형식과 내용일 따름이다. 이러한 식의 자본주의에 전래의 종교 전통은 장애물이 아니라 오히려 공헌이었다고 할 수 있고, 뒤바꾸어 전통적 종교 윤리는 우리가 목도하는 우리식의 자본주의를 성격 짓고 더욱 강화 · 확장하고 있다고 할 수 있다.

맺음말: 우리 사회의 자기 인식을 위하여

이른바 "후기 유교사회"라는 낱말을 쓰는 이들의 논지에는, 커다란 이론적 소홀함이 담겨져 있다. 허만 칸은 막스 베버의 《프로테스탄트

확히 나타날 것이다. 이런 문제와 관련하여 박정신, "도쿠가와 시대의 유교와 산업화", 〈현상과 인식〉, 7권 3호(1983년 가을), 또는 케네스 B. 파일, 《근대 일본의 사회사》(서울: 현상과 인식, 1986), 241-258쪽을 볼 것. 그리고 문준호, "가족주의의 기원 · 성격, 그리고 경제 성장과의 관계-한국과 일본의 비교"(연세대학교 석사 학위 논문, 1988)를 볼 것.

윤리》에 빗대어 '유교 윤리'라는 말을 쓰면서, 유교 사회는 개인과 가족에 절제와 근검을 강조하고 교육열, 성취 욕구, 주어진 과제, 직업·가족·의무에 대하여 진지한 태도를 키워 주는 한편, 책임감 있고 근면하고 창조적이고 집단을 도울지언정 자기의 이익을 크게 강조하지 않는다고 한 바 있다.[38] 이런 것들이 다른 문화권보다 더 높은 성장률을 가져올 것이라고 내다보기까지 하였다. 그의 미래 전망은 전적으로 그의 자유다. 그러나 막스 베버의 논지에 익숙한 이들은 많으나 유교 윤리에 터한 사회들이 산업화·풍요 근대화를 추구할 때, 많은 점에서 서양보다 뛰어날 것이라는 생각에 익숙한 이들은 적을 것이라고 쓴 것은[39] 주의 깊게 살펴보아야 한다. 유교의 영향권에 속한 나라로서 경제 발전을 이룬 대표적인 보기는 일본이며, 그것은 벨라의 《도쿠가와 종교》(1957)라는 논문에서[40] 훌륭히 논증된 바 있다. 벨라의 논지는 뒤에 와서 다소 수정되었지만 일본에 대하여 지나치게 호의적이었고 또 긍정적이었다. 그렇다고 해도 과소평가할 수 없는 것은 일본의 전통종교 속에 '프로테스탄트 윤리'와 닮은 점이 있다고 한 논증 때문이다.[41] 이것은 통례의 근대화 이론에서 비서구 국가의 전통을 일방적으로 매도해 온 것에 대한 중요한 비판이며 수정이다. 그런 논지의 맥락에서 우리 사회의 전통종교가 갖는 가치 지향성이 반드시 경제적 물질 추구나 이익의 극대화 과정에 장애가 되는 것이 아니라 오히려 발전에의 자원이 될 수 있다는 점은 명백하다. 하지만 보다 중요한 것은 단순히 경제성장이나 발전의 수치를 보고, 아니면 단순히 열심히(?) 일하는 것과 성취 욕구만을 보고, (우리의 자본주의를) 베버가 말한 합리적이고 금욕적인 자본주의

38) Herman Kahn, *World Economic Development: 1979 and Beyond* (New York: Morrow Quill, 1979), 121쪽 아래.

39) 위의 글, 특히 5장.

40) Robert N. Bellah, *Tokugawa Religion: The Values of Pre-Industrial Japan* (New York: Free Press, 1957). 역서로는 박영신 옮김, 《도쿠가와 종교》(서울: 현상과 인식, 1994).

41) 위의 글, 특히 5장.

정신과 동일하다고 보아 평면적으로 연결시킨다면 우리가 살아가고 있는 역사적 경험 내용으로서의 한국적 자본주의의 참된 모습을 인식하지는 못할 것이다. 서구의 자본주의가 '친족 집단의 사슬'이 부서지고 허물어진 그 터 위에 세워졌다면, 우리의 자본주의는 그 '사슬' 속에서 진행되고 있다고 할 수 있다. 그렇기 때문에 우리의 자본주의에서는 자기가 쓰기 위한 이익의 극대화 그 자체가 목표가 되고, (그 목표에 따라) 돈벌이하는 것이 정당화된다. 그러나 베버가 말하는 서구의 자본주의에서는 수입과 이익은 의도되지 않은 결과로 나타난 것이며 덕스러움의 정표일 뿐이다.[42] 아무렇게나 자신이 소비하기 위하여 재산을 쓰는 것은 세상에 굴복하는 이른 바 반(反)금욕적인 태도로서 정죄된다.

우리 식의 자본주의는 가족주의적인 가치 지향성에 바탕을 두고 노동자와 경영 간부들이 각기 어긋나는 목적으로, 또는 그 목적들이 서로 어울리어 열심히 일하는 체제라고 할 수 있다. 그 일차적 관심은 가족, 또는 유사 가족적 사회 집단의 이익에 모아지고 있다. 이러한 관심은 강렬한 성취 동기 경쟁력들과 이어져 일정한 근면성과 책임 의식도 자아낸다. 이것은 마치 조선시대의 양반 지배층이 자기 가문의 명예와 이익을 위하여 강한 성취 동기, 경쟁 의식, 책임감, 그리고 근면성을 가졌던 의식 유형과 같다. 다만 산업화의 관심에서 경제적 풍요라는 물질적 지배와 이익 추구라는 새로운 관심이 덧붙여졌을 뿐이다. 어떻든 가족 중심으로만 생각하고, 가족의 이익에 따라 사물을 보고, 또한 가족의 모형으로 조직을 위계적 또는 감정적으로 인식하여 가족을 조직의 원리로 삼으려는 가족 중심적인 발상은 오늘의 사회가 보다 복잡해져 가족 단위나 좁은 가족의 유추 개념으로는 도저히 풀어나갈 수 없는 사회 전체의 문제들, 이를테면 의료 · 노인 복지 · 특수 장애자 · 그 밖의 공공 시설과 관련된 것들 앞에서는 그 전통적인 적절성을 크게 잃고 말 것

42) Max Weber, 앞의 글(1951), 245쪽. 그리고 그의 *The Protestant Ethic and the Spirit of Capitalism* (New York: Scribner's Sons, 1958)을 볼 것.

이다. 여유 있는 집안과 그렇지 못한 집안들 사이의 균형을 지키고, 이들 집안의 불평등 조건을 넘어서, '하나의 사회로서' 집합적으로 처리해야 할 일들이 더욱 많아질 것이기 때문이다. 본질적으로 가족주의적인 발상은 이기적이며, 사회 전체를 집합적으로 파악하기를 거부하려는 지향성을 안고 있다.

바로 이러한 전통종교의 유산에 대한 깊은 수준에서의 자기 성찰적 이해가 우리 사회의 오늘을 자기 이해적으로 파악하는 열쇠가 될 것이다. 그러기에 우리 사회에 대한 자기 인식은 역사적 경험 세계에 대한 이해를 요구하며, 그것은 또한 역사적 · 사회학적 관심의 투입을 요청한다.

이 글은 박영신, "우리 사회의 성찰적 인식: 전통 구조과정", 〈현상과 인식〉(1985)에 실린 것이다.

2. 한국사회의 변동과 가족주의

I. 이론적 관심과 접근의 원리

우리 사회의 역사적 경험과 현실 문제에 대하여 학계는 이제까지 볼 수 없었던 폭넓은 관심을 보이기 시작하였다. 역사적 경험 내용은 더 이상 역사학의 독점물이 아니라는 생각이 한동안 몰역사적이라고 비판받아왔던 사회과학에 스며들고 있으며, 때때로 유행 이상으로 비판적인 사회과학의 시각과 분석틀을 빌려 지적 관심의 가장자리에 머물러 있던 대상을 조사하고도 있다. 지난 몇 해 사이에 나온 글들을 훑어보면 '우리 사회'에 대한 관심이 얼마나 넓게 퍼져 있는지를 쉽게 알아낼 수 있을 것이다.

그러나 홍수처럼 쏟아져 나온 그 출판물의 양을 기준으로 삼지 않고 일정한 '설명적' 관심에 맞추어 그 질을 따져 본다면 이내 만족보다는 불만족에 가까운 평가를 내리게 될 것이다. 가려진 역사적 사실을 밝히고, 잊혀진 현실 문제를 찾아내고, 그러면서 자못 이론적인 듯 기존의 이론, 연구 방법, 분석을 호되게 후려치지만, 대부분의 경우 연구는 체계성을 잃은 부스러기에 파묻혀 있거나 일관된 논리성을 제쳐둔 채 사건과 현상을 '그리고' 있을 뿐이다. 보기를 들어 지난 1960년대와 1970년대에 우리가 경험한 사회 변동의 폭과 깊이에 대하여 여러 차원에서 조사 연구가 보고되어 왔다. 그러나 이것은 어디까지나 조사의 '보고'로서 끝나고 있다. 수치를 나열하여 '경험적'이라는 인상을 한껏 돋보이기도 하고, 사례 연구라 하여 마치 그런 것만이 '구체적'이라는 듯 힘주어 뽐내기도 하지만, 이것들은 주로 현상을 부분적으로(많은 경우 피상적으로) 서술하고 있을 뿐, 이 시대가 겪은 사회 변동의 구조와 과정을 이론적으로 '설명'하는 데는 미치지 못하고 있다. 우리 것을 연구한다는 이름 밑에 행해지고 있는 역사적 자료에 대한 접근은 두말할 나위도 없다. 우리 사회에 대한 서술적 조사 보고가 충분히 쌓이기까지 '이론적' 작업을 유보할 것이 아니라 자료 조사가 쌓여가는 것과 '함께' 설명적 논의에 대한 이론적 관심을 가져야 하는 것이다. 현상의 서술과 보고라는 바퀴와 인식의 설명적 시도라는 바퀴, 그 어느 것이 앞서고 뒤서는 시간의 관계가 아니라 두 바퀴가 나란히 굴러가는 시·공간의 결합 관계이어야 하기 때문이다.

이런 까닭에, 숱한 글이 발표되어 쌓이고 있지만 불행하게도 우리는 한국사회의 '이론적 이해'에는 사뭇 미치지 못하고 있는 것이다. 이론적으로 말하자면 우리는 한국사회에 대해서 아는 것이 없다는 역설적인 결론에 와 닿고 만다. 오늘날 우리가 살고 있는 이 사회는 어떻게 움직여가고 있는 것인가? 경제 발전의 성공 사례로 꼽히고 있다는 휘황찬란한 현대판 한국사회가 구정(舊正)을 새삼 공휴일로 제정하여 "조상의 날"이니 "민속의 날"이란 말로 모두 옛 절기를 지켜야 하겠다는 그 행동 지향적인 밑바탕은 어떻게 짜여진 것인가? 첨단 기술로 세계에서 상위 몇 번째의 전자 생산품을 제조·수출한다는 합리적인 과학 선진의 기업체에서 명절이나 회사 기념식 때가 되면 기업체의 발전을 위해 돼지 머리를 제사상에 차려 놓고 상고 시대의 제의를 재연하는 사회 과정은 어떻게 풀이되는 것인가? 실로 산업혁명이라 할 만한 경제 성장의 과정에 따라 가족 단위가 소규모화 하고 모든 조직이 공식성을 더해 가고 있는 듯한데도 전통 사회의 규범 윤리였던 효와 충의 원리를 내세우게 되는 것은 어찌된 일인가? 아니, 전통 가치의 지속성 속에서도 경제 근대화의 궤도에 오를 수 있는 현상은 어떻게 해명되는 것인가? 얼핏 모순되고 대립되는 것 같은 이러한 우리 사회의 구조와 변동에 대한 문제에 끈질기게 다가서려는 이론적 해명을 시도하고 있는 경우가 없는 것 같다.

한국사회의 구조적 특성과 변동을 총체적이면서도 이론적으로 풀어 보려는 일은 단순히 자료의 발굴이나 조사 또는 단편적인 사회 사실의 통계 조사와 같은 내용적 연구로써는 이룩될 수 없다. 그리고 서구의 학문적 분위기라는 맥락 안에서 찬·반의 이론적 도식이 생산되었던 그 역사적 및 지적 상황을 무시한 채 '이론적 틀'을 몰비판적으로 마구 받아들여 이론의 '보편성'이니 또는 '제3세계'라는 바람에 들떠 흩날리고 있다면 그 일은 성취되지 않을 것이다. 아무리 조그마한 데까지 샅샅이 캐보는 천착적인 사례 연구와 조사를 계속한다 하더라도 그것이 몰이론적인 한 설명적 분석의 열매는 거두지 못할 것이다. 마찬가지로 아무리 정연한 논리적 틀에 따라 우리 사회의 어느 짜임새를 비추어 본다 하더라도 그것이 '이론적 성찰'을 거치지 않고 폭 좁은 애꾸눈으로 남아 있는 한 우리 사회 특유의 삶을 성실히 풀어 주지는 못할 것이다. 무비판적인 분석틀의 도입은 몰이론적인 사실 발견에의 집착과 함께 모두 일단은 멈추어야 할 필요가 있다. 편리에 따라 때로는 이익에 맞추어 '우리 것'이라든가 또는 '비판적'이라는 말을 담고 있는 유행적인 지적 분위기의 세찬 흐름 속에서는 우리 사회가 담고 있는 오늘의 삶의 짜임새와 움직임이라는 기본적이고도 핵심적인 문제에 대하여 만족할 만한 이론적 해명을 얻지 못하기 때문이다. 축적되고 있는 연구 성과들은 우리 사회의 구조와 변동에 대한 부분적인 자료를 제공해 주는 데서 그 소임을 다하고 있을 따름이다.

우리 사회의 됨됨이를 이론적으로 해명해야 한다는 주장을 전제한 만큼 여기서 채택하고자 하는 이론적 접근 방법을 밝혀둘 필요가 있을 것이다. 나는 "역사·구조적 접근의 일반 원리"라는 글에서[1] 일반적인 수준에서 한쪽으로 치우친 이론적 관심을 비판하고 그것을 극복하기 위하여 대안적 접근 방법을 세우려 한 바 있다. 이것은 두 개념 상황을 전제로 한다. 하나는 역사성이요 다른 하나는 구조성이다. 역사성이란 구체적인 역사적 상황에서 인간은 의식 있는 행동을 한다는 것으로서 상황을 해석하고 선택하고 결단하며 거기에 참여한다는 것을 강조한다. 또 한편, 의식 있는 인간이 역사적 상황 안에서 행동하는 만큼 그 상황의 형식이 행위에 대한 일정한 견제력을 행사한다. 전통, 문화, 가치, 의사소통의 형식과 규칙, 의미의 틀과 이어지고 그것들에 의하여 떠받쳐지는 사회 관계성을 무시하고는 인간의 의식적 행동을 생각할 수 없다. 인간 행동에 외재하여 견제력을 갖고 있으면서도 그 행동에 의하여 다듬어지고 만들어질 수 있는 그런 사회 관계성이 구조성이다. 다시 말해서 사회 구조를 인간이 지지하거나 변형시키는 실천적 차원이 역사성이며, 이러한 인간 행동을 낳고 이 행동의 결과로서 만들어지는 인간 행동의 생산·재생산 차원이 사회 구조이다. 곧, 역사·구조적 접근 방법은 실천적 인간의 행동이라는 역사성과 제도적인 사회관계를 가리키는 구조성 사이에서 빚어지는 모든 변증적인 엇물림에 분석적 관심을 모으려는 것이다.

역사·구조적 접근은 의식 있는 인간 행동의 교섭 체계로서 나타나고 있는 사회의 구조적 짜임새를 주목하는 만큼 그것의 역동적 전개와 과정을 통시적(diachronic)으로 분석해야 하며, 동시에 인간 행동 체계의 상호 의존성과 그 짜임의 관계를 보편적으로 다루어야 하는 만큼 그것을 공시적(synchronic)으로 분석해야 한다. 바꾸어 말해서 구체적

1) 박영신, "역사·구조적 접근의 일반원리", 〈사회학 연구〉, 첫째 책(1985), 10-31쪽을 볼 것.

인 상황에 인간이 참여하는 것은 시간의 축이 수직적이면서도 수평적으로 이어져 특정 시간의 상황에서 벌어지는 현상뿐만 아니라 시간과 시간 사이의 흐름 위에 나타나는 현상을 분석하고자 하는 것이다. 이러한 분석적 접근은 보다 신중하고 균형된 이론적 관심을 지향하는 것이며, 이것은 또한 전체를 포괄적으로 조감할 수 있는 입장을 견지한다. 여기 제시된 이론적 접근은 "구조와 역사 사이에서 괴리와 단절을 보는 것이 아니라 그 이음을 보기 때문에 구조란 구조적 과정이 되는 것이요, 그러기에 역사성은 구조화이며 또한 반구조화라고 말할 수 있는 것이다. 구조적 특성에 대한 수직적 분석과 함께 그 역사적 과정에 대한 수평적 분석이 아울러 적용되는 이 이론적 접근의 관점은 그것이 의도하는 바대로 사회 현상의 그 어느 것에 대해서도 총체적 분석의 방향과 가능성을 제시할 수 있을 것이다."[2)]

오늘의 우리 사회가 움직여가고 있는 됨됨이는 의식적 인간이 없는 현상의 껍질들을 주워 모아 이해될 수 있는 것이 아니며, 구체적인 사회 상황이 전제되지 않은 구조적 진공 상태에서 인간 행위를 사변적으로 그려 파악되는 것도 아니다. 이 둘은 변증적으로 이어져 있어야 하는 것이다. 그 뿐만 아니라 한국사회의 됨됨이는 현재의 시점에서 가치, 규범, 제재가 엮어 이어진 구조적 양식을 행위자가 배우고 내면화하여 그것에 동화·순응하는 과정의 분석에 의하여 밝혀지는 동시에, 그 구조적 양식을 시간의 축에 따라 분석하는 작업에 의해서 해명되는 것이다. 우리 시대의 사회 분석은 모름지기 역사·구조적 분석을 필요로 한다. 우리 시대를 총체적으로 파악하되, 이것은 어느 한 시대를 잘라내어 설명하는 몰역사적 대상이 되어서는 안 되는 것이다. 1960년대와 1970년대의 사회 변동은 역사적 이음새와 상관없이 이 시대에 갑자기 나타난 '신비스런' 형체가 아니라 그 이전의 시대와 이어진 역사적 시간의 내용과 이어져 있기 때문이다. 역사·구조적 분석의 강점은 바로 이러

---

2) 위의 글, 29쪽을 볼 것.

한 시각에 의한 총체적 인식을 겨냥하는 데 있다.

II. 사회 구조, 변동, 가족주의

특정 사회 구성원들의 선택과 결정의 방향을 정의해 주고 행동의 지향성을 규정하고 있는 가치 유형은 전체 사회의 구조 밑바탕을 이루고 있다. 그리고 그 가치는 사회 구성원들이 자리 잡고 있는 바로 그 사회가 지향해야 할 바람직한 사회상을 가리킨다. 따라서 여기서 말하는 가치는 특정 사회 체계의 뼈대와 이어져 사회의 연속성을 강화하는 질서 유지의 힘을 갖기도 하지만, 이와 함께 바람직한 사회상을 향한 방향을 제시하고 사회 구성원들의 사회 심리적 에너지와 의식 내용을 제공할 수 있는 역동적 힘을 행사한다.[3] 그러나 인간의 행위란 가치가 일방적으로 발산되어 나온 구체적인 결과라고 주장하는 것은 어처구니없는 일이다. 끊임없이 바뀌어 가고 있는 현실 상황과 대립 · 모순되는 가치 상황이 복잡하게 일고 있는 세계에서 인간 행동이 가치의 단순한 표출이라고 하는 것은 예외적인 성인군자나 광신자에게나 통하는 주장이다. 더욱이 전체 사회의 가치 체계는 복잡하고 다양한 사회 구조적인 요인과 이어져 있고 이러한 요인에 의해 제한되기도 하는 것이다. 이 같은 전제 위에서 한국사회의 구성원들이 나누어 갖고 있는 신념과 태도를 구성하고, 이들이 지향하는 바람직한 사회 유형의 조직 원리가 되며, 행위를 규제하면서 이끌어 가고 있는 본질적인 사회 원리는 무엇인가 하고 캐묻고 싶은 것이다. 이 본질적 사회 원리는 사화 변동의 역사적 과정에서 어떤 방식으로 작동하여 오늘에 이르렀는가? 하는 물음이 제기된다.

이 물음에 대해 나는 몇몇 글에서 다음과 같은 사실을 논증해 밝히

3) 로버트 벨라, 《사회 변동의 상징 구조》(서울: 삼영사, 1981). 특히 6장을 볼 것.

려 하였다.[4)]

1. 오랜 역사적 경험 속에 이어져 내려온 가족 중심의 생활양식이 특히 조선 시대의 유교에 의하여 중핵적인 가치로 정형화되었다. 곧 충(忠)보다도 효(孝)의 가치가 일차성의 자리에 올라 조선사회의 기본적인 틀을 이루었던 것이다.
2. 가족 공동체 중심의 인륜 관계가 효의 가치 규범에 의하여 유지 · 강화되고, 효의 가치는 사회의 모든 영역에 스며들어, 유교적(종교적) 영역과 세속적 영역이 용해된 짜임새로 조선 사회가 굳어졌다.
3. 모든 영역이 유교라는 종교적 가치에 의하여 철저히 정당화되고 있었던 만큼, 사회 변혁의 시도는 유교 이외의 새로운 종교적 정당성을 필요로 하였다. 19세기 후반 근대적 사회 변동의 운동 세력으로 나타난 농민 운동과 독립협회 운동이 제가끔 동학과 기독교라는 새로운 종교적 정당성에 터하고 있었던 것은 우연이 아니라 조선 사회의 구조적 용해성에서 해명되는 것이다.
4. 근대적 사회 변동을 지향한 운동이 좌절됨과 동시에, 일본의 식민 지배에 의하여 한국 전통 사회의 기본 원리는 근본적 평가와 비판을 거치지 않고 해방을 맞은 셈이 되었다. 반일 민족 운동은 시대적 필요에 응한 것이었지만, 전통과 유산에 대한 비판적 혁파와 이어지지는 않았다.
5. 1960년대와 1970년대의 경제적 근대화와 산업화는 가족 중심의 전통 의식과 합리적인 근대 의식의 근본적인 모순이나 대립에서 빚어진 결과가 아니라 가족의 이익과 복리를 지향하는 전통적 가치에 산업화라는 물질적 풍요의 약속이 어울려 서로 강화시킨 데서 얻어진

4) "전통 사회의 구조적 인식", 《延世論叢》, 14집(1977); "조선 시대 말기의 사회 변동과 사회 운동", 〈현상과 인식〉, 2권 1호(1978년 봄); 그리고 "한국사회 발전론"(한국사회학회 · 현대사회연구소 주최 학술모임 주제 발표, 1983년 9월 16일) 또는 이 책의 7장을 볼 것. 한국 사회의 가족주의적 성격을 보여주는 매우 설득력 있는 글로는 최재석, 《韓國人의 社會的 性格》(서울: 개문사, 1965)을 볼 것.

우리 특유의 변동 현상이었다.

사회 변동이 주는 압력 때문에 삶과 환경이 바뀌면서 가족의 크기도 핵가족의 형식을 보이고 있지만, 전래의 가족 중심적인 가치에 이어진 발상과 인식의 틀은 오늘날에 와서도 강력한 힘을 행사하고 있다. 가족의 이익을 내세우는 가치의 틀 속에 경제적 생산을 높여 줄 능률과 효율성은 심각한 갈등 없이 쉽게 들어올 수 있었으며, "우리 집안"이 "잘 살아야 한다"는 성공과 복지를 지향하는 가치가 물질적 풍요를 위한 적극적 행동을 유발하는 동기화의 출처이기도 하였다.

전통 사회로부터 1960-70년대의 산업화를 겪은 오늘의 사회로 발전해온 변동의 과정을 풀이하려면 가족 중심의 기본적인 가치 유형의 조정 현상을 주목해야 한다. 한국사회의 전통 속에서 기본적인 사회 단위를 이루었던 가족의 가치는 친족과 혈연을 바탕으로 하는 '자연스런'[5] 원초적 관계의 통합과 결속이었다. 이 제도적 체계의 특성은 보편적인 원리나 일반 기준에 의하여 다른 사람들을 평가하는 것이 아니라 사사로운 관계와 특수한 기준에 의해 평가하는 특수주의(particularism)의 가치와 사회적 관계에서 다른 사람을 타고난 사회적 신분과 위치에 따른 귀속적 자질(ascribed quality)로 평가하는 가치로 엮인 것이었다. 이 통합적 제도의 가치 유형이 조정 과정을 밟아, 귀속적 자질이 지녔던 우위성이 특정 과업을 수행하는 성취(achievement)와 업적(performance)으로 옮아가는 결과로서 나타난 것이 지난 20여 년 동안 경험해 온 산업화와 경제 성장의 사회적 성격이었다.

현대 산업 사회의 표준이 되고 있는 서구 사회도 예외가 아니듯이,

---

5) 로버트 벨라, 앞의 글, 5장 "기독교와 유교에서 보는 부자관계"에서 논의되고 있는 유교문화권 사회의 가족에 대한 인식 내용을 볼 것. 이와 관련하여 〈社會科學과 政策硏究〉 6권 1호(1984년 7월)가 싣고 있는 바, KBS의 "이산가족 찾기"를 재치 있게 때에 맞추어 논의의 대상으로 삼은 모임에서 나온 글들과 토론 내용은 다양한 각도에서 다룬 듯하나, 크게는 '자연적'인 관계를 높이 보려는 주제에 모아지고 있는 것을 볼 것.

어떤 사회도 산업화가 표상하는 업적과 성취, 베버가 말하는 경제적 차원의 수단적 합리화만으로 설명되는 것은 아니다. 많은 재래의 제약으로부터 생산을 위한 수단을 떼어놓고 능률적으로 쓸 수 있게 하는 형식적 합리성 또는 도구적 행위가 단연 일차적인 우위성을 띠는 방향으로 바뀌어 간다고 하더라도, 이것만으로는 사회가 사회로서 존립할 수는 없다. 이것을 제한하고 규제하는 특정 사회 나름의 종교적, 도덕적, 또는 정치적 제약을 받고 있는 것이다. 우리 사회의 경우, 강력한 행정력을 가진 정부의 직접적인 지시와 개입을 통하여 강조되었던 수단의 합리화가 전통적 사회 유형인 가족 중심적인 가치와 틀 안에서 수용되고 확장되었다고 풀이된다. 바꾸어 말해서, 1960년대 이후에 강조되었던 바 "열심히 일하여 잘 살아 보자"는 정부 주도의 경제 성장 정책은 생산성을 높이는 어느 만큼의 수단적 합리화 과정을 촉진했다고 할 수 있다. 그러나 이것은 가족 중심의 가치 유형을 크게 벗어나는 것이 아니었다. 생산업에 종사하는 이들의 동기가 때때로 국가 발전이나 애국이라는 정치적 목표와 국가 이익에 이어지기를 바라는 주장이 행정부와 근로자 쪽에서 나오곤 하지만, 주된 동기는 가족 중심의 이익과 이어져 있었다. 사회 역할 분화에 따라 가계를 책임지는 남성의 경우는 두말할 것도 없겠지만, 사회적으로 가계 책임의 역할을 담당하지 않는 여성 근로자의 경우도 일하는 동기로서 "남자 동생의 공부를 돕는 것"과 같은 가계 보조가 한 조사 보고서에 가장 큰 비율로 나타나고 있다.[6] "잘 살아 보자"는 주장은 분명히 업적과 성취 가치를 강조하는 것이지만 이것은 가족 중심의 특수주의적 가치 유형을 깨는 것이 아니라 오히려 이 유형 속에서 이루어졌고 이 유형에서 빚어지는 동기에 의하여 강화될 수도 있었던 것이다.

한국사회에서 일어난 최근의 산업화 과정은 조선 시대에 이미 제도

6) 오선임, "여성 근로자 실태 조사 보고서: 구로·구미 공단 중심으로"(한국 여성 유권자 연맹, 1980년 6월)를 볼 것. 현실감 있는 기록으로서 참고가 될 수 있는 글로는 송효순, 《서울로 가는 길》(서울: 형성사, 1982)의 여러 곳을 볼 것.

화되어 있었던 가족 중심의 가치 지향성에 의하여 저해된 것이 아니라 촉진되었다는 데 그 특수성이 있었다. 이 과정은 행정의 개입과 지도를 통한 성취와 업적의 가치를 강조했던 계기가 수반된 것이었으며, 거기에 맞추어 동기가 유발된 사회의 기본 가치 지향성의 활성화와 강화가 있었음은 물론이었다.

이 기본적인 가치 지향성이 사회 변동의 과정에서 어떤 기제에 의하여 이어져 존재하며 삶의 세계에 어떻게 작동하는가는 아래에서 보다 자세히 논한다.

III. 가족주의와 긴장의 처리

산업화와 근대화로 일컬어지는 사회 변동 현상은 여러 영역에서 나타났다. 그것은 산업 및 취업 구조와 노동시장의 구조에 급격한 변화를 가져왔다. 제1차 산업에 취업한 노동력의 비율이 1960년대 초에는 63.1%이었으나 1983년에는 32.1%로, 1차 산업이 국민 총생산에 차지하는 생산 비중은 1960년대 초의 56.5%로부터 1982년에는 18.1%로 각각 줄어들었다. 노동력이 농촌에서 도시로 들어오는 추세가 계속되어 농촌 거주 인구가 줄어드는 한편, 농촌의 전원적 성격이 약화되면서 도시화의 속도와 범위가 계속 커지고 있다. 이와 나란히 가족의 형태도 소규모화와 핵가족화 추세를 보이고, 가족 형성기의 지연화 현상이 생기고, 또한 여성의 경제 활동 참가율이 높아지고 있다.[7]

위에 적은 단편적인 이야기로도 삶의 세계와 그 짜임새가 크게 바뀌고 있음을 잘 알 수 있을 것이다. 사회학에서 널리 쓰이고 있는 개념을 빌어 보면 한국사회는 여러 영역에서 구조적 분화의 과정을 밟아 왔다

7) 한국사회학회 엮음, 《한국 사회 어디로 가고 있나》(서울: 현대사회연구소, 1983), 1-2부의 여러 글을 볼 것. 그리고 "數値로 보는 54년→64년→74년→84년의 변천상", 〈한국일보〉, 1984년 6월 9일 자를 볼 것.

고 분석할 수 있다. 가족 또는 혈연적 공동체와 긴밀히 이어져 수행되어 오던 경제적 생산 활동이 밖으로 떨어져 나가 생산 조직 속에서 활동하는 인구와 그들이 바치는 시간은 증폭되고 있는 것이다. 산업별 취업 구조의 변화와 도시 이입 인구의 증가는 모두 구조적 및 기능적 분화 과정과 떼어놓을 수 없는 현상들이다. 이른바 일차적 집단에 대한 이차적 집단의 상대적 증가를 가져왔다 할 수 있을 것이다.

산업화 속도의 증대는 농업적 노동으로부터 비농업적 노동으로의 이동을 뜻하는 만큼, 생산을 목적으로 하는 보다 특수한 기업체, 보다 복잡한 조직체가 사회 변동 과정에서 많이 나타나기 시작하였다. 권위와 권력의 역할 분화를 가리키는 복잡성뿐만 아니라 기술의 소유와 기술에 대한 지식을 현대의 산업체가 요구함으로써, 전문 기술·지식을 소유하고 있는 상층 기술자층 또는 경영자층과 생산 과정의 고도 기계화 때문에 지극히 단순한 숙련 기술, 곧 탈숙련(de-skilled)의 상태에 묶이게 된 노동자층으로 분리되게 되었다. 이 같은 역할 분화에 따라 상급 경영자와 전문 기술자가 노동 과정을 통제하고 주요 결정을 내리게 되어, 지난날 거의 모두가 제가끔 누리던 통제와 주요 결정권을 오늘의 대다수 노동자들은 더 이상 향유하지 못하고 이를 상실해 버리고 말았다.

오늘의 생산 조직체 안에서 노동자들은 지난날 농부들이 자기 편리와 필요에 따라 일하는 시간을 정했듯이 더 이상 자기 노동 시간을 정할 수 없게 되었고, 농부들이 자기 기호에 따라 연장을 고르고 자신의 계산과 노력에 따라 수확의 양과 질을 얼마만큼 결정할 수 있었으나 더 이상 산업 노동에 요구되는 재료, 도구와 기계, 나아가서 생산의 양과 질에 대하여 결정하고 통제할 수 없게 되었다. 보기를 들어, 어느 만년필 공장에서 일하는 공원들은 만년필의 몸통을 규칙적으로 정확하게 눌러 잘라 만들어내는 기계 앞에서 그 속도에 따라 움직여야 하고, 그 기계, 재료, 생산 과정에 대한 최소한의 결정권도 갖고 있지 못한 상황을 쉽게 찾아볼 수 있다. 개발실이나 품질 관리실을 통한 기술 통제가 적용되어 현장에서 감독을 맡은 부서 책임자는 주로 계획된 통제의 내용을 전달하고, 전문 기술자가 정해 놓은 테두리 속에서 대개의 경우 기계 자체가 통제하고 있는 것이다.[8] 한마디로, 산업시대의 일을 하기 위해 농촌을 떠나 도시의 공장으로 온 노동 근로자들은 기술, 분업, 명령, 통제의 조짐을 낳는 사회 구조의 변동을 새 일터에서 경험하고 있다.

현대사회의 노동은 그 성격상 사람과 사람 사이의 친밀한 관계에 터하고 있지 않을 뿐만 아니라 일하는 이의 필요에 따라 선택하고 결정할 수 있는 여지가 극적으로 좁아들 수밖에 없는 만큼, 이러한 노동에서 피할 수 없이 광범위한 삶의 긴장이 나오게 되었다. 전통적 사회의 일상적 삶의 규범과 일의 관례에 따라 친밀한 인간관계를 갖기가 어려워진 거대한 공식 조직이 주는 위계적 통제와 이의 구조적 속성에 더하여 시장 경제의 요구에 맞추고 경쟁해야 하며, 정부의 정책적 요구에 따라 끊임없이 적응해 가야 하기에 가변성과 불확실성 속에서 일해야 하는 현대 사회의 구성원들은 마냥 안정된 친밀한 삶의 틀을 요구하고 희구할 수밖에 없는 불안한 긴장의 깊은 늪 속에 빠져들 가능성이 커진 셈이다. 물론 이 긴장의 영역은 산업 생산 조직에만 한정되어 있는 것이 아니다. 경제 생산 영역뿐만 아니라 가족과 같은 사사로운 영역을 벗어난 정치 정당 조직, 정부 기관, 그 밖의 여러 거대하고 복잡한 공식 조직 모두에서 일의 성격과 일에 대한 요구 사항과 거기서 느끼는 불안스런 긴장은 본질적으로 비슷할 것이다.

서구사회의 경우에도 이러한 구조적 분화 과정에서 빚어지는 긴장은 마찬가지일 것이다. 그러나 여기에는 전통적 사회 조직이 약화 또는 해체되는 과정과 나란히, 아니 그러한 과정을 촉발하고 재촉할 수 있었던 서구 문명의 윤리적 및 종교·이념적 가치, 곧 개인의 자율적 판단

---

8) 현장 조사 연구 보고서인 박희, "생산 과정에서의 노동 통제와 노동력의 재생산 문제"(연세대학교대학원, 석사학위 논문, 1985년)를 볼 것.

과 선택을 강조하는 문화적 자원에 힘입어 비교적 사회적 긴장을 독립된 자아의 실현이라는 등속의 가치 지향성을 바탕으로 하는 사회 가치의 틀 속에서 보다 적극적으로 수용·처리해 왔다고 볼 수 있다.[9)]

그러나 우리 사회의 경우 친밀한 가족 공동체의 일차적 결속 관계에 터한 삶의 세계가 기울어지고 사회 구조적 문화 과정이 확대되어 여기서 생겨나는 불안과 타격을 얼마만큼 '적극적으로' 해결해 줄 수 있는 문화적 자원은 없는 것 같다. 서구의 "독립된 자아"의 존중과 책임 있는 자아 지향성의 맥락에서 파악될 수 있는 문화적 자원과는 달리, 우리 사회는 원초적인 친밀성의 틀, 곧 전통적으로 강렬한 가족적 유대 또는 결속 관계를 강조하는 가족주의적 집합성이 자아내는 친밀성이라는 가치 지향성의 문화적 자원이 재활성, 재확인, 재강조되는 방향과 맥락이 강하게 나타나고 있다 할 것이다.

이 같은 현상은 아래와 같은 보기에서 극적으로 드러난다. 지난 몇십 년 동안 양력설을 지키고 음력설을 없애려던 정부의 정책은 두말할 것도 없고, 음력설과 양력설을 두 번 쇠는 이른바 이중 과세의 폐지 운동마저도 끝내 그 실패를 공식적으로 천명하기에 이르렀다. 근대화니 세계적 추세니 하며 음력설을 부정하고 끈질긴 음력설의 공식화 압력을 버티어 오던 '선도적'인 정부의 힘이 기진맥진해 오다, 젊은 층을 포함한 지식인들이 앞장서 우리 것을 찾아야 한다는 이른바 주체적(?)인 것을 내세워 다양한 사회 세력을 동원해 가며 점차 그 열기를 더해 왔던 "구정 공휴일화"의 운동 세력 앞에 굴복하고 만 것이다. 이것이 올해 들어 공공 기관을 제외한 기업·생산체들이 대개 3일 휴가를 주며 "민속의 날"을 보내게 된 사회적 배경이다.

지난 번 음력설 때 일간 신문들과 정부가 관장하고 있는 텔레비전들은 제가끔 옛 것을 되찾는 분위기를 한결 고조시킨 갖가지 기사와 내

9) 보기로서 Martin S. Lipset, *The First New Nation* (Garden City, New York: Doubleday, 1970)(1963)을 볼 것.

용들을 마련했다. 조상을 기리는 낮 제사인 차례 지내는 일을 강조하는 가운데, 제사상 차리는 방법까지도 거의 규격화시키듯 서술하여 특집으로 삼았는가 하면, 텔레비전은 영상을 통해 차례 지내는 일의 격식을 알려주었다. 그리고는 한결 같이 차례는 조상의 은덕을 기리는 것이며, 민족의 뿌리를 찾는 것이라는 민족의 참모습(identity)으로까지 이어 놓았으며, 차례를 지내는 비율이 점점 늘어나는 추세임을 간단한 통계치로 보여 주기도 하였다.[10)]

오늘날 농업 사회가 아닌 산업 사회 또는 그것까지도 넘어선다는 새로운 사회의 삶의 마당에서, 차례를 지내며 조상 숭배하는 옛 풍습과 관행의 뜻을 되살리고, 친척과 가족이 함께하기 위해 고향 동네를 방문하는 귀성객의 행렬과 각 기업·생산체의 후의(?)로 특별 버스에 탄 귀성 근로자들의 모습들을 크게 부각하는 것은 아마도 점차 전문화, 분화, 관료 통제화되는 산업 사회적 구조화의 과정이 심화되고 있는 것과 긴밀히 이어져 있을 것이다. 사회 변동의 추세에 아랑곳없이, 아니 바로 이러한 사회 변동의 추세에 맞추어 족보 인쇄의 총본산인 대전에서는 경제 불황의 순환 법칙에 구애됨 없이 꾸준히 족보 산업이 성황하고 있는 까닭 또한 산업적 사회의 분화 과정에서 경험하게 되는 문제와 무관하지 않을 것이다. 이 한국판 전천후 기업의 계속되는 성황 그 자체는 친밀한 가족 공동체를 잃어가고 있는 이들이 새삼 혈연적 뿌리를 찾아 쇠미한 친족 관계를 회복하고 싶은 열망이 만연되어 가고 있기 때문이다.[11)] 산업 사회에서 생길 수 있는 불만, 소외, 아노미 따위의 삶의 문제에 맞부딪히며 사는 이들에게, 시냇물 흐르고 살구꽃 피는 동화적인 마을과 여기에 뿌리내린 친밀한 인간관계의 이미지는 누구도 꺾

10) 구정 때의 일간 신문 모두가 그러하였으나 보기로서 〈동아일보〉, 1985년 2월 18일자 16면에 실린 "되살아난 옛 정취: 舊正"을 볼 것. 그리고 같은 해 2월 20일의 KBS 및 MBC 뉴스 프로그램 내용을 자료로 삼을 수 있을 것이다.

11) 벌써부터 잘 알려져 있는 사실이지만 1985년 2월 16일 구정에 맞추어 보도된 KBS 프로그램에 터하고 있음.

기 어려운 원초적 흡인력을 주는 것 같다. 보다 정확히, 우리 사회의 경우 산업 사회적 문제에 시달린 이들의 아주 '자연스런' 보금자리는 혈연적 가족의 틀이며, 바로 그 안에서 불안과 갈등 그리고 소외로 휩싸였던 피곤한 삶의 균형감을 회복하게 되는 것이다. 가족적 공동체라는 문화적 자원에로의 복귀 또는 그것의 동원이 사회적 긴장의 사회적 치유 과정을 구성하고 있는 셈이다.

옛 관습과 이어진 전통종교, 특히 유교적인 전통이 산업화니 근대화니 또는 서구 문명의 영향 때문에 결정적으로 깨어져 힘을 잃게 되었다는 주장이 널리 퍼져 있고, 사실 이런 주장이 상식적인 진리가 되고 있다. 그러나 이러한 사회 변동 과정과는 상관없이, 아니 역설적으로 그러한 변동 과정 때문에 전통적인 관습과 종교 의례가 강화되고 있는 것이다. 사회 변동의 결과로서 경험하게 되는 긴장의 해결을 옛 종교의 전통적인 틀 속에서 찾아보려는 흐름이 더 강해지고 있다는 사실에 나는 주목하고 싶다.

1970년대 '민중'이라는 낱말을 써가며 그 당시 급격한 산업화 과정에서 빚어졌던 사회적 모순과 소외를 그려보며 이해하고자 했던 것에 뒤이어, 최근 들어 '공동체' 또는 '공동체 문화'라는 말을 빌어 우리의 전통 사회를 특징짓고 있던 공동체 의식의 재활성화나 그런 의식이 담긴 문화 양식을 강조하고 있는 움직임이 커져 가고 있는 듯하다. 강조점이나 낱말의 결과 뜻에서 차이가 분명히 있는 것이기는 하지만, '민중' 속에 요즘 말하는 '공동체'의 뜻이 없었던 것은 아닌 듯하며, '공동체'는 그 '민중'의 확장이거나 심화 현상으로 보인다. 짧게 말하면, 근대화니 산업화니 하는 '서구적' 발상과 이어진 사회 변동적 결과로 나오게 된 탈전통화와 탈친밀성, 곧 사회·경제적, 문화적, 정치적 긴장과 소외의 극복을 겨냥하려는 데서 위의 두 낱말이 서로 만나고 있는 것이다. '민중'을 치켜세울 때 이념적 및 사상적 개방성을 전연 보이지 않은 것은 아니나 언제나 민족적 역사의 기록이나 기억 속에서 그 본보기를 찾아 우리 특유의 역사적 전통에 이어 보고자 했으며, '민중'론은 미래 사회에 대한 도전이기보다는 차라리 과거 사회에서 찾아지는 저항 모형이나 순박한 서민 의식에의 관심이 더 강조된 듯 했다. '민중'이란 말이 우리에게 더욱 절실히 와 닿을 때는 그것이 원초적 인간관계에 이어져 있을 때이었다. '민중'의 강조는 '공동체'를 전제로 한 산업 사회의 긴장을 극복하는 것과 이어져 있었다.

언뜻 신선한 듯 하고 또 새 생명력을 불어넣는 듯한 낱말들도 그것이 담고 있는 뜻을 음미해 보면 우리 전래의 문화적 자원 그 테두리에서 맴돌고 있음을 알게 된다. 1970년대든 1980년대든 우리 사회의 문제점들을 부각시킨 구호들 뒤에는 농악, 굿 모임, 민요, 춤들이 표상한 옛 공동체의 혈연적 또는 유사 혈연적 인간관계의 예찬이나 잠시 동안 이나마 그러한 관계를 통한 안식과 위로에의 희구가 있었다. 오늘의 사회가 살벌한 갈등이나 소외로 대표되는 긴장 상태라면 어제의 전통은 소외 이전의 화평한 상태였으며, 긴장 이전의 안정 넘치는 삶이었다는 인식 세계가 깔려 있는 것이다.

어떤 생산 기업체의 경영 책임자가 자기 업체의 종업원들을 상하 관계라는 위계적 질서에 따라 다루지 않고, "대부분의 시간을 보내는 직장에서 따뜻한 분위기가 없다면 어떻게 지낼 수 있겠는가?"라고 반문하면서 종업원들을 '가족처럼' 대한다고 한 말은[12] 오늘의 산업체 안에서 생기는 문제들을 해결하려는 생산 기업체 장들의 전형적인 사고방식일 것이며, 이러한 해결 방안은 생산 종업원들에게 매우 강한 설득력과 공감을 줄 것이다. 능률, 효율, 계산성, 생산 기술, 명령·통제 방법 따위로는 종업원들의 작업 동기를 주기 어렵고 그들의 사기를 높여주기가 힘들 만큼 산업화의 사회 해체적 결과 또는 긴장이 심화·확장되고 있는 것이다. 여기에서 우리나라 전래의 문화적 자원인 가족 공동체적 가치의 활성화를 통하여 생산업체에서 빚어지고 그 안에서 경험하는 근로자들의 긴장을 매우 그럼직하게 누그러뜨릴 수 있을 것이다.

---

12) 〈중앙일보〉, 1985년 3월 1일에 실린 "社長의 條件"을 볼 것.

앞에서도 비추었듯이, 이러한 긴장 처리의 기제가 생산 기업체에 국한된 것이 아니라 널리 퍼져 있다는 것은 다시 적을 필요도 없을 것이다. 다만, 여기에서 가장 특수한 목표를 가지고 가장 강력하게 조직된 규율 집단인 군대마저도 가족 관계를 유추하여 인식하고 있다는 점을 보기 하나를 더해 강조하고 싶다. 이런 가족 모형에 따라 군대 조직을 다스리는 것이 우리 사회에서 모범이 될 수 있고 존경받을 수 있는 지휘관일 것이며, 그러한 인식에 따라 기능하는 군대 조직이 우리 모두에게 믿음직하고 바람직한 것으로 여겨지게 될 것이다. 많은 이들의 존경을 받았던 한 지휘관의 다음과 같은 지휘·통솔 철학은 실로 우리나라 사람들의 공감을 얻기에 넉넉할 것이다.

> … 또 평소 "통솔 통어"라는 말을 즐겨 썼는데 이건 엄한 부친이나 형같이 기강을 잡는 동시에, 인자한 어머니나 누이처럼 부하를 감싸자는 뜻입니다. 한마디로 "군대 가정"입니다. 뭐니 뭐니 해도 가정이 제일 좋은 것 아니겠소. 그러니 가정 떠나 서로 고생하는데 윗사람들이 부모형제처럼 돌봐줘야지.[13)]

옛날과 다른 일과 삶의 틀 속에서 겪게 되는 어색하고 어울리지 않는 켕김의 도가니에서, 새로운 삶과 일의 뜻을 이해하고 이것을 뒷받침해 줄 수 있는 사회·심리적 동기의 문화적 자원은 우리의 경우 가족공동체적인 발상이며 그 가치이다. 바로 이런 자원의 동원 또는 활성을 통하여 모든 조직의 경영·관리 원리의 방향을 잡게 된다. 대학을 '가족'으로 유추하여 "○○의 가족이 된 것을 환영합니다"라고 하면서 신입생 환영사를 낭독하는 거대한 대학 조직의 행정 책임자들이 의도적 또는 무의도적으로 표상하는 내용 속에는 이제 막 입학하여 어리둥절해야 할 이들에게 "가족 분위기"의 인상을 주어 긴장을 줄일 수 있는 효험과 은연중에 스스로 "아버지 같은" 또는 "어머니 같은" 이미지를 주

---

13) 〈조선일보〉, 1985년 6월 12일의 "朝鮮 인터뷰"를 볼 것.

게 되어 있다. 대학에 숱한 써클이 생기고 그 조직 속에 새겨져 있는 "선후배 관계들" 모두가 대학 조직의 비대화 정도에 비례하여 나타나는 익명성과 개체화 현상을 줄이려는 사회적 요구의 확대와 상관되어 있다고 할 수 있다. 사회 변동의 과정에서 또는 옛 삶의 형식과 다른 새로운 삶의 환경에서 경험하게 되는 어쩔 수 없는 불만감과 긴장의 처리에 가장 손쉽게 동원되는 문화적 자원이란 다름 아닌 유교적인 가족 모형의 전통 가치인 것이다.

IV. 가족주의와 공공 영역의 처리

오늘날 우리 사회에서 유교를 정당성의 바탕으로 삼아 제도화된 가족 구성원의 역할 개념이 완전히 사라진 것이 아니라 하더라도 엄청나게 바뀐 것만은 사실이다. 이 바뀐 사실을 두고 격앙된 목소리로 감정적이라 할 논쟁이나 논박이 벌어지곤 하는 것이다. 사회의 근본이 되는 제도이며 이 기둥이 되는 가족 제도가 흔들리고 있기 때문에 우리 사회가 갖가지 어려움을 당하고 있다는 주장이 있는가 하면, 가부장적인 전통의 뿌리 때문에 전근대적인 낡은 법제도의 개정이 어렵다고 공박한다. 이러한 격한 감정적인 대립 때문에 가족제도와 가족의 사회적 위치와 의미에 대한 보다 객관적인 인식 자체가 어렵게 되고 있는 것이다. 가족 제도가 깨지고 허물어져 사회 자체가 해체되고 있다는 위기의식이란 지나치게 과장된 보수적 견해의 산물일 수 있고, 가족 제도의 통제 때문에 보다 민주적이고 평등한 삶의 구성이 불가능하다는 비판의식이란 너무도 비현실적인 이상론의 논리 때문일 수도 있다. 가족이 지닌 신비스런 너울을 벗겨 보다 정확하고 균형된 이해에 이르기 위하여 우리 사회가 터한 가치의 터전을 살피고 우리가 경험해 온 사회 변동의 과정에서 가족 중심의 발상이 어떤 모습으로 존재해 왔는가를 따져볼 필요가 있는 것이다. 바로 이런 의도가 위의 논의에 깔려 있다. 곧,

가족의 모형으로 삶의 세계를 인식하려는 가족주의가 지난 얼마 동안의 사회 변동을 적극적으로 추진시킨 동기의 출처가 되었다는 점을 정리해 보았으며, 이 가족주의적 발상의 문화적 자원이 급속하게 이어진 변동 과정의 결과로서 나타난 긴장의 처리를 돕고 있다는 점을 잠정적으로나마 따져 밝혀 보려 하였다.

이 같은 제한된 관찰과 분석을 바탕으로 성취동기를 제공하고 긴장처리의 틀로 기능하고 있는 가족주의적 삶의 형식이 궁극적으로 좋다든가 또는 나쁘다든가, 아니면 이런 삶의 내용이 행복스러운 것이라든가 아니면 불행한 일이라든가 하는 가치 판단을 내리기는 어렵다. 이것은 관찰과 분석만으로 자동적으로 내려질 판단의 문제가 아니라 이론적 논의의 테두리를 뛰어넘는 가치 결단의 문제이기 때문이다.[14)]

"우리나라의 가족 제도는 좋은 것 아닙니까?"라고 강변하는 유교 지향적 지식인과 서슴없이 모순을 느끼지 않고 똑같은 말을 내뱉는 서구 기독교의 취향을 풍기는 지식인은 모두 가치의 결단에서 입장을 밝히고 선언하는 것이다. 이러한 인생관과 신조 앞에서 관찰과 분석은 생각처럼 그렇게 강할 수 없다. 이것은 오늘의 가족 제도가 쇠미해지고 있는지 없는지에 대한 견해 차이라기보다는 더 근원적인 판단과 소신의 문제이기 때문이다.

그럼에도 불구하고, 우리 사회가 겪는 사회 변동의 추세가 계속되어 간다면—이런 추세는 계속될 것 같지만—우리 사회의 구성원들이 형성해 갈 사회의 됨됨이는 어떻게 전개될 것이며 그러한 과정에서 빚어나올 결과는 어떤 것일까 하는 것에 대해서는 깊이 성찰해 보아야 할 것이다.

가족 또는 유사 가족적 사회 집단을 가장 기본적인 사회 단위로 보고, 이 집단의 이익에 일차적인 관심을 두고 삶을 엮어가는 '가족주의

---

14) 이와 관련하여 Max Weber, *The Methodology of The Social Sciences* (New York: Free Press, 1949)를 볼 것.

적' 가치 지향성은 우리나라의 경우 국가 전체의 수준으로까지 일반화되지는 않고 있다. 아무리 근대기의 민족주의가 국가 전체의 이익을 내세웠다 하더라도, 그리고 남·북 통일의 기본적인 에너지원으로서 단일 민족 공동체의 역사적 실체를 내세운다 하더라도, '가족'의 모형이 국가 전체의 일반 수준으로 올라서 있는 것은 아닌 것 같다. 그러기에 서구적 민주 선거제도를 끌어 왔지만 씨족이니 하는 가문의 명예를 위한다는 생각이 가치의 일차성을 지켜오고 있는 듯하여 좀처럼 국가 단위를 가족의 모형으로 유추하려는 가치의 일반화는 이루어지지 않고 있다고 보아야 할 것이다. 이것은 일면 다행스럽다 할 수 있다. 일본의 근대 역사가 예증했듯이 "가족 국가주의"라는 이데올로기에 한계와 위험이 있기 때문이다. 가족으로 유추한 국가에의 충성을 유발시킨 원초적 동기의 분출 기술은 실로 군국주의의 등창과 그 파멸의 원인이었던 것이다.[15] 가족 국가주의 또는 국가 가족주의는 보편적 가치와의 부단한 변증적 관계를 통한 자기 성찰을 봉쇄 또는 억압한다.

그렇다면 국가의 수준으로 올라서지 못한 소단위 수준의 가족주의의 사회적 함축성은 무엇인가? 어린이와 노인과 같은 주변적인 사회 구성원의 문제는 사회·경제적 및 문화적 조건의 좋고 나쁨에 관계없이, "집안 중심"으로 해결하는 것이 지극히 자연스럽고 당연하다는 개별 가족 중심적 발상 때문에 감당해야 할 사회적 불공평이 너무도 무거워지고 있는 점이다. 노인의 복지 문제는 사회 전체의 문제로 일반화되어 그 수준에서 해결되기보다는 집안의 문제로 남아 있기가 쉽고, 비록 사회 전체의 문제로 부각된다 하더라도 그 해결 단위는 개별 가족

---

15) 일본 사회의 구조와 변동에 대한 벨라의 여러 글을 볼 것. 특히 벨라의 앞의 글 3장과 "Japan's Cultural Identity: Some Reflections on the Work of Watsuji Tetsuro," *Journal of Asian Studies*, vol. 24(1965), 573-594와 "Values and Social Change in Modern Japan," *Beyond Belief* (New York, Evanston, London: Harper & Row, 1970)를 볼 것. 이와 함께 일본의 근대를 쉽게 알 수 있게 쓴 케네스 B. 파일 지음, 박영신·박정신 옮김,《근대 일본의 사회사》(서울: 현상과 인식사, 1985)를 볼 것.

으로 환원되는 것이다. 그러나 불행히도 현대 사회의 삶과 일의 형식으로 보아, 그리고 이와 나란히 존재하는 사회적 조건의 차이를 생각해 볼 때 주변적인 사회 구성원의 문제를 개별 가족이 책임지고 해결해야 한다는 발상은 사회 안의 주변성을 더욱 첨예화시키게 될 것이다. 여유 있는 집안은 모르되 그렇지 못한 집안의 경우는 조건상 불가능할 수 있어 사회 '전체'의 문제로서 공평하게 해결되지 않을 것이다. 이 같은 보기에서 보듯이, 자기 집안의 문제라고 몰아세우는 이데올로기는 사회적 공공성을 축소하고 말 것이다. 전래의 가족주의적 발상에 얽매어 공공 영역을 넓혀 해결할 수 있는 문제를 전래의 가족주의적 발상에 얽매어 가족의 책임으로 전가하는 것은 사회·심리적인 안위와 위로를 줄지는 몰라도 점차 그 문제의 심각성이 더해가는 상황에 실질적으로 맞부딪쳐 대결하는 데까지는 미치지 못한다.

나아가 가족 중심으로 생각하고, 가족의 이익에 따라 문제를 보고 해결하려는 이데올로기가 문제의 근원적 해결을 위한 논의를 뒤로 미루어 놓는 잠시 동안의 구실을 줄 수 있을지는 모르나, 그것은 사회 변동의 추세를 의도적으로 외면하거나 간과하는 '근본주의적' 반작용 이외에 아무것도 아닌 것이다. 자기 집안 단위로 생각하는 가치 지향성이 여러 심리 치료적 의미를 주고 있음에도 불구하고 이것은 때로는 드러나고 때로는 가려진 '이기주의적' 요소를 갖고 있다.[16] 이것 때문에 유사 가족의 공동체들 사이의 사회·심리적 거리가 불가피하게 나타나고 또 이것을 강조하는 '좁은' 충성심이 만연하게 되어 이익의 표출과 이익 대립의 처리가 어렵게 되는, 넓은 뜻에서의 '정치적' 마당이 생겨나기가 힘들게 될 것이다. 한 생산 조직체를 가족으로 유추했을 때 이것이 참된 뜻에서의 '집안 식구'처럼 움직이고 있는지도 되생각해 보아

16) 이러한 점은 벌써부터 생각해 온 것이지만, 간단하게나마 정리하여 활용한 강연 내용인 박영신, "한국 교회, 그 사회학적 진단 및 개혁의 과제들", 〈연세대학교 제1회 연신원 목회자 하기 세미나 강연집〉(1981), 190-201쪽을 볼 것. 또한 나의 책, 《역사와 사회변동》(서울: 한국사회학연구소/민영사, 1987), 7장을 볼 것.

야겠지만, 그렇게 되고 있다 하더라도 이런 조직들을 어느 일반적인 사회 수준에서 서로 이어 놓을 수 있겠는가 하는 것은 여전히 심각한 문제로 남게 된다. 독자적인 개인, 개인의 존엄성, 개인의 진정한 이익이란 공공성 또는 공공 영역의 확장 안에서만 공평하게 보장받을 수 있다. 존엄성을 인정받은 개인들이 이기적으로 분산되는 맞싸움이 아니라 공공성이라는 넓은 행위의 틀 속에서 서로 의사소통하는 새로운 결속 관계를 추구할 수 있는 것이다.[17] 이 점에서 개인의 가치를 높이려는 참된 개인주의는 이 공공성과 표리의 관계에 있다. 이기적 집단주의, 가족 이기주의 또는 이기주의적 가족주의는 '주변적' 사회 구성원과 사회 집단의 외로움과 서러움을 알지 못하게 가려, 그들의 아픔을 끝내 사사로운 영역 속에 가두어 덮어 둘 가능성을 안고 있기 때문이다.

우리 사회의 변동이 효율적으로 진척되어 신생 중진국으로 올라서고 사회 변동의 결과로 나타난 산업 사회적 문제를 효과적으로 해결하는 데 우리 고유의 가족주의적 가치 지향성이 차지하는 긍정적 몫이 크다 하더라도, 이것이 사회 구성원 모두의 공평한 대우를 공적으로 보장해 주는 데 도움을 주지 못한다면, 이제 그 가족주의의 지향성을 우리는 어떻게 보아야 할 것인가?

이 문제는 단순히 가족 제도의 문제가 아니라 우리 사회의 문제 그 자체이기도 하다. 바로 여기에, 우리들 삶의 구조적 조건과 우리 스스로 의미를 찾고 되찾아 삶을 엮어가는 꿈틀거림과 움직임이 맞부딪히고 있어야 하는 것이다.

이 글은 박영신, 《역사와 사회변동》(한국사회학연구소, 1985)에 실린 것이다.

17) 이에 관련된 나의 글, 《현대 사회의 구조와 이론》(서울: 일지사, 1978), 8장을 볼 것.

3. 기독교와 사회 변동

I. 한국 근대 사회 변동과 기독교

1. 접근 방법

한국사회의 근대적 변동 또는 한국 근대 사회의 변동을 인식하기 위해서는, 변동 현상의 구조적 상황이 되는 전통 사회의 구조적 특성을 파악해야 한다. 근대기의 사회 변동이 공허한 데서 떨어진 것이 아니며 고요한 땅에서 치솟아난 것도 아니다. 그것은 오랜 역사로 다져진 사회적 짜임새 속에서 진행되어 나온 것이며, 사회 세력들 사이의 긴장과 갈등, 사회 구성원들이 표출한 외침과 몸부림, 꿈틀거림과 바람의 얽힘 속에서 빚어진 결과인 것이다. 그러므로 여기서 논의할 사회 변동의 현상은 유토피아의 산물이거나 신비로운 세계에 속한 초사회적 실체가 아니다. 이것은 조선사회의 구조적 테두리 속에서 사회 짜임새를 지탱하거나 바꾸려는 인간의 실천적 행동과 이러한 행동의 원인과 결과로

나타나는 사회의 구조성 사이에서 벌어지는 구체적인 사회적 사실인 것이다.[1]

이러한 인식의 바탕 위에서, 이 글은 먼저 근대적 사회 변동의 거점이 되는 조선사회의 구조적 특성을 살피고, 조선사회가 경험한 구조적 변동을 정리한 다음, 이러한 구조적 조건 속에 들어온 개신교 기독교의 사회 변형 지향성을 따져 볼 것이다. 이렇듯 이 글은 거시적인 분석의 틀을 가지고 있는 만큼 논의의 내용이 일반적인 수준에서 분석될 것이며, 접근의 방법은 역사 사회학의 성격을 띠게 될 것이다.

2. 조선사회의 구조적 특성

조선 전통사회도 다른 모든 사회와 마찬가지로 그 뼈대는 일정한 가치와 신념으로 이루어져 있어서, 이것에 따라 사회 구성원의 삶과 그들의 사회적 관계가 엮이고 정당화되었다.[2]

무속 전통과 같은 재래의 토착적 가치와 종교적 혼합 현상이 존재하고 있었음에도 불구하고, 조선 사회는 유교적 가치와 신념에 의해 철저하게 지배되고 제도화 되었다. 조선 왕조의 성립과 동시에 모든 제도가 삽시간에 유교화한 것이 아니며, 모든 사회 구성원의 행동과 삶의 유형이 단기간에 유교적인 규범으로 순화된 것도 아니다. 이미 오랫동안 전승되어 오면서 사회 규범적인 효력을 행사하고 있던 효(孝)의 가치가 유교적인 교리에 의한 강력한 정당성과 압력에 의해 점진적이지만 확고하게 일차적인 가치의 우위성을 획득하면서 사회의 여러 제도적인 수준과 행동의 유형을 규제하였다. 불교를 배척하고 유교를 치켜세웠던 정도전(鄭道傳)의 《경제문감》(經濟文鑑) 속에 나타난 교조적 유교주의

1) 이 같은 사회학적 접근 방법에 대해서는 박영신, "역사·구조적 접근의 일반 원리", 〈사회학연구〉, 첫째 책(1984), 10-31쪽을 볼 것.

2) 조선 사회가 온통 유교 사상을 토대로 하고 있었다는 것을 알아보기 위해서는 玄相允, 《朝鮮儒學史》(서울: 민중서관, 1949)를 볼 것.

를 필두로 해서, 이른바 효는 모든 행실의 근본이며 모든 배움은 모름지기 효를 철저히 지향해야 한다는 효의 사회 가치적 우위성의 강조는 근본주의적 유학자나 실학파로 대표되는 개혁적 및 진보적 유학자, 그리고 관료적 유학자나 은둔적 유학자 모두의 사상과 가치 체계에서 한결같이 중핵적 위치를 차지하고 있었다.[3)]

전통사회의 인륜적 의무 관계의 구조를 흔히 군(君)·사(師)·부(父) 일체라는 말로 표현하는 경우가 있다. 정치, 교육, 가족 제도의 위계상 정점에 대한 인륜적 의무와 예도는 동일한 정도와 강도로 균등하게 표시되어야 한다는 말이다. 그러나 정밀히 파헤쳐 보면 이론적으로나 실제적으로 가족 제도 이외의 다른 제도의 위계상 정점이 가족 관계상의 정점인 부친에 대한 효를 능가하거나, 그렇지 못하다면 적어도 이와 대등한 정도로 의무감을 불러일으키고 있었던 것 같지는 않다. 정치적 위계질서의 정점인 임금에 대한 충(忠)의 의무 관계를 효와 비교해 본다면 이 점은 더욱 분명해질 것이다. 왕권의 정치적 정당성(legitimacy)을 논할 때 임금이 백성의 마음을 얻어야 한다는 점이 강조될 수 있었고, "백성은 나라의 근본"(民者國之本)이라는 이른바 "백성 중심"의 민본 사상과 국가관이 비친 데 반하여, 육친에 대한 효의 인륜적 정당성이 질문될 여지란 없었으며, 더구나 자식이 집안의 중심이라는 '자녀 중심'의 가족관은 존재하지 않았다.

이와 같이 정치적 관계의 위계상 정점에 대한 인륜적 의무가 효를 우선할 수 없었다는 사실은, 가족이라는 사회 공동체적 단위에 대한 공헌과 의무 의식이 국가라는 공동체적 단위에 대한 공헌과 의무 의식보다 더욱 강하였고 가족 공동체의 유지와 목표 달성은 국가 공동체의 유지와 목표 달성보다 더욱 강조되었다는 점을 일러 준다.

비록 제한될 수밖에 없었다 하더라도 보편주의적 합리화에의 가능

---

3) 박영신, "한국 전통 사회의 구조적 특성에 관한 사회학적 고찰", 《延世論叢》, 14집 (1977), 또는 박영신, 《현대사회의 구조와 이론》(서울: 일지사, 1978), 5장을 볼 것. 아래의 논의는 위의 글에 터하고 있음.

성을 기대해 볼 수 있는 여지가 유교의 이념 속에 존재하고 있었지만, 조선 사회에서 제도화되었던 가족(또는 유사 가족)적 가치 체계 하에서는 보편주의가 아닌 특수주의가 팽배할 뿐이었다. 철저하게 공동체 중심의 인륜 관계에 둔 도덕적 및 가치적 우위성은 조선사회의 신분적 계층 구조와 관료제도 및 교육과 교육과정을 통하여 큰 무리 없이 유지되어 왔다. 이와 같이 유교주의에 터한 가치는 신분 질서, 관리 임용, 교육 등 사회의 모든 영역에 스며들고 이러한 영역과 중복되어 있었다. 바꾸어 말하면, 사회의 모든 영역이 유교적인 종교적 가치를 지니고 있어 '거룩하다'는 정당성을 띠게 되어, 종교적 영역과 세속적 영역이 구별되기가 어려울 정도로 밀착·미분화되고 있었던 것이 조선 사회의 구조적 짜임새가 지난 특징이었다. 사회학적 낱말을 빌려 이것을 사회적 '용해성'(fusion)으로[4] 규정할 수 있을 것이다.

사회의 모든 영역과 제도 자체가 유교적인 정밀한 행동 규범과 지침에 의해 통제되고 심지어는 종교적인 가치를 지니고 있어 사회의 모든 짜임새가 신성시되었다. 따라서 기존하는 통상적인 틀에서부터 이탈한다는 것은 종교적인 제재를 받게 되어 있었다. 바꾸어 말해서 사회적 용해성의 구조적 상황 아래서는 모든 것이 종교적인 함축성을 가질 수 밖에 없었기 때문에 사회 제도적 영역과 수준에 관계없이 이의 구조적 재구성은 궁극적으로 '종교적'인 정당성을 필요로 했던 것이다.

4) 용해성은 다른 두 가지의 개념, 곧 분리성(disjunction)과 창조적 긴장(creative tension)과 대비된다. 앞의 것은 종교적으로 값어치 있다고 보는 영역과 현실 세계와의 관계를 절단하여 세속적인 사회 활동에 참여하기를 거부하는 구조적 특성이며, 뒤의 것은 현실 세계도 종교적 의미와 가치를 가진 활동의 영역이 된다고 보면서도, 세속 질서와 긴장 상태를 자아내는 구조적 특성이다. 용해성과 분리성은 각각 다른 이유로 해서 사회 변동의 가능성이 축소되는 데 반하여, 창조적 긴장은 사회의 변동과 발전의 가능성을 확대할 수 있다. 위의 글, 여러 곳, 또는 로버트 N. 벨라 지음, 박영신 옮김, 《사회 변동의 상징 구조》(서울: 삼영사, 1981), 6장을 볼 것.

3. 조선 사회의 긴장과 갈등

유교적인 지배 질서에 대한 사회적 안정을 조선 사회가 굳혀 놓았다고 하는 것이 반드시 사회 체계의 관점에서 보아 모든 기능이 적절하게 발휘되고 사회의 여러 관계가 전연 원만하게 유지되고 있었다는 말은 아니다. 구조적 특성을 달리하는 여러 다른 사회와 마찬가지로, 사회적인 이상과 목표에 도달하는 통로와 수단의 합법성과 개발성 여부, 사회적 역할 수행과 이에 따르는 보상 문제, 그리고 역할 갈등 등 서로 다른 이해관계 사이의 충돌 및 갈등과 이로 인한 압박감과 해체 현상이 존재할 수도 있었던 것이다. 이와 같은 현상이 조선 사회라는 특수한 구조적 짜임새 속에서 특별하게 나타났을 뿐이었다.

신분 구조의 해체 현상을 들어 조선 사회의 짜임새가 일그러지게 된 구조적 긴장을 살펴볼 수 있다.[5] 우선 양반 신분 계층 안에서만 보아도 다양한 분화·해체 현상을 일으켰다. 특히 임진왜란과 병자호란 이후, 다른 농경적 전통 사회와 마찬가지로 국가 재정이 주로 토지에 의존하고 있었던 조선 사회는 황폐한 농촌의 전답과 인구의 감소에 따른 노동력의 부족 등으로 심각한 타격을 받고 있었으며, 이 막심한 국가 재정상의 문제는 불가불 모든 계층으로 파급되어 경제적인 곤란을 빚었다. 이러한 상황 아래서, 경제적 및 정치적 특권을 누리는 소수의 양반층을 제외한 그 밖의 양반층은, "가난하고 행세가 떨어져서 한두 대를 내려간 다음에는 대개가 보잘 것 없는 벼슬아치나 평민이 되었다"는 지방 보고에서 읽듯,[6] 경제적으로 빈궁하여 영세화하고 정치적으로 세력을 잃고 몰락하는 추세가 심화했다. 이와 병행하여, 국가 행정 기구가 법규에 따라 정상적으로 기능하고 기강을 세울 수 없는 허점이 드러나고 있을 때 평민과 천민 가운데는 이전의 신분을 감추고 호적을 고치기까지

---

5) 박영신, "조선 시대 말기의 사회 변동과 사회 운동", 〈현상과 인식〉, 2권 1호(1978년 봄), 또는 박영신, 앞의 글, 6장을 볼 것.

6) 李重煥, 《擇里志》의 "京畿"를 볼 것.

하면서 특권과 명예를 얻기 위하여 또는 양역(良役)이나 천역(賤役)을 면하기 위하여 양반 신분을 모칭하는 등 갖가지 비리가 난무하였다.[7)]

유교적 조선 사회의 제도적 근간을 이루고 있던 신분 질서의 난맥상은 사회 질서 자체에 결정적인 타격을 주었으며, 이러한 현상은 유교적 신분 질서에 따라 양반적 특권이 가치적으로 정당화되었던 조건 아래에서 이해됨직한 것이기도 하다. 이러한 구조적 긴장의 맥락에서, 비로소 문학, 사상 및 종교 등 여러 형태로 표출되기 시작한 새로운 사회적인 움직임을 이해할 수 있다. 《홍길동전》(洪吉童傳), 《춘향전》(春香傳), 《양반전》(兩班傳) 등과 같은 민중 소설과 기타 가면극 등에서 당대의 사회적 혼란, 갈등 및 불만의 깊이를 재볼 수 있고, 나아가 분노하고 익살스러우면서도 설원(雪冤)적인 사회 비평적 주제가 신속히 피지배층으로 확대 · 유포되어 억압적 부패 지배층에 대한 잠재적 적의(敵意) 세력으로 형성되고 있었음을 추론해 볼 수도 있다. 관직에 임용되지 않았거나 소외된 양반층 가운데서 삼정(三政)의 문란과 과거 제도의 모순, 관리의 불법 행위, 국가 재원의 비효율적 할당과 같은 사회적 병폐를 혁파하기 위하여 유교 사상의 보다 실용적인 교훈에 눈을 돌린, 이른바 실학사상을 주장하게 된 것도 조선사회의 구조적 긴장 상태에 대한 위기의식의 표현인 동시에 비판적인 반응이었다.[8)]

사회 비평을 보다 광범위한 세계관에 연결시키면서 근본적으로 조선사회의 질서에 도전할 수 있었던 것은 천주교의 전래와 전개 그리고 동학의 성립도 조선사회의 구조적 긴장과 이어져 있었다. 실학파 유학자들 가운데서 관직으로부터 오래 떠나 있는 동안 중국을 통하여 들어온 서양 사상과 기술에 접하면서 드디어 천주교 교리에 심취하게 되고, 이 교리는 점차 피지배층으로 번지기 시작하였다. 이러한 천주교의 유포는 조선 사회의 구조적 해이와 긴장을 표현한 것이었다. 1860년 동

---

7) 鄭尙鏞, 《農圃問答》의 "知民數"를 볼 것.

8) 박영신, 앞의 글, 154-155쪽을 볼 것.

학이 창교되어 포교 3년 만에 창교자가 처형되었던 핍박 가운데서도, 저변의 농민층으로 동학 세력이 퍼질 수 있었다는 사실은 이 시대의 심각한 구조적 긴장 상태를 반영하였던 것이다.[9)]

사회적 혼란과 갈등을 경험해 오면서 관리의 직권 남용과 부패는 물론 삼정 문란에 대하여 행정적 개혁의 시도가 없었던 것은 아니나, 전적으로 성공적이었다고 할 만한 개혁은 없었다. 대원군이 주도할 일련의 과감한 전제적 개혁은 어느 정도 효과적이었다고 할 수 있을 것이다. 그러나 나라 안의 문제와는 질적으로 다른 바깥 나라 세력의 침투라는 새로운 문제에 부딪히면서 조선 사회는 걷잡을 수 없는 난폭한 소용돌이에 휘말려 들었던 것이다.

4. 변동 세력으로서의 기독교

위에서 보았듯이, 개항 이전에 사회 신분 구조와 행정 기구의 혼란과 무질서 속에서 사회적 긴장의 정도가 커지면서 사회적 불만과 갈등이 여러 수준에서 서서히 그러나 심각하게 오름세를 보이고 있을 때, 개항은 이 문제의 조선사회가 바깥 세계와 광범위한 접촉을 하지 않으면 안 되게 된 미지의 '세계적 상황'으로 휘몰아갔다. 오랜 세월을 두고 첩첩이 누적된 개항 이전의 긴장에 이미 시달렸던 조선사회는 개항과 더불어 일기 시작한 새로운 긴장, 곧 개항 이전의 긴장과 개항 이후의 긴장이라는 이중적 긴장을 처리해야 할 무거운 압력을 받고 있었던 것이다. '용해적' 사회 구조로 특징되었던 만큼, 사회적 긴장은 필연적으로 종교적·가치적 수준으로 나타났으며, 그것은 조선사회의 바탕이 되어온 유교 질서 자체에 대한 심각한 타격을 가하는 것이었다. 사회의 뼈대가 흔들리면서 사회적 긴장과 갈등이 심화되어 조선사회가 갈피를 잡지 못하고 있던 이 혼미의 상황에, 개신교 기독교가 들어섰던 것이다.

---

9) 위의 글, 155쪽. 이 부분은 주로 여기에 터하고 있음.

앞서 들어온 천주교와는 달리 개항 이후 합법적으로 들어와 합법적으로 활동한다는 호혜적인 사회 이미지를 주고, 교육과 의료 활동을 통하여 왕실과 빈민층에 화해적이며 봉사적인 태도를 보이면서 신뢰와 안정의 기반을 넓혀 나갔다. 조정에서 널리 읽혔을 청국 외교관 황준헌(黃俊憲)의 《朝蘇策略》(조선책략)이 피력한 내용에 걸맞게, 개신교와 이를 전달하는 미국인은 천주교와 그것을 전달했던 프랑스인과는 구별되는 인상을 구체적으로 나타내었다.[10] 사회적 긴장으로 빚어진 깊은 수준에서의 혼미 상황에 대하여, 개신교는 대안적인 활로를 제공하였다. 이미 그 위력을 상실했다는 듯 의미의 빈곤을 낳고 삶의 지침과 사회적 비전을 제시할 수 없었던 조선사회의 종교적·가치적 질서에 실망하고 회의한 이들에게, 기독교는 호소력 있는 '새로운' 삶의 지침과 의미의 출처일 수 있었다. 서울과 서북 지방의 떠돌이 장사꾼이나 독립적인 농사꾼과 같은 상민층과, 사회·정치적인 사태로 소외되었던 몇몇 진취적인 양반층에서 개신교는 친화적 사회 세력을 얻을 수 있었다.

조선사회와 기독교는 융해된 사회 구조 아래에서 사회의 모든 영역과 수준이 신성시되었던 정당성의 바탕을 허물어뜨리고, 드디어 유교 체제의 본질을 부정·극복할 수 있는 힘을 제공하게 되었다. 유교라는 종교가 사회 전체에 스며들어 조선 사회가 용해되어 있었던 만큼, 그 어느 부분이라도 개혁·변형시키려면 유교가 아닌 다른 종교로부터 유교에 필적할 만한 정당성의 근거를 끌어내어야 했다. 다시 말해서, 기독교는 유교가 자아내었던 '옛' 정당성에 맞설 수 있는 '새' 종교적 정당성, 즉 궁극적인 정당성을 기독교가 제공할 수 있었던 것이다.

기독교의 신념 체계는 인륜 관계를 궁극적인 실체로 파악하는 것이 아니었다. 기독교는 초월적 존재에 대한 헌신과 충성을 일차적인 관심

---

10) 이것은 1880년 金弘集에 의하여 소개되었다. 특히 《朝鮮策略》(서울: 국사편찬위원회), 160-171쪽을 볼 것. 그리고 Lillias H. Underwood, *Fifteen Years Among the Topknots* (New York: Young People's Missionary Movement of the U. S. & Canada/American Tract Society, 1904)를 볼 것.

사로 여기고, 이 궁극적인 실체인 초월적 존재를 삶의 기준으로 삼았던 것이다. 이 점은 다음과 같이 요약될 수 있다.

> … 옛 종교에 의하여 삶의 모든 영역이 세목마다 엄격히 규정되어 변형적 융통성의 폭이 크게 축소되어 있을 때, 종교의 초월적 지향성은 사회의 밑바탕을 재구성할 수 있는 변형적 에너지를 불어넣을 수 있었던 것이다. 조선 사회의 종교적 용해성으로 삶과 생각이 굳어지게 되는 구조적 경향성을 초월적 가치에 대한 변형적 에너지가 회의하고, 질문하고, 부정 · 극복하려 한 삶의 논리가 역사 속에 담겨져 있었다.[11]

따라서 가족적 및 혈연적인 특수주의를 초월적 가치에 따라 상대화시키고 부정할 수 있는 보편주의에의 가치 지향성을 개신교 기독교가 내세웠던 것이다. 실로, 기독교가 겪은 특수주의적 전통 가치와의 긴장과 갈등은 일찍이 조선 사회에서 그 유래를 찾아볼 수 없는 획기적인 것이다. 초월적 존재인 하나님이 기준이 될 때, 인간이 만든 모든 문화적 전통, 사회적 역할 구조, 신분 관계, 관습과 제도 그 어느 것도 심판을 받지 않아도 된다는 '신성'한(?) 절대의 자리에 서 있지 못할 것이다. 왜냐하면, 그것은 우상이 되기 때문이다.

이러한 변형 지향성에 바탕을 두고, 그러한 지향성을 펴기 위해 세워진 교회와 교회의 성장 그 자체는 조선사회를 근대적으로 변형시키는 근대화 운동 바로 그것이었다. 요란한 근대화의 간판을 달지 않았을지라도, 하나님 앞에 모든 인습과 제도 그리고 조선사회의 인간관과 사회관을 검토하고 심판하고, 소속 회원의 삶과 행동 지향성을 기독교적으로 규제 · 훈련시킨 그 자체가 알차고 단단한 근대적 변동의 구체적인 현상인 것이다. 교회는 자원(voluntary) 집단으로서 새 규칙과 새 가치에 의해 독자적으로 움직이고 있었으며, 그것은 서로 의사소통하는

11) 박영신, "기독교와 사회 발전", 〈基督教思想〉, 1984년 5월호, 149쪽. 또는 아래 이어지는 글을 볼 것.

조직체로서 그 수를 더해 갔다.[12)]

1) 한말의 기독교: 독립협회의 경우

교회 회원의 수가 증가하고 교회가 곳곳에 세워져 성장하기 시작하면서 교회 중심의 근대적 변동 세력은 "독립협회"라는 또 다른 한 줄기의 근대적 변동 지향 세력과 이어지기도 하였다. 흔히 "독립협회" 운동은 기독교와 무관하거나, 아니면 기껏해야 독립협회 운동의 주동 인물인 서재필과 윤치호가 기독교인이었다는 수준에서 논의되고 있다. 그러나 좀 더 자세히 〈독립신문〉과 관련된 자료를 보면 〈독립신문〉의 이념 속에 기독교적인 상징·신념 체계가 담겨 있고, 때때로 신문의 신념과 기독교의 신념이 서로 구별되기 어려울 정도로 엇물려 서로 침투되어 있음을 깨닫게 된다.[13)]

〈독립신문〉의 1898년 5월 7일자 사설은 위와 같은 사실을 보여주는 대표적인 보기가 될 것이다. 인류의 역사를 옳음과 정의로움이 사악한 세력과 싸우는 싸움의 연속으로 파악하고, 과거에 대한 회고의 감정을 씻어버리고 미래를 지향하며 낡은 질서를 분쇄하는 지속적인 투쟁의 과정으로서 역사를 인식하는 글이다. 사악한 모든 세력에 대항하는 하나님("하ᄂᆞ님") 또는 하나님이 준 거룩한 뜻("실령홈")이라는 초월적 이상의 강조는 다음과 같은 위 사설의 마지막쯤에 쓰여진 글귀와 이어지고 있다. "이왕에 밋던 허혼교를 다 내어 버리고 몇 천 년을 시힝ᄒᆞ여 오던 풍쇽을 곳쳐"야 한다고 예수가 가르쳤다고 풀이한 것이나, 그런 가르침이 온갖 역사적 곤욕을 겪었으나 필경 "올은 의리잡은 사람들이 언제던지 익이고 번번히 승젼ᄒᆞ엿ᄂᆞᆫ지라"라는 밝은 미래를 그려 보고 있는 내용이다.[14)]

---

12) 위의 글, 여러 곳을 볼 것.

13) 박영신, "독립협회 지도 세력의 상징적 의식 구조", 〈東方學志〉, 20집(1978년 12월), 또는 박영신, 《변동의 사회학》(서울: 학문과 사상사, 1980), 4장을 볼 것.

〈독립신문〉으로 나타난 서재필과 윤치호의 신념 체계는 단순히 갑신정변의 어리석음이나 무모함을 벗어났다는 수준에서가 아니라, 전통적 사상의 유형과 뿌리째로의 끊김을 경험한 근원적인 단절이라는 수준에서 그 급진성이 드러나는 것이다. 초월적 신앙은 "하나님께 올흔", 하나님 앞에서 옳고 정의롭다고 인정되는, 초월적 판단과 심판이 궁극적으로 중요할 뿐, 기존 사회의 존재 형태에서 나오는 인륜적 기준이나 판단은 본질적으로는 중요할 수 없는 것이다. 〈독립신문〉과 독립협회의 중심적인 지도 세력이 통상적인 개화파 세력과 구별될 수 있었던 점은 바로 초월적 판단과 그 이상에 따라 실재와 역사를 인식·실천하려 한 삶의 양식에 있는 것이다.[15]

이 같은 초월적 인식이 신분 제도, 교육 체제, 관습과 행동 지향성을 포함하는 사회적 삶의 형식과 내용 일체를 질문하고 변형시킬 수 있는 가능성을 주었다. 앞에서 말했듯이, 사회적 생산과 재생산 그 어느 것도 초월적 심판 앞에 거룩한 대상으로 남아 우상화될 수 없기 때문이었다.

2) 일제 초기의 기독교: 3·1 운동의 경우

수구적 지배층의 모략과 억압으로 독립협회가 파산하자, 이 운동의 상징적 및 조직적 친화 세력이었던 기독교는 대결보다는 순응과 적응이라는 운동의 조정 과정을 밟는다. 이것이 개신교의 비정치화 또는 탈정치화 과정이었다. 1900년대에 들어 부흥 운동과 교육·계몽 운동이 활발하게 일어나고 있었던 것은 이러한 전략의 선회를 뜻하는 것이기도 하였다.[16]

일본의 침투가 분명해지고 드디어 망국의 슬픔을 맛보아야 했던 어

---

14) 위의 "사설"과 박영신, 위의 글, 98쪽 아래를 볼 것.

15) 위의 글을 볼 것.

16) 교회 성장에 대한 연구서로서, Roy E. Shearer, *Wildfire: Church Growth in Korea* (Grand Rapids, Michigan: Wm. B. Ecrdmans, 1960), 여러 곳을 볼 것.

두운 시대에 기독교의 신앙 및 계몽 운동은 가장 강력한 조직적인 근대 민족 운동이었다. 전국적인 망을 가지고 체계적인 연락과 의사소통을 할 수 있었다는 데서 조직적이요, 단순한 옛 질서의 회복을 지향했던 것이 아니라 깨어나고 배운 시민의 자주적 결단을 강조한 민족 공동체의 건설을 소망하고 있었다는 데서 근대적이라 할 것이다.

1910년 설립 인가를 받은 사립학교 2,250개교 가운데 기독교 계통이 대부분이었던 종교 학교가 823교로 집계되어 있는 것은 뜻 깊은 지표가 된다. 인가를 받지 않았거나 사실상 교회 안에서 교육의 기능을 수행하고 있는 기관이 많았다는 점, 비종교 학교가 구분되어 있으나 실제로는 기독교인 세력과 밀접하게 연관되어 있었다는 점 등을 고려해 본다면, 당시 기독교의 조직 세력이 교회와 더불어 얼마나 널리 뻗치고 있었는가를 쉽게 알 수 있다. 개개 기독교인의 교육 수준이 모든 경우에서 높았다고 할 수는 없으나, 비교적으로 말해 기독교 세력은 근대적인 교육을 받고 있거나 그 같은 교육을 받은 조직 세력이었다는 것만은 부인할 수 없는 것이 일제 초기의 지적 상황인 것이다. 기독교는 초월적 이상과 판단을 바탕으로 민족의식을 가꾸고 갈고 있었던 만큼, 일본에게는 가장 다루기 힘든 민족 집단 세력이었던 것이다. 기독교 세력에 가해진 직접·간접의 탄압은 이를 반증해 준다.

1910년대 한반도에 자리 잡은 가장 강력한 민족 세력은 전국 조직망을 가진 기독교 교회라는 자원 조직과 이와 불가분의 관계에 놓여 있던 사립 학교였다. 1919년 3월 1일 역사적 기록이 밝히고 있는 "그 같은" 전국 규모의 민족 만세운동이 일어난 것은 전국 조직망을 통한 의사소통과 연락, 그리고 그와 이어진 교인과 학생의 동원이 가능했기 때문이었다. 3·1 운동에서 기독교가 감당한 역할은 운동 관련 기소 피고인의 종교 분포나 수감자의 종교 분포를 보면 단적으로 나타난다.[17)]

---

17) 위의 논의는 한말의 역사·사회적 변동과 조직 세력을 이어보고 있는 다음의 글에 터하고 있음. 박영신, "사회 운동으로서의 삼일 운동의 구조와 과정: 사회학적 역사 인식의 기초 작업으로서", 〈현상과 인식〉, 3권 1호(1979년 봄) 또는 《변동의 사회학》, 5장.

위의 두 경우에서 보듯이, 사회 상황에 대한 개신교의 사회 운동적 표출은 한말과 일제시대에 각기 다르게 나타났다. 조선 사회의 기존 질서에 대한 도전 세력으로 나타났는가 하면, 일본에 대해서는 민족적 자각 운동으로 나타나기도 했다. 그 표출 양식이 달랐다 하더라도 기본적으로 사회 변형적인 에너지의 공급원이었음에는 다를 바 없었다. 초월적 가치와 이상은 기존하는 삶의 유형과 긴장을 자아낼 수밖에 없기 때문이다.

5. 맺는말: 개신교 정신과 사회 변동

개신교 기독교가 담고 있는 신념과 상징은 사회 변혁의 가능성이다. 기존하는 특정 사회 형태와 용해적으로 밀착되어 버리는 자기 고착에 안주하지 않고 세속 세계로부터 도피하는 자기 은둔에 몰입하지 않는다면, 기독교는 사회적 긴장을 일으켜 드디어 사회를 바꾸려는 변형 지향성을 가질 수밖에 없을 것이다.

한말과 일제 초기의 개신교 기독교가 근대적 사회 변동을 자극한 가장 영향력 있는 세력이었다면, 그것은 개신교의 내재적인 변형 지향성에서 비롯된 것이다. 특히 조선 사회가 안팎의 도전 앞에 흔들리고 있을 때, 그리고 일제 초기의 한민족이 실의와 암담함에 빠져 있을 때, 변형 지향성은 훨씬 유리한 표출의 조건을 가졌던 것이다. 나아가 사회적 분화의 정도가 낮아 교회가 교육적 기능을 대행할 수 있었던 시기에, 개신교가 한국사회의 근대적 변동을 촉발하고 추진한 세력으로서 그 어느 사회 세력보다도 중요하다는 것은 한국사회의 구조적 성격, 해체 현상, 나라 안팎의 도전, 여기에 각각 의미 있게 응전할 수 있었던 기독교적 상징, 신념, 조직의 특성에서 찾아질 수 있는 것이다.

II. 기독교와 사회 발전

1. 머리말

100년 전, 조선 사회가 나라 안팎의 사정으로 긴장이 더해 가고 갈등이 쌓여 매우 심각한 어려움 속에 빠져 있던 때에, '서양' 종교라 불리던 '새' 종교, 곧 개신교 기독교가 들어와 사회의 모든 차원과 수준에서 근대적 변동을 자극한 사회 발전운동의 중요 세력으로 나타나기 시작하였다. 이 사실은 한국 교회사의 연구뿐만 아니라 한국 근대사를 연구하는 일반 역사학 분야에서도 이미 밝혀진 바이며, 한걸음 더 나아가, 이러한 역사적 사실은 식자들의 일상적 지식을 이루고 있을 만큼 이미 널리 퍼져 익숙하게 알고 있는 터이다.

여기서 개신교 기독교와 한국사회의 근대적 사회 발전 사이의 관계를 새삼 조명해 보고자 하는 데는 다음과 같은 두 가지의 지적 관심이 있기 때문이다. 하나는 나의 학문 영역과 이어진 분석적 관심이다. 독일의 사회학자 막스 베버가 제시한 바, 서구사회의 근대적 변동과 프로테스탄트 종교 사이에는 떼어 놓을 수 없는 인과 관계가 있다는 논리를[18] 우리나라의 역사적 경험에 적용시켜 볼 수 있을 것이라는 점이다. 다른 또 하나의 관심은 나의 신념 세계와 이어진 평가적 관심이다. 사회 변동 세력으로서의 개신교는 어떤 역사적 과정을 거쳐 오늘에 이르렀는지를 살펴 이 시대의 기독교가 어떤 존재 양식을 가지고 있는지를 비판적으로 가늠해 보아야 한다는 생각이다.

2. 신념 체계와 사회 변형 가능성

조선사회는 가족적 공동체 중심의 인륜 관계에 일차적 의미를 두고

18) 그의 기념비적인 논문, *The Protestant Ethic and the Spirit of Capitalism* (New York: Charles Scribner's Sons, 1930) (1904-5)을 볼 것.

있던 유교적 가치에 터하고 있었다. 이러한 가치에 의해 사회가 제도화되고 일정한 삶의 형식과 활동의 내용이 정당화된 구조적 특성을 갖고 있었다는 말이다. 조선 사회의 제도화 과정에 따라 사회의 모든 영역이 유교 가치에 의하여 깊숙이 침투된 나머지, 조선사회는 이른바 '종교적' 영역과 '세속적' 영역이 구별되지 않을 만큼 서로 밀착·경직되어 있었다. 보기를 들어, 교육적 영역이 곧 종교적(유교적) 영역과 중복되어 구별하기 힘들게 되었으며, 사회 신분제도와 신분 체계가 바로 유교 자체에 구조적으로 용해·침투되어 있었다. 곧, 교육 제도와 신분 체계가 바로 유교 그 자체인 것처럼 종교적인 권위를 갖고 있었던 것이다. 이러한 구조적인 짜임새 속에서는 사회 제도나 행동 양식에 대한 근원적인 부정은 고사하고 질문과 비판의 여지가 크게 제한될 수밖에 없었다.[19] 조선 시대에서 개혁 운동이 있었다면 그것은 조선 사회의 중심 가치인 유교적 지침으로 되돌아가 가족적 인륜 관계를 더욱 확고히 하자는 것이었다.

개신교 기독교는 유교적 가치에 의하여 제도화되고 있던 조선사회에 근원적으로 도전하는 사회적 역할을 맡게 되었다. 유교가 아닌 새로운 종교이었기 때문에 개신교가 조선 사회의 구조적 재구성을 위한 사회 발전 지향성에 궁극적인 정당성을 부여할 수 있었던 것이다. 바꾸어 말해서, 조선사회의 질서가 유교적 정당성을 갖고 있었기 때문에, 그 기존 질서를 혁파하는 사회 재구성의 운동은 유교에 맞설 수 있는 '새로운' 종교적 정당성을 요구할 수밖에 없었으며, 개신교 기독교가 바로 이러한 돌파의 계기를 제공하였던 것이다. 개신교 기독교의 가르침은 하나님이라는 초월적 존재에 대한 헌신과 충성이 일차적이며 근본적이라는 상징 체계를 전제로 하는 것이었으며, 그러기에 초월적인 뜻에 따라 개인의 삶과 사회의 모든 영역이 다스려지고 짜여야 한다는 변형

19) 이러한 논지에 대해서는 박영신, "한국 전통사회의 구조적 고찰", 《延世論叢》 14집 (1977)을 볼 것.

가능성을 자아내게 되었다. 다시 말하면, 옛 종교에 의하여 삶의 모든 영역이 세목마다 엄격히 규정되어 변형적 융통성의 폭이 크게 축소되어 있을 때, 새 종교의 초월적 지향성은 사회의 밑바탕을 재구성할 수 있는 변형적 에너지를 불어넣을 수 있었던 것이다. 조선사회의 용해성 때문에 삶과 생각이 굳어지게 되는 구조적 경향성을 초월적 가치에 터한 변형적 에너지가 회의하고, 질문하고, 부정·극복하려 한 삶의 논리가 역사 속에 담겨져 있었다. 따라서 개신교의 상징 체계가 조선사회에 표출된 내용은 가치적 급진주의의 변혁 에너지였다. 바로 이러한 가치의 틀 속에 한국 개신교 역사의 상징적 중요성이 있었으며, 이러한 인식의 맥락에서 개신교가 한국사회의 발전 과정과 이어지는 것이다.[20]

이 변형적 힘은 유교적 인륜 관계를 뼈대로 하는 특수주의적 제도를 비판하고 혁파하는 보편주의적 가치 지향성을 보일 수밖에 없었다. 출신 성분과 사회적 위치에 대한 주관적이고 특수한 기준에 의하여 사람을 평가하는 조선 사회의 특수주의적인 가치 지향성에 대하여 보다 일반적이고 포괄적인 보편성의 원리에 의하여 사람을 평가하는 보편주의적 가치를 개신교가 제시할 수 있었던 것이다. 따라서 초월적 존재인 하나님에 의해 인간이 평등하게 지음을 받았기 때문에 인간은 문화적 전통, 사회적 역할 구조, 신분 질서, 권력 관계와 같은 일체의 "사람이 만든" 제도적 굴레에 의해 불평등하게 대우받아서는 안 된다는 논리와 주장이 가능하게 된 것이다. 이는 곧 나이가 많다고 해서 또는 어른이라고 해서 언제나 옳은 법도 없고, 오래된 '옛' 것이라고 해서 반드시 값어치 있는 것도 아니며, 양반이라는 신분 때문에 무조건 권세를 부릴 이유도 없고, 정부의 정책은 덕 있는 이들이 자비를 베푸는 것인 만큼

---

20) 이와 관련된 이론적 논의는 베버 이외에 벨라에 의해 다듬어져 있다. Robert N. Bellah, *Beyond Belief* (New York : Harper & Row, 1970) 또는 R. 벨라, 《사회 변동의 상징구조》(서울: 삼영사, 1981)를 볼 것. 한국의 역사와 이어 본 것으로서, 박영신, "조선시대 말기의 사회 변동과 사회 운동", 〈현상과 인식〉, 2권 1호(1978년 봄)를 볼 것. 아래의 논의는 이 글에 터하고 있다.

어린 백성은 그저 고맙게 여겨 가만히 침묵하고 있어야 할 근거도 없고, 남자로 태어났다는 우연한 이유 때문에 여자가 누리지 못하는 사회적 특권을 독점할 수도 없다는 가르침으로 이어지게 되었다. 이렇듯 개신교의 보편주의 가치는 예부터 내려온 특수주의 가치와 첨예한 긴장·갈등의 관계에 놓이게 되고 나아가 가치적 대결을 경험할 수밖에 없었던 것이다.

이러한 비판 세력으로서 개신교는 서서히 한국사회에 뿌리를 내렸다. 일찍이 천주교에 대한 박해가 있었던 터라 개신교에 대한 부정적 태도가 지배·피지배층에 널리 퍼져 있었으리라는 것은 쉽게 짐작되는 일이다. 그러나 개항 이후 합법적으로 조심스럽게 들어온 개신교는 천주교와는 확연히 구별되는 사회적 이미지를 심을 수 있었다. 당시 한반도를 둘러싼 외국 세력에 비하여 상대적으로 큰 이해관계를 가지고 있지 않았던 미국인이 기독교를 소개하고 있었다는 점에 더하여, 교육과 의료 활동을 통하여 왕실과 빈민층에 대하여 한결같이 화해적이며 봉사적인 태도를 보이면서 사회적인 인정과 신뢰를 얻는 한편, 나라 안팎의 어려움으로 시달리는 조선 사회의 바탕, 곧 유교적 가치와 질서에 날카롭게 대립되는 새로운 가치와 의미의 세계를 추구한다는 점을 개신교가 부각시킬 수 있었다.

개신교의 사회 발전 운동은 기독교의 가치 지향성이 지닌 힘과 그러한 종교에 동조해 온 사회 세력에 의해 구체적으로 전개되었다. 서양 종교에의 개종이 여전히 어려운 사회적 분위기였지만 법률적 탄압이 줄어들고 선교 활동의 사회적 신망이 높아감에 따라, 기독교라는 새로운 의미의 세계에 접근하는 이들이 늘어나기 시작하였다. 개항 이후 사회 질서 자체의 뼈대가 문제가 될 때 기존의 질서와 가치에 불만족하고 있던 이들에게 개신교는 호소력 있는 종교가 되었다. 서울과 서북지방의 떠돌이 장사꾼이나 독립적인 농사꾼과 같이 전래의 인습과 사회·경제적 질곡으로부터 상대적으로 '떨어져' 있고, 기존 질서에서 의미를 찾지 못했던 피지배층의 상민들 속에서 개신교가 친화적 동조 세력을 얻고 있었는가 하면, 비록 숫자는 적었다 하더라도 갑신정변으로 나라를 떠나 이역을 헤매던 소외된 '의로운' 몇몇 인물을 포함하는 진취적인 양반 지식인들 사이에서도 개신교의 친화적 세력이 번졌다. 1890년대에 들어, 곧 동학 농민운동의 전개와 이의 결말에 대하여 실망하였거나 동학적 지향성에 동의할 수 없었던 이들, 또는 한반도에서 벌어진 청국과 일본의 전쟁에 격분하고 중국의 패전에 대하여 지적인 각성을 경험하며 의미의 빈곤을 느끼던 지식인층과 일반 상민층에 기독교는 강력한 대안적 신념으로 나타났다. 이것이 이 시대에 들어와 기독교가 보다 강화되고 확장될 수 있었던 사회적 조건이었다. 이처럼 유교적인 기존 질서에 대해 불만족스럽게 여겼거나, 위에 든 일련의 사태에 대하여 실의하고 그것 때문에 각성하게 된 이들에게 기독교의 신념체계는 호소력 있는 '새로운' 삶의 근거와 지침으로 작용할 수 있었던 것이다.

3. 사회 발전 운동의 전개

실제로 교인이 된다는 뜻은 새로운 각오로 산다는 뜻이었다. 곧 유교적인 인습에 동조하는 것이 아니라, 질시가 매섭고 비난이 혹독하더라도 필요하다면 기존의 가치를 부정하고 극복하며, 새로운 삶의 가치와 표준을 받아들인다는 뜻이었으며, 조선사회의 신분 제도를 포함하는 인륜적 의무 관계를 질문하고 이에 도전하는 행동 지향성을 생활화하는 것이었다. 기독교에 입교한 양반 출신이 지난날 하층 계급 출신과 교회에서 자리를 같이하기를 꺼려한 것을 뉘우치면서, 다음과 같이 고백하고 있는 것은 하나의 보기에 지나지 않는다. "나는 양반입니다만, 하나님이 한 사람은 양반을 만들고 또 다른 한 사람은 상놈으로 만들지는 않았습니다. 사람들이 그렇게 차별을 둔 것입니다. 하나님은 모든 사람을 평등하게 만들었습니다"라고 했던 것이다.[21] 결국, 초월적 존재에 대한 일차적 헌신은 비초월적 제도를 상대화할 수 있는 것이기에,

어떠한 사회 질서, 신분 제도, 가치 · 규범이라도 더 이상 '거룩한' 대상으로 남아 있을 수 없었으며, 따라서 비판과 부정의 과녁 대상에서 벗어날 수 없었다.

기독교 운동의 기본 단위는 교회였다. 그것은 미국의 개신교가 보여준 시민 중심의 모형에 따라 세워진 교회로서, 오늘날의 사회과학적인 낱말을 빌린다면 이들 교회는 한국 역사에서 보기 드문 '자원적'(voluntary) 집단이라 부를 수 있을 것이다. 교회 회원의 생활양식과 도덕적 규범을 기독교적인 기준에 따라 지도하고 통제하는 독자적인 조직체로서의 권위를 행사하였으며, 이 조직이 초월적 존재에 바탕을 둔 보편주의적 가치 체계를 내면화시킬 수 있는 생활 공동체의 기능을 수행하였다. 따라서 조선 사회의 신분 제도가 부정되고 남성과 마찬가지로 여성도 배움의 기회를 얻고, 한글로 된 성경과 여러 가지 글을 읽음으로써 우리글을 깨우치고, 마침내는 시민 의식과 민주주의를 체험하고 생활화할 수 있었다. 교회 회원이 된다는 것은 묵은 관습, 신분 질서, 축첩 관계, 그 밖의 여러 사회적 인습을 거부할 것을 교회 회원 앞에서 공식적으로 서약하고, 위반했을 때에는 회원 자격을 잃고 마는 새로운 행동 규범을 준수하는 집단의 한 구성원이 된다는 것을 의미하였다. 이와 같은 자원적 조직체로 운영된 교회가 곳곳에 서고, 교회 회원이 증가하면서 부속 기관이기도 했던 학교도 수많이 세워졌던 것이다.

기독교는 교회를 중심으로 하는 운동이며, 기본적으로 교화적이며 계몽적인 것이었다. 그러나 개신교의 변혁적 이념과 보편주의적인 가치 지향성은 강렬하고 심원한 사회 변형의 에너지를 사회의 모든 수준과 영역으로 파급시키고야 말 그러한 지향성을 갖고 있었다. 이러한 경우를 극적으로 보여주는 대표적인 보기가 독립협회와 관련된 사회 운동일 것이다. 〈독립신문〉이 크게 보도한 대로, 기독교의 가치 지향성은 1896년과 1897년 기독교도들이 고종 탄신 경축회를 개최하여 애국의

21) 위의 글, 163쪽을 볼 것.

노래를 지어 부르면서 민족 국가의 독립을 고취했던 모임을 통해 나타났으며, 기독교의 변형적 지향성은 쿠데타를 일으켜 일본식의 근대화를 꿈꾸던 갑신정변의 어리석음을 뒤에야 깨달은 서재필과 그와 합류한 윤치호에게서도 나타났다. 그뿐만 아니라, 기독교적 가치는 〈독립신문〉의 사설이 표방한 시민권 의식, 참여적 사회 의식, 개혁적 역사관과 같은 주요 이념과 맥을 잇고 있었으며, 혁명적이었던 젊은 시절의 이승만과 같이 기독교 학교에서 배운 학생들과 기독교인들이 개혁적 사회 발전운동의 중심적인 참여 세력이 되었던 것이다.[22]

사회 발전운동의 전개에 굴곡과 변화가 있기는 하였지만, 개신교 운동은 일제의 식민 통치 아래에서도 계속 그 특징을 살리고 있었다. 광범위한 구조적 변혁을 겨냥하였던 기독교의 사회 발전운동은 지배층과 이와 어울린 외세가 가한 사회 통제에 짓눌리게 되어, 어쩔 수 없이 자체의 성격과 전략을 재조정하게 되었다. 제국주의적 침략을 본격화시키고 있던 일본에 대한 항일 구국운동이라는, 보다 커다란 사회적 요청에 합류하는 한편 기독교는 대결보다는 순응과 적응의 방향에서 활로를 찾아 전략적으로 선회하기 시작하였다.

이것이 개신교의 비정치화 과정이었다. 이후 기독교는 급진적 사회 변혁보다는 교회 중심의 부흥 운동과 교육 계몽운동에 치중하였다. 그 결과, 기독교는 수적으로 성장하였을 뿐 아니라 상대적으로 '교육받은' 사회 세력 집단만으로도 번져 나아갔다. 1910년대에 교회, 기독교 학교, 그 밖에 여러 관련 기관이 전국 곳곳에 세워져 조직의 망을 이루게 되면서, 기독교 세력은 가히 이 시대의 가장 영향력 있는 민족적 사회 세력이었다고 할 수 있었다. 특히, 3·1 운동에서 기독교 세력이 결정적인 영향을 담당한 것은 교회 부흥과 교육 운동에 열의를 쏟아 온 기독교 운동이 낳은 너무도 당연한 열매였던 것이다. 실로, 일제 통치 아래에서

22) 독립협회 운동과 개신교의 관계를 따져 보고 있는 다음 글을 볼 것. 박영신, "독립협회 지도 세력의 상징적 의식 구조", 〈東方學志〉, 20집(1978년 12월).

기독교가 겪은 온갖 형태의 가혹한 탄압은 당시의 기독교 세력이 얼마나 강한 항일 도전 세력이었던가를 반증해 주는 사실이다.[23]

한말의 전환기와 일제의 암흑기에 개신교가 담당한 역사적 역할의 중요성은 어느 누구도 깎아 내릴 수 없다. 개신교의 역사는 한국 근대사에 나타난 슬픔과 절규의 가락과 고난과 투쟁의 맥박에 동참해 온 역사이며, 기독교는 한말과 통치하의 시대적 요청에 따라 그 변혁적 지향성을 사회 발전 운동에 투입해 온 역사적 세력이었다.

4. 오늘의 개신교: 내일의 역사를 위하여

개신교 역사 100년이 지난 오늘의 한국 기독교는 어떤 형태로 우리 사회 속에 존재하는가? 교인 수가 8백만에서 1천만이라 하며, 전체 인구의 20-25%가 된다는 그 기독교의 됨됨이는 어떠한가? 한말의 기독교나 일제 식민 통치 시대의 기독교와는 달리 오늘의 기독교는 더 이상 "별난 예수쟁이"라고 지목되는 특수인(?)의 소수 집단이 아니다. 오늘의 기독교인은 우리 사회의 주요 세력 집단에 속하는 평범한, "보통 사람"이 되어버린 셈이다. 심지어는 이러한 기독교인의 집회 장소인 교회가 "너무 많다"고 빈정거리는 소리를 들을 정도까지 된 것이다.

그런데 이러한 평범화의 과정에서 기독교의 발전 에너지가 약화되고 있는지도 모른다. 기독교의 사회 발전 운동이 낳은 열매를 따먹고, 기독교인은 상당한 수준의 상승적 사회 발전 이동을 경험하였다. 많은 기독교인이 번드레한 지식인층이 되었는가 하면 그럴듯한 지도층 인사도 되었다. 한편 갖가지 조직과 기관의 책임 부서를 맡게 되었는가 하

---

23) 閔庚培, 《韓國民族敎會形成史論》(서울: 연세대학교 출판부, 1974); 姜渭祚, 《日本 統治 下 韓國의 宗敎와 政治》(서울: 대한기독교서회, 1977); 박영신, "사회 운동으로서의 삼일운동의 구조와 과정-사회학적 역사 인식의 기초 작업으로서-", 〈현상과 인식〉, 3권 1호(1979년 봄); 그리고 李萬烈, 《한말 기독교와 민족 운동》(서울: 평민사, 1980)과 《韓國基督敎와 歷史意識》(서울: 지식산업사, 1982)을 볼 것.

면, 현대문화를 대변하는 중·상류층으로도 올라서게 된 것이다. 적어도 다섯 사람 가운데 하나 꼴인 이들 기독교인이 표상하는 기독교의 가치 지향성은 어떠하며, 행동 유형은 무엇인가? 많은 경우 그들은 교회의 회원일 뿐 그 엄청난 숫자만큼 실질적인 '기독교적' 영향력을 행사하지 못하는, 이른바 변형 에너지의 실천자가 되지 못하는 것은 아닌가? 이러한 물음을 던지게 되는 것이 오늘을 사는 뜻있는 이들의 마음가짐이다.

한말의 개신교가 감당한 변혁적 역할이나 식민 통치 하의 기독교인이 지킨 지사적 위치와는 사회적 존재 양식이 사뭇 다른 그러한 '보통 사람'으로서, 기독교인은 비기독교인과 본질적으로는 구별되지 않는 평범한 삶을 살아가는 것이다. 그러기에 기독교 교회가 다른 사회 집단과 다를 바 없이 세속적이고 물량적이며 또 주술적이고, 기독교 기관이나 조직체가 다른 조직체나 기관과 다를 바 없이 권위적이고 비개방적이며 경직되어 있지는 않은가? 기독교 학교는 비기독교 학교와 다를 바 없을 만큼 형식이 아닌 내용과 본질에서 그 기독교적 성격을 잃어가고 있지는 않은가 라고 되묻게 되는 것이다. 많은 기독교인들이 직접·간접으로 기독교 덕분에 사회적 사다리를 재빠르게 올라 출세(?)했지만, 그들이 자리 잡은 삶의 세계와 활동의 무대는 여전히 권위적이고 위계적인 채로 남아 있다. 한국 교회가 권위주의적인 '유교화 된' 교회라고 부를 수 있듯이, 한국의 기독교 단체나 기관 모두가 이러한 권위주의적이며 위계적인 특수주의적 조직체라고 볼 수 있을 것이다.

개신교가 우리 사회의 발전에 다시 한 번 그 변형적 가능성의 에너지를 투입할 수 있으려면, 우리 시대를 괴롭히는 우리 사회의 문제는 무엇인가 하는 것을 기독교의 입장에서 근원적으로 되새겨 볼 필요가 있을 것이다. 우리는 여기서 두 가지 문제에 대한 사회 비판을 가함으로써 한국 개신교가 주목해야 할 사회 발전의 방향을 모색해 보고자 한다. 첫째, 전통적 가치 지향성의 문제를 재검토해 볼 필요가 있다. 앞에서 보았듯이, 조선사회의 가치 체계는 혈연적 또는 유사 혈연적 인륜 관계를 일차적인 것으로 강조하는 의식과 행동을 제도화하고 있었다. 그것은 가족 또는 유사 가족 집단의 이익과 복리를 위하여 모든 관심과 자원을 동원하면서 보다 높은 보편주의적 가치를 상대화하거나 매몰시키는 경향성을 갖게 되었다. 자기 집안만 잘 되면 되고, 자기 집안 사람만 여유 있고 출세하고 편안하면 된다는 의식 구조이다.

기독교의 가치 지향성은 전통 사회로부터 내려오는 가족 중심의 특수주의적 가치를 다시 한 번 근원적으로 비판할 필요가 있다. 왜냐하면 기독교가 가족 또는 유사 가족적 관심 세계 속에 갇혀 있는 것처럼 보이기 때문이다. 자기 지방 사람의 이익과 자기 교회나 교파의 이익과 부흥에 관심을 모으고, 많은 경우에는 자기 집안의 이익과 복리에 관심을 한정시켜, 넓은 의미의 '이웃'에까지 뻗어 나가지 못하고 오로지 '나'와 '나의 집안'과 '나의 교회'와 같은 제한된 특수 집단의 이익에 신앙적 관심이 축소되어 있다. 그것은 분명히 기독교의 초월적 가치 지향성에 위배되는 것이라 할 수 있다.

둘째, 해방 이후 특히 1960년대부터 1970년대에 걸쳐 두드러지게 나타난 산업 사회적 가치 지향성의 문제이다. 이 가치는 경제 발전을 통한 물질적 풍요를 극대화하기 위하여 효율성과 능률을 강조하고 우선시키는 의식과 행동 지향성을 정당화한다. 또한 인간됨의 귀함을 확인해야 하는 근본적인 인식의 틀에서 벗어난 채 몰윤리적인 능률과 효율성, 곧 물질적 풍요를 향한 수단적 가치만을 존중하는 가치이다. 그것은 무엇을 위한 풍요이며 무엇을 위한 수단인가에 대한 본질적인 물음을 던지지 않는 표피적인 삶의 지향성을 말한다.[24] 기독교는 이러한 산업 사회적 가치 지향성을 근원적으로 비판할 필요가 있다. 산업 사회적 추세를 한국 교회가 반영하고 있는 것 같은 징표가 너무도 많기 때문이다. 교회마다 물질적 풍요와 여유를 찾기에 급급하고, 기독교의 부흥

---

24) 현대 사회의 도덕적 문제에 대한 사회학적인 논의를 보려면 박영신,《현대 사회의 구조와 이론》(서울: 일지사, 1978), 특히 8장과 9장을 볼 것.

과 힘을 물량적으로 측정하며, 교회 회원의 가정마다 물질적 축복을 비는 신앙(?)으로 넘치는 것만 같다. 서구 사회에서 온 것이라 해서 기독교적인 것이 아니며, 물질적 풍요가 축복의 유일한 척도가 아닌 것이다. 하나님의 형상으로 빚어 만든 인간의 존엄성을 선포해야 하는 기독교가 효율과 능률의 원리로 인간의 귀함을 격하시키는 산업 사회적 병리 현상을 정당화할 수는 없는 것이다.

언뜻 보면, 전통적 가치 지향성과 서구에서 들어온 산업사회적 가치 지향성은 물과 기름처럼 어울리지 않는 것 같다. 그러나 효율성과 능률, 수단적 합리성을 추구하는 것은 가족 또는 유사 가족의 이익과 풍요를 지향하는 행동 사이에 아무런 심각한 모순이 없다. 우리가 경험한 산업화와 근대화라는 1970년대의 사회 변동은 인간관계의 합리적 재구성이라든가 전통적 가치 의식의 근원적인 붕괴나 재구성을 전제로 한 것이 아니었다. 오히려 가족 또는 유사 가족적 가치가 본질적인 뒤흔들림 없이 건재한 가운데, 산업사회의 풍요를 수용하고 특수주의적인 "가족의 이익"을 높이는 능률과 효율의 수단적 합리화를 이룩한 것이다.[25)]

오늘의 개신교 세력이 물량적으로는 성장하였지만, 그 특유의 성격을 활성화시키는 힘은 가지고 있지 못한 것 같다. 그것은 마치 오늘의 우리 사회의 됨됨이가 지난 문제의 축소판처럼, 전통적 가치의 근원적 재구성에 주목하지 않고 오직 표피적인 물질주의적 산업 사회의 가치에 동조해 가고 있기 때문이다. 기독교의 가치 지향성이 다른 종교의 지향성과 다른 초월적 가치에의 일차적 헌신을 보이지 않은 채 우리 사회를 휩쓰는 거센 바람에 합세하고 동조하고만 있다면, 그리고 그의 변형 가능성을 저버린 채 한낱 기성 종교의 기득권적 집단 이익만을 생각한다면, 지난 세기의 표출하였던 것과 같은 사회 발전에의 기여 가능성은 결국 사라지고 말 것이다. 개신교의 윤리적 전통은 이 세상 안

---

25) 이러한 논지는 다음의 발표 논문에 담겨 있다. 박영신, "한국 사회 발전론"(발제 강연 II) (한국사회학회, 1983년 9월 16일).

에 자리 잡고 있어야 하며 이 세상을 활동의 무대로 삼아야 하지만, 그렇다고 해서 이 세상의 기존 가치에 매몰·예속되거나 이 세상의 물결 속에 휘말려 들어가서는 안 된다는 것이었다. 이러한 삶에의 헌신만이, 이기적인 오늘의 사회를 혁파할 수 있는 한 가닥의 소망을 개신교가 제시해 줄 수 있는 것이다.

여러 가지 측면에서 역사적 발전 과정에 관여해 온 개신교는 새로운 문제를 안고 있는 우리 사회에 내일을 위한 청사진을 내놓아야 한다. 이기적으로 자기만의 편의나 자기가 속한 집단의 이익만을 생각하는 몰사회적, 몰'윤리적' 경향성을 견제하고 극복할 수 있는 깊은 도덕적 힘을 행사해야 하는 것이 기독교가 맞부딪친 과제이다. 이러한 우리 시대의 문제적 상황이 요청하는 새로운 도덕성에 대한 예리한 감수성을 불러일으키지 못한다면, 기독교는 맛을 잃은 소금으로 정죄되고 말 것이다. 결국 초월적 기준에 의하여 삶의 모든 영역을 준엄히 비판하고 자기 성찰적으로 인식할 수 있을 때에만, 개신교가 지속적 사회 발전의 동인으로 작용할 수 있을 것이다.

이 글은 박영신, 《역사와 사회변동》(한국사회학연구소, 1985)에 실린 것이다.

4. 사회 변동, 가족의 삶, 그리고 종교 지향성

I. 머리말

가족과 종교를 이어보려는 데는 적어도 다음과 같은 이론의 근거가 있다. 하나는 가족이 사회 구조 속에 자리하고 있다는 것이며, 다른 하나는 종교의 상징성과 가족이 서로 맞물려 있다는 점이다. 가족은 사회 구성원의 역할을 짜놓고 있는 사회 구조 안에 자리 잡고 있으며, 뒤바꾸어 사회 구조는 자체의 존재 의미와 중요성을 정당화해 주는 합리화의 원천으로서 피할 수 없이 가치를 필요로 한다. 그리고 거기에 터하여 구성원의 행위를 규제하는 기준 곧 규범을 마련하게 되며 이를 통하여 행위를 다스린다. 바로 이 가치와 규범 그리고 제재가 종교 영역에서 비롯되어 나올 뿐 아니라 이와 떼어놓을 수 없게 연결되어 있다는 점에서 가족은 종교와 긴밀하게 이어져 있다.[1] 보기로, 엄청나게 시

1) 이렇게 사회 구조의 요소들을 개념화하고 있는 닐 J. 스멜서, "사회학과 이웃 사회과학", 닐 J. 스멜서, 《사회 변동과 사회 운동》(서울: 세경사, 1984), 20-21쪽을 볼 것.

간을 낭비하고 정력을 소모하는 줄 뻔히 알면서도 우리가 설날이나 한가위와 같은 명절의 뜻과 관례에 따라 이른바 민족 대이동의 대열에 끼지 않고는 마음의 부담을 덜 수 없게 되는 까닭은 빗나간 계산 착오나 어리석음 때문이 아니라, 우리 사회의 구조 속에 알고 모르게 깊이 배어 있는 종교 전통과 그것과 긴밀하게 이어져 있는 사회의 가치와 규범과 제재 밑에서 살아가고 있기 때문이다.

또한 고대 철학으로부터 현대의 정신분석학에 이르기까지 어떠한 새로운 발견이나 진전이란 아무것도 없었다고 할 수 있을 만큼 종교는 인간이 살아가는 삶의 방식을 미루어 이를 상징화한 것이라고 이해해 왔다. 그리하여 가족은 인간의 역사에서 최초의 사회 조직 형태이고 국가는 집안의 우두머리를 왕이라는 정치 조직의 우두머리로 단순 확대한 것에 지나지 않으며, 희랍 신화에 나오는 제우스는 신과 인간의 아버지거나 신들의 왕이었을 따름이라는 것이다. 프로이트가 남긴 글 속에 종교를 '투사' 현상으로 보고 가족 안에서 일어나는 불안과 갈등의 문제를 다루는 일종의 방어 수단이라고 주장한 것도 다르지 않은 논지이다. 그러나 이러한 풀이는 또 다른 논의를 촉발할 수밖에 없다. 두말할 것도 없이 모든 종교의 상징이 가족 상징의 반영이라고 치부할 수는 없기 때문이다. 보기를 들어, 고대 중국과 유교 민족이 꼭 같이 가부장제를 사회의 기본 골격으로 삼고 있었지만 전혀 다른 종교의 상징화 현상이 이 두 문명권에서 나타났던 것이다. 아래에서 좀 더 자세하게 보게 되겠지만 종교 상징이 가족 상징과 밀접하게 이어져 있을 뿐만 아니라 그 나름의 독자성을 행사하여 가족과 가족 지향성을 형체 짓기도 한다.[2)]

우리의 역사에서도 익히 읽을 수 있는 바[3)] 가족과 종교는 사회 구조

---

2) 이에 대한 논의의 내용을 죽 들어본다는 것은 불가능하다. 이러한 점을 지적하며 깊이 있는 논지를 펼쳐 오늘에 와서 고전이 된 로버트 벨라의 아래 글이 편리한 출처가 될 것이다. 그의 "기독교와 유교에서 보는 부자 관계"(1960), 《사회 변동의 상징 구조》(서울: 삼영사, 1981), 5장, 특히 104-107쪽을 볼 것.

의 맥락에서 서로 이어지고 더욱 근원의 수준에서 가족의 상황을 거론해야 할 때도 종교의 힘을 이야기할 수밖에 없다. 이 전제 위에서 이 글은 앞으로 우리는 어떤 사회를 맞게 될 것이며, 거기에서 어떤 삶의 의미를 갖고 살아가야 할 것인지를 살펴보고, 이를 가족의 삶과 이어 종교의 세계는 어떤 몫을 맡을 수 있으며 또 맡아야 하는지를 생각해 보고자 한다. 사회학의 창건자들이 바람직한 사회를 그리면서 현상의 분석과 함께 성찰의 도덕 차원으로 나아갔던 것처럼 여기서도 분석과 성찰의 두 차원에 우리의 관심을 이어놓고자 한다.[4]

II. 변동의 흐름과 올제의 사회

뒤르케임이 잘 밝혀 놓았듯이,[5] 사회 변동의 과정은 단순한 사회로부터 더욱 복잡한 사회로 바뀌어왔다고 할 수 있다. 사람들과의 접촉이 많아지고 그 오고감이 더욱 강화되면서 사회관계의 성격도 변하였다. 지난 전통 사회에서는 비슷한 일을 하는 사람들이 한 집안에 모여 다른 집안과 별다른 관계를 맺지 않고 이른바 자급자족하며 살았다. 집안이 커졌다 해도 한 친족 집단이 모여 좀 더 큰 동네를 이루었을 따름이다. 그저 혈연(과 지연)에 따라 '자동으로' 한 집안에 속하여 친족의 결속이라는 획일화된 규율로 짜인 생활 공동체를 이루며 살았다. 당시의

---

3) 보기로, 유교의 전통과 이어 논하고 있는 최재석,《한국인의 사회적 성격》(서울: 개문사, 1976); 최재석 교수 정년퇴임기념논총간행위원회,《韓國의 社會와 歷史》(서울: 일지사, 1991), 여러 글; 가족 중심의 상징화 그 뿌리에 놓인 유교의 '효'를 전통 사회의 구조와 이어놓고 있는 박영신, "한국 전통 사회의 구조적 인식",《延世論叢》, 14집 (1977년) 또는《현대 사회의 구조와 이론》(서울: 일지사, 1978), 5장을 볼 것.

4) Steven Seidman, *Contested Knowledge: Social Theory in the Postmodern Era* (Oxford: Blackwell, 1994)를 볼 것. 그리고 박영신,《우리 사회의 성찰적 인식》(서울: 현상과 인식, 1995)도 볼 것.

5) Emile Durkheim, *The Division of Labor in Society* (New York: Free Press, 1984).

통제 기제는 이러한 결속 관계에 어울리는 친족 중심의 종교와 도덕이었다. 그러나 인구가 늘어나면서 사람들의 접촉 또한 범위가 넓어지고 복잡해지면서 사회 결속 관계의 성격도 변하였다. 더 이상 한 집안 중심으로 사는 삶의 공간으로 남아 있을 수 없었으며 또한 그 동네에 갇혀 지낼 수 없었다. 친족과 촌락의 테두리밖에 사는 사람들, 곧 같은 친족이나 같은 동네에 살지 않는 낯선 사람들과 마주해야 했고 서로 다른 일을 하는 낯선 사람들과 부딪치면서 살아야 했다. 더 이상 한 집안이나 촌락 중심의 결속 관계로는 다 담아낼 수 없는 더욱 넓은 삶을 규제할 수 있는 규율이 필요했으며 이러한 삶에 적절성을 갖는 더욱 넓은 종교의 상징화와 도덕성이 요청되었다. 앞의 것은 '기계 결속 관계'라 하고 뒤의 것은 '유기 결속 관계'라 하여 구분한 다음 거기에 어울리는 종교 지향성과 도덕 내용이 달라지고 그렇게 재구성된 종교와 도덕이 필요하다고 하였다.[6]

오늘날의 사회는 이러한 변동의 폭과 속도에서 새로운 모습을 드러내기에 이르렀다. 삶의 터전과 삶 자체가 범세계화의 도가니에 들게 된 것이다. 개별 국가 사회의 경제, 정치, 사회, 문화가 서로 통하고 서로 이어질 수밖에 없는 변동의 현상이 더욱 두드러지고 있다. 생산, 노동, 무역, 재정, 기술과 커뮤니케이션의 영역에서 그러하고, 안보 위협에 대한 조처와 협력의 영역에서는 물론, 교육과 연구, 그리고 문화 활동과 의식과 취향에서도 그러하다. 아무리 단일 국가의 정부가 자체의 이익을 위하여 담을 높이 쌓아올리려 해도 이같이 밀어닥치는 범세계화의 물결을 나서서 막아내기가 어렵게 되었다. 모든 개별 국가가 이전에 행사하던 통제력을 잃고 그 거센 파도를 막을 수 있는 방파제의 역할을 더 이상 수행하지 못하고 있다. 어떤 성역도 남겨두지 않고 모두 허물어버리는 범세계화라는 변동의[7] 상황을 맞게 된 것이다.

6) 이러한 뒤르케임의 생각을 논하고 있는 박영신, "현대사회의 구조적 특성과 도덕적 위기: 에밀 뒤르케임의 현대 사회 인식", 박영신, 앞의 글(1978), 8장, 특히 229-234쪽을 볼 것.

사회(과)학자들은 어떻게든 이러한 현상을 개념화하고 해명해야 할 도전을 받아 왔다. 분석의 단위를 한 나라로 여기고, 한 사회나 하나의 문화라고 생각했던 오랜 사회(과)학의 관행, 곧 근본의 가정을 다시 생각하지 않으면 안 되게 된 것이다. 오랫동안 학계에서 분석의 단위로 삼아왔던 특정 사회나 국가의 중요성이 오늘에 와서 크게 약화되고 그 대신에 국제화 또는 세계화라는 변동의 '과정'이 더욱 뚜렷한 관심의 대상으로 떠올라 이제 '범세계화'라는 말은 일상에서뿐 아니라 학계에서도 굳게 자리 잡게 된 학술어가 되고 말았다.[8]

범세계화 과정은 오늘의 시점에서 어느 한 잣대로 재어서 좋고 나쁨을 단숨에 가려내어 평가하기는 어렵다. 한 사회의 전통과 문화 그리고 기존 질서와 체제를 귀하게 여겨 이를 지키려는 이들에게는 바깥으로부터 밀어닥치는 '범세계의 힘'이 증오의 대상이자 위협으로 이해될 수 있을 것이고, 생활의 터전이 되고 있는 한 사회 안에서 경험하는 인종 갈등, 남녀 성차별, 어린이 학대, 인권 유린, 반인류 범죄, 생태계 파괴와 같은 문제에 각별한 감수성을 지니고 있는 이들에게는 '범세계의 규범'이 구원의 손길이 될 수도 있다.[9]

이처럼 생각과 판단이 서로 엇갈리는 상황에서 사회 구성원들은 격심한 모순과 갈등을 빚게 되고 긴장과 불안에 빠져들 가능성도 크다. 사회 변동의 폭이 좁고 속도가 느렸을 때는 조정과 순응의 여유를 누

---

7) 범 세계 수준의 변동 현상을 여러 각도에서 논하고 있는 글을 모아 엮어 놓은 David Held & Anthony McGrew (엮음), *The Global Transformations Reader* (Cambridge: Polity Press, 2000)를 볼 것.

8) 1980년대 중반 이 낱말을 처음 학술 논문의 제목에 달아, 이후 이 낱말을 널리 펼치는 데 가장 크게 기여한 사람은 Roland Robertson이다. *Malcolm Waters, Globalization* (London: Routledge, 1992), 2쪽을 볼 것.

9) 이러한 보기를 여러 곳에서 쉽게 찾을 수 있겠지만, 박영신, "범세계화와 가능 세계", 〈현상과 인식〉, 18권 1호(1994년 봄), 또는 박영신, 앞의 글(1995), 9장을 볼 것. 그리고 지난날의 공산권이 몰락하게 된 과정과 관련하여 이러한 점을 밝히고 있는 박영신, 《동유럽의 개혁 운동: 폴란드와 헝가리의 비교》(서울: 집문당, 1993)도 볼 것.

리며 문화 사이의 긴장과 갈등을 해결하면서 커다란 무리 없이 삶의 틀을 유지할 수 있었다. 그러나 오늘날에 와서는 상황이 달라졌다. 전자 통신 기술의 발달로 공간과 시간이 날로 압축의 도를 더해 가고 있는 변동의 과정 속에 우리 모두가 들어 서 있기 때문이다. 지금껏 삶의 테두리를 에워싸고 있던 칸막이가 갑자기 허물어지면서 탈 없이 이어온 익숙한 삶의 틀이 어색한 삶의 틀과 마주치고, 오늘날까지 당연히 여기며 지켜온 삶의 방식이 의심스러운 삶의 방식과 충돌할 수밖에 없게 되었다. 삶의 틀이 채 제도화되어 정착되기도 전에 다시 안팎의 여러 요소들에 의하여 빈번하게 위협을 받게 된 것이다. 그만큼 더욱 첨예한 '인식의 불안'을 겪게 된다. 급변하는 상황에 유연하게 대처할 수 있는 문화 자원을 가지고 있지 않을 경우에는 더욱 절박한 위기의식에 빠져든다. 격변기에 '문화 근본주의'가 득세하여 기승을 부리거나 갖가지 극단론이 나돌게 되는 것은 이 때문이다.[10)]

그러나 상황은 그렇게 단순하게 처리될 수 있는 것이 아니다. 근본주의자들이 말하는 것처럼 인간의 문명이 그렇게 '순수'하지 않았으며 그토록 '순수한' 것만이 구국의 왕도가 되었던 것도 아니었다. 문명의 역사에서 읽을 수 있듯이 인간 사회가 이어받아 '우리 것'이라고 하는 전통과 문화는 처녀 탄생이 아니라 안팎의 여러 요소들이 서로 만나 다투며 어우러져 만들어진 것이다. 중국과 인도의 문화와 맞닿지 않은 동양의 문화 전통을 상상할 수 없고 헬라와 히브리 문화와 함께 이슬람 전통에 뿌리내리지 않은 유럽의 문화 전통을 떠올리지 못한다. 정확히 말하여 순나기 '순종'이나 '순종'의 문화를 내세우는 것은 애초부터 선동가의 고안물이었다. 모든 것은 중심부에서 주변부로 흐르는 제국주의의 확장 과정에 지나지 않는다고 지레 결론을 내린 다음 이를 어찌

---

10) 이러한 현상과 관련하여 종교와 근대기의 사회 변동의 관계를 풀이하고 있는 로버트 벨라의 앞의 글, 3-4장과 6장을 볼 것. 그리고 Robert Wuthnow, *Meaning and Moral Order: Cultural Analysis* (Berkeley: University of California Press, 1987), 여러 곳, 특히 7장을 볼 것.

할 수 없는 것이라며 체념하거나, 밖으로부터 오는 것은 그 어떤 것이든 '유해한 것'이라고 판갈이 하여 지난날의 것이라면 모두 '거룩한 것'이라고 예찬하여 숭상하려 하고, 역으로 바깥 것이라면 모두 앞선 것이라고 여겨 안의 것은 다 '쓸모없는 것'이라고 폄훼하는 것은 그 어느 것도 현명한 해결책이 될 수 없으며 더구나 정당한 인식의 틀은 아니다. 문화는 범세계성을 지녔는가 하면 지역성도 담고 있다. 로버트슨이 이름붙인 바 범세계화는 실상 '토착성'을 떨쳐 버릴 수 없는 '범세계화인 동시에 지역화'(glocalization)이다.[11] 범세계화 과정은 범세계성과 지역성이 동시다발의 형태로 나타나고 서로 침투하는 혼성 방식의 역사였으며, 그러한 뜻에서 범세계화는 결과 꼴을 서로 달리하며 나타나는 '토착화'의 문제이다. 긴 변동의 과정을 밟아 오늘날 우리 모두는 이러한 범세계화의 도전 앞에 서 있게 된 것이다.

이 도전은 기존하는 삶의 지향성을 질문하고 나아가 이를 재구성하기를 요구한다. 삶의 폭이 엄청나게 넓어져 더 이상 친족과 국가의 테두리 안에서 친족과 민족 사이의 따뜻한 관계만을 고집할 수 없게 된 것이다. 인권의 존중과 생태계의 보존 그리고 사회 정의의 문제는 모든 테두리를 넘어 지구 위에 사는 모든 사람들에게 통용되고 또 그들이 함께 책임져야 할 삶의 가치이자 도덕성의 내용이 되고 있다. 범세계화의 문제는 부유국의 금융 세력이 이끌어 가는 경제 차원의 범세계화만이 아니라 더욱 근본에서는 새롭게 떠오르는 삶의 의미와 지향성과 이어 논의되어야 할 비경제 차원의 범세계화인 것이다.[12]

---

11) Roland Robertson, "Glocalization: Time-Space and Homogeneity-Heterogeneity," Mike Featherstone · Scott Lash · Ronald Robertson (엮음), *Global Modernities* (London: Sage, 1995), 25-44쪽. '범세계의 것'과 '지역의 것'을 뒤섞어 놓은 뜻으로 'glocalization'이라는 말이 영어 사전에 오를 때, 그것은 '토착화'라는 기업 행태에서 빌어온 것이었다. 기업이 특수한 지역의 시장에 맞춰 범세계 수준에서 상품과 용역을 다듬으려 하는 것을 보기로 들 수 있다. 위의 글, 특히 28-29쪽을 볼 것.

12) 경제 범세계화에 기울어진 오늘의 상황과 이른바 '반세계화'의 저항 운동을 논하고 있는 박영신, "범세계 공동체와 규제"(「범세계화, '리오+10' 환경 회의, 그리고 한국

III. 삶의 지향성과 오늘의 '가족'

급변하는 오늘의 사회에서 우리는 어떤 삶의 지향성을 가지고 살아가고 있는가? 삶의 밑바탕을 이루고 있는 조직 원리는 무엇이며 삶의 뜻과 지향성은 어디에 모아지고 있는 것인가? 이 물음에 답하기 위해서는 무엇보다도 우리 사회의 구조와 의식 그 밑뿌리로 들어가 그 성격을 밝혀보아야 한다. 이에 대해서는 앞서 여러 글에서 밝혀둔 바 있기에[13] 길게 되풀이하지 않고 그 핵심이 되는 내용만을 아래에 따와 적어 본다.

우리 사회의 구성원들이 서로 관계를 맺으면서 오늘과 같은 삶을 이어갈 수 있는 것은 우연이 아니다. 이러한 삶의 방식이 지속되고 있는 것은 그것을 의미 있고 값있는 것이라고 합리화해 주는 가치와 이를 규제하고 제재해 주는 규범의 장치가 있기 때문이다. 달리 표현하여, 우리 사회의 구조가 짜이게 된 데는 사회 속에 뿌리내린 가치와 규범에 의하여 작동하는 원리가 있는 것이다. 무엇이 올바르고 그른가 하는 것은 근원에서 볼 때 가족에 대한 배려와 관심, 나아가 위계질서와 친밀성의 원형이 되는 가족 관계를 유지하는 데 얼마나 충실하고 어울리는가에 달려 있다. 부모와 그 핏줄을 타고 난 자식의 관계는 가장 기본이 되고 자연스러운 것이며, 그것은 위계·친밀의 관계이자 또한 일차의 가치를 지니는 관계이다. 이 관계의 밑바탕에는 효가 자리하고 있으며, 바로 그것이 행위의 일차 동인이다. 이것을 원형으로 삼아 모든 인간관계와 행위를 판단하고 규정하고 그 범위를 점차 넓혀 모든 삶의 영역에 이를 확장하고 적용하여 모든 삶의 영역을 다스리고자 하는 것이 우리 사회 구성원의 행동 지향성이다. 이것이 '가족주의' 이다.[14]

사회」, 한국사회운동학회 정기 학술모임 주제 발표, 2001년 6월 9일, 연세대학교 알렌관), 또는 〈사회운동연구〉, 2권 1호(2001년 11월)를 볼 것.

13) 특히 박영신, 《역사와 사회 변동》(서울: 민영사/한국사회학연구소, 1987), 3부, 그리고 앞의 글(1995)을 볼 것.

우리나라의 경제 성장도 당연히 이러한 가족주의의 지향성에 힘입어 일어났다. 서구 역사에서 움터 나온 자본주의의 경험과는 성격을 달리하는 우리 특유의 경험 내용이며 획득 방식이다. 이것은 베버가 '근대'니 '금욕'이니 또는 '합리'라는 개념을 조건으로 달아 면밀하게 정의내렸던 근대 서구에 특유하게 나타난 자본주의와는 유형상으로 다른 것이다. 서구의 특정 지역에서 특정 종교 윤리를 따르는 종파에서 나온 '근대의 자본주의'는 신의 부름을 받아 맡긴 일을 열심히 수행하는 것을 '의미 있는' 것으로 받아들였던 강한 삶의 지향성이 낳은 결과물이다. 다른 말로, 소명 의식에 따라 헌신의 마음을 가지고 충실하게 맡은 바 일을 하고 나아가 일을 더욱 값 있게 하기 위하여 기술을 연마하고 관리하면서 이전에 없었던 새로운 삶의 모습을 낳았던 것이다. 물론 이러한 직업 의식과 동기 같은 것이 우리에게는 없었다. 우리는 나름의 일의 의미 세계와 지향성이 있었다. 의식 세계가 가족에 지향되어 있고 동기가 가족의 이익을 위하는 것이며 일의 조직도 가족 관계를 모형으로 짜 엮어 보고자 했다. 경제 행위와 조직은 베버가 말하는 서구식의 '합리성'에 따라 친족과 같은 사사로운 관계를 부수고 새롭게 다져진 합리적인 틀 안에서 움직여 온 것이 아니라 우리 식의 바람직한 틀, 곧 가족주의의 테두리 '안'에서 진행되어 왔다.[15)]

한국사회를 비롯하여 동양에서 일어나고 있는 경제 성장을 들어 베

14) 이 같은 논지는 조선 사회의 구조에 대하여 1970년대 중반에 발표한 나의 글에 뿌리를 두고 있으며, 그 이후에도 여러 영역에 이를 적용하고 확인하려 한 글을 발표하였다. 박영신, 앞의 글(1978), 5장과 6장; 앞의 글(1987), 3부; 그리고 앞의 글(1995) 볼 것.

15) 이와 관련되는 베버의 논의는 여러 곳에 들어 있지만, 여기서는 그가 말한 '친족의 사슬'을 염두에 두고 있다. 특히 Max Weber, *The Religion of China: Confucianism and Taoism* (New York: Macmillan, 1951)을 볼 것. 이러한 논지와 이어, 박영신, 앞의 글(1995), 특히 1장을 볼 것. 그리고 Yong-Shin Park, "The Socio-Cultural Dynamic of a Newly Developing Country: The Korean Experience," *Culture, Politics, and Economic Growth: Experience in East Asia* (Studies in Third World Societies), 52집(1994년 3월)을 볼 것.

버의 논지가 틀렸다고 야단법석을 떠는 경우가 없지 않았다. 특히 경제 형편이 좋았을 때 '아시아적 가치'를 들먹이면서 유교 윤리가 경제 성장에 기여했다고 목청을 높였던 것이다. 그것도 바깥에서 불어 닥친 담론의 흐름에 우리 지식계가 장단 맞춘 꼴이었지만 말이다.[16] 베버는 물론 단순한 사회학자가 아니었다. 여러 모습으로 나타난 산업화 과정의 유형들을 무시하고 하나로 뭉뚱그려 모든 산업화 과정을 '자본주의'라는 한 가지 개념의 통속으로 몰아넣으려 하는 순진한 논지를 펴려 하지 않았다. 전자 제품을 생산하여 진열되어 있는 것이나 고층 건물이 가지런하게 늘어서 있는 겉모습만을 보고 우리의 산업화와 경제 행태가 서양과 같다고 섣불리 결론내리는 것은 베버의 논지 자체를 오해하는 것이다. 이것은 내면의 의식 세계를 들여다보려 했던 그의 '프로테스탄트 윤리'를 얼치기로 이해하고 있다는 반증에 다름 아니다.

그러므로 구태여 우리의 산업화 경험을 규정하기 위하여 '자본주의'라는 말을 써야 한다면 그 낱말 앞에 개념의 조건을 붙여 정확을 꾀해야 한다. 위에서 논한 '가족주의'의 윤리 지향성을 여기에 끌어들이는 것은 바로 이러한 뜻에서이다. 우리가 겪은 경제 성장 과정과 그 체제의 성격에 주목하여 그 낱말 앞에 '가족주의'니 '유사 가족주의' 또는 '친분'이라 하는 개념을 붙여야만 더욱 온전하게 우리 식의 자본주의를 드러낼 수 있다.[17] '유교 자본주의'니 하고 동양 사회를 하나로 묶어

---

16) '유교적 가치' 또는 '아시아적 가치'라는 말이 오늘날처럼 요란하게 쓰이기에 앞서, 나는 우리 전래의 문화 전통과 경제 성장의 관계를 풀이하고자 한 바 있다. 두말할 필요도 없이 이러한 논지는 오늘의 논술 내용과 이렇게 저렇게 이어질 터이다. 특히 나의 아래 글들, "한국사회 발전론"(한국사회학회/현대사회연구소 공동 학술대회 주제 발표, 1983); "한국사회의 변동 이론: 가족주의와 변동의 구조적 접합"(한국사회이론학회 국제학술회의 주제 발표, 1984); 박영신, 앞의 글(1987), 7-8장; "한국의 전통 종교 윤리와 자본주의", 한국사회사연구회(엮음),《한국의 종교와 사회 변동》(서울: 문학과 지성사, 1987); 박영신, 앞의 글(1995), 1장과 2장을 볼 것.

17)《우리 사회의 성찰적 인식》, 여러 곳을 볼 것. 1995년 10월 25일 상해 후단대학교의 초청 강연에서 나는 한국 자본주의를 '친분적 자본주의'라고 이름 붙인 적이 있다.

개념화하는 이점과 손실을 함께 감안하여 표면에서 맴도는 수준의 논의가 아닌 비교·역사 분석을 통한 심층의 수준으로 파고 들어가야 함은 두말할 나위도 없다.[18)]

지난 1960년대 이후 급속한 경제 성장의 과정에서 우리는 무엇을 경험하였으며 무엇을 배우며 가르쳐 왔는가. 경제만이 살 길이라며 실로 눈물겹게 살아왔던 그 경제 성장의 동원 체제 밑에서 삶의 모든 영역은 경제 가치로 채워지고 경제의 잣대로 재어졌다. 가족, 가족 관계, 가정의 삶 자체도 당연히 이러한 가치의 추구에 지향되었으며 이러한 방향으로 움직여 왔다. 우리 사회가 걸어온 모습 그대로 우리의 가정에서도 모든 것을 경제의 가치 밑으로 떨어뜨렸으며 그 밑에 묻어버리고 말았다. 가족을 중심으로 하는 삶의 지향성과 경제 가치를 우선하는 경제주의 지향성이 교묘히 맞물려 좁은 가족 중심의 이익 추구에 삶의 에너지가 모아졌던 것이다. 모든 것은 이제 물질과 양으로 표현해야 하고 타산과 효용의 이해관계로 단순화되었다.

이러한 접목 현상은 '관행'(?)처럼 되어버린 가까운 보기에서 찾아볼 수 있다. 초등학교에 다니는 어린아이가 상처를 입고 불이익을 당해서는 안 된다는 이유로, 다른 말로 자기 아이를 몹시도 '위한다'는 마음에서 학부모가 담임교사에게 때를 따라 이른바 '촌지'로 고마움을 표시하는 일종의 관례가[19)] 그것이다. 이러한 부모의 행태는 좁은 가족주의에 터한 우리 사회의 이기성이 경제 수단을 통하여 밖으로 드러난 것에 지나지 않는다. 가족의 삶은 우리 사회의 경제주의가 드리운 한낱

---

18) 가까이 일본의 산업화를 사회학의 이론 속에 깊이 들어가 역사·사회학의 눈으로 분석한 글, 로버트 N. 벨라 지음, 박영신 옮김, 《도쿠가와 종교》(서울: 현상과 인식, 1993)를 볼 것. 그리고 이 글에 대한 답으로 적어 둔 우리 사회에 대한 나의 몇몇 역사·사회학의 글에 더하여 박영신, "종교적 물질주의: 우리의 전통과 사회 구조", 《사회이론》, 1995년 여름호를 볼 것.

19) 〈동아일보〉, 1995년 3월 22일자 1면과 5면에 실려 있는 신문사의 기획 취재반이 서울 시내 30-40대 주부 551명을 대상으로 설문 조사한 내용의 보도를 볼 것. 75% 이상이 한 차례 이상 '촌지'(선물 포함)를 전했다고 했다.

그림자이다. 거의 내놓고 저지르고 있는 금품 수수 행위가 이처럼 우리 사회에서 관례가 되기까지 자기의 이익을 위해서는 어떤 수단이라도 다 써야 한다는 지극한 효용주의가 별다른 저항 받음없이 우리 집안 안에 자리 잡았던 것이다. 마침내 그러한 부모와 교사 사이에 오고가는 거래 관행을 보며 자라는 어린아이들의 도덕 감수성이 온전하게 자랄 리는 없다. 무디어진 이 감수성 속으로 경제 효용주의가 침투해 들어가, 어린아이들은 일찍부터 이러한 삶의 방식을 내면화하여 부모의 뒤를 이어 사회를 재생산할 채비를 하고 있는 것이다.

이러한 상황에서, 어쩌다 촌지의 문제가 떠올라 시끄럽게 되면 잠시 비판의 소리를 내다가도 이내 미풍양속이니 정서니 하면서 주고받는 일을 변호하는가 하면 이를 어쩔 수 없는 것이라 당연시하고, 나아가 여기서 이득을 얻게 되는 편의의 삶을 세상의 '지혜'라 하고 '성공'이라고도 생각하기에 이르게 되었다. 이 현존하는 '지혜'가 참된 지혜이고 현존하는 '성공'이 진정한 성공인가 하고 오늘의 삶을 지배하는 효용주의의 잣대를 문제시하면 이는 곧바로 말 많은 사람들이 공연스레 까다롭게 구는 짓이라 하여 오히려 핀잔을 받을 정도이다. 근본 문제를 깊이 헤아려 그 자체의 타당성을 점검하기보다는 추세에 따라 남들이 하는 방식과 그들이 가는 길을 분별함 없이 모두들 마냥 뒤따르기만 한다. 불안한 나머지 손쉬운 표피의 '안정성'을 확보하기 위하여 심원한 삶의 진실성을 위한 발걸음을 내디디지 않으려는 것이다. 대세에 맞춰 가족 구성원이 '성공'을 향한 대열에서 낙오되어서는 안 된다는 강박감에 사로잡혀 사사로운 이익을 우선하는 삶의 지향성을 수행하는 하나의 도구로서 오늘의 가족이 기능하고 있는 셈이다. 그리하여 걸핏하면 학교 교육의 낙후성을 이야기하면서도 공교육의 개선을 위한 공동의 관심을 모으기보다는 제가끔 자기 아이를 위한 갖가지 과외에 관심을 쏟아 막대한 과외비를 지출하고 있는 것이다.[20] '사사로운'

20) 대우경제연구소가 1994년 전국 3,625 가구를 대상으로 조사하여 추정한 과외비는 월

집안의 테두리를 넘어서서 '공공의' 관심 세계로 나아가기에는 가족 중심의 편의주의가 아직도 우리의 삶 속에 너무도 단단하게 자리하고 있다.

뜻 있는 사람들이라면 오늘의 가족과 그 삶의 지향성에 대하여 회의와 걱정과 성찰의 마음가짐을 가지지 않을 수 없다. 눈앞의 이익에 파묻혀 있기를 거부하고 멀리 내다보고자 하는 사람이라면 비록 오늘의 상황에서 헤어나지 못하고 사회의 지배 추세를 뒤따르고 있다 손치더라도 자신의 모습과 삶의 방식에 대하여 한 가닥의 의심을 품지 않을 수는 없다. 겉으로 드러난 오늘의 삶에 대한 깊은 절망과 치밀어 오르는 불만이며, 이를 확인할 수 있는 최소한의 능력이다. 바로 이러한 상황에서 깊은 문제와 맞닿아 있는 믿음의 영역에 눈을 돌리게 되며 그 영역에서 어떤 가능성을 기대해 보고자 하는 것이다.

IV. 초월성의 힘과 새로운 가족의 삶

최근 들어 경제 사정이 어려워지기는 했어도 우리는 모두가 바라던 대로 얼마만큼 여유를 누리며 살 수 있게 경제의 성장을 이루어 규모를 늘려 놓았다. 성공담이라 여겨 자랑스럽게 떠벌려 온 터다. 그러나 그 뒤안길에는 우리가 거두어 들여야만 했던 사악한 씨앗이 뿌려지고 있었던 것 또한 부정하지 못한다. 그 억센 경제주의의 궤도를 따라 돌다가 깊은 삶의 세계와 그 속에 담긴 다른 차원의 풍요로움을 잃어버렸던 것이다. 삶의 뜻은 다만 물질의 부를 많이 긁어모아 자기 집안이 잘 사는 데 있다고 믿어온 나머지 그 너머 다른 삶의 가능성에 대한 관심의 고삐를 놓쳐버리고 삶의 다른 가치에 대한 탐구 의욕도 박탈당하고 말았다. 경제주의로 채워진 비좁은 공간의 벽에 갇혀 밖으로 뛰쳐나

24만 원이었다. 〈동아일보〉, 1995년 5월 4일자 30면을 볼 것.

오지 못하고 살아가는 상자 속의 삶, 한 마디로 잃어버린 지평 위에 세워 놓은 집이었다.

친족 중심으로 가족의 삶이 지닌 중요성을 부정할 필요는 없다. 가족과 그 바깥의 공공 영역을 위해서, 그리고 이 두 세계의 관계를 유지하기 위해서 가족과 그 안의 삶은 필요하다. 가족 없는 공공의 마당은 상상할 수 없는 비현실의 추상태이다. 통상의 가정 밖에서, 그 가정의 삶을 통하지 않고 한 사회 구성원으로 빚어 만들 수 있고 또 만들어야 한다고 한 플라톤의 《공화국》은 여전히 유토피아의 세계이다.[21] 억양과 색도의 차이는 있지만 집이라는 터 위에서 공공의 영역이 자란다는 점에서는 일찍이 동서양을 가릴 것 없이 현자들의 생각이 같았다. 다만 생물체로서가 아니라 사회체로서도 인간은 가정이라는 사사로운 영역에서 떨어져 나올 수 없고 그 안에서 태어나 자라면서 사회 자체를 유지한다. 아무리 공공 영역을 강조한다 해도 이 사사로운 영역과 떼어놓을 수는 없다.

문제는 가정의 삶이 어떠하고 또 어떤 삶의 지향성을 익혀 주고 있는가 하는 것이다. 바깥 사회가 경제주의로 흠뻑 젖어 가정의 삶이 숙박 시설처럼 되어 가정이 누리며 행사할 수 있는 가정 특유의 삶의 모습도 빼앗기고 말았다. '집'(home)이 '호텔'로 가는 길목쯤에 자리하게 된 이 같은 현상은 현대 사회에 일반으로 나타나고 있는 것이지만[22] 우리 사회처럼 위험할 만큼 격심한 경우를 찾기는 어렵다.

모두가 바쁘고 분주하여 집안 식구들이 오순도순 한 밥상에 둘러앉

---

21) 이와 이어 Janet Coleman, A *History of Political Thought: From Ancient Greece to Early Christianity* (Oxford: Blackwell, 2000), 3장을 볼 것.

22) Mary Douglas, "The Idea of a Home: A Kind of Space," *Social Research,* 58권 1호(1991년 봄), 287쪽에 나오는 생각에 기대어, 이 현상을 논하고 있는 Krishan Kumar, "Home: The Promise and Predicament of Private Life at the End of the Twentieth Century," Jeff Weintraub & Krishan Kumar (엮음), *Public and Private in Thought and Practice* (Chicago: University of Chicago Press, 1997), 특히 227–231쪽을 볼 것.

아 아이들과 어른들이 함께 만나 음식을 나누며 크고 작은 이야깃거리를 주고받고 어른들이 아이들에게 지난날의 습속을 들려주던 집안의 의례도 깨지고, 몸가짐을 조심하면서 맑은 언어 쓰기를 익히고 모두가 정성스럽게 서로를 대하고 손님을 맞게 되면 더욱 그러해야 했던 배움의 기회도 사라졌다. 예로부터 '식구' 라고 했을 때 느낄 수 있었던 가족 구성원의 의미는 사라지고 그 자리에 통계 치로 나오는 '거주자' 가 들어서고 말았다. 세대 사이의 관계가 희미하게 되고 오늘의 절박한 문제를 두고 함께 대화하며 생각하고 걱정할 수 있는 여유와 품위를 잃은 지도 오래되었다. 집안에서 함께 산다 하나 실은 함께 사는 것이 아니다. 사회-심리의 뜻에서는 고립된 개인과 개인이 들락거리며 잠만 자는 '잘 데' 일 따름이지 가정이지는 않다.

두말할 것도 없이 사회도 바뀌고 가정의 구조도 변화되고 있으며 부부와 자녀의 관계와 함께 여성의 자리와 몫도 바뀌어가고 있다.[23] 현대사회의 리듬에 맞춰 부(모)는 새벽부터 일터에 나가 야밤중에야 귀가하고 그렇지 않으면 주말 부부, 주말 가족으로 만족해야 하고,[24] 이 틈바

---

23) 이쯤에서 여성 활동의 변화를 이어 보아도 좋을 것이다. 실제로 국민 소득의 증대, 산업 구조의 변화, 교육 수준의 급상승, 성 역할의 변화와 맞벌이 부부의 등장과 같은 새로운 현상이 나타났기 때문이다. 보기로, 여성의 '경제 활동' 참여 비율이 1965년에는 36.5%에 지나지 않았으나 1990년대에 들어와서는 거의 절반에 이르게 되었다. 산업화의 확장과 교육 수준의 증대로 여성은 더 이상 집안의 울타리 안에 머물러 있지 않았다. 손승영, "한국 사회의 변화와 가족", 여성한국사회연구회 엮음,《한국 가족 문화의 오늘과 내일》(서울: 사회문화연구소, 1995), 26-27쪽을 볼 것. 이러한 변화에도 불구하고 틀에 박힌 여성관은 여전하여 여자가 집밖의 직장에서 일을 하더라도 집안의 문제는 언제나 여자의 몫이 되고 있다. 변화순, "가족 정책 연구의 관점과 쟁점, 자리 매김", 〈女性硏究〉, 49호(1995년 겨울)를 볼 것. 그리고 가족의 변화와 여성에 대하여 널리 살펴보고 있는 변화순 외,《한국 가족의 변화와 여성의 역할 및 지위에 관한 연구》(서울: 한국여성개발원, 2001)를 볼 것.

24) 가족 단위가 곳곳으로 흩어지는 것은 경제의 기회와 개인의 승진과 같은 이유 때문에 어디에서도 생길 수 있는 현상이다. 가족의 변화에 대하여 면담 형식으로 이야기하고 있는 Mark Hutter, "What Makes A Family? A Conversation with Dr. Mark Hutter," http://uninfo.state.gov/journals/itsv/0101/ijse/hutter.htm을 볼 것.

구니에서 아이들은 학교 공부에 과외 공부로 부모 형제와 제대로 함께 마주할 겨를조차 찾기 어렵고 식구들 사이의 대화란 기껏 '돈 이야기' 뿐이지 진정한 대화란 전혀 기대할 수 없고 또 기대하지 않는 고립된 별개의 존재로 하루하루를 묵묵히 견뎌가며 살아야 한다. 마르크스와 엥겔스가 《공산당 선언》에서 역사의 발전에 따라 부르주아가 이룩한 가족 관계란 어떤 느낌도 없이 "순전히 금전 관계"로 만들어 버렸다고 한 것이[25] 오늘날 우리의 현실로 나타났다고 할 수 있을 정도다. 친근한 가정의 분위기에서 남에 대한 관심과 보살핌과 희생의 덕목을 먼저 경험하면서 그 뜻과 값어치를 가늠할 수 있고 배울 수 있었던 배움의 터를 숫제 잃어버린 것이다.

이런 뜻에서 오늘의 우리 가족과 가족의 삶은 견고한 우리를 허물고 새로운 지평을 바라볼 수 있어야 한다. 넓은 공공의 영역에 들어가 함께 참여해야 함에도 불구하고 가족과 가족 중심의 의식과 행동 지향성으로 마냥 되돌아가 그 테두리 안에서 좁은 물질의 이익을 기획하고 추구하는 삶의 비좁음, 아니 나라와 나라의 경계가 점차 허물어져 통례의 위력을 잃어가고 있음에도 불구하고 그러한 비좁음에서 벗어나지 못하고 있는 삶의 방식을 비춰줄 수 있는 각성의 새 지평을 경험할 수 있어야 하는 것이다. 이것은 고대 그리스에서 공동의 관심사로부터 단절된 채 자신의 '사사로운' 삶의 동굴 속에 들어가 나오지 않고 있는 사람을 이기주의자로 여겼던 것을 상기시키기에 넉넉한 사태이다. 아렌트는 앞서 그리스 낱말의 뜻을 풀이하여 그와 같은 사람을 '이기스런 사람'(idiotes)이라 하고, 이러한 삶이야말로 '얼간이'들이 살아가는 바보스런 삶이라고 이해했던 것이다.[26]

---

25) 칼 마르크스 · 프리드리히 엥겔스 지음, 김기연 옮김, 《공산당 선언》(서울: 새날, 1991), 16쪽.

26) 공공의 영역과 사사로운 영역에 대한 오늘날의 논의에 깊은 영향을 미친 Hannah Arendt, *The Human Condition* (New York: Doubleday Anchor, 1959), 특히 35쪽을 볼 것. 이와 함께 아렌트가 고대 그리스의 '정치'를 이상화하여 공공성의 가치를 지

공동체의 구성원은 사사로운 이기성의 세계에 파묻혀 있는 탐욕스런 동물이 아니라 공공의 책임 세계에 들어가 적극으로 참여하는 인간 존재 곧, 시민 됨의 삶으로 나아갈 수 있어야 한다.[27] 시민은 각박한 세상이라 하여도 지난날의 가족 공동체의 사사로운 삶 속에서 영원한 안식처를 구하려 하지 않으며, 낯선 범세계화의 불안을 맞게 된다 해도 삶의 테두리를 높게 세워 다양성과 관용의 덕목을 파기하려 하지 않는다. 시민은 자기 존재보다 더 넓고 더 큰 삶의 가치를 귀하게 여겨 숭상하고 그 가치를 함께 나누면서 이를 지키고 실천하려는 도덕 공동체의 충성된 구성원이다. 바꿔 말해 시민 사회의 시민 종교를 적극으로 표상하는 존재이다.[28]

가족은 이러한 시민 지향성을 길러야 한다. 버거의 말처럼 가족은 특정 문명권과는 상관없이 어제나 오늘이나 "문화-만들기의 제도"로[29] 자리 잡고 있다는 데 그 특성이 있다. 그런데 현존하는 삶의 지향성을 어떻게 넘어설 수 있을 것인가? 어떻게 개별 가족을 중심으로 물질 지향의 이익을 추구하는 이 견고한 이기성의 담벼락을 넘어 공동체 전체의 선을 생각하여 공공의 관심 세계로 나아가는 시민 됨을 불어넣을 수 있을까? 가족의 테두리보다 넓은 이웃 일반을 포함하는 공동체를 생각하고 그러한 삶의 뜻에 따라 살아가게 부추길 수 있는 동기 체계

나치게 강조하고 사사로움의 의미를 훼손시켰다고 비판하고 있는 소리도 없지 않다. 보기로, Arlene Saxonhouse, "Classical Greek Conceptions of Public and Private," S. I. Been & G. F. Gaus (엮음), *Public and Private in Social Life* (London: Croom Helm, 1983), 363-384쪽, 특히 377-381쪽을 볼 것.

27) 정치의 영역과 이어 이 문제를 논하고 있는 박영신, "우리의 현실 자본주의와 민주주의의 허울", 〈사회이론〉, 1999년 가을호, 5-31쪽을 볼 것.

28) 박영신, "잊혀진 이야기: 시민 사회와 시민 종교", 〈현상과 인식〉, 24권 1/2호(2001년 봄/여름)를 볼 것.

29) Brigitte Berger, "The Social Roots of Prosperity and Liberty," Robert W. Hefner (엮음), Democratic Civility: *The History and Cross-Cultural Possibility of a Modern Political Ideal* (New Brunswick, New Jersey: Transaction, 1998), 137쪽과 149쪽.

로서의 '문화 자원'은 어떤 것이며, 이러한 자원을 동원하여 활용할 수 있는 힘을 우리가 가지고 있는가? 이것은 매우 중요한 물음이다. 알맹이 없는 무력한 빈말이나 되풀이되는 구호만으로는 이기성의 벽을 허물기에는 실로 역부족이기 때문이다. 모든 것을 자기 이익의 추구 현상으로 보고 모든 행위를 타산과 손익 계산의 이익 추구로부터 나온다고 풀이하는 오늘의 논술 문화 속에서 다른 삶의 가치와 지향성을 생각할 수 있는 능력을 잃어버렸기에 더욱 그러하다.[30] 이웃 일반에 대한 관심을 불어넣어 삶의 지향성을 변형시켜 행동의 방향을 조정할 수 있기 위해서는 특정 사회의 역사 구조 속에 깊고도 넓게 뿌리내리고 있는 문화의 집합 자원을 가지고 있어야 한다. 이러한 자원을 동원하여 활용할 때 비로소 사회 구성원에게 호소력을 행사할 수 있는 것이다.

말할 것도 없이 이 자원은 위대한 종교 전통에서 끌어들일 수 있다. 퓌스텔 드 쿨랑주의 연구가 보여주는 대로,[31] 조상 숭배와 같은 종교 의례를 통하여 가족이라는 사사로운 결속 관계를 유지해 왔던 것을 도시 공동체 안으로 포함시키고, 마침내 기독교에 의해 도시 공간을 넘어서는 인류 전체에 대한 지평을 열었던 것이 역사의 한 보기이다.[32] 이러한 맥락에서 기독교의 믿음 체계는 지금껏 인간의 의식 세계가 헤어나지 못하고 갇혀 있던 '공간 고착성'으로부터 벗어나 이를 허물고 넘어설

---

30) '합리 선택론'이니 하는 이론이 터하고 있는 경제 인간관이 모든 학문 영역으로 침투하여 자기 이익의 추구 그 너머의 세계를 지나쳐버리게 된 것을 문제시하고 비판하고 있는 글은 많다. 바로 이 점을 두고 여러 학문의 전제와 분석틀을 따져 보고 있는 아래의 두 글을 볼 것. Kristen Renwick Monroe, "A Fat Lady in a Corset: Altruism and Social Theory," *American Journal of Political Science*, 38권 4호(1994년 11월), 861-893쪽, 그리고 Howard M. Bahr & Kathleen S. Bahr, "Families and Self-Sacrifice: Alternative Models and Meanings for Family Theory," *Social Forces*, 79권 4호(2001년 6월), 1231-1258쪽.

31) Numa D. Fustel de Coulanges, *The Ancient City* (Baltimore: Johns Hopkins University Press, 1980), 특히 1-3장을 볼 것.

32) 위의 글, 1부 "고대 신앙"과 2부 "가족", 3부 "도시"의 3장, 9-12장, 4-5부 여러 곳을 볼 것.

수 있는 초월의 힘을 행사하였다 할 수 있다. 베버의 사회학도 이러한 풀이와 다르지 않다. 하나의 믿음 공동체에 속하는 한 혈연과 지연과 신분과 같은 일체의 테두리를 벗어나 누구든 가장 중시하는 종교 의례인 성찬식에도 함께 참여할 수 있는 초월의 힘을 기독교에서 찾았던 것이다.[33] 초월의 권위에 헌신하는 믿음의 체계는 좁은 삶의 세계로 끌어들이려는 모든 힘에 맞서 더욱 넓은 공동체의 삶을 추구하는 힘이다.[34] 거기로부터 새로운 인간관과 세계관이 나왔던 것이다.

우리의 역사 상황은 종교의 초월성조차 침식해 왔다. 대형 종교 조직체의 책임자가 부자간의 대물림으로 후계 문제를 처리하는 이른바 우리 특유의 '종교직 세습'이라는 현상에서 보듯이, 그리고 거대한 시주로 세계 최대의 불상을 짓겠다는 속물주의와 이에 맞서 벌이는 힘겨운 대결의 모습에서 보듯이, 위대한 종교도 인습과 현실의 희생물이 되어 현존 질서와 타협하고 그 속에 매몰되곤 하는 것이다. 이를 두고 더욱 넓은 공공의 삶을 향한 변혁의 자원으로서 종교에 시선을 돌려 거기에 일말의 기대를 거는 것 자체가 무의미하고 현대성에 반하는 것이라고 주장할 세력들이 만만찮을 수 있다. 그러나 바로 그 침몰하는 초월성을 건져내고자 하는 목소리 바로 거기에 새로운 가능성의 문을 열어둘 수 있을 것이며, 그러한 가능성 자체를 막아 둘 필요는 없을 것이다.

이 가능성은 다만 기존의 종교와 종교 조직체에 한정되어 있지 않다. 인류의 역사 전통 속에 끊임없이 흐르고 있는 집합의 가치와 믿음의 내용들은 통례의 종교에 터한 믿음과 가치와 구별될 수 없는 것들이다. 프랑스 혁명의 구호와 깃발에 감동하는 것이나 민주화 운동에 희생된 인물들을 기억하는 집합 의례에서 각오를 다지는 것이나 정의와 평등과 자유의 의미에서 종교의 거룩함을 경험하는 것,[35] 그리고 인간

---

33) Max Weber, *The City* (London: Heinemann, 1958), 특히 98쪽.

34) 자세한 것은 박영신, "초월의 가치와 공동체의 삶", 〈神學思想〉, 106집(1999년 가을), 91-115쪽; 그리고 박영신, 앞의 글(2001) 볼 것.

35) 뒤르케임의 이론을 활용하고 있는 최근의 몇몇 논의를 살피고 있는 박영신, "고전 사

의 편리를 위해 마구 자연을 파괴해 온 탐욕의 원리에 맞서 지구를 생각하자는 목소리에 깊은 공감을 불러일으키게 되는 것, 이 모든 것은 좁다란 집합체와 단순한 경제 가치와 효용성의 차원을 넘어서는 초월의 차원을 가리켜 그것을 강조하는 힘의 표출 현상이기도 하다. 범세계화가 경제 수준에 집중되어 불평등과 착취를 심화시키고 있을 때 혜택을 누리고 있는 집단 속에서 도덕 분노를 느끼면서 부당한 혜택 자체를 거부하려는 젊은이들의 운동 그 바탕에는 좁은 이익을 넘어서려는 특별한 경험 세계가 있는 것이다.[36] 그러므로 초월의 가능성을 기존의 종교 전통과 이와 불가분의 관계에 있기는 하지만 그것과는 달리 세속의 이름을 단 공동의 집합 가치에서 꼭 같이 찾아볼 수 있는 것이다.[37]

점차 삶의 폭이 넓어지고 있는 범세계화의 상황에 의미 있게 개입할 수 있는 범세계 시민성을 키워줄 수 있으려면, 가정의 삶과 그 삶의 지향성은 모름지기 초월성의 차원에 이어져 있어야 한다. 그렇지 않으면 이웃의 범주를 넓히지 못하고 오히려 이를 좁혀 특수한 향리성으로 삶을 퇴각시키게 될 것이다. 범세계의 상황에 적응한다 하더라도 그 행위

회학 이론과 사회 운동 연구", 〈사회학 연구〉, 아홉 번째 책(1998년), 특히 137-138쪽을 볼 것.

36) 한 보기로, 대학생들이 벌인 "노동 착취 반대 운동"을 들 수 있다. 여기서 자기들이 쓰는 야구 모자 하나의 값이 $19.95인데, 도미니카 공화국의 생산 노동자에게 돌아가는 것은 고작 $0.08이고 대학 당국이 챙기는 것은 $1.50이나 된다는 것을 알게 되었다. 이에 대학생들은 도덕적 분노를 터뜨렸던 것이다. 이른바 학생들의 벌인 "노동착취 반대 운동"을 적고, 그것이 범세계 노동 기준에 비춰 일어난 것이라 보고 그 운동을 더욱 효과 있게 이끌어 가기 위해서는 노조 운동이 보장되어야 한다고 주장하고 있는 아래의 글을 볼 것. Jay R. Mandle, "The Student Anti-Sweatshop Movement: Limits and Potential," *The Annals of the American Academy of Political and Social Science*, 570호(2000년 6월), 92-103쪽.

37) 뒤르케임의 사회학은 이러한 현상을 누구보다 잘 드러내 준다. 에밀 뒤르케임 지음, 노치준·민혜숙 옮김, 《종교 생활의 원초적 형태》(서울: 민영사, 1992)를 볼 것. 원제는 Emile Durkheim, *The Elementary Forms of Religious Life* (New York: Free Press, 1995)임. 그리고 Emile Durkheim, 앞의 글(1984)도 볼 것.

지향성은 오늘의 범세계화를 규정짓고 있는 경제 차원의 세계에서 벗어나 다른 차원의 세계에 대한 감수성을 갖지 못한 채 오직 경제 효용과 이익을 극대화하기에 급급할 것이다. 초월성에 대한 관심과 헌신에서 한 가닥의 해결책을 찾을 수 있는 것은 우리의 역사 현실에서 삶의 폭을 축소하고 관심의 영역을 제한하고 있는 이와 같은 좁다란 틀을 넘어설 수 있는 가능성과 당위성 때문이다. 좁은 이익과 좁은 자기의 세계 그 밖에 있고 그 너머에 있는 가치에 권위를 인정하는 믿음이 없이는 공공의 삶을 의미 있게 생각하고 거기에 책임 있게 참여할 수 있는 맥락을 얻지 못하는 것이다. 가정의 삶이 사사로운 것이라 하더라도 공공의 삶에 바탕을 이루고 있어야 하는 것은 이러한 시민 됨의 원초 경험을 마련할 수 있기 때문이다.[38] 그렇지 못하다면 가정의 삶은 이기성의 동굴로 떨어져 사회 원자 단위로만 남게 될 것이다.

이 초월의 돌파력에 터하여 비로소 우리 모두가 가족의 삶에서 돌봄과 보살핌과 희생의 경험을 터득하여 드디어 가족의 이익 너머 공동체의 이웃 일반에 대한 관심의 세계로 나아갈 수 있고, 범세계의 수준으로까지 뻗어나가 높은 차원의 삶으로 이어질 수 있는 것이다. 한 나라의 시민에서 머무는 것이 아니라 범세계 시민으로 자랄 수 있는 능력을 집안에서 배울 수도 있어야 한다. 물론 이 시민은 권리 보유자이기보다는 보살핌과 의무와 희생의 의미를 공유하는 실천자이다.[39]

---

38) 어떤 '사회화'를 경험하였는가 하는 것이 사회 구성원의 성격 형성과 행동 지향성에 결정 요인으로 작용한다는 것은 사회 과학 일반에서 널리 확인된 바다. 여러 글 가운데서 H. Rudolph Schaffer, *Scoail Development* (Oxford: Blackwell, 1996), 305쪽 아래를 볼 것.

39) 아쉽게도 오늘의 가족 문제에 대한 논의는 이러한 수준에 미치지 못하고 있다. 미국 학계에서 논의되고 있는 점을 정리해 주고 있으면서도 짧게나마 마지막에 우리나라에서 논의된 것을 요약하고 있는 임인숙, "미국 학계의 가족 변화 논쟁", 〈가족과 문화〉, 11집 1호(1999), 23-46쪽을 볼 것.

V. 맺음 말

오늘의 가족에서는 가족 구성원 어느 누구도 모범의 실체가 되지 못하고 있다. 어른들이 어떤 삶의 의식을 가지고 살아가고 있는지를 누구보다 잘 알고 있는 청소년들은 마침내 길거리로 나와서 "어른들한테 배울 것이 없다"고 실토하기에 이르렀다. 배운 것이 있다면 돈이면 다 된다는 부패된 공리주의이며 생활의 일부처럼 된 술 마시는 버릇이며 만연한 저질 퇴폐문화일 뿐이다. 도덕의 진공 상태에서 그들은 이제 아무렇게나 살아가고 있다. 좁은 이기성으로 구겨지고 경제주의 문화에 찢겨진 우리의 가정 속에서 그들이 만나는 부모들이 그러하듯이 말이다.

이렇듯 진정한 뜻에서 '가정의 삶'을 잃어버린 오늘의 상황을 향하여 우리의 종교는 적절성을 상실한 듯 침묵으로 일관한다. 삶의 지향성이 '사사로운 것'에 갇혀 아렌트가 가리키고 있는 바 이기스런 '얼간이'를 길러내고 있을 뿐 공공에 대한 관심과 공동체에 대한 책임과 의미에 대한 감수성을 깊은 수준에서 동기를 자아내어 자극할 수 있는 능력을 종교가 잃어버린 것이다. 위대한 역사의 종교라면 마땅히 현존의 가족 관계를 반영하는 것을 능사로 삼지 않고 현존하는 좁은 삶의 벽을 돌파할 수 있는 초월의 힘을 삶 속에서 뿜어내어야 한다. 불행하게도 오늘의 종교 자체가 극복의 대상 속에 점차 매몰되면서 초월성의 능력을 잃고 무기력하게 내려앉고 있다.

그러나 종교의 초월 능력이 종교의 공식 제도와 조직체 안에만 존재하고 그것을 통하여서만 활력을 낼 수 있는 것이 아니다. 개인의 삶과 가정의 삶에서도 그리고 그러한 통로를 통해서도 초월의 능력은 표출될 수 있는 것이다. 현존하는 종교에 실망하고 엇갈리는 믿음의 세계를 보며 몹시 혼란을 겪는다 해서 주저앉아 버릴 시민은 없다. 시민 됨의 삶은 여전히 좁다란 세계를 한사코 벗어나 그 너머 더욱 넓은 지평으로 나아가고자 할 것이기 때문이다. 여기서 말하는 시민은 어느 특정 국가와 사회의 시민이면서도 범세계의 시민이다. 무엇이 공동의 선에 가까운 것이며 무엇이 공동의 선에 기여하는 것인지를 두고 논쟁을 벌일 수 있는 능력을 가진 시민, 이를 위해 사사로운 탐욕과 계산의 세계를 박차고 벗어날 수 있는 시민을 일컫는다. 그러므로 이 시민은 성차별이나 인종 차별과 맞서 싸우는가 하면 난민의 인권과 어린이와 노인의 권익을 위해서도 앞장서 나서는 사회 구성원이다. 분쟁의 마당에 분연히 들어서는 "국경없는 의사회"의 회원 활동과 다국적 기업의 횡포와 국가 이기주의에 맞서 다윗의 역을 자청하고 나서는 '그린피스'의 도전 행위는 다만 범세계 공동체의 시민 됨을 극처럼 보여주는 보기일 따름이다.

이제 삶의 마당은 더 이상 혈연 집단이 함께 모여 친밀성을 주고받던 지난날의 친족 공동체 안에 머물 수 없게 되었다. 친족 바깥 사람들과 함께 어울려 살아야 하는 넓은 삶의 마당을 이룩해야 하는 상황이다. 삶의 폭을 넓혀 삶의 마당 자체를 범세계 수준으로 열어놓기를 요구한다. 한 나라와 한 사회를 중심으로 삶을 엮어갈 수 없도록 상황이 바뀌고 있다. 이질감과 적대감을 주던 나라들이 가까이 바짝 다가와 이들과 함께 친밀한 관계를 만들고, 어제의 낯선 사람을 이웃으로 삼아 함께 공동선을 위하여 살아가야 할 상황에 들어서고 있는 것이다. 현존하는 가치와 규범이 도전을 받고 삶의 지향성 자체가 재구성되어야 할 도전을 받고 있다. "보이지 않는" 얼굴을 함께 값있게 여겨야 하는 오늘의 삶의 상황에 어울리는, "더욱 일반화된"[40] 새로운 공동체의 도덕 바탕 위에 삶의 지형성이 서 있어야 하는 것이다.

어디서부터 시작할 것인가? 이 시민은 물을 것이다. 구조가 바뀌어야 하고 제도가 바뀌어야 한다는 길거리의 소리에 연연하지 않는다. 말하자면 사회 구조의 변형을 통하여 새로운 종교의 가능성을 고대하는 것이 아니라 초월하는 종교의 차원에 자신을 이어 새로운 활력을 얻어,

---

40) 이러한 사회학의 생각에 대해서는 Talcott Parsons, *Societies: Evolutionary and Comparative Perspectives* (Englewood Cliffs, New Jersey: Prentice-Hall, 1966)를 볼 것.

새로운 삶의 지향성을 확인하고 그것을 등에 지고 공동체 속으로 들어가고자 한다. 그 시민은 마땅히 그가 사는 집에서 새로운 삶의 지향성을 실행하는 '가정의 혁명'을 꿈꾸며 이를 실행하고자 할 것이다. 이것은 구조와 제도가 바뀌기를 기다리고 있는 말꾼들의 한가함과는 달리 당장 삶의 현장에서 단독의 실천인으로 나서는 알찬 혁명 행위이다. 가정의 혁명은 시민 됨의 뜻과 그 실행을 바깥에 맡기고 가정을 지극한 사사로움의 양지로 칸막이 치려하지 않으며 타산과 계산에 따라 사람과 세상을 바라보는 효용주의에 매달려 살지 않는다. 차라리 그 넘어 공동체의 공동선을 지키고 실행하기 위하여,[41] 가정 자체의 존재 이유와 지향성, 그 안에서 삶의 가치와 방향 곧 우리 사회의 에토스에 뿌리내리고 있는 '가정 문화'를[42] 근본에서 혁파하고자 한다. 이를 계기로, 가정은 비로소 사사로운 이기주의자의 양산을 중지하고 공공의 삶에 책임 있게 참여하는 시민주의자를 길러내는 산실로서 거듭나게 되는 것이다.

이 글은 박영신, 한국인문사회과학회, 〈현상과 인식〉(제25권 3호 2002)에 실린 것이다.

---

41) '공동체주의'(communitarianism)가 주장하는 바를 여기에 이어 봐도 좋을 것이다. 이에 대해서는 수많은 글이 있으나, 이 낱말의 뜻을 포함하여 여러 입장을 정리하고 있는 Amitai Etzioni, *The New Golden Rule: Community and Morality in A Democratic Society* (New York: Basic Books, 1996), 특히 1-2장, 공동체주의 사회학자[들]로 알려지게 된 계기를 마련해 준 Robert N. Bellah 외, *Habits of the Heart: Individualism and Commitment in American Life* (Berkeley: University of California Press, 1985)를 볼 것. 그리고 박영신, "공동체주의 사회 과학의 새삼스런 목소리", 〈현상과 인식〉, 22권 1/2호(1998년 봄/여름)를 볼 것.

42) 이 말은 버거가 쓴 것이다. Brigitte Berger, 앞의 글, 137쪽.

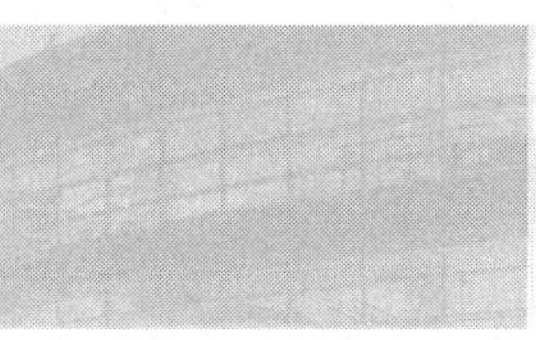

제2부
현대 한국사회와 기독교

1. 경제주의와 종교적 삶
2. 종교적 물질주의: 우리의 전통과 사회 구조
3. 잊혀진 이야기: 시민사회와 시민 종교
4. 사회통합의 관점에서 통일 후 기독교의 역할

1. 경제주의와 종교적 삶

I. 머리말

이 글은 오늘날 우리가 겪고 있는 이 땅의 사회 변동 과정을 뜯어보아 그 됨됨이를 확인하고 전망한 다음 거기에서 교회는 어떤 사회적인 모습을 띠고 있으며 또 어떻게 그것과 맞닥뜨려야 할 것인지를 따져본다.

한 세기에 걸친 한국 기독교의 역사적 의미는 '삶의 의미'를 캐어 그것을 '사회적'으로 표출시켜 온 데 있다고 할 수 있다. 두말할 나위도 없이, 이 과정은 결코 단순하게 규격지어 인식할 수 있는 문제가 아니다. 거기에는 간단하게 다룰 수 없는 복잡한 종교 사회학적인 구성과 역학의 문제가 있기 때문이다. '사회적'이라는 낱말의 뜻을 '사사로운' 것을 넘어 '공공적'인 데로 나아가는 관심 세계이자 그 관심을 따라 삶을 집합적으로 엮어 가는 깊은 수준에서의 공동체적인 틀과 이어져 있는 것이라고 이해하여, 그러한 의식 세계에 한국 기독교가 어떤 모습으로 나타났는지를 따져 본다면, 적어도 여기서 살펴야 할 논의의 대상은 얼마만큼 분명해질 것이다. '사적' 관심의 테두리를 넘어 '사회적' 관심 세계로 나아가는 행동 지향성이 곧 사회의식인 것이다.

한국사회의 근대적 변동과 기독교를 이어 그 역동적 관계를 역사 사회학적으로 논의한 연구가 있기 때문에[1] 그 내용을 여기에서 새삼스럽게 되풀이하여 자세히 적을 필요는 없을 것이다. 다만, 한말과 일본 강탈기 초기에 개신교의 내재적 변형 지향성이 근대적 사회 변동을 자극했다는 점과 뒤이어 교회가 신앙 공동체로서 그리고 의사소통의 조직체로서 반일 민족 운동에 이런저런 꼴로 관여했다는 점을 지적해 두는 것으로 넉넉하리라 본다. 이 같은 변혁과 참여의 전통을 가졌던 교회가 최근 들어 사회 변동의 과정에서 어떤 존재 양식을 보이고 있는지를 살핀 다음, 그것을 자기 성찰적으로 전망해 볼 것이다.

II. 사회 변동의 경제주의적 구조

오늘의 급격한 사회 변동, 보다 구체적으로는 산업화 또는 경제 성장의 요인에 국한해서도 아직 많은 논의가 덧붙여져야겠지만, 우리가 체험한 경제 성장에는 다른 사회에서는 좀체로 볼 수 없는 특유한 요인이 작동했음이 분명하다. 군사 쿠데타로 정권을 탈취한 지배 세력의 정당성 확보의 계략과 무관하지 않게 그들이 내세우자마자 (계산된 대로) 열렬한 호응을 받은 정책 구호는 오랜 가난을 청산하고 극복하자는 '조국의 근대화'였다. 이것은 물론 서구의 여러 나라들이 거쳐 갔고 또한 그들의 오랜 경험을 바탕으로 삼아 일정한 틀로 규격해 놓았던 산업적 변동의 궤를 따르는 것이었다.

어떻든 일본에 의한 절대적 의미의 강탈 시대로부터 해방되자 이내 두 동강이 난 이 땅의 상황은 비참한 궁핍의 연속이며 그 심화였다. 해

---

1) 특히 박영신, 《역사와 사회 변동》(서울: 한국사회학연구소/민영사, 1987), 10장을 볼 것.

방이 한편으로 민족적 바람을 풀어준 크나큰 기쁨이었지만, 또 한편으로는 남북으로 쪼개어져 누구도 예상하지 못했던 새 슬픔의 시작이었다는 사실은 너무도 잘 아는 민족적 삶의 이야기이다. 이 분단의 상황에서 건국한 남한의 사정은 실로 참담하였다. 일제의 침략 전쟁 정책의 일환으로 산업 시설이 북쪽에 편재해 있는 데다, 본디 자원이 부족했던 남쪽의 경제는 파행적으로 구조화될 수밖에 없었을 뿐만 아니라 정치적 좌절과 불안에 휩싸여 어떠한 역량도 고갈되어 있어, 남한은 세계의 최빈국 수준으로 떨어져 있는 형편이었다. 이에 더하여, 강대국의 분할 협정으로 태어난 냉전 체제의 부산물로서 이 땅 위에서 터져 나온 이데올로기의 폭력적 대결, 곧 '한국 전쟁'을 대행하듯 치르면서 나라는 완전한 폐허로 바뀌고 말았다.[2]

또한, 비록 장기 집권의 갖가지 계략과 권위적 지배의 온갖 수작이 자행되었지만, 정치적 민주화를 지향하는 제도적 장치를 지키려는 결의는 굳세었으며, 이러한 조건 아래에서 사회적 상승 이동을 겨냥하는 광범위한 열정은 쉽게 꺾이지 않고 오히려 치솟아 오르기만 했다. 이른바 '4 · 19'라 하는 '1960년의 봄 혁명'은 제도적 교육에서 배운 그 '결의'와 '열정'의 분출이 서로 뒤얽혀 또한 맞부딪치며 삐져나왔던 사회 운동인 셈이다.[3] 그러나 우리가 뼈아프게 기억하고 있는 바 그 '정치적' 혁명의 바람은 '절망과 기아선상에서 허덕이는 민생고를 시급히 해결한다'는 빈곤으로부터의 탈출이라는 '경제적' 발전의 바람을 내세운 군사 쿠데타로 좌절되었다.

군부 세력이 내세운 조국 근대화의 '발전' 목표는, 마치 오랫동안 억눌려 온 축적된 욕구의 폭발과도 같이 삽시간에 대중적 공감의 합의를 도출해 내었을 뿐만 아니라 그 달성 역시 열의에 찬 대중적 에너지의

---

2) 해방과 분단 이후의 사회적 삶의 모습을 역사적으로 정리하고 있는 박영신 · 김학수, "建國 40年: 삶의 社會史", 〈한국일보〉, 1988년 6월 9일, 17면의 "한국일보 創刊 34돌 특집"을 볼 것.

3) 《역사와 사회 변동》, 9장을 볼 것.

호응과 집약적 참여를 통해 가능했다. 한 마디로 이것은 우리 민족사에 자신감을 심어 준 역사적 전기라 자찬하는 '자기 이해'의 내용으로 들먹여지게 되었고, 이른바 '제3세계'라 하는 나라들에서는 자천, 타천의 '성공 사례'로 이야기되었다. 그러나 순간적일망정 오직 피상적인 상식인에게나 통할 부풀려지고, 터무니없는 주장, 곧 박 정권의 경제 성장을 '무로부터의 창조'라고 부르는 것은 부정확하다. 세계 자본주의에 편입되는 과정의 일환으로 치부되는 외국 자본의 투입이니 세계 경제의 체계적 호황이니 하는 여러 요인이나 새로운 식민지적 수탈이나 제국주의적 잠식이라는 여러 요인을 빼놓아서는 안 된다는 주장 때문만은 아니다. 이러한 것들이 사실로서 받아들여야 할 분석적 요건이라면, 이 사태는 반드시 우리나라에만 배타적으로 한정되는 것은 아니다. 다른 나라에서도, 특히 '제3세계'에서 얼마만큼 보편적으로 일어나는 사태이기 때문에, 그것은 우리에게 특이한 것이 아니며, 그러한 뜻에서 위에 말한 여러 요소들을 무시하고 우리의 경제 수준은 가히 '무의 상태'였다 해도 논리적 정밀성에서 크게 벗어나지 않는다고도 할 만하다. 그렇다고 해서 아무것도 없는 데서 조국 근대화의 기적이 솟아나왔다고 이야기해 온 어떤 지도자나 그를 둘러싼 과두적 통치 집단의 예외적 결단이나 영웅적 지휘 통솔력, 또는 원대한 비전이라고 한껏 부풀린 교묘한 전단 내용과 이어질 성질의 것도 아니다. '무로부터의 창조'라고는 결코 말할 수 없는 핵심적인 조건이 우리의 역사적 경험 세계에서 찾아진다는 데 우리 특유의 이야기가 있는 것이다.

그것은 우리 민족 공동체가 역사적 경험을 통해 다듬어 놓은 '삶의 의미'라는 역사적 자원과 이어지며, 그것이 매우 효과적으로 동원되고 활성화되었다는 과정에 담겨 있다. 이것을 지나쳐 버려서는 흔히 주장되는 것처럼 조국 근대화의 '성공' 이야기가 적절히 해명되지 않을 것이다. 지배 세력이 보여 준 '능력'이 있다면 바로 이 자원에 대한 인식이며 그것의 활용이었다고 해야 할 뿐이다. 이 자원은 물론 우리의 역사적 경험 세계에서 가장 원초적인 것으로서 뿌리내려 온 바, 유교에 의해 표상되어 내면화되었던 일차적인 인륜적 가치, 곧 가족(또는 유사 가족) 중심적인 의식 구조—그것을 '(유사) 가족주의'라 일컬어 볼 수 있다[4]—이었으며, 그것은 가난의 정복이라는 경제 성장의 목표를 향해 역사적, 문화적, 사회과학적 자산을 모두 끌어대었던 동원적 행정 체제에 의하여 지극히 효과적으로 활성화되었던 것이다.

새마을 운동에서 외쳤던 바 "잘 살아 보자!"의 기본 단위가 '우리 집안'이었고, 거의 전적으로 물질적 의미에서 풍요롭게 살아 보자는 뜻으로만 이해되었다는 사실, 가족계획 사업도 가족의 경제적 풍요함을 보장하는 것으로 이해되었다는 사실은 다시 말할 필요도 없다. 이처럼 전래의 전통적 가족주의가 경제 성장의 근대화 과정에 장애가 된 것이 아니라, 오히려 모순 없이 어울리게끔 조정된 경험은 통례의 근대화 이론을 다시 검토하게 한다. 결국 서구의 합리적 자본주의가 "친족 집단의 사슬"을 부수어 허물어뜨린 그 터 위에 세워졌다면 우리의 전통 관습적 자본주의는 그 '사슬 속'에서 진행되고 있다 할 수 있다.[5]

박 정권 이후 지속된 경제 발전과 성장 정책은 매우 효과적으로 추진되었다. 현란하고 거창한 조국 근대화의 함성은 거기에 어울릴 만큼 포괄적이면서도 심대한 변혁의 뜻으로 인식된 것이 아니었다. 오히려 협소하고 피상적으로 '경제적'인 부흥의 뜻만을 표상하는 경제적 근대

---

4) 이에 대해서는 아래에 적은 나의 여러 글을 볼 것. "한국교회, 그 사회학적 진단 및 개혁의 과제들", (연세대학교 제1회 연신원 목회자하기세미나 강연집, 1981), 190-201쪽; "한국 사회 발전론"(한국사회학회 · 현대사회연구소 주최 학술모임 주제 발표, 1983년 9월 1일); "한국 사회의 변동 이론: 가족주의와 변동의 구조적 접합"(한국사회이론학회 국제학술회의, 1984년 12월 15일). 뒤의 두 글은 《역사와 사회 변동》, 7장과 8장에 실려 있다.

5) 박영신, "한국의 전통 종교 윤리와 자본주의", 한국사회사연구회(엮음), 《한국의 종교와 사회 변동》(서울: 문학과 지성사, 1987), 151-169쪽을 볼 것. 이 글은 이 책의 1장에 실려 있기도 하다. 이것과 이어 한국 자본주의의 조직적 특성을 논의하고 있는 정창영, "한국의 자본주의 경제체제", 李宗夏教授華甲記念論文集編纂會, 《李宗夏教授華甲記念論文集》(1989), 특히 32-35쪽을 볼 것.

화론으로 그 주된 흐름이 모양 지어져 있었다. 보기로서, 1966년의 사회 조사 결과 하나가 이것을 떠받친다. 곧, 고려대학교 사회조사연구소에서 우리나라 여론 주도 세력인 교수 761명과 언론인 754명을 표집하여 물어본 바의 결과가 그것이다. 이들 가운데 근대화의 이상을 "정치 제도의 민주화"라고 말한 비율이 5.94%이었던 데 반하여, "공업화와 생활 향상"이라고 답한 비율은 과반수가 넘는 52.15%이었다.[6] 이 도도한 기세에 어울리게, 아니 벌써부터 정치적 일대 혁파에서 필연적으로 감당해야 할 그 혼란을 처리하려는 결의의 갱도를 관통하지 못하고 거리낌 없이 '경제적'인 발전의 통치 이념에 밀려든 사회 지도 세력을 바탕으로 삼아 통치 세력은 국민을 향해 '보릿고개'라는 운명적 끈을 영원히 끊어 버리겠다는 경제 지상론을 구가했다. 그리하여 통제적 획일 행정의 전문가인 군사 집단이 기업에 대한 특혜와 통제를 통해 경제계를 동원하고 정책 분야의 전문 지식을 갖춘 지식 집단과 연대하여, 곧바로 정·경·학(政經學)의 유착 관계를 이루어 나갔다. 경제적 부를 앞세우는 것 자체로도 이미 막강한 호소력을 행사할 수 있었던 마당에, 여기에 '칼'과 '돈'과 '말과 붓'이라는 최상의 자원이 결합하여 무적의 주도 세력을 형성하여 경제 성장 제일주의를 밀어붙였던 것이다.[7]

그렇다면 피지배적 사회 구성원들이 이 같은 신념에서 벗어나 있었는가 하면 그렇지 않다. 이들은 '성장의 주교단' 격인 정·경·학의 대변자들이 편 경제적으로 "잘 살아 보자!"는 설법에 다른 의견을 내놓지 못하고, 오히려 그것을 지지하고 추종하였다. 따라서 관료적 억압 정권이 유지될 수 있었던 것도 단순히 잔인무도한 통제 수단 때문만이 아니라, 물질적 풍요라는 구원의 설법에 사천만이 '자발적'으로 합의했기 때문이라고 해야 옳다. 곧, 경제 성장이 종교로 화신한 것이다.[8]

---

6) "建國 40年: 삶의 社會史", 〈한국일보〉, 1988년 7월 3일, 13면에서 따옴.

7) 박영신, "한국 사회의 구조와 불평등의 제도화", 한국사회이론학회(엮음), 《평등 문제와 우리 사회》(서울: 현상과 인식, 1989) 또는 이 책의 6장 여러 쪽을 볼 것.

8) 위의 글, 특히 138-140쪽을 볼 것.

III. 경제주의와 교회의 식민화

1960년대 우리나라의 동원 행정 체제가 편 정책의 핵심인 경제 성장은 사회·문화·정치 영역들에 침투해 들어가 이들 영역 자체를 경제적 성장에 기여해야 할 부차적 영역으로 격하시켰을 뿐만 아니라, 이들 영역이 경제적 원리에 의해 작동하게끔 강한 위력을 행사했다.

정권의 수반인 박정희는 1968년 이른바 외부적인 경제 발전에 직결되는 물질적 생산 증대—그것을 '제1경제'라고 했다—에 맞서는 것 같은 개념, 곧 '제2경제'라는 것을 이야기한 적이 있다. 그가 주장한 바에 따르면, '제2경제'는 가시적인 경제 건설의 항목이 되는 증산, 수출, 건설에 대비되는 비(非)가시적인 정신적 문화 가치를 가리키는 것으로서, 구체적으로 "황금만능 사상, 사치와 낭비 풍조, 공무원의 부패, 경제인의 타락된 윤리관, 지식인과 정치인의 부정적 자세 등을 막기 위한 정신적 자세의 확립"이다. 한 정부 문헌에 따르면, 그것은 정부가 모든 관심을 집중하고 있던 "공업화 우선에 대하여 그동안 야당측과 식자층들이 수시로 제기해 온 문제점들", 곧 "정신문화, 윤리적 측면에 대한 정부로서의 관심 표현"이었다. 그러나 이 주장의 깊숙한 속을 살피면, 그것은 경제적 성장이 가져다주는 여러 사회적인 문제에 대한 심원한 비판이나 도전의 내용을 담고 있었던 것이 아니라, 정부의 경제 성장 정책에 대한 정당성을 기정사실로 굳히고, 이 정책을 보다 효과적으로 수행해 나가기 위해 사회 구성원의 의식 세계로부터 보다 적극적인 지지와 자발적인 협조를 끌어내려 한 수단이었다. 집권 여당이었던 공화당은 기대했던 대로 때를 놓칠세라 '제2경제추진위원회'를 설치하고는 범국민적인 '정신적 근대화 운동'을 벌였다.[9] 이 근대화 운동의 정신적 차원 또는 철학적 바탕이란 기실 다름 아닌 '외부적인' 경제 성장과 발전을 '뒷받침하는' 것 이외의 어떤 것도 아니었다. 삶의 의식 세계는 경

9) 文敎 40年史編纂委員會,《文敎 40年》(서울: 대한교과서주식회사, 1988), 249쪽.

제 발전이라는 막강한 정책의 그늘 속에 들어가, 오로지 그 정책 수행에 효과적으로 기여할 수단적 도구로서만 값 매김되는 상황으로 떨어지게 되었다. 그 어떤 것도 경제 성장보다 우선할 수 없었던 정부 방침에 감히 비판하고 나올 자원이나 사회 세력은 미미하기 이를 데 없었을 뿐만 아니라 조그마한 재음미조차 모두 '부정적 자세'로 규정되어 '시정되어야 할' 항목으로 명명되는 지적 압박의 상황이 벌어진 것이다. 이렇게 해서 학교 교육과 사회 교육 등 모든 통로를 통해서 제2경제 운동은 총체적 동원의 형식을 띠며 전개되어 나갔다.[10)]

경제적 생산이나 부의 축적이라는 대명제 앞에서 모든 활동은 마땅히 능률과 효율의 경제 원리에 지향되어야 했다. 예산과 관물의 남용, 사치와 낭비 풍조, 허례허식 등등을 내쫓아야 한다는 주장은 너무도 진부하게 들릴 만큼 수없이 오랫동안 들어온 바이다. 흥미 있는 것은, 이 모든 것들이 더욱 큰 생산과 부의 획득을 위한 중간적 과정으로서 요청되는 수단일 뿐 그것 자체가 그 나름의 가치 있는 것으로 여겨지지는 않았다는 점이다. 이러한 수단적 의식은 심지어 비윤리적인 행위조차도 두둔하고 정당하게 보려는 데까지 나아가고 있었다. 아무리 무감각한 사람이라도 수치와 처절한 느낌 속에 곧바로 빠지고 말 책, 《사랑의 품앗이 그 왜곡된 성(性)》은[11)] 이러한 의식에 의해 무참히 침식당하는 삶의 모습을 현대사의 가까운 경험을 통해 생생히 보여주고 있다. 여기에는 '정신대'로 집약되는 일본 강탈기의 성 침탈과 미국 군인의 주둔과 함께 '기지촌'이 생기게 된 역사가 짧게 그려진 다음, '기생 관광'이라는 일본에 의한 '제2의 성 침탈'이 분석되어 있다.

우리가 다 알고 있듯이, 경제개발 정책이 대외 의존적이었기 때문에 접객 서비스업은 확장되고, 국가에 의해 육성되기까지 했다. 이 과정에서, 특히 일본인의 이른바 '기생 관광'이 기세를 올렸다. 관광 산업의

10) 위의 글, 250쪽.

11) 등에 편집부(엮음), 《사랑의 품앗이 그 왜곡된 성》(서울: 등에, 1989).

증폭 현상을 보이었던 1973년, 일본인의 관광객 수는 그 전 해에 비해 83.3%나 늘었고, 관광 수입도 24%로 높게 뛰었다. 이 숫자의 뒤에 감추인 사연이 기막히다. 이들 일본인들 대다수는 "기생 서비스가 만점인 남성 천국"이니, "한국의 매력, 기생 관광"이라고 떠들어 댄 그네들 여행사를 따라왔다는 것이다. 더구나 한국 기생을 데려다 일본 땅에서 기생 파티를 재현하고자 싼 값으로 기생을 수출하는 데로 나아가고 있었다. 우리나라에서는 이러한 선전에 갖가지로 부응하였다. '소양 교육'이라는 이름으로 '저명 인사'(?)를 불러 "기생 관광을 통해 벌어들이는 외화가 경제 발전에 기여하는 역할의 중요성"을 강조하게 하는가 하면, 이런저런 곳에서는—교회의 강단이 예외였을까—"일본 여성이 외국인을 상대로 몸을 팔아 경제 건설을 이룩하여 오늘의 강대국 일본이 있게 되었다는 것"을 보기로 들어 "외화 획득을 위해서는 어떤 희생도 감수해야 한다"는 전제에서, 마침내는 "외국인 상대의 매춘 행위는 애국 행위"라고 하는 주장이 강변되고 있었다.[12] 당시 문교부 장관은 "한국 여성들이 경제 건설에 필요한 외화를 획득하기 위해서 몸을 바치고 있으며, 특히 한국의 기생, 호스테스가 대거 일본에 진출해서 몸을 바치고 밤낮으로 분투하는 애국충정은 훌륭하다"고까지 말했다고도 한다.[13] 경제적 풍요의 날을 앞당기기 위해 모든 것을 경제적 계산에 의해 이해하려는 의식이 팽배하게 되자 나라 안팎에서 벌어지는 기생 관광을 반대하는 시위를 긴급 조치를 통해 탄압하면서 외화 획득을 위해서는 수단과 방법을 가리지 않는 정책을 계속 펼쳐 나갔다.[14]

교회는 어떠한가? 교회가 독자적인 자리를 지키고 대안적인 소리를 내었다는 표적은—주류에 의한 단죄의 대상이 되어 온 소수의 교회나 개인을 제외한다면—찾아보기 어렵다. 경제주의의 추세를 교회가 철저히 반영하고, 차라리 그 원리를 후원하고 있었다. 교회마다 물질적 풍요

12) 위의 글, 105-106쪽을 볼 것.

13) 위의 글, 112쪽에서 다시 따옴.

14) 위의 글, 106쪽.

와 여유를 찾기에 급급하고, 기독교의 부흥과 영향력을 교회(인) 수와 헌금액 등에 비추어 판단하는 등, 모든 것을 물량적으로 측정했으며, 교회 회원의 가정은 물질적 축복을 비는 신앙(?)으로 넘치게 되었다. 교회 생활을 해보면, 목회자의 설교 내용, 예배 처소의 치장, 갖가지 의례의 개발 의도, 직분자들의 태도 등등에서 교회의 물질 지향성을 단숨에 확인할 수 있을 것이다.

극단적인 것처럼 보이나, 결코 극단적이지 않은 보기 하나를 든다. 서울 어느 교회의 주일 아침 예배 순서가 담긴 주보 속에 끼워 넣은 '구역 통계표'가[15] 그것이다. 구역별, 교구별, 지구별 접수가 항목에 따라 산출되어 총점과 총계가 일목요연하게 수치로 적혀 있고, 맨 첫쪽 윗단에는 '금주 우승'이라 하여 1등으로부터 5등까지를 뽑아 발표하고도 있다. 이 통계표의 맨 뒤쪽에는 이러한 산출의 기준을 '점수 환산표'라는 이름으로 적어 근거를 밝히고 있는데, 그것은 다음과 같이 다섯 항목으로 정리되어 있었다. ① 주일 출석: 10명 기준 기본 50점+1명당 5점 가산, ② 전도: 1명 30점, ③ 구역 예배: 5명 기준 기본 20점+1명당 5점 가산 ④ 성경 공부: 1명 5점, ⑤ 철야기도: 1명 5점, ⑥ 구역 헌금: 5,000원 기준 50점+1,000원당 5점. 이 항목표의 내용이 교인이라면 모두 마땅히 지키고 감당해야 할 일을 나무랄 데 없이 포괄하고 있다는 점을 누구도 부정할 수는 없을 것이다.

이 깔끔한 계산서가 나오기까지 매 주간마다 교회의 부목사, 전도사, 사무직원들이 '계산기'를 두드리면서 바친 그들의 시간과 수고가 만만치 않았을 것임은 두말할 나위도 없다. 도시의 교회가 바야흐로 합리적 '행정'이니 시스템의 '경영'이니 하는 말을 알듯 모를듯 입으로 토해 내면서, 목회를 이 방식으로 규정짓는 시대의 늪 속으로 깊숙이 빠뜨린 것이다. 그리하여 교인의 믿음 생활을 수량화하여 수치로 등급화하는 데에 미치고 있는 것이다. 구역 통계표가 마치 일반 기업체의 계산서나

---

15) ㅊ교회구역권찰회, "구역 통계표"(1990년 4월 29일).

실적 보고서와 다름없게 느껴져, 가히 볼 만하다는 처량한 생각이 들 정도다. 그러나 이것만이 아니다. 더더욱 처량하게 보이는 것은 '헌금'의 질을 '헌금'의 양으로 치부하고 있는 점이다. 이 통계표는, 부자들이 연보 그릇에 헌금하는 것과 대비되는, "은전 두 닢"을 바친 "어떤 가난한 과부"가 "모든 사람보다 많이 넣었다"(누가복음 21:1-4)고 한 그리스도의 가르침을 무참히 재단하여 왜곡하고 있다. 세속적 경제주의 에 의한 교회의 함몰 과정에서 가난한 과부가 누구보다도 더 "많이 넣었다"는 그리스도의 역설적 진리가 존중되기는커녕 오히려 여지없이 짓밟히고 있는 것이다.

기독교의 가르침에 의해 형성되어 온 세계 인식의 틀이 세속적 경제주의의 힘에 침몰되어 교회가 마치 기업적 이해관계로 엮인 조직으로 화석화되어, 그 관리와 운영의 성격이 재화 획득과 축적이라는 경제적 욕구를 만족시켜 가는 기업체의 그것과 매우 흡사해지고 있다고도 말할 수 있게 되었다. 영리를 목적으로 하는 기업체의 원리가 교회에도 그대로 적용되고 있는 것이다. 그리하여 교인의 머리수가 얼마나 늘었는가 하는, 교인의 증가와 헌금이 얼마나 불어났는가 하는 교회 수입의 증대와 같은 양적 계산에 의해 교회를 담임하는 목사와 특화된 목회 영역을 분담하고 있는 부교역자들의 업적을 평가하고 있는 것이 지극히 당연하다는 듯이 받아들여지고 있다. 마치 교회의 평신도는 기업체의 주주들이 된 것처럼, 교회의 장로와 같은 책임 직분자들은 대주주나 운영 이사의 자리에 앉아 있는 것처럼, 기업 경영자를 평가하는 것과 꼭 같이 교회의 담임 목회자를 평가한다. 이러한 평가의 요구에 대응이라도 하듯이 교역자들은 교회를 '성공적으로 성장시킬' 목적으로 목회 지침을 세우고 전략을 꾸민다. 물질적 축복을 강조하여 기도하고 헌금 액수를 늘리기 위해 기이한 묘안들을 만들어 강권하고 그것이 요식적이라 하더라도 총동원 주일이다 하여 등수를 정해 상을 주는가 하면 선물 공세도 취하면서 '부흥'을 과시하고자 한다. 이런 등속의 '마케팅 전략'이 빚어낸 양적 증가를 교회의 '발전'이다 또는 목회의 '성공'이다 하면서, 연말·분기별로 결산하여 목회자의 봉급을 책정하는 중핵적 자료로 삼는다. 그러므로 기업체의 수익과 확장에 따라 경영 책임자의 급료가 결정되어, 영세 기업, 중소기업, 대기업 경영자의 급료에 차이가 있는 것과 꼭 같은 원리로 목회자의 봉급도 담임 교회의 헌금 액수, 교인 수, 교회 크기에 따라 등급지어진다. 목회자도 그러하려니와 교인들도 영세 교회, 중소 교회, 대형 교회 사이에서 봉급이 차이 나는 것을 너무도 당연하다고 여기고 있는 것이다. 한국 교회의 스캔들이 되고 있는 바 영세 교회의 목회자 봉급이 최소한의 생활비에도 미치지 못하고 있는 상황을 도처에서 볼 수 있는데도 불구하고 가까운 중대형 교회의 목회자는 그의 '필요'를 훨씬 넘어 지나치리만큼 풍요롭고 호화스럽다. 개별 교회의 경제 능력과 형편에 맞추어 급료를 조정하는 것이 상식에서 벗어난 게 무엇이냐고 오히려 반론하는 정도이다. 평신도이든 직분자이든, 그들 모두가 경제적 타산과 계산의 지배 원리에 흠뻑 젖어, 모든 것을 양화시켜 그 이해득실을 평가하려는 경제주의적 의식의 깊은 골에서 헤어나지 못하고 있기 때문이다.

바로 이 경제적 인식의 세계에 의한 교회의 침식 과정을 보면서, 우리는 교회 됨의 특성이 무엇인지를 다시금 묻지 않을 수 없다. 믿음의 공동체가 기업적 이해관계의 조직으로 변신되어 모든 것이 양적으로 계산되고 평가된다면, 그 교회가 다른 조직보다 더 나은 것이 무엇이며, 더한 것은 무엇인가? 물량의 크고 작음을 유일한 척도로 삼아 타산적 계산을 성패의 방편으로 치부하는 시대의 흐름을 '믿어 버리는' 우상을 비판적 성찰의 대상으로 삼지 않고, "현실을 어찌할 수 없다"든가 "교회도 조직이기 때문에 어찌할 수 없다"는 말로 시대적 흐름을 두둔하여 결과적으로 이 우상을 숭배하는 꼴을 드러내고 있는 것이다. 재래의 종교 의례, 상징, 행동 유형을 우상 타파의 대상으로 삼았으면서도, 오늘의 변형된 의례, 상징, 행동 유형으로 나타나고 있는 경제주의의 우상은 타파의 대상으로 여기지 못하게끔 하는 어두운 눈을 경계할 필요가 있다. 우상 타파는 일회적 행위가 아니라 영원한 연속의 실천이어야 한다.

이제 어두운 안계(眼界)를 넘어서, 교회의 참모습을 확인하고 회복해야 하는 것이다. '마음이 가난한 자', '애통한 자', '온유한 자', '의에 주리고 목마른 자', '긍휼히 여기는 자', '청결한 자', '화평케 하는 자', '의를 위하여 핍박을 받은 자'들이 누리고 누릴 참되고 깊은 복이 외형적이고 심지어 천박하기조차 한 물질적 복에 의해 침식되고 질식되어 왔던 것을 볼 수 있어야만 한다.

그런 한편, 교회가 이 특유의 자원을 선택적으로 활용하여 1960년대 이후 줄곧 계속되어 온 고도 경제 성장의 정책에 더없이 조화스럽고, 또한 거기에 긴요했던 보조적인 기능을 매우 효과적으로 수행했던 것도 확인해야 한다. 일종의 '심리 치료적'인[16] 기능을 교회가 맡아 온 것 말이다. 경제주의적인 의식 구조와 행위 유형, 여기에 수반되어 나오는 능률과 효율의 일차성, 경쟁적이며 타산적인 인식 유형과 인간관계, 물량적 사유와 물질적 가치의 우선, 이런 것들이 우리를 참다운 '사람됨'으로부터 얼마나 멀리 떨어져 벗어나게 하는가에 대한 보다 본질적인 물음은 전혀 제기하지 않고, 교회 구성원들로 하여금 기존하는 세상의 질서와 흐름에 맞추어 매끄럽고 부드럽게 '적응해' 갈 수 있게 하는 그런 생활 태도를 교회가 제공해 왔다고 말할 수 있다. 물질적인 부를 더 얻기 위해(또는 권력을 더 갖기 위해) 나와 너의 인간적 관계를 좁디좁은 경쟁의 과정으로 떨어뜨려야 하는 삶에 시달리는 산업사회의 구성원들에게, 감정적 열기로 채워지는 갖가지 집회의 프로그램—영성 집회, 신유기도, 산기도, 축복 부흥회와 같은 것들—은 효과적일 수밖에 없다.

오늘의 삶의 구조와 방식을 비추어 볼 때, 영적 체험은 다시 더 말할 나위 없이 더욱더 강조되어야 할 필요가 있다. 그러나 이 체험이 담고

---

16) 이러한 현상은 삶의 상황이 급변하여 복잡하게 되면서 겪게 되는 여러 가지 사회-심리적인 적응의 문제를 처리해야 하는 현대 문명의 특징일 수 있을 것이다. 이와 관련하여 Rotert N. Bellah 외, *Habits of the Heart* (New York: Harper & Row, 1985), 여러 곳을 볼 것.

있는 바는, 삶의 영역을 남김없이 침탈해 버리고 있는 경제주의적 지배의 인식 체계를 깊이 되새김질하여 '탈속'의 영적 계기를 통한 본원적 삶의 뜻과 값어치를 되찾으면서, 현실의 영적 차원을 재확인하여 삶의 신비스러운 바탕에 다다르려는 것이 아니다. '거룩함'의 심원한 문제와 마주치려는 '변형'의 경험과는 너무도 동떨어져 있다. 영적 체험을 강조하는 것마저, 주도적 경제주의 문화의 테두리 안에서 '무사하게' 상승해 갈 수 있기를 염원하는 성공 지향적 행사로 축소·재생산 되고 있는 것이 주된 흐름이다. 교회가 경제주의적인 세상의 질서와 흐름이 인간의 삶을 얼마나 궁핍화시켜 왔는가 하는 보다 큰 '사회적' 문제에 대하여 단호하고도 명쾌한 교리적 비판을 던져 가르침을 주기보다는, 오직 개교회와 자기 교파에 유사 가족적으로 회귀하기만 하는 나르시시즘에 파묻혀 사사로운 개인의 정서적 안정과 만족을 주려는 심리 치료적 기능을 담당해 오고 있다는 말이다. 다른 말로 바꾸어, 교회가 삶의 실존을 경제적으로 인식하려는 사회의 거센 흐름을 확인시키고 이를 돌파해 나아갈 수 있는 '힘'을 불어 내어 새로운 삶의 결의와 새로운 인식의 방향을 예언적으로 선포하기보다는, 세속적 이익을 추구하는 타산적인 욕구 체제, 또는 경제 조직과 '개인의 삶' 사이에서 삐걱거리는 순응결핍 증세를 '무난하게' 잠재우려는 그러한 치유 기능의 담당 기관으로 전락하고 만 것이다.

한말의 변혁기에 표출되어 나왔던 변형 지향성이 외세의 지배 아래에서 여러 형태로 펼쳐졌던 민족 운동의 커다란 물줄기 밑에 잠겨 있다가, 이제 그것이 반공 이데올로기의 중압에 깔렸는가 하면, 조국 근대화의 지배 세력이 추진한 산업화와 경제 성장의 질풍에 휘말리어 기독교의 초월적 기준과 그것을 근거로 하는 변형적 가능성이 무참하게 침식되어 왔다. 거의 종교적인 수준으로 올라서서 사회 구성원을 통째로 동원하고 있던 이 '경제 성장'이라는 질풍노도에 기독교의 참모습이 여지없이 일그러진 것이다. 이것은 물질적 풍요를 일차적인 가치로 삼는 '경제주의'에 의한 교회의 '식민화'를[17] 가리킨다. 기독교회가 경제주의적인 추세를 고스란히 뒤따르고 그것을 반영하고 강화하게 되었다는 뜻이다. 그 나라와 그 의를 위하여 핍박받는 이는 도대체 몇 명이며, 과연 있는가 하는 절실한 물음이 교회의 크기와 교인의 숫자, 헌금 액수, 그런 것이 얼마인가 하는 물량적 물음에 매몰되고 큰 뜻이 삶 속에 구현되어 나오는 깊은 의미에서의 아름답고 참된 '복'이, 외형적이고 심지어 천박하기조차 한 물질적 복에 의해 침식되어 버린 것이다. 이러한 방식으로, 경제주의와 기독교라는 두 관심 세계가 서로 구별되기 힘들 만큼 함께 뒤얽혀 동화하기에 이른 것이다. 여기까지 이르게 된 데에는 그다지 큰 노력이나 긴 시간이 필요하지도 않았다. 짧다면 짧은 경제 성장기 동안에 두 세계는 마치 잃었던 관계의 회복이라는 듯이, 가장 친화적인 새 관계의 발견이라는 듯이 아주 손쉽게 만나 교접하고 만 것이다. 이러한 관계를 유지하면서 기독교는 경제주의에 기대고 또 그 열매를 얻어 '부흥'하고, 뒤바꾸어 기독교는 구성원들이 아무런 부담을 느끼지 않고 경제적 가치 지향성에 부드럽게 조화를 이루며 살 수 있게 도와주고, 산업적 경제주의 사회가 요구하는 순응적 인품을 가꾸어 주는 '심리 치료사'를 자청하고 있는 것이다.

IV. 새 '믿음의 공동체'를 위하여

2000년대라고 하든지, 또는 21세기라고 하든지, 그 어떤 말로 앞날을 그려보고 내다보든지 간에 우리의 앞날이 바깥 나라(들)의 상황 변화에 따라 자동적으로, 그것도 삽시간에 운명 지워지리라고 기대할 수는 없을 것이며, 또한 가공의 상태에서나 가능한 무풍의 공허한 역사의 마당에서 (우리의) 앞날이 우리의 바람대로 또는 마음 내키는 대로 아

17) 강한 뜻을 주는 이 낱말은 하버마스의 쓰임새에서 따온 것이다. 여러 글 가운데서 특히 Jürgen Habermas, *The Theory of Communicative Action II* (Boston: Beacon Press, 1981), 8장을 볼 것.

무렇게나 엮이지는 않을 것이다. 이 모든 경우에서, 휘몰아치는 바깥바람과 함께 이 시대에 함께 살아가고 있는 우리 스스로 관여하여 이루어 놓은 삶의 역사와 그 맥락이 규정해 주는 조건을, 우리 모두가 어떻게 파악하고 그것을 어떤 방향으로 활용하고 조정·극복하느냐에 따라 앞날의 역사가 형체화되어 갈 것이다. 이런 까닭으로 해서, 오늘의 교회는 내일의 교회를 위한 성찰의 시간을 가져야 한다.

지난 20-30년 동안 우리가 겪어 오고 있는 사회 변동의 흐름은, 그리 갑작스레 그 궤도에서 벗어나지는 않을 것이다. 경제주의적 의식의 지속적 강화 말이다. 경제주의는 두말할 것도 없이 사적인 개별화의 가치 지향성에 터하고 있다. 그것은 개별적인 개인들이 합리적 계산 효율성, 능률성에 따라 자연이나 환경을 이용하여 물질적인 풍요를 극대화시키려는 보편사적 관점에서 이해해 볼 수 있는바 현대의 문명적 관심과 긴밀히 연관되어 있다. 그리고 이것은 '자기 집안' 만을 내세우는 전래의 가족주의적인 의식에 터하여 행동의 동기가 좁은 테두리의 이익에 지향되고, 관심 영역이 이기적인 데 한정되는 우리 사회 특유의 가치 지향성과도 이어져 있다. 그러므로 우리나라의 경제주의는, 언뜻 극과 극으로 서로 엇갈려 부딪칠 것만 같은 두 갈래의 커다란 흐름, 곧 오랜 전래의 문화적 자원과 산업적 자본주의 사회의 문명적 자원이 기묘하게도 하나의 거대한 물줄기로 큰 모순 없이 합류하여 이룩한 연합 세력이다. 경제주의는 이러한 두 세력의 만만찮은 자원들이 밀어붙이는 어마어마한 힘을 휘두르고 있는 것이다.

이 경제주의가 우리의 행동 지향성에 깊숙이 침투해 있어 이제 모두가 좁은 '우리 집안' 중심의 관심에 매몰되어 그 사사롭고 이기적인 테두리를 벗어난, 보다 넓은 '우리 모두' 에 대한 공평과 공공의 테두리에 사뭇 미치지 못하고 있는 물질 지향적 상황을 확인할 필요가 있다. 이 심층의 의식에 터한 행동 지향성에다 그 같은 조직의 원리가 경제 성장이다, 산업화다 하여 편리, 풍요 타산과 이익, 능률을 치켜세워 모든 것을 이러한 잣대에 맞추어 생각하고 평가하는 경제주의적 의식이 합해져, 우리의 삶을 다스리고 나아가 잠식하고 있다는 상황도 확인해야 할 것이다. 이 두 차원의 상황이 엇물려 기승을 부리고 있는데도 여기에 맞서 질문하고 도전하는 의식은 형상화되지 못하고 조직화되어 있지도 않기 때문에, 가까운 미래에 펼쳐질 우리 사회의 모습은 그 기본적인 구조에서는 오늘과 별반 다를 바 없을 것이라고 예상해도 과히 틀리지 않을 것이다. 이러한 분석이 기능하다면 한국 교회는 중대한 역사적 결단의 시간을 맞고 있으며, 또한 심각한 결정의 갈림길 앞에 서 있다고 할 수 있다.

하나의 선택은, 벌써부터 경제주의에 의해 식민화되고 있는 오늘의 상황을 본질적인 수준에서 전연 문제시하지 않고 어쩔 수 없다는 듯 거기에 안주하고는, 오히려 그 식민화의 추세를 정당화하여 이에 맞추어 살아가는 삶의 형식을 부추기는 것이다. 곧, 교회가 심리 치료적인 '적응과 순응'의 상담자적 기능을 계속 충복스레 수행하자는 것이다. 경제주의와 공생하는 현대 문명의 갖가지 이기와 수단을 다 동원하여, 이것이 거대 교회화하는 부흥(?)에 걸맞는다고 주장하며 현대 문명의 어두운 면을 깊이 헤아리지 않은 채 얕은 지식으로 '행정'을 운운하고 컴퓨터에 의한 '능률'이니 '합리화'니 하는 따위의 낱말들을 아무렇게나 쓰는 것이다. 언뜻 그것은 과학적이고 능률적인 것처럼 여겨져, 그러한 풍토에 예속되어 살고 있는 이들에게는 아주 그럼직하게 생각되기까지 한다. 그리고는 복이 단순히 헌금의 액수에 비례한다는 듯 점수화하여 경쟁을 북돋우고, 축복을 미끼로 달아 다분히 무속적이라 해야 할 기괴한 의식 순서들을 더욱 교묘히 고안하고도 있다. 성서적 가르침 가운데서 유별나게도 경제적 활동과 물질적 축복에 관한 것들만을 편향되게 선택하여 강조해 온 나머지, 가난한 이웃들이 권력의 횡포에 짓밟히고 있는 상황 같은 것은 강 건너편의 불처럼 방관의 구경거리가 되어 버렸다. 경제주의에 의해 빚어 나온 구조적 모순을 도덕적이며 윤리적인 문제로서 제기하는 소리는 모두 한쪽에 치우친 '정치적' 발언이라 규정하고, 심지어는 이것을 교회의 가르침과는 상관이 없는 '불순' 세력의 소리로 몰아 규탄하고 적대시하는 데까지 이르기도 했다.[18] 윤리적 성찰과 이어진 공공의 정치 영역은 성서적 가르침에서 치외법권적 공간으로 제외되어, 교회의 선교 무대가 여지없이 축소되었던 것도 덮어 두기 어려운 역사이었다. 이러한 오늘의 상황을 두둔하는 한, 다음 세기의 한국 교회가 오늘의 '축소된' 교회, 그것의 복사내지는 확대 재생산으로 끝나고 말 것임은 자명한 이치다.

다른 선택은 오늘의 변동 추세에 발맞추어 나아갈 뿐 아니라 그것을 강화하면서 마침내 공생의 관계에 들어선 오늘의 교회를 두고 측은히 여기어 애통해 하며 그 됨됨이를 비판적으로 따져 보는 일이다. 곧, 우리 특유의 이기적인 가족주의와 이어질 뿐만 아니라 산업 사회적인 현대 문명을 표상하는 '경제주의'로부터 교회를 해방시켜, 이 교회를 통해 새로운 대안적 삶의 뜻과 형태를 그려 놓은 문화적 청사진을 사회에 내놓는 일이다. 우리나라가 최근에 극적으로 경험해 온 경제 성장이 가족주의적 의식을 효과적으로 동원하여 그 틀 안에서 이루어졌던 만큼, 교회의 성장 또한 전래의 가족적인 의식의 틀에 맞추어 교회를 가족의 모형으로 유추하여 인식한 틀 안에서 이루어졌다. 우리의 논의와 이어 보면, 이 같은 인식 세계는 관심의 폭을 좁혀 관심 자체를 친밀한 유사 가족적 테두리 안으로 모아 좀처럼 그 밖으로 뻗어 나가지 못하게 제동을 걸고 만다. 두말할 것도 없이, 한국 기독교는 양반이건 상민이건, 남자이건 여자이건 할 것 없이, 모두 교회라는 믿음의 공동체 안으로 구별 없이 들어와 어느 수준으로 사회적 칸막이를 부순 역사를 가지고 있다. 그러나 한국 교회의 분열 역사에서 잘 드러나고 있는 것과 같이 교회 밖의 지방색이 '믿음'의 중재와 변형의 과정 없이 교회 안으로 스며들어, 같은 지방 사람 사이의 끈끈한 유사 가족적 유대는 교회에서조차 없어지지 않았다. 영남·호남·이북·중부 사람들이 얼마

18) 이와 관련하여 박원기, "한국 기독교와 윤리 의식", 숭실대학교 한국기독교문화연구소, 《2천년대를 바라보는 한국 기독교》(서울: 숭실대학교 출판부, 1991)과 필자의 글을 논평하고 있는 이원규의 글을 볼 것.

만큼 제휴의 형식으로 공존하고 있다손 치더라도 유사 가족적인 구심 지향성이 개(個)교회·개교파 중심의 지향성으로 고스란히 옮겨져 교회의 관심이 가족으로 유추되는 울타리 속에 크게 감금되어 있다는 것을 부인하기는 어렵다. 오늘날에 와서 결코 희석화되는 것이 아니라 오히려 팽배되고 있다고 해야 할 이른바 '개교회·교파주의'는, 바로 이러한 가족적 나르시시즘의 제도적 표상이 되는 세속적인 경제주의 질서에 터하고 있는가 하면, 그 질서와의 상동 형상을 보여주고 있는 것이다. 교회는 이 비뚤어진 모습을 타파하고 참된 공동체적 삶의 모습을 대안으로 제시해야 할 시대적 과제를 안고 있는 것이다. 물질적이며 외형적인 복보다 더 값진 축복의 삶이 가르쳐지고, 우리 집안, 내 교회, 우리 교단과 같은 말이 담고 있는 이기적 의식 세계의 좁은 '우리'의 틀을 넘어 모든 이웃을 뜻하는 넓은 '우리'의 개념이 생활화되고 경제주의의 지배 원리로 짜여진 체제에서의 성공은 성공의 모두가 아닐 뿐더러, 결코 참된 성공일 수 없다는 진리가 외쳐져야만 한다. 곧, 능률적 행정, 양적 계산, 수단적 계략과 고안, 타산적 인간관계, 그러한 것들이 자아내는 모순을 극복하여 사람과 사람이 참 되게 만나 이루는 관계가 뿌리내려 번지는, 다른 차원의 아름다운 성공 이야기를 말할 수 있어야 한다. 다시 말해서, 이러한 새 땅의 질서가 존중되는 뜻이 집합적으로 계획되고 실천되어야 한다.

이러한 방향으로 교회가 재구성되어야 한다고 말할 때면 자연스레 갖가지 반론이 뒤따르기 마련이다. 흔히 듣는 것으로서 교회가 세속에 자리하고 있는 한, 얼마만큼 세속의 원리를 따를 수밖에 없다고 오늘의 상황을 두둔하는 논리가 있는가 하면 이와는 정반대로 교회는 영혼 구원의 공동체라고 말하면서 오늘의 상황을 두둔하는 또 다른 변호의 논리가 있다. 많은 이들이 뒤의 논리를 따라 교회가 경제주의적 계산이나 인식의 원리에서 벗어나야 한다고 강변한다. 그리고는 아주 그럴싸하게 교회는 단연코 '사회사업 기관'일 수 없다는 주장을 곁들인다. 그것은 백번 옳은 주장이다. 실제로 이에 동의하지 않을 '기독교인'은 아마도 아무도 없을 것이다. 그러나 오늘의 교회가 경제주의적 원리를 따라서는 안 된다면서도 다음과 같은 말을 떠벌이기까지 하는 것을 보면, 어처구니없다는 생각이 들지 않을 수 없다. 곧 한 여인이 비싼 향유를 예수의 발에 부어 씻는 것을 보고, 왜 그 향유를 "삼백 데나리온에 팔아 가난한 자들에게 주지 아니하였느냐"며 짐짓 가난한 사람들을 생각하는 듯이 말한 제자를 예수가 꾸짖은 일을(요한복음 12:3-8) 상기시키듯이, 어떤 이들은 오늘의 교회가 보여 주고 있는 좁은 교회 중심의 모든 이기적 행적까지도 두둔하여 변명하는가 하면, 심지어 어떤 목회자는 가난한 이웃에 대한 보살핌보다 '주의 종' 곧 목회자 자신에게 베푸는 대접이 더 중요하다고 하는 '자기 격상'의 무분별한 말을 삼감이 없이 제멋대로 내뱉기도 하는 것이다. 그리하여 교회를 건물의 확장과 치장 및 물질적 헌납의 대상으로 물상화시켜, 교회는 스스로 마땅히 감당해야 할 이웃 사랑의 특유한 공동체적 모습을 잃게 되어 마침내 교회가 준기업적 이해 집단으로 변질되고, 목회자는 물질적 섬김의 대상으로 변질되어 그가 당연히 지녀야 할 섬김의 자질을 놓쳐 마침내는 준기업의 경영주처럼 변신하고 있는 것이다. 그들에게 제가끔 요구되는 탈속적 믿음, 이웃 섬김, 겸허, 분별력이 오늘처럼 아쉬운 때도 일찍이 없을 그러한 상황으로 떨어지고만 것이다.

비록 제한된 것이지만 현실에 대한 이 분석을 바탕으로 하여 교회는 믿음의 공동체로서, 교인은 이 공동체의 구성원으로서 우리 스스로 성찰적 결단을 내려 실천해야 하는 것이다. 오늘의 변동 추세에 동조하고 합세하여 '현실적'으로 순응하며 살 것인지, 아니면 비록 외롭고 고달플지라도 이 추세에 문제를 제기하고 저항하며 사는 것이 가장 값진 삶의 '현실적' 대안이라 믿고 살 것인지를 결단하여 행동해야 할 뿐이다. 이 물음은, 교회가 산업 사회의 주도적 세력으로 나타나는 기업체의 경영 원리를 모방하여 기업적 이해타산의 전문가에게 요구되는 그러한 자질이 교회 관리의 자질로 수용되어야 할 것인지, 다시 말해서 교회가 기업적 경제주의 원리에 계속 종속되어 스스로 구현해야 할 구원의 원리를 저버리고 경제주의의 주도에 줄곧 들러리 노릇만을 할 것인지를 결정하는 것이다. 그러나 분명한 것은 교회가 구원의 고유한 맛을 잃지 않으려면 경제주의의 식민화 과정에 기어코 저항하여, 이 저항에 동참하려는 이들을 격려하고 그 길에 들어선 이들이 서로 격려하도록 돕고 얽혀야 한다는 것이다. 곧, 그것이 앞날의 참 된 사회와 교회를 지향하는 공동체로 가꾸어 나가는 일이라는 점이다.

V. 맺음말

사회 구원이냐 아니면 개인 구원이냐 하는 문제 제기가, 한때 우리 교계의 논쟁적 주제로서 강하게 부각되었던 적이 있었다. 물론 특수한 정치적 상황에서 이러한 문제 설정이 전연 무의미한 것은 아니었지만, 그것이 잔인한 억압 정권 밑에서 벌어졌던 만큼, 참여적인 '사회 구원론자'들에게는 몹시 불공평한 논쟁이었다. 어찌되었든, 나는 오랫동안 이러한 문제의 설정을 못마땅히 여겨 왔으며 또 잘못되었다고 생각했다. 내면적 신앙의 성숙 없이 고통 받는 사람들을 대신해서 공공의 마당에 나아가 믿음의 행동을 펼칠 수는 없고 특정 상황에서 괴로워하는 이웃을 위해 자신의 '기도처'를 벗어나 삶의 땅 그것이 "하나님의 영광을 드러내는 무대"라는 것을 증거하지 않고는 성숙한 신앙의 수준에 이르렀다 할 수 없기 때문이다. 오늘의 우리 사회가 던져져 있고 상당 기간 동안 지속될 것 같은 이 변동의 소용돌이를 성찰적으로 분석하고 이와 이어 우리 교회의 모습을 그려볼 때 개인 구원이다, 사회 구원이다 하는 문제는 단순히 진부할 뿐만 아니라 적절치 못하다. 경쟁적이고 타산적이며, 물량적이고 외형적인 경제주의적인 체제에서 당연히 나타나는 뒤쳐진 사람들의 아픔과 슬픔, 아니 죽음에 대하여 이토록 소홀히 한 우리의 윤리적 무관심을 깨우치려는데, 그 같은 문제 설정은 그릇될 뿐만 아니라, 또한 거들먹거리는 '서기장'이나 '제사장'의 행위와 같은 지적 낭비에 불과하다. 신앙의 구심 지향성과 원심 지향성이, 역설처럼 보이나 실상은 이 둘이 서로를 강화하고 심화시킬 수 있는 것이다.

단단히 뿌리내려 진치고는 줄곧 우리의 삶을 죄어들고 있는 경제주의에 대한 기독교의 대응이 결코 쉬운 것은 아니지만, 그 결단의 방향은 이제 명백하다. 그것은 기독교의 초월적 가치를 재확인하고 재활용하여 경제주의라는 이 시대의 우상을 부수는 일이다. 그리하여 기독교는 물질적이며 외형적인 '복' 보다는 더 값진 새로운 삶을 보아 좁다란 '나', 좁은 '우리' 가 아닌 가장 넓은 뜻에서의 '우리' 를 생각하면서, 인간들 사이에서 또한 인간과 자연 사이에서 그 어떤 것도 어느 하나의 수단으로 이용되지 않고, 모두가 목적이 되는 새 삶의 우주를 펼쳐 보여야 한다. 이것은 통속적인 뜻에서의 '보수' 와 '진보', 또는 '정통주의' 와 '자유주의' 의 규격화된 구분을 무의미하게 만들 뿐만 아니라, 이 이분법적 구분 그 자체를 넘어서는 새 인식의 세계에 지향되어 있어야 한다.[19] 바로 이러한 새 날과 새 질서에 대하여 증언해야 할 과제가 오늘의 기독교에 짐 지워져 있는 것이다. 이 인식의 바탕 위에서, 과연 오늘의 교회가 대안적인 새 삶의 바람을 자아내 그것을 집합적 운동으로 표출할 수 있는가 하는 데에, 문제 해결의 고리가 달려 있다고 할 수 있다.

이 글은 박영신, 《우리 사회의 성찰적 인식: 전통, 구조과정》(현상과 인식, 1995)에 실린 것이다.

---

19) 이러한 맥락의 논의를 위해서는 Robert N. Bellah 외, 앞의 글, 특히 11장, 그리고 "Appendix: Social Science as Public Philosophy"도 볼 것.

2. 종교적 물질주의: 우리의 전통과 사회 구조

I. 머리말

오늘날 우리 사회의 종교적 상황을 이야기하는 논의 가운데 눈에 자주 띄는 낱말은 '다원주의'이다. 이 말은 대체로 두 가지의 뜻으로 쓰이고 있다. 현상을 있는 그대로 그리기 위하여 쓰는 것이 그 하나요, 당위의 상황을 전제하면서 종교의 방향을 그리고 있는 것이 다른 하나다. 모두 그럴 듯한 논지다. 우리의 역사에서 왕조가 바뀌면서 지배 종교가 바뀌었는가 하면[1] 비록 불균형하다 하여도 공존의 모습을 만들어 왔기 때문에 어떤 형식으로든 단일 종교가 아닌 다원의 종교가 존속해 왔다. 불교와 유교의 공존 상황이 그것이다. 이 상황에 서구 문명의 물결을 타고 들어온 천주교와 개신교 기독교가 덧붙여져 실로 인도 문명과 중

1) 조선 사회가 세워지면서 새로운 국가 이념을 만들고자 했던 대표적인 보기로서 鄭道傳, "佛氏雜辯", 《三峯集》(韓國의思想大全集, 6권)(서울: 동화출판공사, 1972), 171-201쪽을 볼 것.

국 문명, 그리고 서구 문명의 핵심을 이루고 있는 종교 지향성이 공존하기에 이르렀다. 그러므로 우리 사회의 종교적 상황은 다원주의적이라고 그리는데 별다른 이의를 달 수 없다. 종교 지향성의 선택 폭이 그만큼 넓어졌다고 할 수 있을 정도다.

이와 함께 종교의 존재 양식이 당위적인 뜻에서 다원주의여야 한다는 주장 역시 그럼직하다. 고려 말기와 그 이후 왕조의 변화를 겪었던 시대를 생생하게 기억하기 어렵게 되었지만, 그 당시에도 유·불 사이의 갈등이 일어 이 두 종교의 균형된 공존의 존재 양식으로서 다원성을 주장한 논의 또한 존재하였다.[2] 이러한 줄기에서 동양의 전통과 서양의 전통이 종교적인 수준에서 날카로운 갈등을 불러일으키는 상황에 대한 반응으로서의 다원주의가 제법 뚜렷한 논지로 떠오르게 되었다. 보기를 들어, 서구로부터 온 기독교가 전래의 제사 문제에 대하여 부정의 입장을 취해 온 것은 마땅찮은 것이라고 새롭게 해석하여 제사를 수용하자는 주장이나, 어느 특정 종교적 신앙을 통해서만 '구원'이 가능하다는 생각에서 벗어나 그 구원의 길이 하나가 아니라 여럿이라는 일종의 개방과 수용의 '민주적'인 종교 이해를 요구하기에 이른 것이다. 오늘에 와서 이와 같은 논지가 새삼스럽게 들리게 되었지만, 따지고 보면 그것은 지난날 불교와 유교 사이에서 일어난 갈등에 대하여 다원주의적 입장에서 논의한 주장의 줄기에 견주어 보아 논지 자체가 흔히 생각하는 것처럼 몹시 새롭기 때문이기보다는 기억의 범위가 좁아 시대적으로 가까운 오늘의 상황에서 다만 더욱 절실하게 느끼기 때문일 것이다.

어떻든 이 논의의 한가운데서 다원주의를 되새겨볼 필요가 있다. 두말할 것도 없이 위에서 말한 뜻에서 오늘의 종교적 상황은 다원주의이다. 언뜻 보아 단 하나의 종교가 국교로 존재하지 않는다는 점에서, 나

---

2) 이러한 상황에 대한 이해를 위하여, 여러 글 가운데서 신규탁, "麗末鮮初 涵虛得通의 儒·佛 이해"(1995년 4월 7일, 연세대학교 국학연구원 제247회 국학연구 발표회 원고)를 볼 것.

아가 종교 의례상의 문제나 적어도 공공의 영역에서 구원의 단일성을 주장할 수 없는 종교의 공존 양식을 잣대로 삼는다면 오늘날 익숙하게까지 된 '다원주의 논지'는 그럴 듯하다. 그러나 겉으로 나타나는 현상의 수준을 뚫고 들어가 그 밑바탕에 이르러 종교 저마다의 믿음 세계, 곧 종교적 지향성을 놓고 보았을 때도 다원적인가 하고 묻게 되면 그 논지가 생각처럼 그렇게 단단한 것이 아니라 금세 허물어지고 만다. 바꾸어 말하여 우리 사회에서 무속, 불교, 유교, 천주교, 개신교 기독교가 제가끔 공존하여 서로 경쟁할 수 있는 모습에서 다원성의 형태를 갖추고 있음은 분명하다. 그리고 이들 종교 사이의 여러 갈등을 줄이기 위해 공존을 전제로 하는 다원주의를 주장하고 그 시도로서 '토착화' 등의 방식도 주장되었으나, 실제로 이들 다원적인 다양한 종교가 그 지향성에서 가치의 차별성이 있는가 하는 심판을 거쳤을 때야 비로소 다원주의 논지가 설 수 있기 때문이다. 이러한 가설 위에서 아래의 논의는 당연시하는 여러 종교의 지향성을 관통하고 있는 그 내부의 구조를 따져본다.

II. 종교 지향성의 원형

조선시대 성종 때(1487년) 최부(崔溥, 1454-1504)라는 문인 관리가 추쇄경차관(推刷敬差官)의 임무를[3] 띠고 제주도에 갔다가 반년도 되지 않아 아버지가 세상을 떠났다는 비보를 전해 듣고, 슬픈 마음으로 주저

3) 여기서 말하는 추쇄(推刷)는 "제주도가 바다 한가운데 있고 그 물길이 매우 험하고 멀어 범죄자들이 모두 도망하여 제주에 많이 모여 있기 때문에 그들을 데리고 오는 일"이다(濟州在大海中 水路甚險甚遠 凡有犯罪者 皆逃入而避 久爲逋藪 故往刷之). 이것은 최부가 명나라 관리에게 풀이해 주고 있는 말이다. 아래에 나오는 그의 《漂海錄》, 崔基泓 옮김(서울: 삼화인쇄, 1979), 83쪽; 그리고 한문으로 된 원문은 《漂海錄》 제1권의 27쪽을 볼 것. 아래에서 '권'이라 표시한 것은 원문이며, 그렇지 않은 경우는 우리글 옮김판임.

할 것 없이 일을 멈추고 이내 전라도 나주로 배를 타고 떠나니 그 때는 1488년 윤정월, 초이튿날이었다. 그러나 배를 타고 포구를 떠나자마자 세찬 풍랑을 만난다. 노한 파도에 밀려 넓은 바다를 표류하고 만다. 해적을 만나 약탈을 당하는 등 무수한 어려움을 겪다가 마침내 함께 배를 탄 40여 명이 모두 목숨을 잃지 않고 중국 땅(江南 浙江省)에 닿는다. 29일 만에 육지에 안착하기는 하였으나 낯선 땅에 말이 통하지 않아 거기에서 겪은 새삼스런 어려움이 만만찮았다. 마침 왜구(倭寇)가 빈번히 중국인들을 괴롭혔던 때라, 그곳 주민과 관헌들은 최부 일행을 왜구로 의심하여 이들을 몰아붙여 학대와 고초를 더해 주고 있었다. 최부의 해박한 지식과 예도, 그리고 슬기에 힘입어 실로 간단치 않았던 무수한 곤경을 이겨내어 드디어는 중국 황제를 만나는 데까지 이르렀었다. 일행은 그 해 7월에야 한양의 청파역에 귀국하였다. 그때 왕은 표류한 이야기를 듣고는 최부가 여러 지방을 두루 거치면서 죽을 어려움을 다 겪으면서도 나라의 품위를 지켰다고 칭찬하면서, 그 이야기를 적도록 하였다. 왕의 명령을 받고 표류하였던 이야기를 적은 일기가 저 유명한 최부의 《표해록》(漂海錄)이다.[4]

여기 적은 것만으로도 이 글은 흥미로운 것이지만, 여기에서 이를 논하는 까닭은 그 내용을 통하여 조선사회의 기본 가치와 행동 지향성의 성격을 찾아볼 수 있다는 데 있다.

최부는 포효하는 광란의 바다 한가운데서도 줄곧 상복(喪服)을 입고 있었다. 그의 수행원들은 낯선 배를 만날 때면 상복을 벗고 선비 관인들이 입는 옷을 입고 사자를 써 관인의 품위를 보여줄 것을 간청하였다.[5] 그러한 이 청은 언제나 거절당하였다. 또다시 최부에게 종자(從者) 정보(程保)가 간청하였다. 하루 전 해적을 만난 뒤, 어느 섬 옆 해안을 지나는데 어떤 배가 정박하고 있었다. 종자가 말한다.

---

4) 《漂海錄》에 대한 해설적 논의로서 고병익, 《東亞交涉史의 硏究》(서울: 서울대학교 출판부, 1970), 112-133쪽의 "崔溥의 錦南漂海錄"(1964)를 볼 것.

5) 《漂海錄》, 27쪽.

"전일 하산(下山)에서는 관인(官人)의 위의(威儀)를 보이지 않아 마치 도적을 불러들인 것같이 되어 거의 죽을 뻔하다가 간신히 살아났는데 오늘은 권도를 좀 부려서 관대(冠帶)를 갖추고 저들에게 위의를 보이지요."

이에 최부는 대답한다.

"자네들은 어째서 의를 해치게 하여 나를 이끌어가려 하는가(何以害義之事導)?"

다시 종자는 답답하다는 듯이 최부에게 청한다.

"이렇게 죽음이 바로 옆에 있는 이 마당에 어떻게 예의만 다스릴 겨를이 있겠습니까. 잠시 권도를 행하여 살 길을 취해 놓은 연후에 예의로써 치상(治喪)한다고 해서 의(義)를 해하는 것으로는 알지 않습니다."

최부는 더욱 단호하다.

"상복을 벗음은 바로 길(吉)이니 효(孝)가 아니다. 거짓으로 남을 속이면 신(信)이 아니다. 차라리 죽을지언정 효가 아니고 신이 아닌 처신은 차마 못할 일이다. 나는 바른 것으로 처신하여 그 다음에 오는 것을 순순히 받아들이겠다"(釋喪卽非孝也 以詐欺人非信也 寧至於死 不忍處 非孝非信之地 吾當順受以正).[6]

상복의 문제는 바다에서 표류할 때뿐만 아니라, 육지에 다다라 북경으로 송환되어 명나라 효종에게 사은(謝恩)의 예를 갖추고자 알현할 때에도 제기되었다. 길복(吉服)으로 입어도 곤란하고 상복(喪服)으로 입어도 곤란하다고 생각한 최부는 명나라의 예부(禮部) 관리들과 의논하지 않으면 안 되었다. 최부는 자기 의견을 굳게 내세웠다. 그는 "친상(親喪)은 원래 몸을 다 바쳐서 극진히 하는 법이오. 만약 화려한 옷을 입으면 효가 아니오. 내가 사람으로서 그런 일을 경솔하게 여기고 상복을 벗는 그러한 처신은 못하오. 이런 일은 비효(非孝) 가운데서 가장 으뜸가는

---

6) 《漂海錄》, 제1권, 11쪽. 그리고 《漂海錄》, 37-38쪽을 볼 것.

일이오"라고 말하였다.[7] 이에 대하여 "친상(親喪)은 천은(天恩)보다는 가볍다 할 수 있으니 사은배(謝恩拜)를 아니할 수 없소"라는 예부의 입장이었다.[8] 예부에서는 길복으로 바꾸어 입고 입궐하도록 하였던 것이다. 중국의 예에서는 제상이 상을 당하였을 때에 황제가 신하를 보내어 조문을 하면 비록 초상 중에 있다 하더라도 길복으로 옷을 갈아입고 입궐하여 은혜에 감사하는 절을 한 다음 다시 상복으로 바꾸어 입는다고 예부가 일러주었다.[9] 최부가 차마 상복을 벗고 길복을 입지 못하고 있자 예부 관리가 몸소 상관(喪冠)을 벗기고 사모(紗帽)까지 씌워 주면서, 궁궐 대문에서 길복으로 바꿔 입고 잠시 동안 사은의 예를 끝낸 다음 문을 나설 때 상복으로 갈아 입으면 된다고 위로 투의 말까지 해 주었다.[10] 최부의 확고한 마음가짐 때문이었다.

최부가 귀국하여 왕명을 받고 몇 날을 머물면서 일기를 써 바친 다음, 상을 당한 지 반년이 지나 고향으로 가게 되었는데, 이것이 또 문제로 비화하였다. 왕이 차례를 건너 뛰어 관직을 주려 하였으나 상이 다 끝난 다음으로 미루어, 비로소 최부를 관직에 임명하였을 때는 그의 임명을 둘러싸고 문제를 제기하는 사건이 일어났던 것이다. 왕이 비록 일기를 쓰라고 명하였다 하더라도 왕에게 상을 말하여 고향을 즉시 내려갔어야 마땅하다는 사간원(司諫院) 쪽의 주장이 있었던 것이다. 더구나 한양에 머무는 동안 찾아온 친구들을 영접한 것은 상을 당한 사람으로서 도리가 아니며, 그것은 애통하는 마음이 없었음을 드러낸 것이라고 비난하였다. 최부를 변호하는 쪽이 없었던 것은 아니었다. 그들은 왕의 명이었다는 것, 그리고 옛 벗들이 살아 돌아온 최부를 만나러 찾아와 문상하는데 아무리 분상(奔喪) 전이라 하더라도 문을 잠그고 못 들어오게야 할 수 있는가 하고 반문하고, 더구나 이들에게 술을 대접한 것도

7) 《漂海錄》, 186쪽.
8) 같은 책, 186쪽.
9) 같은 책, 187쪽.
10) 같은 책, 188쪽.

아닌데 무엇이 그렇게 문제가 되느냐고 두둔하였다. 특히나 그의 평소 행적에서 효성이 지극하였으며, 이어 모친이 세상을 떠났을 때 3년 동안 엄격하게 예의를 지켰다는 점을 상기시켰다. 어떻든 그의 관직 임명을 둘러싸고 논쟁이 일게 된 것은 조선시대의 왕권이 절대적이지 않고 사대부의 세력이 만만치 않다는 사실을 보여주는 것 이외에, 우리의 관심에 이어 볼 때 첨예한 견해 차이조차도 그 핵심이 효의 문제와 이어지고 있어 효의 가치가 조선 사회에서 얼마나 민감하며 또한 일차적이었는가 하는 사실을 남김없이 보여주고 있는 것이 중요하다.[11]

흔히 우리나라의 전통적 가치 지향성은 중국과 일본과 다를 바 없이 다 같은 유교 문화권에 속해 있다고 한다. 유교의 확고한 가치 기반을 마련하였다고 할 수 있는 조선 시대, 명·청 시대, 도쿠가와 시대에 초점을 맞추어 볼 때 이와 같은 견해는 전적으로 옳다. 그러나 자세히 들여다보면 우선 일본은 우리와 사뭇 다르다는 점이 드러난다. 일본의 경우는 효(孝)에 비하여 충(忠)에 일차성을 두고 유교를 정치 운영의 도구로 삼으려 했던 데 반하여, 조선 사회와 중국 사회는 충보다 효에 일차성을 두고 인간관계의 규범적 질서를 마련하고자 하였다. 효를 중심으로 하는 예를 바탕으로 하여 가족 단위를 이해하여, 가족 구성원 사이의 관계가 가장 일차적이고 자연스럽고 자연 발생적인 원초적 의미를 지니고 그것이 곧 절대적이라는 의식 세계를 내면화시켰던 것이다.[12] 이것이 사회와 국가의 모든 수준으로 확산되었다. 그런데 위의

---

11) 자세한 것은 고병익, 위의 글, 129-131쪽을 볼 것.

12) 동아이사의 세 사회를 이러한 관점에서 견주어 보는 것은 매우 중요한 과제임에도 불구하고, 깊이 있게 논의한 글은 찾기 어렵다. 이 점에서 아래의 글은 이 세 사회를 비교, 분석하고 있는 매우 값있는 글이다. 宋俊浩, "儒教圈三國の傳統社會", 30-61쪽; 日本經濟調査協議會, 《北東アジア知識人會議報告書》(東京: 1982). 그리고 유교의 수용 세력을 중심으로 세 나라의 경우를 비교하고 있는 박정신, "도꾸가와 시대의 유교와 산업화", 〈현상과 인식〉, 7권 3호(1983년 가을); 또는 케네스 B. 파일, 박영신·박정신 옮김, 《근대 일본의 사회사》(서울: 현상과 인식, 1985); "덧붙인 글: 1", 241-258쪽을 볼 것. 각도를 좀 달리하여 유교와 기독교 문화권에서 부자 관계가 어떻게 이해

《표해록》에서 보듯이 조선사회의 규범적 질서와 중국의 그것 사이에는 차이가 있었다. 다른 말로, 효에 대한 일차성이 조선 사회의 규범 질서에서 더욱 두드러졌던 것이다. 실제로 조선 사회의 도덕성을 정당화하고 그것을 표출하고자 했던 세력은 이러한 원리에 의하여 도덕적인 사회를 만들고자 하였으며, 그들 스스로 이러한 원리의 모범이고자 하였다.

나는 우리 사회의 조직 원리와 행동 지향성에 관심을 두고 그 밑바탕에는 효(孝)의 가치가 깔려 있음을 논하고, 이것이 일차성을 행사하고[13] 있다는 논지를 꽤 오랫동안 펼쳐 왔다. 이 가치는 우리 사회의 저음부로서 모든 사회 구성원들이 가족 공동체 중심의 인륜 관계를 원형으로 삼아 행동하고 삶을 엮어가도록 동기를 부여하고 있다는 것이었다. 나는 이것을. '가족주의' 또는. '유사 가족주의'라는 말로 개념화하였다.[14] 지난 몇 십 년 동안 우리가 겪어온 급격한 산업화를 통한 경제성장 과정도, 긴장과 갈등을 개인적 및 사회적 수준에서 처리하는 것도, 종교 지향성과 종교 조직에서도 기본적으로 이러한 가족주의 전통의 틀 안에서 이루어졌고 그 틀에 기대고 있어 이와 떼어놓을 수 없다고 논의한 바 있다. 그 밖에도 이러한 주제에 이어진 몇 편의 글을 발표하였다.[15] 그러므로 이와 이어진 논지를 여기에 다시 쓸 필요는 없다. 다

되고 있는지를 심도 있게 분석하고 있는 로버트 N. 벨라 지음, 박영신 옮김, 《사회 변동의 상징 구조》(서울: 삼영사, 1981), 5장을 볼 것. 일본 사회에 대한 역사 사회학적인 연구서 로버트 N. 벨라, 《도쿠가와 종교》(박영신 옮김)(서울: 현상과 인식, 1994)도 볼 것.

13) 박영신, "한국 전통 사회의 구조적 인식"(1977); 박영신, 《현대 사회의 구조와 이론》(서울: 일지사, 1978), 5장.

14) 특히 나의 글, "한국 사회의 구조와 변동"(1983)과 "한국 사회의 변동과 가족주의"(1984); 박영신, 《역사와 사회 변동》(서울: 한국사회학연구소/민영사, 1987), 7장 및 8장을 볼 것. 심리학쪽에서 '포함'이라는 개념으로 이러한 현상을 풀이하고 있는 문은희의 여러 글 가운데 그의 "우리의 문화 현상과 행동 특성", 〈현상과 인식〉, 18권 2호(1994년 여름)를 볼 것.

15) 이와 같은 주제의 글은 위 달음(13)과 (14)에 더하여, 나의 글모음 책, 《우리 사회의

만 위의 역사적 보기와 이를 중심으로 하는 짧은 논의에서 이와 같은 전통을 새삼 확인하였음을 강조할 따름이다.

Ⅲ. 종교적 구원의 목표

우리 사회의 역사적 전통에 깊이 뿌리내리고 있는 이 가족주의의 틀이 상징적으로는 확장되어 있으나, 그 관심의 폭은 넓지 않다. 우선 이것이 혈연과 지연의 관계로 확산되고, 학연의 관계로까지 침투되고 나아가 회사와 같은 영리 조직체조차도 가족으로 유추하려는 데 이르고 있어, 유사 가족주의라고 하는 말이 적절성을 가질 수 있다. 그러나 아무리 이 개념을 널리 펼친다 하더라도 그 원형은 가족 자체이며 특정 가족 구성원 사이의 관계에 관심의 일차성을 두고 있다. 가족 그 자체로부터 확장되면 될수록 그 호소력과 동기 부여 능력은 약화된다. 벨라가 유교 일반을 가리켜 "가족은 많은 점에서 종교적 배경 그 자체이다. 너의 부모를 공경하라는 것은 유교의 거의 전부이다"고 했을 때, 그가 뜻하고자 했던 바도 바로 이러한 점일 것이다. 그가 《효경》(孝經)에서 따와 적고 있는 아래의 글을 보라.

> 부모가 살아 계실 때 사랑과 애착으로 받들며 돌아가셨을 때에는 슬픔과 비애로 받들라 하는데 이것은 살아 있는 자의 기본적 의무를 빠짐없이 말한 것이다(18장).
>
> 효도는 덕의 근원이며 거기에서 교훈이 나오는 것이다(1장).
>
> 효도는 하늘에 퍼져 있는 원리이며 땅의 근본인 의미이고 인간의 의무이다(7장).[16]

성찰적 인식: 전통, 구조, 그리고 삶》(서울: 현상과 인식, 1995), I–III부에 실려 있다.

16) 로버트 N. 벨라, 앞의 글(1981), 122–123쪽.

실제 조선사회는 이러한 원리를 철저하게 지키고 제도화시켜 유교적 도덕의 모범을 일구고자 하였으며, 이것이 사회의 모든 영역에 깊숙이 침투해 있었다. 이 유교의 가르침은 그것이 사회적 상승 이동의 수단이자 사대부로서 살아가는 삶의 이상인 과거 시험의 내용으로 작용하고, 이러한 가르침을 익혀 표본적 인격체로 구현해 나아가는 것이 양반의 의무이며 표시였던 바, 그것이 순환적으로 이어져 사회 전체가 이와 같은 원리에 의하여 제도화되었던 것이다. 《표해록》에서 읽을 수 있듯이 상복을 고집할 수 있는 것은 유교적 가족 원리가 종교적인 거룩한 의미와 가치를 갖고 있었음을 뜻하며, 《표해록》을 쓴 시기와 상황을 둘러싼 날카로운 논쟁도 효를 중심으로 하는 가치의 일차성이 단순히 한 영역에 머물러 있는 것이 아니라 사회, 정치, 관직, 양반의 행위 유형 등에 널리 침투해 있었음을 단적으로 말해 준다. 보기로서, 조선 사회의 당파 싸움이라 하는 파쟁이 상(喪)을 당했을 때 성복(成服)과 졸곡(卒哭)의 제례에 대한 의견의 차이와 왕후가 죽었을 때 얼마 동안 곡(哭)할 것인가 하는 문제에서 비롯되어 나왔다고 하는 것은[17] 우연이 아닌 것이다. 이러한 점에서 효는 조선 사회의 거의 모두라 할 수 있는 것이다.

'가족' 단위의 거의 절대적인 위치는 그러므로 종교적 신앙의 문제를 개인의 문제가 아닌 철저히 가족 전체의 문제로 규정한다. 종교적 의례 역시 가족 단위로 이루어지며 이것은 유교의 근본이며 효에 대한 헌신의 의식을 구체적으로 표현하고 있는 것이다. 가족 단위의 신앙 단위화 현상은 유교와 같은 전래의 종교에 한정되어 있는 것이 아니라 서구인에 의하여 한말에 이 땅에 들어온 기독교에서도 일반적으로 나타났다. 그 보기는 수없이 많다. 보기 하나를 들면, 어느 집안의 어른이 주변에서 "천주학에 미쳤다"는 핍박과 비난이 있었음에도 불구하고 먼저 이를 접하여 기독교로 개종하게 되었을 때, 그를 따라 가정이 모두 기독교 신자가 된 경우다. 한국 개신교 역사에서 '대부흥기'로 이름 붙

17) 좀 더 자세한 논의에 대해서는 박영신, 앞의 글(1978), 특히 139-141쪽을 볼 것.

여지고 있는 그 시기의 전야에 해당되는 1906년, 한결 김윤경이 열두 살 되던 해에 아버지를 따라 가정이 모두 기독교인이 된 것은[18] 그 보기 가운데 하나다. 요즘에도 가정 안에서 다른 종교를 믿는 것은 이해하기 힘든 것으로 여겨질 뿐만 아니라 그럴 경우 개인이나 가족 전체가 겪는 어려움은 실로 감당할 수 없는 것이 되어 빈번히 가정 안의 갈등을 자아내게 되고 어떤 경우에는 비극적인 상황을 낳기도 한다. 특히 자신의 종교와 다른 종교를 가진 가정에 혼인하여 들어갈 경우는 아예 자신의 종교를 포기하거나 개종하는 방식으로, 아주 장기적으로는 시부모가 세상을 떠날 때까지 드러나지 않게 감추어두고 가정의 제사와 같은 모든 가정의례를 순순히 다 지키다가 나중에 자신의 신앙을 회복하겠다는 방식을 채택하는 등 일어날 갈등을 미연에 처리하는 것이 보통이다. 종교적 신앙이 가족 단위 속으로 함몰하여 들어가 버리는 경우이다. 신앙을 개인의 양심의 문제로 생각하기에는 가족 단위의 사회적 및 심리적 압력이 우리 사회에서는 너무도 무겁다.

'가족'에의 영구한 회귀, 이러한 종교 지향성의 전통이 우리의 의식 밑바탕에 자리하여 행위를 불러일으키는 동기의 출처와 에너지의 자원이다. 개인의 신앙을 포기하거나 개종하고 잠정적으로 은폐하는 따위의 행동으로 일단 가정의 화평을 이룩한 다음 가족 전체의 화평을 지향하는 가족주의적 종교 지향성이 우리의 전통이다. 이러한 종교적 신앙은 구체적으로 우리의 시선에 와 닿는 친근한 사람에 대한 관심에서 솟아나오며, 뒤바꾸어 그 동기와 자원은 이들에 대한 관심으로 되돌아간다. 퓌스텔 드 쿨랑주가 밝히고 있는 것과 같이,[19] 종교는 동서를 가림이 없

---

18) 김윤경, "나의 부부생활 50년"(1956) 및 "배움과 인격 완성"(1963),《한결 金允經全集》(서울: 연세대학교출판부, 1985), 6권 25쪽 및 143쪽을 볼 것. 한결의 사상에 대한 논의에 대해서는 박영신, "한결 김윤경의 사회 사상 (I)", 〈東方學志〉, 88집(1995년 6월) 볼 것.

19) Numa E. Fustel de Coulanges, *The Ancient City* (Baltimore: Johns Hopkins University Press, 1980), 특히 1-3부를 볼 것. 그의 생각을 이러한 점과 이어 보기 위하여 박영신, 앞의 글(1987), 1장 29쪽 아래, 그리고 132-137쪽을 볼 것.

이 어떤 의미에서 모두 가족으로부터 흘러나왔다고 할 수 있다. 가족 구성원의 죽음과 이들 조상에 대한 제의는 고대 사회에 일반적으로 퍼져 있던 현상이었다. 그러나 우리의 역사적 전통에서 이 고대 사회의 특징은 특히 유교의 종교적 가르침에 따라 종교적으로 정교화되고 논리화되어 절대적인 것으로 정당화되어 왔다. 고대의 무속은 물론 역사 종교인 불교조차도 이러한 가족 중심의 종교적 지향성에 매몰되어 온 것이다. 사실상 이러한 한에서 억불 정책을 쓴 조선시대에도 불교가 유교의 언저리에서 공존할 수 있었던 것이다. 거기에서 끝나지 않았다. 베버가 말한 것처럼[20] 기독교의 성찬식에서 보듯이 혈연적 친족 집단 중심으로 종교적 의례를 배타적으로 정당화하였던 고대 종교를 돌파하여 종교 의례상의 원칙적 평등성을 실천하였다고 한 기독교가 우리 사회에 들어와서는, 전래의 가족주의적 종교 전통의 지향성을 이기지 못하고 그 속에 온존하여 왔다는 사실을 지나쳐 버릴 수 없게 되었다.[21] 바로 이 점에서 우리의 종교적 전통을 이야기할 때 무속으로 시작하든 불교로 시작하든 아니 유교로 시작하든[22] 아무 상관없이 한결같이 '가족'에 대한 회귀 현상으로 풀이 될 수 있다는 논지가 가능하다.

이와 같은 종교적 지향성 때문에 눈에 보이는 가시적인 가까운 인간관계가 우리의 의식 속에서 일차적인 핵심의 자리로 굳히게 된 것이다. 다른 모든 것은 모두 일차적인 관심의 영역 밖으로 내던져지며 기껏해야 관심의 부차 영역으로 떨어져 버린다. 그러므로 종교적 지향성은 가

20) Max Weber, trans., Don Martindale&G. Neuwirth, *The City* (London: Heinemann, 1958), 여러 곳 가운데 특히 98쪽을 볼 것.

21) 이러한 베버의 사회학적 생각에 대해서는 박영신, 앞의 글(1987), 29쪽 아래를 볼 것. 또한 우리나라의 기독교가 보여 주는 가족주의적 모습에 대해서는 여러 글 가운데 특히 위의 글, 368-369쪽; 그리고 박영신, 앞의 글(1995), 1장을 볼 것.

22) 무속을 바탕으로 삼아 오늘에 이르기까지 우리의 종교적 상황을 구조적으로 논한 것은 있다. 출중한 연구로서 David Chung(정대위), "Religious Syncreticism in Korean Society" (Yale University Ph.D. Dissertation, 1959)와 유동식, 《韓國巫俗의 歷史와 構造》(서울: 연세대학교 출판부, 1975)를 볼 것.

깝게 보이는 가족 구성원의 평안과 안락함에 집중되기 일쑤다. 그 너머의 사회 구성원 일반의 복리에 대한 곳까지 널리 펼쳐지기는 몹시 어려운 것이다. 마찬가지로, 가족 구성원이라는 구체적인 사람을 두고 종교적 신앙을 행사하기는 쉬워도 그것을 뛰어넘어 일반적 원리와 원칙이나 보편적 가치에 대한 헌신을 종교적 신앙의 목표로 삼는 것은 쉽지 않다. 우리의 전통에서는 가족주의를 초월할 수 있는 종교적 자원을 갖고 있지 않다는 말이다. 구체적인 친족적 인간관계를 벗어나 추상의 차원으로 일반화할 수 있는 가능 능력이 없기 때문에 우리의 종교 지향성은 모든 것을 직접적이고 가시적이며 구체적인 것에 한정되어 있다. 그러므로 기독교의 '산상수훈'에서 "마음이 가난한 사람", "슬퍼하는 사람", "의에 주리고 목마른 사람", 그리고 "의를 위하여 박해를 받은 사람"과 같은 이들이 복이 있다고 한 것은 아랑곳없이 모두가 '집안' 식구의 건강과 장수, 사업 성공, 자식의 시험 합격 등등의 구체적이고 가시적이며 직접적인 복으로 축소-환원되고 있는 것이다.[23)]

IV. 현실 긍정의 종교적 지향성

일반적으로 말하여, 오늘날 모든 종교는 우리 사회가 치닫고 있는 방향으로 함께 길을 걷고 있고 또한 거기에 이르는 방식을 그대로 받아들이고 있다 할 수 있다. 때때로 한 특정 종교가 특정 정치 지도자를 두둔하는가 하면, 다른 특정 종교가 그 지도자를 비난하는 경우가 있기는 하다. 그러나 이 자체가 우리 사회의 흐름에 맞서 거슬러 올라가려는 결의나 행태라고는 말할 수 없다. 보기를 들어, 대통령이 일본 수상과 함께 경주 불국사 대웅전에 들렀을 때 일본 수상은 합장을 하였는데 대통령은 그러한 의례를 행하지 않았다든지, 대통령이 청와대 안에

---

23) 이러한 논지와 이어, 박영신, 앞의 글(1995), 4장을 볼 것.

서 정기적으로 기독교의 예배를 드리고 있는 것은 마땅하지 않다고 하여 불만을 토로하는 비난의 소리가 머물러 있는 것이 고작이다. 이와는 달리, 우리 사회 전체가 나아가고 있는 흐름의 방향과 그 방식을 둘러싸고 특정 종교인이 문제를 제기하고 특정 정권에 맞섰던 경우가 없지는 않았다. 우리 사회가 경제 성장 일변도로 나아가 노동자들의 권익을 돌보지 않는다 하여 노동자의 편에 서서 그들을 변호한 'YH 사건'과 같은 경우에서처럼, '산업선교회' 같은 종교인 세력들이[24] 당시의 산업 정책과 그것을 밑에서 떠받쳐주고 있는 기본 전제를 질문했던 일이 있었다. 그렇지만 이러한 경우는 아주 드물 뿐 아니라 지극히 예외적인 것으로서 다만 몇몇 소수에 의해 벌어진 '사건'(?)으로 치부되고 있을 정도이다. 이들 소수는 심지어 그들이 속한 종파로부터도 넓은 지지를 받기 어려울 만큼 실로 예외적인 인물들이었다. 이것을 제외하고 보면 냉전 체제, 산업화, 경제 성장, 심지어 그 미비하고 허술한 복지 정책(?) 등[25] 정부와 민간이 혼연일체가 되어 순순히 떠받들어 온 삶의 방향과 방식을 모든 종교가 충실히 정당화하고 그것을 부추기는 동기 부여의 힘을 제공해 왔다 할 수 있다.

이 점에서 우리의 종교는 예외 없이 현실 긍정의 종교로 기능하여 왔다. 기존하는 것에 대한 근원적인 물음을 던지는 일에 앞서기보다는 세속 세력에 의해 만들어진, 그 만듦의 과정에 종교가 순응적으로 개입하여 굳어진 그 질서를 두둔하고 거기에 발맞추어 가는 세력으로 종교가 우리 사회에 자리 잡고 있는 것이다. 이 현실 긍정의 종교 지향성이

---

24) 이 단체의 활동을 노동자 쪽에서 그리고 있는 송효순, 《서울로 가는 길》(서울: 형성사, 1982), 여러 곳, 특히 3장 아래를 볼 것.

25) 이른바 '개발 독재' 시대의 상황은 여기서 제쳐두고 오늘의 상황을 보아도 복지 수준은 한 마디로 부끄러울 지이다. 최근의 한 보고를 따르면, 경제 지표로 보면 우리나라가 세계에서 최소한 15위 이내에 들지만 복지 수준으로 보면 세계 122위에 지나지 않는다고 한다. 이것은 복지의 낙후를 남김없이 드러내 보여주는 바다. 박광준, "사회 정책의 이념, 현상, 새로운 전략", 한국사회복지학회 등, 《社會福祉의 世界化를 위한 政策討論會》(1995년 2월 21일, 세종문화회관)을 볼 것.

어디로부터 왔으며, 어디에 그 뿌리를 두고 있으며, 그 기원은 무엇인가. 나는 그것을 우리 전통 속에 끊어지지 않고 끈질기게 이어져 내려온 가족주의적 발상과 의식과 이어볼 수 있다고 생각한다.

가족주의적 종교 지향성의 틀은 현존하는 질서 자체를 긍정하는 의식과 행동을 강화한다. 이 지향성은 기존하는 가족 관계의 권위성과 친밀성을 강조하여 그것의 보존과 유지에 가치를 부여하며, 그러기 위하여 가족 질서를 거룩한 것으로 규정한다. 이렇게 정의되는 가족의 단위 속에서 '자기 참모습'을 확인되고, 사회 변동에 따라 일어나는 갖가지 사회-심리적 긴장과 갈등이 그 안으로 흡수되어 처리된다. 가족이 전통 사회에서 자기 충족적이었듯이 가족주의적 종교 지향성은 의식과 행위에서 여전히 자기 충족적이다. 그러므로 가족주의적 지향성에 의하여 정당화될 수 있는 것이라면 그 어떤 것도 그 자체로서 보존되고 유지되어야 할 자격을 얻을 수 있는 것이다. 그러한 한에서 현존하는 것이 있는 그대로 당연시될 뿐만 아니라 그대로 정당화된다. 가족의 테두리를 벗어나 어떤 보편적인 기준에 따라 가족 자체가 평가되고 심판받는 그러한 비판의 여지는 가족이라는 틀 자체에 대한 일차적 헌신의 강도 때문에 축소되어 있다.

우리가 자주 겪는 대로 자기 집안과 집밖은 분명하게 구별되어, 집안에서의 기준과 집밖에서의 기준은 별개의 것으로 인식된다. 이것은 일면 이해될 만하다. 문제는 집 안에서의 규범과 집 밖에서의 규범이 다를 때 집안의 기준에 따라 집밖의 것을 평가할지언정 집밖의 것으로 집안의 것을 평가하지 않는다는 것이다. 보기를 들어, 우리 사회에서 벌어진 인권 유린이나 환경 파괴의 사례를 두고 비판하는 것이 우리 사회라는 울타리 안에서는 상당한 수준에서 허용될 수 있을지 모른다. 그것도 오늘날에 와서 말이다. 그러나 그 울타리 밖에서 비판하는 것은 "누워서 침 뱉기"라는 식이라며 사회 구성원 모두에 의하여 매도당하기가 안성맞춤이다. 포악한 정권 밑에서 과도한 희생을 자초하기 전에는 어떠한 비판의 소리도 낼 수 없었던 상황이었기 때문에 나라 밖에서 그 정권의 횡포를 폭로하고 비판하게 되면 '집안 식구' 사이의 문제를 집 안에 들어와서 말하지 않고 밖에 나가서 말한다고 세차게 그 행위를 규탄하는 것이 우리 모두에게 어울리는 행동 지향성이었다. 어떤 보편적 원칙에 의한 비판 행위 자체를 정당화할 수 있는 상징적 및 문화적 자원이 가족주의적 가치 지향성 밑으로 묻혀버렸기 때문이다. 최근에도 이러한 사태가 벌어졌다. 지난 3월 코펜하겐에서 '유엔 사회개발 정상회의'가 열렸을 때 비정부 기구로 여러 시민 단체가 참가하였는데, 그때 한 경제학자가 한국의 경제 성장 정책이 남기고 있는 교훈은 '성공'의 모범이라기보다는 '실패'의 모범이라고 비판했다는 보도가 신문에 실렸다. 한 일간지는 아예 제목을 "나라 망신시킨 '집안 싸움'"이라고 달아 이를 비난하는 논조를 듬뿍 담아 보도하였다.[26)]

이러한 행동 지향성을 넘어설 수 있는 돌파의 가능성은 종교조차도 갖고 있지 않다. 일본 식민 강탈기에 일본의 식민 정책에 고분고분하지 않았던 우리의 종교 세력은 심한 차별 대우를 받지 않으면 안 되었다. 때문에 사회 활동에 참여할 수 있는 공평한 기회를 얻지 못하여 '상대적'인 고립의 삶을 살아가야 하였다. 기독교 계통의 학교를 나온 졸업생은 취직할 기회가 원천적으로 봉쇄당했다든지, 심지어 대학을 진학하는 데도 차별을 받아야 했던 것이 그 보기이다. 이들은 차라리 식민 정책의 후원을 받는 활동 영역에서 벗어나 '농촌 계몽'과 관련되는 활동 영역을 만들어 가면서 겨레에 '봉사'하는 삶을 개척해 나아가고자 하였다. 말하자면 세상과 '다르게' 살고, 세상에 '맞서' 살고자 하는 결의로 삶을 일구고자 한 당당함이 있었던 것이다. 광복 후의 사정은 사뭇

26) 파리 특파원의 이름으로 나온 〈중앙일보〉, 3월 8일자 6면에 실린 위의 제목 기사 볼 것. 이 비난의 대상이 된 논문을 좀 더 차분히 검토하려면, Kim Dae-Whan(김대환), "Korean Economic Development: Miracle or Mirage?"(Special Workshop on Economies of Rapid Growth: Implications for Social Development, World Summit for Social Development, NGO Forum '95)(1995년 3월 7일)를 볼 것. 이 글은 〈현상과 인식〉, 19권 2호(1995년 여름)에 우리말로 옮겨져 실렸다.

달랐다. 식민 정책에 의한 차별 대우라는 장애물이 없어져 사회적, 정치적, 경제적 삶에의 참여가 모든 종교 세력에게 활짝 열리게 되었다. 이제 종교는 상대적 '고립'이 아니라 상대적 또는 절대적 '용해'의 상태에 접어들고 말았다. 종교 세력이 세속의 흐름에 맞서 긴장을 자아내지 않고 이 흐름에 의하여 오히려 '식민화'되고 있는 것이다. 세상과 '다르게' 살고 이에 '맞서' 살려는 뜻이 사라지고 의욕조차 잃고 말았다 할 수 있다. 종교의 활동 범위가 넓어져 현실에의 참여를 강조하건 안하건 상관 없이 종교 집단에 속한 이들은 자신들의 삶 속에서 종교 지향성과 사회 현실 사이에 어떠한 긴장도 경험하지 못하고 있는 것이다. 일본 식민 강탈기에 기독교와 같은 종교 세력이 식민 관권에 맞설 수 있었던 데 반하여 광복 후에는 그러한 가능성이 더욱 좁아들고 만 것이다. 종교적 운율과 감각을 갖고 종교적 책임 의식을 갖고 있다고 자처하는 종교인들조차도 지난 날 군사 정권의 횡포가 극심했던 시절 이에 맞서고자 한 학생권의 운동 세력과 그 밖의 저항 운동 세력에 빗대어, "더 이상 외세의 지배 밑에서 억압받지 않고 있다는 것만으로도 다행스러운 것 아닌가"하고 암묵적으로 이들 세력을 비난하면서 현실을 긍정코자 하였던 것이다. 이러한 의식 세계에는 아무리 억압의 방식과 탄압의 성질이 본질적으로 같다 하더라도 그것이 이민족에 의하여 자행된 것인지 아니면 자민족에 의하여 저질러진 것인지가 중요한 기준으로 작용하고 있는 것이다. '집안 싸움'인 경우에는 그만큼 관대하고, 관대하다 못해 억압과 탄압의 불의조차도 지나쳐버린다. 종교 지향성의 윤리적 감수성이 보편적 시각을 잃어버리고 만 것이다.

융통성 있게 '가족'의 테두리를 조절할 수 있는 능력이 있어야 가족의 범위가 넓어질 수 있는 여지가 있기는 하나, 그것 역시 너무 아득하여 보이지 않거나 감촉하지 못할 경우에는 범위의 확장 가능성이 거의 없어진다. '가족'의 유추는 겨우 기업체나 학교와 동문과 같은 가시적 거리와 가청 범위에 머물러 있을 수밖에 없다. 얼마만큼 가족의 범위가 넓어졌다고 하더라도 가족주의적 지향성은 여전히 기존의 질서를 확인하고 강화하는 긍정의 수준에 멈추어 있을 따름이지 그것을 돌파할 수 있는 상징적 자원으로서 작동할 수 있는 것은 아니다. 우리의 생각과 삶을 굳건히 감싸주고 있는 이 가족주의의 테두리에 대한 긍정적인 마음가짐은 현존하는 것을 넘어 서는 종교적 초월의 의식을 둔화시키고야 만다.

V. 종교적 물질론

현존 질서 자체를 긍정하는 종교 지향성은 오늘의 상황에서 물질론적 행동 지향성을 강화한다. 경제 성장을 목표로 하는 산업화 과정은 우리에게 물질적 풍요와 여유를 약속해 주고 그것을 삶의 목표처럼 여기도록 부추기고 있다. 여기서 종교의 현실 긍정은 필연적으로 물질적인 것으로 나타난다.

우리 사회에서 불교, 유교, 기독교라는 종교는 제각기 초월적 가치를 갖고 있지만 현존의 지배적 가치 속에 빠져 매몰되었다. 지배 가치에 대한 질문이나 그것을 돌파해 가는 초월의 힘을 잃고 오늘의 세계를 지배하고 있는 물질 지향성의 일부가 되고 차라리 그것을 강화시키고 있는 것이다. 물질 증식의 논리, 그것이 모든 삶과 의식의 잣대가 되어버린 그러한 지향성 말이다. 루카치가 말하는 '물상화'는[27] 종교의 영역까지도 거침없이 침투해 들어가 종교 그 자체가 물상화된 것이다.

그러나 서구 이론에서 만들어 놓은 이러한 개념만으로는 우리 사회의 물상화를 남김없이 다 풀이해 줄 수 없다. 앞에서 보았던 것처럼, 우리 전래의 의식 세계에는 가족이라는 자연적이며 친밀한 근접 관계가 핵심을 이루고 있으며, 그것은 어떤 추상의 세계가 아니라 매일매일 만나는 구체적인 관계이다. 이러한 관계를 넘어서는 것은 부차적일 뿐만

---

27) Georg Lukacs, *History and Class Consciousness* (London: Merlin Press, 1971)를 볼 것. 이와 이어 박영신, 앞의 글(1987), 2장, 특히 88쪽 아래를 볼 것.

아니라 더욱 정확히는 이해하기 어려운 관계이다. 다만 가까이 볼 수 있고 들을 수 있는 구체성의 관계와 사태가 중요하고 거기에 대한 물질적 표현이 중요할 뿐이다. 우리의 물상화는 이렇듯 다만 자본주의의 병적인 영향에서 비롯되어 나온 것만이 아니라 이러한 전래의 의식 세계에 더욱 깊숙이 이어지고 있는 것이다.

서양의 종교적 전통 속에는 가족, 친척, 지역, 민족 따위가 종교적 의례에 의하여 상징의 세계에서 여지없이 약화되어 실질적인 인간관계에 심원한 영향을 미쳤다는 것은 앞에 적어두었다. 서양 사회의 변동 과정에 따라 삶의 환경이 가족과 제한된 지역의 테두리를 벗어날 수밖에 없는 역사적 조건에서, 기독교는 이를 더욱 보편주의적 변동의 방향으로 돌파시켰던 것이다. 기독교의 종교 의례에서 가장 핵심이 되고 있는 성찬식이 바로 그 좋은 보기였다. 이 의례에 어떤 자연적이며 원초적인 구분이나 차별이 정당화될 수 없었다. 이러한 반면, 동양의 유교적 전통에 충실히 따르고자 한 우리의 경우, 조상 숭배라는 가장 중요한 의례에는 가족과 친족만이 참여할 수 있으며, 이러한 참여 자격의 절대적 제한 조건은 사회의 변동에 상관없이 온존해 오고 있을 뿐만 아니라 오히려 더욱 강화되고 있다. 산업화 과정에 따라 친족 중심의 생활 공동체가 지역적으로 해체되어 생활공간이 도시로 집중되고 낯선 도시의 불안이 겹쳐지면서 가족 중심의 의례는 일종의 긴장 처리의 사회적 기능을 수행하게 되었다. 대중매체의 망이 확장되고 그 위력이 드세져 친족 중심의 의례가 매체를 통하여 더욱 강화되고 있는 상황에 우리 모두가 던져져 있는 것이다.[28] 사회는 바뀌어 삶과 일의 접촉 범위가 가족 공동체의 테두리를 넘어서고 인간관계가 가족 관계의 울타리를 넘어서고 있는 구조적 변동을 겪고 있음에도 불구하고, 파슨스가 말하고 있는 뜻에서 "가치의 일반화"(value generalization)는[29] 이루지 못하고 있다

28) 박영신, 위의 글(1987), 8장 여러 곳을 볼 것.

29) 아래의 논의에 대해서는 Talcott Parsons, *Societies: Evolutionary and Comparative Perspectives* (Englewood Cliffs, New Jersey: Prentice-Hall, 1966)를 볼 것.

할 수 있다. 사회가 더욱 복잡하게 된 오늘의 상황에서 비교적 단순하였던 사회 상황에서나 어울렸을 그러한 가치는 능력을 발휘하기 어려우며, 새로운 상황이 요구하는 더욱 넓은 범위에 걸쳐 행동을 의미 있게 수행할 수 있도록 가치의 일반화가 이루어져야 한다. 이러한 점에서, 가족주의적인 가치에 대한 문제를 제기하고 가치의 일반화를 모색하여 사회 변동의 요구에 정곡으로 관통하려는 일체의 시도를 오히려 규탄하고 이에 저항하는, 일종의 "근본주의"(fundamentalism)가 오늘의 종교적 상황을 규정짓고 있다 할 수 있다.

종교적 근본주의는 물질론에 뿌리를 두고 있다. 이것은 더욱 일반화하는 추상성의 가치를 무시하고 구체적인 것에 가치를 두어 긴장을 처리하려고 하기 때문이다. 사회 복지 정책을 두고 볼 때, 가족주의에 기대어 '효'(孝)의 원초적 가치를 자극하고 이 가치를 동원하여 가족 단위로 해결하려 하거나, 산아 제한 정책을 추진하기 위하여 임신 중절이 자아내고 있는 생명에 대한 윤리적 논의 자체는 아예 건드리지도 않고 사회 구성원 일반에 대한 보편적인 관심에 기대기보다는 "아들 딸 가리지 말고 둘만 낳는 것이 가족에 이롭다"고 설파하면서 가족의 이익에 호소하여 인구 감소 정책을 성공적으로 수행하였던 것이 모두 구체성의 영역을 넘어 더욱 일반적인 것을 보지 못하는 경우에 해당한다.[30) 우리가 자랑스럽게 자주 이야기하는 '인정'이라는 것 역시 이러한 친밀하고도 구체적인 관계에서나 나타나고 그 안에서나 통용되는 것이지, 그것을 넘어 서서는 상상하기 어려운 관념의 세계이다. 우리는 다른 나라 사람들보다 인간에 대한 정이 많다고 말하지만, 그것은 우리의 눈에 보이는 가시 영역 속에 들어있는 인간관계에 우리가 들을 수 있는 가청 영역 속에 들어오는 인간관계에 집중되어 있는 것이지, 그와 같은

---

30) Yong-Shin Park, "The Socio-Cultural Dynamic of a Newly Industrializing Country: The Experience of Korea," Richard Harvey Brown(엮음), Culture, *Politics, and Economic Growth: Experiences in East Asia* (52권)(1994년 3월) (College of William and Mary, Virginia), 특히 13-14쪽.

영역 밖에 있는 인간 일반에는 적용되지 않는다. 우리가 주의를 기울이고 경청하는 대상 영역이란 오직 가족 및 유사 가족적인 관계를 말할 뿐이다. 물질주의란 단순히 모든 것을 물건으로 치부하는 것을 뜻할 뿐만 아니라 모든 것을 접촉 가능한 구체적인 형태로만 이해하고자 하는 인식 유형을 뜻하는 것이다. 그러므로 주로 동남아시아로부터 온 값싼 노동자의 인권 유린을 항의하고 이들 노동자를 옹호하고 나오는 이들에게 고용주들은 "당신은 한국 사람 아니요?"라고 되묻고는 어찌하여 한국 사람이 한국 사람인 고용주 편을 들지 않고 외국 노동자 편에 서서 그들을 옹호하는가 하고 가르쳐 주려는 듯이 훈계조로 나온다는 것이다. 여기에서 인정은 어디까지나 기껏해야 한국인들끼리의 인정일 따름이다. 외국인이라는 이유만으로 이들은 이미 친밀함의 구체적 관심의 대상이 아닌 것이다. 이들 외국 노동자들에게 비친 한국은 차라리 "비정(非情)의 땅"일 뿐이다.[31)]

현존하는 가족에 일차성을 부여하고 그것을 의식과 행위의 모형으로 삼고 있는 한, 그 너머의 삶의 세계를 지향하는 가능성은 적다. 지난 몇 십 년 동안 우리의 자녀들을 가르치는 교사들에게 '촌지'를 주는 일에 대하여 숱한 문제 제기가 있었으며, 심지어는 '전교조' 사태가 빚어졌을 때 전교조에 가담했던 교사들은 이 촌지에 대한 문제를 날카롭게 부각시켜 경각심을 불러일으키기도 하였다. 최근에는 다소 신뢰가 가지 않는 일이었지만 교장단이 대중매체를 통하여 촌지를 받지 않는다며 다짐하는 모습도 보여주었다. 그런가 하면, 조금 분위기가 수그러지면 '촌지'라는 것은 우리의 고유한 문화와 미풍양속에 어울리는 것이라며

31) 한국 학생 몇 명이 네팔과 방글라데시에 가서 산업재해를 당한 근로자들 60여 명의 가족과 유족들을 직접 만나 조사한 내용의 보도, 〈동아일보〉, 1995년 2월 28일자 30면, "한국은 非情의 땅"을 볼 것. 그리고 연세대학교 외국인노동자문제연구소, "國際的 勞動力 移動과 韓國內 外國人 勞動者 問題: 필리핀 勞動者에 대한 現場調査를 中心으로"(1993년 12월 7일)(손승영 박사 지도)를 볼 것. 이러한 문제를 범세계적인 시각에서 논의하고 있는 박영신, "범세계화와 가능 세계", 〈현상과 인식〉, 18권 1호(1994년 봄)를 볼 것.

두둔하는 이들의 목소리도 들리곤 하였다. 한 조사결과를 보면, 초등학교에 다니는 어린이를 둔 서울 시내의 학부모들 75% 이상이 지난 한 해 동안 담임교사에게 정기적 또는 부정기적으로 찾아가 한 차례 이상 "촌지(선물 포함)를 전달"하였다고 한다. 이들 가운데 50% 이상이 자녀를 맡은 교사에게 "고마움을 표시하기 위해서"라 하였고, 그 내역을 묻는 데 대해서 대다수가 대답하기를 꺼렸지만 그 가운데는 "자녀가 불이익을 당할까봐"라는 응답이 25%가 넘었으며, 많은 경우 촌지가 당연한 관례가 되어 있다고 응답하였다.[32] 관례처럼 된 이 촌지의 문제에서 촌지를 받은 교사는 그 촌지를 준 학부모의 자녀들을 특별히 봐주는 것으로 되어 있고, 자기 자녀가 피해를 입지 않기 위해서는 촌지를 주지 않으면 안 된다고 생각하고 있다. 학부모의 관심 세계는 좁디좁은 자기 가족에 한정되어 있어, 그 가족의 테두리를 벗어나 촌지를 줄 수 없는 이웃한 가난한 집안의 자녀 문제는 그 관심 세계 속에 들어오지 않는다. 보편적인 삶의 지평 위에 들어서지 못하고 모든 것을 가족 중심으로 사사롭게 해결하고 있는 것이다. 마찬가지로, 교사도 그러한 의식의 주체이며 반영물로 되어 있다. 이와는 조금 다른 문제이지만 집집마다 과외를 하고자 하고 그 과외비가 서울의 경우 달마다 24만 원이라는 조사 자료도 나왔는데, 그것은 사교육비를 공교육비로 전환하자고 주장하는 목소리를 비웃기라도 하듯 엄청난 재정의 사사로운 지출 내역이다.[33] 이 모든 사적 관행이 '현실'이라는 이름으로 점차 심화되어 '관례화' 되어 굳어버린 것이다.

모든 것을 물질로 표현하고, 모든 것을 주고받는 구체적인 행위의

---

32) 동아일보 기획취재반이 서울 시내 30-40대 주부 551명을 대상으로 설문 조사한 내용에 대한 보도는 〈동아일보〉, 1995년 3월 22일자 1면과 5면에 실려 있다.

33) 대우경제연구소가 1994년 전국 3,625가구를 대상으로 조사하여 추정한 수치이다. 교육비 지출은 서울, 대도시, 중소도시의 순으로 되어 있어, 액수의 차이는 있으나 그 추세는 일반적임을 알 수 있다. 〈동아일보〉, 1995년 5월 4일자 30면, "서울: 한 가구 과외비 月 24萬원" 기사를 볼 것.

직접적인 관계로 치부한다. 마음으로부터 우러나오는 감사는 고마움의 자격을 얻지 못하며 그것은 무의미하고 무성의한 것으로 평가된다. 마음이 중요한 것이 아니라 구체적인 물질의 표시가 중요한 것이다. 마음이 있으면 물질이 있기 마련이라는 생각이며, 그 역의 논리도 성립되는 의식 세계이다. 그것도 익명의 감사나 일반화의 감사일 경우는 이해되기 힘들 만큼 직접적이며 구체적이고 가시적이다. 그토록 오랫동안 문젯거리로 지목받아 왔음에도 불구하고 촌지가 지금까지 건재하고 있을 뿐 아니라 관행으로 자리를 굳힌 것은 그만큼 구체적인 인간과 인간의 물질적 관계가 중요하다고 생각되어 왔기 때문이다. 자기 자녀의 교육을 맡은 교사에게 학부모가 고마움을 표하는 것도 구체적으로 물질로 드러내 보여주고 나타내야 한다는 것이다. 거룩한 차원을 이야기하고 그 차원을 두고 제도화한 종교 집단도 모든 것을 구체적인 잣대로 가름하고 물질적인 수치로 평가하게 된 것은 어제 오늘의 이야기가 아니다. 종교 자체가 그러한 물질론의 핵심 세력으로 이러한 추세를 정당화하고 있는 상황이 된 것이다. '기독교 교회는 헌금'을, '사찰에서는 시주'를 그 어느 헌신의 실천보다 더욱 강조하고 있다고 소속 교도이거나 아니거나 모두 등을 돌리고 비난한다는 것은 이제 더 이상 화젯거리도 아니다. 교세는 신도 수, 교당의 크기, 헌금이나 시주의 액수로 구체화되고, 종교 지도자들은 이러한 상황에 어떠한 저항도 하지 않고 오히려 부추기기만 하는 형편이다. 종교 집단마다 공격의 과녁으로 삼아 온 공산주의나 공산주의적인 '유물론'에만 물질주의라는 것이 있지 않고 바로 그 종교에 의하여 의도적으로 그리고 무의도적으로 마냥 강화되고 있으며 그 지향성을 신앙의 이름으로 더욱 정당화시키고 있는 것이다.

VI. 맺음말

우리 사회의 종교적 상황은 단일 종교로서 배타적으로 존재하고 있지 않다는 뜻에서 다원 종교적이라 할 수 있다. 그러나 앞에서 논하였듯이, 현존하는 여러 종교가 가족주의적인 종교 지향성의 틀에서 모두 만나고 있다. 그러한 뜻에서 오늘의 종교적 상황을 다원주의로 규정하는 것은 불가하다. 종교이기에 그 나름의 거룩한 세계를 지향하고 그 나름의 초월적 가치를 지니고 있다 할 수 있지만, 그것은 완강한 가족주의적 지향성의 압력 밑에 매몰되어 있는 상황이다.

가족주의는 구체적인 친밀한 인간관계 위에 서 있으며, 그러한 의식의 테두리를 절대시한다. 따라서 가족주의적인 인간관계를 넘어 인간 일반에 대한 보편적인 관계의 설정을 어렵게 만든다. 여기에서 비롯되어 나오는 종교 지향성은 우리의 관심 세계를 좁게 규정하고 모든 것을 구체적인 표현의 의례를 정당화한다. 지난 세기와는 달리 오늘에 와서 토목 공사는 더 이상 가족이나 좁은 지역 주민을 위한 것이 아니라 익명의 인간 일반을 위한 것이다. 이들 보이지 않고 들리지 않는 추상적인 개념으로서의 인간 일반의 귀함을 확인하지 않을 때, 토목 공사는 허술할 수 있을 것이다. 남이 보고 보지 않고에 상관없이, 그리고 가깝거나 먼 낯선 관계를 따짐이 없이, 초월적 기준과 가치가 존중되는 종교 지향성의 일반적 철저함의 종교적 의미가 강조되어야 할 까닭이 바로 이러한 데 놓여 있다 할 수 있다. 우리의 삶은 이제 더 이상 친밀한 사람들만으로 친밀한 공간에 펼쳐질 수는 없게 되었다. 낯선 사람에 대한 관심과 이들에 대한 주목과 경청이 요구되는 것이다. 그런데 우리는 기존하는 구체적이고도 직접적이고 친밀한 인간관계이어야 값있는 것이라고 여기고 있다. 종교 지향성이 이를 지지하고 있는 것이다. 인간관계가 물상화되고 의식이 물상화되고 있는 상황이다. 서구 자본주의의 영향으로 모든 물상화 현상을 풀이할 수 없는 우리 나름의 사연을 갖고 있는 것이다. 우리가 이 가족주의의 테두리에서 벗어나지 못한다면 우리의 삶 또한 좁은 세계를 넘어서지 못하게 될 것이다. 종교가 종교다워지는 것은 바로 이 좁은 세계를 돌파하여 나아가는 것이다.

물론 종교가 이 세계 속에 자리하고 있는 한 종교는 세계와의 변증적인 관계를 맺지 않을 수 없다. 종교가 이 세계에 심원한 영향을 줄 수 있는가 하면 이 세계로부터 심원한 영향을 받을 수밖에 없다. 이러한 상황은 벨라가 말하였듯이 "종교적 비극"이다.[34] 그러나 이 비극적 운명에도 불구하고 종교가 종교의 생명을 확인하고 재확인할 수 있는 운명적 계기는 현실 세계의 긍정에 머무는 것이 아니라 그것을 극적으로 돌파하는 것이며, 그 계기를 통하여 초월성의 세계를 확인해 주는 것이다. 오늘날 우리 사회의 종교는 일상의 세계에 함몰되어 있기 때문에 그 존앙과 순결성을 잃어버리고 말았다. 우리 사회의 종교가 종교의 고결한 자리에 올라설 수 있으려면 바로 이와 같은 돌파의 계기를 증거하여야 한다. 다른 말로, 종교가 좁은 세계를 초월하여 더욱 넓은 세계를 우리에게 밝혀 보여주는 것일 것이다. 거기에 오늘의 종교가 감당해야 할 운명적 계기가 주어져 있다 할 수 있다.

이 글은 박영신, 한국사회이론학회, 〈사회이론〉(1995, 여름호)에 실린 것이다.

---

34) 로버트 N. 벨라 지음, 박영신 옮김, 《도쿠가와 종교: 일본 근대화와 종교 윤리》(서울: 현상과 인식, 1994), 맺음말을 볼 것.

3. 잊혀진 이야기: 시민사회와 시민 종교

I. 머리말

최근 들어 우리나라에서도 국가와 분리되어 있는 활동 공간과 연관지어 시민사회 또는 시민이라는 말을 흔하게 쓰고 있다. 평범한 시민들이 개인으로 또는 집합 수준에서 막강한 국가 권력에 맞서 항복을 받아 내거나 최소한의 압력을 넣어 제약을 가할 때 분명 여기에는 국가의 영역과 구별되는 영역이 설정되어 있다고 주장할 수 있을 것이다. 그러나 이처럼 영역의 분화라는 겉으로 드러난 측면만 보아서는 시민 또는 시민사회가 담고 있는 의미를 다 드러내지 못한다. 우리 사회의 지평에 나타난 갖가지 시민운동을 죽 늘어놓는다고 해도 마찬가지이다. 지난 1980년대 말부터 1990년대에 들어서면서 이른바 시민의 관심이 정치 수준의 민주화에 집중되어 오다가 경제 및 사회 영역의 문제로 옮겨가는 변화의 모습을 띠게 되었으나,[1] 이것은 여전히 관심 영역의 이동일 뿐이다. '시민 됨' 그 자체 또는 시민 의식의 구조에서 일어나는 변화는 아니었다. 불행하게도 시민과 시민사회, 그리고 시민운동에 대하여 이와 같은 심층의 문제를 캐내려는 논의는 없었으며, 있었다 해도 피상의 논의를 둘러싼 떠들썩한 소리에 휘말려 들리지 않게 된 상황이다.

이 글은 바로 이 상황에 도전한다. 시민은 어떤 능력과 자질을 지니고 있어야 하고 그것을 갖추지 못한 사회 구성원을 진정한 시민이라 할 수 있으며 그들이 자리한 사회를 시민사회라 할 수 있는가 하는 물음을 던지고자 한다. 시민과 시민사회의 참모습을 꿰뚫어 파헤치지 않고서는 참된 뜻에서 시민이 시민으로서 행동하는 시민사회의 실체를 얻기 어렵고 그러한 시민이 이끄는 시민운동을 기대할 수 없기 때문이다.

II. '시민' 이야기

지배 권력이 있는 곳에는 언제나 저항할 수 있는 민중이 있었다. 그만큼 민중의 저항은 긴 역사를 가지고 있다. 힘을 휘두른 세력에 맞섰던 밑으로부터의 저항이 역사의 물줄기를 바꾸었으며, 민중의 절규와 함성이 역사의 들판을 메웠던 것이다. 멀리 갈 것도 없다. 한말 변혁기의 농민 봉기와 한양에서 벌어진 만민공동회 운동, 일제 강탈기에 일어난 여러 갈래의 광복 운동, 그리고 광복 후 독재와 군사 정권에 맞서 싸운 반정부 운동, 이 모두는 아래에서부터의 저항에서 빚어져 나온 것들이다. 이 점에서 민중은 실로 무서운 역사의 주역이었다.[2]

오늘날 우리에게 익숙한 이념의 축으로 보면 이 민중은 그렇게 단순

---

1) 이에 대해서는 조대엽, 《한국의 시민운동》(서울: 나남, 1999), 특히 2부를 볼 것.

2) 보기로 박영신, 《새로 쓴 변동의 사회학》(서울: 학문과 사상사, 1996), 8장을 볼 것. 그리고 민중의 역사 일반에 대한 논의로, 조지 루데 지음, 박영신 · 황창순 옮김, 《이데올로기와 민중의 저항》(서울: 현상과 인식, 1993)을 볼 것. 원제는 George Rude, *Ideology and Popular Protest* (London: Lawrence and Wishart, 1980).

하지 않다. 민중의 이름으로 지난날 군사 독재에 항거한 민주 세력마저도 그 안을 찬찬히 들여다보면 이념의 동질성을 가지고 있었던 것은 아니다. 정권의 폭압성 때문에 계급 사이의 엇갈리는 이해관계를 덮어두고 일종의 반독재 연합 전선을 폈을 따름이다. 이른바 문민정부의 수립으로 이 연합 전선의 유효성이 끝나면서 이념의 수준에서 보아 채 분화되지 않았던 '민중'은 다시 자기 모습을 규정하기에 이르렀다. 오늘의 '민중'은 극단의 독재정권 타도를 위하여 연합전선을 폈던 미분화된 '민중'으로부터 갈라져 나온 '순수한' 자기 참모습을 지키고자 하는 세력을 가리킨다. 다른 말로, 민중이라는 말이 이념의 차별성을 드러내게 되면서, 보수 세력과 한통속이 되었던 지난날의 존재 방식에서 벗어나 자체의 이익에 초점을 맞추는 노동 계급 진영을 표상하는 말로 줄어들었다.[3)]

이러한 분화 과정에서 군사 정권 시절에 그토록 무거운 저항 의식을 담아 널리 썼던 포괄 개념으로서의 '민중'이라는 말은 빛이 바래져 사라지게 된 것이다. 느닷없이 그 자리에 들어서서 요즘 새로운 힘을 얻고 있는 이름이 다름 아닌 '시민'이다. 우리의 역사 경험에서 다만 얼마 동안일망정 익숙해져 있던 말인데도 불구하고 포괄 개념으로서의 민중이라는 말 대신에 시민이라는 말이 일상의 낱말로 올라서서 두루 쓰이게 된 것이다. 이념의 축으로 보아 민중 의식의 희석화 현상이라고도 할 수 있는 바, 바로 이 묽게 된 민중의 다른 이름으로 그리하여 결을 달리하는 여러 행동 지향성을 지닌 사회 구성원을 뭉뚱그리는 이름이다.[4)]

민중에서 시민으로 옮겨간 개념의 이동은 그러나 안으로부터의 깊은 자기 분석이나 이론 수준에서의 단단한 논의로부터 비롯되지 않았

---

3) 이러한 상황을 알기 위해서는 오세철, "사회주의권의 변화와 한국 사회 변혁 운동의 전망", 〈현상과 인식〉, 16권 1/2호(1992년 봄/여름). 특히 14대 총선 이후에 대한 평가 부분을 볼 것.

4) 이 글의 앞부분은 〈기독교사상〉, 2000년 3월호에 실렸던 것으로 이것을 다시 고치고 키워 놓은 것임을 여기 밝힌다.

다. 수많은 지식 개념과 이론이 그러했듯이 이 경우에도 우리의 경박한 지성 풍토를 드러내었을 뿐이다. 외국 학계의 동향에 따라 발 빠르게 움직이면서 학문 수입상 역을 맡아 재미를 본(?) 한 때의 지식인들이 이번에도 우리 역사에 대한 깊은 성찰과 면밀한 분석 없이 서구에서 새삼스럽게 나돌기 시작한 시민이니 시민사회니 하는 말을 손쉽게 끌어들여 썼기 때문이다.[5)]

앞서 시민이라는 말을 도시의 발전 과정이라는 사회 이론의 줄기에서 논하기도 하였고 민주주의와 시민의 문제를 교육의 문제와 연결지어 강조하기도 한 바 있다. 뿐만 아니라, 올해로 40돌을 맞게 된 이른바 "1960년의 봄 혁명"으로 제1공화국을 무너뜨렸던 그 때도 전국 각지에서 부정 선거를 규탄하였던 분노한 '시민'들이 있었다. '4·19'라는 말속에 드리워진 의미 내용과는 달리 이 혁명은 서울 중심의 대학생들이 어느 한 날에 일으켜 끝을 보았던 것이 아니었다. 봄소식이 일던 남녘으로부터 불붙기 시작하여 동과 서 할 것 없이 사방에서 고등학생들을 포함하여 이름 없는 수많은 '시민'이 참여하여 얻어낸 '시민혁명'이었다.[6)] 이후 '시민'이라는 실체가 쿠데타 정권 밑에서 짓밟혀 사라지게 되었던 운명과도 같이, '시민'의 문제는 지식 계급의 기억으로부터 사라져 버렸다. 지식층의 주목 대상도 음미의 대상도 되지 않았으며 그들의 이야기 속에 끼어들지도 않았던 것이다. 시민이 논술의 한 부분이 되었다면 그것은 현실과 무관한 아득한 사상사의 한 토막 희미한 이야

5) 사회학이라는 학문을 보기로 삼아 이러한 점을 밝히고 있는 박영신, 《사회학 이론과 현실 인식》(서울: 민영사, 1992), 11장을 볼 것. 그리고 박영신, "우리 사회학의 어제와 오늘을 되새김: 학문 일반사의 한 보기로서", 〈현상과 인식〉, 19권 2호(1995년 여름), 121-139쪽도 볼 것.

6) 보기로 박영신, 《역사와 사회 변동》(서울: 한국사회학연구소/민영사, 1987), 특히 9장을 볼 것. 그리고 사회운동학회가 1960년의 봄 혁명 40돌을 맞아 4월 15일에 연 "4·19와 시민운동" 주제의 학술모임에 발표한 나의 글, "사회 운동 '이후'의 사회 운동-'4·19'의 구성"도 이와 관련된다. 이 발표문은 이후 〈현상과 인식〉, 24권 4호(2000년 겨울)에 실렸다.

기였다.

지난 1980년대 말에서부터 우리가 자주 쓰게 된 시민이라는 말은 우리가 겪은 지난날의 역사 이야기와도 이어지지 않았고 그 속에 자리한 맹렬한 긴장과도 맥이 닿아 있지 않았다. '시민'이라는 실체는 군사 정권의 몰락 이야기로부터 새삼 떠오른 것이 아니다. 그 실체는 군사 독재 이전으로 거슬러 올라가 확인되어야 한다. 최소한 오늘의 역사에서 보면 그것이 군사 정권에 억눌려 있다가 다시 솟구쳐 민주화의 열기를 뿜었던 것이다. 이를 둘러싼 논의는 실체의 역사성을 확인하고 그 긴장의 맥락을 존중하여야 했다.[7] 물론 우리의 지식 계급은 이러한 역사의 이야기에 관심을 둘 만큼 뿌리 찾기에 골몰하고 역사와 씨름하는 긴장의 긴박성을 체험할 수 있는 지성의 자질을 갖추지 못하였다. 이 점에서 '시민 이야기'의 상황은 지식 계급의 경박성과 몰역사성을 고스란히 드러내고 있다 할 수 있다.

우리를 에워싸고 있는 '시민' 논술의 한계는 그러므로 놀라울 것이 없다. 우리의 역사 경험에 대한 피상의 이해는 서구의 경험에 대한 피상의 이해를 낳을 수밖에 없다. 피상의 사람은 어디에서나 피상의 사람일 것이기 때문이다. 오늘날 서구에서 말하는 '시민'은 물론 우리가 써왔던 '민중'이라는 낱말이 담고 있는 뜻의 역사보다 짧다. 시민에 대한 논의는 산업시대가 문을 열고 근대 민주주의가 제도화되기 시작할 무렵 곧 국가와 시민사회를 갈라놓고 볼 수밖에 없었던 그 이후였다 할 수 있다. 그럼에도 불구하고 시민 논술의 역사는 만만찮다.[8] 그 논의의 줄기는 길게 번져 있고 깊이 역사에 뿌리내리고 있다.

---

7) 우리 사회에서 '시민'이라 일컬을 수 있는 실체의 성격 규명과 그 형성의 역사를 따지는 것은 다른 연구를 필요로 할 것이다. 다만 이 일은 적어도 독립협회 운동과 이어져야 한다는 점을 여기에 밝혀 둔다. 이에 대해서는 박영신, 위의 글(1996), 11장을 볼 것.

8) Jack Lively/Andrew Reeve, "The Emergence of the Idea of Civil Society: The Artificial Political Order and the Natural Social Order," Robert Fine/Shirin Rai(엮음), *Civil Society: Democratic Perspective* (London: Frank Cass, 1997), 63-75쪽.

대개의 경우 시민사회와 국가를 분화시킨 것은 일찍이 18세기 후반의 스코틀랜드 계몽주의를 이끈 윤리 사상가들의 생각으로 돌리고 있다. 시민사회에 대한 논의는 적어도 여기까지 되돌아간다. 간단하게 말하면 이들은 남을 예의 바르고 공손하게 대하는 정중함이 곧 시민성(civility)이었으며, 그것이 곧 문명(civilization)이었다. 시민사회는 지난날 잔혹하고 사나운 미개한 야만 사회와는 달리 다른 사람에 대한 감수성을 지닌 품위와 덕성을 담보하고 있다고 이해하였다.[9] 이 시민은 물론 고대 그리스와 로마에서 찾을 수 있는 '공화국의 시민 덕성'에까지 거슬러 올라갈 수 있다. 그러나 이들 스코틀랜드의 계몽주의 사상가들은 노예 제도에 터하여 군사 정복을 일삼던 고대사회를 모범으로 삼지 않았다. 이들은 자유스러운 상업사회를 맞게 된 근대의 사람들이었다. 이후 헤겔을 거쳐 토크빌을 통하여 시민과 시민사회에 대한 논의는 단단한 발판을 마련하였다.[10]

오랫 동안 잠자고 있던, 아니 "죽어 있던" '시민사회'라는 이 개념을 다시 떠올려 오늘의 논술 한 가운데로 끌어올린 것은 중·동유럽의 지성인들이다.[11] 그것은 유럽에만 해당되는 것이 아니었다. 토크빌 이후

---

9) Adam Ferguson과 Adam Smith의 생각이 돋보인다. Christopher J. Berry, *Social Theory of the Scottish Enlightenment* (Edinburgh: Edinburgh University Press, 1997), 그리고 Christopher G. A. Bryant, "Civil Nation, Civil Society, Civil Religion," John A. Hall(엮음), *Civil Society: Theory, History, Comparison* (Cambridge: Polity, 1995), 142-143쪽.

10) Christopher G. A. Bryant , 위의 글. 마르크스는 여러 색깔을 가지고는 있었지만 자신의 이론틀 안에서 국가와 시민 사회를 구별할 수 없었다. 국가는 부르주아의 정치 조직으로 격하시킬 수밖에 없었기 때문이다. 자세한 것은 John Keane, *Democracy and Civil Society* (London: Verso, 1988), 31쪽 아래를 볼 것. 여기서 강조하고 있는 바, 스코틀랜드 계몽주의에 대한 논의를 아쉽게도 빼놓고 있지만, '시민사회' 개념을 널리 살피고 있는 박희, "시민사회 개념의 역사", 〈사회학 연구〉, 여덟 번째 책(1995)을 볼 것.

11) 이 점을 밝히고 있는 글은 많다. 특히 John Keane, 위의 글, 31쪽 아래. 그리고 서유럽의 경험과 견주면서 이 문제를 정리하고 있는 글, Attila Agh, "Citizenship and Civil Society in Central Europe," Bart van Steenbergen (엮음), *The Condition of*

시민 참여를 기정사실화하고 있던 미국의 경우에서도 그러하였다. 최근에 인 시민의 참여와 시민의 책임과 같은 시민사회의 논술은 중·동유럽의 역사 경험이 끼친 영향에 힘입었던 것이다.[12] 이른바 '현실 사회주의' 국가 안에서 반체제 운동을 벌이고 있던 이들 지성인들은 국가에 예속되어 노예 상태에 빠진 '시민'을 건져내고자 했던 것이다. 앞서 체코의 지성인 헤자넥은 이러한 상태를 바로잡는 길은 국가의 지배로부터 '시민사회'를 해방시키는 것이라 보았다.[13] 모든 삶의 영역을 통째로 지배했던 국가의 족쇄로부터 벗어나 그 울타리 밖에 자유롭게 숨쉴 수 있는 자율 활동 영역을 세워두고자 하였다. 1980년대를 앞뒤로 하여 널리 퍼지기 시작한 폴란드의 반체제 운동은 이에 앞서는 좋은 역사의 보기이다.[14]

중·동유럽의 반체제 지성인들이 '시민'을 앗아갔던 공산주의 체제에 맞서 '시민'이 살아가는 '시민사회'를 새롭게 떠올리게 되자, 이 여파를 타고 서구 지성인들은 오래 동안 서가에 꽂혀 있던 먼지 낀 책을 새삼 꺼내어 서구의 전통 속에 자리 잡고 있는 시민과 시민사회에 대한 논술의 열기를 더하게 되었다. 우리나라에서 벌이고 있는 '시민 이야기'는 이렇게 서양에서 펼쳐진 시민 논술의 흐름에 편승한 지식 계급이 끌어들여 유행시킨 것이다. 군사 독재체제를 허물어뜨린 것은 '민

Citizenship (London: Sage, 1994), 9장을 볼 것.

12) 미국의 사회학자 우스노우가 시민사회의 논의를 펴기에 앞서 이러한 논술의 정황을 밝히고 있는 Robert Wuthnow, *Christianity and Civil Society* (Valley Forge, Pennsylvania: Trinity Press International, 1996), 특히 2쪽을 볼 것.

13) Ladislav Hejdanek, "Prospects for Democracy and Socialism in Eastern Europe," Vaclav Havel 외, *The Power of the Powerless: Citizens against the State in Central-Eastern Europe* (London: Hutchinson, 1985), 특히 149쪽.

14) Z. A. Pelczynski, "Solidarity and 'The Rebirth of Civil Society' in Poland, 1976-81," John Keane(엮음), *Civil Society and the State* (London: Verso, 1988), 361-380쪽. 그리고 이와 관련하여 박영신, 《동유럽의 개혁 운동: 폴란드와 헝가리의 비교》(서울: 집문당, 1993)와 박영신, 《실천 도덕으로서의 정치: 바츨라브 하벨의 역사 참여》(서울: 연세대학교 출판부, 2000)를 볼 것.

중'의 힘이었다며 그렇게 떠들어대던 그들이 별안간 시민 또는 시민사회라는 개념을 빌리어 그 역사 상황을 해석하기도 하였다.

III. 시민의 자격 덕목

시민은 태어나는 것이 아니라 훈련되며, 시민사회 또한 거저 주어지는 것이 아니라 만들어지는 것이다. 국가가 정당성을 잃고 적대심을 불러일으키는 상황에서 시민이 저항하여 내처 정권까지도 무너뜨릴 수 있다. 나아가 국가가 탈취해 간 권리를 되찾을 수도 있다. 중·동유럽 인민이 공산 정권을 타도한 것은 한 보기에 지나지 않는다. 그러나 탈공산화 이후 중·동유럽은 시민사회의 제도화를 헤살 놓는 만만찮은 '반시민' 사회의 증후들로 시달리고 있다.

17세기 이후 서구사회를 특징지었던 것처럼 다양한 부르주아 집단이 당당하게 사회 세력을 이루어 정책 안건을 토론하여 처리하였던 경쟁 민주주의 정치 체제를 중·동유럽은 경험하지 못하였다. 두 차례의 세계 대전 사이에 체코슬로바키아 공화국이 누렸던 짧은 민주주의 역사를 제쳐놓고 보면 이 지역의 역사는 시민 민주주의와 거리가 멀었다.[15] 산업화 이전의 농경사회처럼 농민이 주축이었다. 당연히 끈끈한 친분의 사사로운 망으로 얽어 감겨 있었다. 공산 억압 체제에 들면서 얼마만큼 짓눌려 있었던 것이 그 체제를 벗어나면서 다시 표면 위로 떠오르게 되었다. '시민'들이 함께 모여 정당하게 경쟁을 통하여 경제 이익을 얻을 수 있는 시장 장치를 만들거나 공공의 목적을 세워 이에 다다르기 위하여 결사체를 만들어 참여하는 부드러운 시민사회가 아니었다. 벌들의 떼와 같이 날뛰는 정체불명의 준범죄 집단 같은 장사꾼들이 판치게 되었던 것이다. 국가로부터 '시민'이라는 이름으로 자유를

15) 손쉽게 찾아볼 수 있는 것으로, 안계춘·오세철·박영신,《東歐諸國의 社會와 文化》(서울: 법문사, 1988)의 박영신이 쓴 1부와 오세철이 쓴 2부를 볼 것.

누리게 되었다고 하는 것이 아무렇게나 자기 잇속만 차리려는 칙칙한 무법천지처럼 되어버린 일종의 약탈 자본주의였다.[16] 유고슬라비아가 해체된 직후 발발한 인종 전쟁과 약탈은 국가 수준에서 일어난 광범위한 무법 행위에 다름 아니다.

국가와 시민사회의 분리는 시민사회의 조건이다. 개인이 국가라는 거대한 기계의 부속품처럼 어떠한 자율성도 없이 한낱 도구로 살아간다면 그것은 물론 시민사회일 수 없다. 국가의 틀로부터 개인이 자유롭다고 해서 그리고 국가로부터 사회가 떨어져 나왔다고 해서 개인이 자동으로 시민의 자격을 얻는 것도 아니다. 시민은 공공의 문제에 관심을 가질 뿐만 아니라 이를 해결하기 위하여 자유롭게 토론하고 참여할 수 있는 '시민성'을 지니고 있어야 한다. 역사에서 언제나 국가만이 인간을 억압한 것은 아니다. 전제 체제나 독재 체제 못지않게 전통 사회의 편견과 제도 또한 인간을 억압했던 것이다.[17] 이기주의에 뿌리내린 (유사) 가족주의의 굴레에 갇히거나 좁은 인종주의의 고삐에 이끌려 인간 일반에 대한 관심을 놓쳐버린 나머지 좁다란 충성의 틀에 예속되어 '부자유'의 수렁에 빠져 헤어나지 못하기도 했다. 심지어 위험과 위협 사태를 억지로 만들어가면서 자기 이익을 위하여 친족의 우두머리들이 친족 사이에 갈등을 자아내고 지역의 우두머리들이 지역 사이의 갈등을 부추겨 추종자들이 친족이나 지역 감정에 휘말려들어 넓은 삶의 지평을 바라볼 수 없게 한다. 나아가 자기가 속한 인종의 혈통과 종교와 문화에 대한 충성심 때문에 다른 인종에 대하여 편견과 적개심을 품고 마침내 '인종 청소'라는 살육 행위를 범할 수 있다. 국가와 시민사회의

16) Clive Tempest, "Myths from Eastern Europe and the Legend of the West," Robert Fine & Shirin Rai (엮음), 앞의 글, 특히 134쪽 아래를 볼 것. 그리고 매우 심원한 문제를 두고 논쟁을 벌였던 체코 대통령 바츨라브 하벨의 생각을 담고 있는 Vaclav Havel & Vaclav Klaus, "Rival Visions," *Journal of Democracy*, 7권 1호(1996년 1월), 12-23쪽을 볼 것.

17) Ernest Geller, "The Importance of Being Modular," John A. Hall(엮음), 앞의 글, 특히 32-35쪽.

분리라는 구조의 조건 밑에서 엉뚱하게 극단의 '반시민성'이 나타날 수도 있는 것이다.

여기에 가치 수준에서의 절제와 제재가 더해져야만 한다. 진정한 시민이라면 혈연이나 지연 그리고 학연과 같은 그 어떠한 특수 집단과의 귀속 관계를 거룩한 대상으로 삼을 수 없다. 오히려 이 같은 관계를 우상화하고자 하는 일체의 좁은 삶의 방식을 거부해야 한다. 나아가 다양한 결사체에 참여하여 다원사회를 만들어 그 안에서 민주스런 삶을 익히며 이를 일상화해야 한다. 자기가 속했다고 해서 그 결사체를 절대화해서는 안 된다. 결사체에 속해 있으면서도 그 테두리를 벗어날 수 있어야만 한다. 이것이 시민사회가 요구하는 '시민 솔리더리티'이다.

자기가 속한 친족이나 지역 또는 어느 결사체의 집단 조직이라 하더라도 참된 의사소통의 과정을 생략한 채 여러 가지 색깔을 내고 있는 소수를 무시하고는 단순단색의 다수결로 밀어붙이거나 아예 밀실에서 책략을 꾸며 결론을 내버리는 따위의 행태는 시민성에 어긋난다. 시민사회의 시민은 '의사소통'의 하부 구조를 빼버리고 특정 이익을 들이파는 좁은 삶의 논리에 빠져 거기에 매여 있어서는 안 되며, 이러한 논리로부터 자유스러워야 한다. 그럴 때에만 여러 결사체를 망라하는 더욱 큰 공동체를 '공동체'답게 만들 수 있다.[18] 시민의 '시민다움'이라는 가치와 그 가치에 바탕을 둔 시민 지향성의 행동이 '마음의 습속'을[19] 이루지 못하는 한 시민사회는 껍질로 남아 끼리끼리 자기 잇속만 차리려는 약탈 사회로 변질되어 공공에 대한 관심의 약화와 도덕 행위로서의 정치

---

18) 우리 사회와 이어 이러한 줄기의 논의를 펴고 있는 박영신, "두 갈래의 윤리 지향성, 그 울을 넘어", 〈사회이론〉, 1998년 봄호; 또는 한국사회이론학회 (엮음), 《윤리와 우리 사회》(서울: 현상과 인식, 1998)를 볼 것. 새로운 관심을 불러일으키고 있는 '공동체' 문제에 대해서는 박영신, "공동체주의 사회과학의 새삼스런 목소리", 〈현상과 인식〉, 22권 1/2호(1998년 봄/여름)를 볼 것.

19) 'Habits of the Heart'이라는 말은 토크빌이 처음 썼지만 아래의 글 때문에 널리 쓰이게 되었다. Robert N. Bellah 외, *Habits of the Heart: Individualism and Commitment in American Life* (New York: Harper & Row, 1985)를 볼 것.

에 대한 무관심을 낳아 정치, 곧 공공성의 퇴행을 몰고 올 것이다.

두말할 필요도 없이 민주주의의 실행 과정에서 다수결은 불가피하고 여론은 중요하다. 그러나 이것이 저지를 수 있는 전횡과 횡포의 위험성을 내다볼 수 있는 안목이 갖춰져 있을 때 비로소 다수와 여론이 정당한 의미를 가질 수 있다. 아담 스미스가 밝혔듯이,[20] 겉으로 드러나는 여론과는 달리 사회의 선함을 추구하는 바탕으로서 그리고 덕스러움의 출처로서 "가슴 속의 인간" 곧 "불편부당한 관찰자"라는 양심과 정의로움이 삶 속에 내면화되어 있어야 한다. 좁은 집단의 이익에 눈이 어두워 그것을 넘어서는 높은 가치를 알아차리지 못하는 사람들이 모여 다수결을 말하고 이들이 만들어내는 여론이란 양심과 정의와는 무관하고 차라리 거기에 반하는 패거리의 우격다짐에 지나지 않는다.

이른바 시민사회라 하는 오늘의 우리 상황은 시민의 덕목을 갖지 못한 사이비 시민사회이다. 시민이라는 이름을 달고 여전한 친분 관계를 동원하며 살아가는 '시민 이전'의 사회인 것이다. 총선을 앞둔 상황은 이러한 사회의 증표이다. 자기 지역의 이익을 감싸고돌면서 같은 지역 사람들이 모여 특정 지역의 '한스러움'만을 돋아 보이게 하거나 심하게는 "우리가 남이가?"고 내뱉는가 하면, 자기 지역이 푸대접을 받는다며 "우리가 바지저고린가?"고 소리치면서 서로 뒤질세라 특정 지방의 색채를 띤 감정을 부추기고 있다. 지역의 좁은 이익과 가공된 위협을 내세우며 특정인의 권력을 굳히려는 모사꾼의 무기력한 하수인으로 이들 유권자(?)들이 이용당할 것이 뻔한 상황이다. 특수주의 지향의 좁다란 집단의식, 거기에 매여 이에 종노릇하고 있는 한 누구도 참다운 시민의 자격을 얻지 못한다. 이러한 비좁은 이익의 테두리 너머 그 위에 더욱 높은 가치를 두고 그 가치에 헌신할 때 '시민'은 마침내 그 어떤 술수

20) Adam Smith, *The Theory of Moral Sentiments* (Indianapolis: Liberty Classics, 1969)[1759]. 그리고 스미스의 사회 이론을 논하고 있는 윤원근·박영신, "동감의 사회학: 선한 사회의 조건에 대한 탐구", 〈현상과 인식〉, 23권 1/2호(1999년 봄/여름), 39-64쪽을 볼 것.

정치꾼의 노리갯감으로 이용당하지도 않을 것이며, 그 어떤 선동가의 도구로 동원되지도 않을 것이다. 이와 같은 시민의 자질, 그것이 권력자를 두렵게 하고 나아가 진실된 삶의 공동체를 만들 수 있는 '무서운' 시민의 힘이다.

IV. 시민성의 문화 가치

특정 친족과 지역을 중심으로 정착하여 서로 보살펴야 했던 때는 친족과 지역에 대한 충성은 존중되어야 할 중요한 가치일 수 있었다. 그러나 오늘의 상황은 다르다. 더 이상 이러한 삶의 테두리에 매여 살아갈 수는 없게 되었다. 여러 친족 집단들이 서로 다른 지역을 넘나들며 함께 어울리면서 서로 보살피고 돌봐야 하는 삶을 엮어가야 한다. 따라서 이러한 특정 집단과 지역에 대한 충성심을 초월하는 더욱 넓은 새로운 충성심을 필요로 하게 되었다. 그것이 지난날의 민족 공동체에 대한 충성심이었다. 오늘에 와서는 이것마저 의심을 받고 있다. 한 나라에 대한 좁은 충성심을 뛰어넘어 범세계 수준의 가치에 대한 헌신을 요청받기에 이르게 되었다. 특정 국가에 대한 충성만을 강조한다면 만국의 만국에 대한 투쟁으로 번지고 말 것이기 때문이다.[21]

만인의 만인에 대한 투쟁을 해결하기 위하여 국가 조직이 필요했던 것처럼 이렇게 열려 있는 범세계화 시대에서는 국가 사이의 쟁투를 해결하기 위하여 그것을 넘어서는 조직이 필요하게 되었다고도 할 수 있다. 그러나 겉으로 나타나는 강제 조직만으로 문제를 해결할 수는 없다. 그 조직의 존재 이유가 되는 도덕과 가치를 밑바탕에 다져 놓고 있어야 한다. 범세계화되고 있는 오늘날 '국제'니 '세계'니 하는 이름을 단 조직체만으로 참된 세계화가 되는 것이 아니다. 세계화란 경쟁을 벌이

21) 이에 관한 자세한 논의에 대해서는 박영신, 《우리 사회의 성찰적 인식》(서울: 현상과 인식, 1995), 9장을 볼 것.

는 국가와 국가들 사이의 싸움터가 아니라 국가의 칸막이를 허물고 모두가 세계 공동체의 구성원으로 참여하며 사는 '범세계 시민사회'여야 한다. 그러기 위해서는 이것을 뒷받침해 줄 수 있는 가치 수준에서의 힘이 있어야 한다. 지난날 지역 공동체를 떠받쳐주었던 지역 충성심처럼 그리고 국가 공동체를 지탱시켜 주었던 애국의 민족주의처럼, 범세계 시민사회라는 삶의 터전을 지탱시켜줄 수 있는 범세계 수준의 시민성이 밑바탕에 자리하고 있어야 한다. 다른 말로, 가치와 도덕 수준에서 범세계화를 떠받쳐주어야 하는 것이다.[22]

서구의 기독교는 이러한 가치를 자체의 믿음 체계 속에 담아 시민의 테두리를 넓힐 수 있었다. 보기를 들어, 고대 도시를 중심으로 도시들이 서로 반목하고 있던 것과는 달리 도시를 넘어서는 더욱 넓은 세계를 아우르는 가르침과 삶의 지향성을 담아내었던 것이다. 역사사회학의 기념비가 되는 퓌스텔 드 쿨랑주의 연구가 보여주듯이,[23] 혈통을 같이하는 가족 구성원들이 조상의 혼이 살아 있다고 믿으면서 제사를 지내며 함께 음식을 나누던 데서 '사회'가 생기고 이 제사 의례 때문에 한 집안에 속한 사람들과 속하지 않은 사람들이 구별되었다. 혈연에 터한 단결과 결속 의식이 생기고 재산과 지배의 형태도 생겨났다. 가족이 점차 씨족과 부족으로 합쳐지면서 도시라는 지역의 테두리가 생겨나 도시민이면 누구나 함께 제사지내고 예배할 수 있는 도시의 신전도 만들어졌다. 그리하여 도시마다 도시를 중심으로 하는 결속 의식이 생겼는가 하면, 뒤바꾸어 자기 도시에 대한 충성심도 부채질했던 것이다. 기독교는 이와 같은 공간 중심의 의식 세계를 허물어뜨렸다. 예배의 대상인 신에게 제사지내기 위하여 더 이상 특정 도시의 신전에 갈 필요가 없었다.

22) Yong-Shin Park, "A New Morality for the Global Community," Young Seek Chou & Jae Shik Sohn(엮음), *Tolerance, Restoration of Morality and Humanity* (Seoul: UNESCO HQs, 1996), 653-675쪽.

23) Numa D. Fustel de Coulanges, *The Ancient City* (Baltimore: Johns Hopkins University Press, 1980)[1864] 볼 것.

기독교의 신은 특정 도시의 경계 안에 갇혀 있지 않고 그 공간을 초월하는 존재이기 때문이었다. 이 신은 어디서나 만날 수 있는 존재였다. 기독교는 이제 어느 지역에 고착되어 있기를 거부하고 모든 향리성의 울타리 너머 '인류 전체'에 호소하였던 것이다.

이와 같이 기독교는 공간에 집착하는 지역성의 올가미로부터 인간을 자유케 하였다. 사회학자 베버가 신약성경의 '갈라디아서'를 따오면서 강조하고 있는바,[24] 유대인으로 태어났든 이방인으로 태어났든 할례받은 이든 받지 않은 이든 종이든 자유인이든 심지어 남자든 여자든 그리스도 안에서는 하나였다. 구원받은 자라면 어떠한 구별도 있을 수 없었다. 국적과 종교 그리고 신분과 성별의 구별 없이 신앙 공동체에서 가장 중시하는 성찬식에 이들 모두가 동등하게 참여하였다. 이 공동체는 특정 집단의 배타성에서 벗어나 있었다. 사회관계의 원초성이 내뿜는 특수주의보다 더욱 강렬한 초월의 가치를 가르치고 실행하여 넓고 깊은 삶을 펼칠 수 있는 자유의 새 지평을 열어두었던 것이다. 기독교의 믿음 체계는 온갖 집단이 가하는 좁은 의식 세계를 '초월'하여 참다운 자유로움을 누리기를 요구하고 그러한 초월의 능력을 선사하고 있다. 그러기에 구원받았다고 하면 모름지기 그러한 초월의 삶을 실천할 수 있어야 한다.[25]

이러한 믿음의 체계는 도시와 도시민의 성격 규정과 무관하지 않았다. 서양에서는 도시 안에 사는 도시민이라면 자율성을 행사하는 독립된 개인이었다. 이들은 도시의 종교 공동체가 베푸는 성찬식과 같은 의례에 동참할 수 있는 신앙고백의 공동체를 이루기도 하였다. 이 과정에서 친족(과 지역) 집단의 위력은 약화되었고 혈연과 종족의 결속을 강화시키는 종교 의례의 바탕도 허물어졌다. 이것이 서양의 도시를 성격

24) Max Weber, *The City* (London: Heinemann, 1958), 98쪽. 이와 관련하여 박영신, 《역사와 사회 변동》(서울: 한국사회학연구소/민영사, 1987), 특히 29쪽 아래를 볼 것.

25) 이러한 논지와 관련하여 박영신, "초월의 가치와 공동체의 삶", 〈神學思想〉, 1999년 가을호, 91-115쪽을 볼 것.

짓는 데 커다란 영향을 미쳤던 것이다.

동양의 도시는 이와 대조를 이루었다. 동양에서는 베버의 뜻에서 도시의 진정한 자치제가 발전되기 어려웠다. 유교 중심의 믿음 체계에서는 친족 조직을 떠받들고 있는 조상 숭배와 같은 친족 관계를 강화하는 종교 의례를 무엇보다 강조하여 왔다. 심지어 도시 안에 살고 있으면서도 이름만의 도시인일 뿐 삶의 의식은 자기가 낳은 고향과 자기 혈연의 본고장에 속하는 친족 의식을 지키고 사는 것이 당연하고 그것이 바람직한 것으로 여기며 사는 '친분 연관의 도시인' 일 따름이었다.[26] 고향이라는 공간과 직결되어 있는 친분의 끈에 터한 사회의 구조, 유교의 전통에서는 이것을 '값있는 것' 이라고 정당화하고 이를 강화하였다. 산업화되어 겉으로 보면 서양의 도시와 조금도 다를 바 없는 오늘의 동양 도시 안에 이러한 의식 세계가 근본에서는 손상되지 않고 그대로 지속되고 있으며, 그것이 삶의 방식을 규정하고 삶의 지향성을 뒷받침하고 있다.[27]

우리 사회가 이룩한 이 만큼의 경제 성장도 이와 같은 맥락에서 이해되어야 한다. 우리의 산업화 과정을 베버의 유명한 '프로테스탄트 윤리' 논지에서 보는 서구의 '합리적 자본주의' 에 빗대어, 베버의 논지 자체가 좁게는 우리 사회에 넓게는 동양 사회에 적용될 수 없는 일정한 한계를 지닌 듯이 보일 수도 있다. 그러나 그것은 수박 겉핥기식의 어설픈 시정의 주장에 지나지 않는다. 우리의 경제 성장은 우리 식의 문화 가치를 활용하고 동원하여 이루어 놓은 것일 뿐, 베버가 말하는 그러한 뜻에서의 '금욕스런', 바꿔 말해 서구에서 나타난 특유의 '합리스런' 자본주의와는 다른 것이다. 이러한 합리스런 사회 구조로 변형시킬

26) 이러한 줄기의 논의에 대해서는 박영신, 앞의 글(1987), 30-31쪽을 볼 것.

27) 나는 이러한 형상을 '가족주의' 또는 '유사 가족주의' 라 개념화하여 오늘의 우리 삶을 분석하고 있다. 여러 글이 있으나 박영신, "한국사회 발전론"(1983년 한국사회학회/현대사회연구소 공동 주최 가을철 학술대회 주제 발표문); 박영신, 앞의 글(1987), 7장; 그리고 앞의 글(1995년), 여러 글을 볼 것.

수 있는 문화 가치의 바탕 없이, 우리의 의미 세계 속에 들어 있는 친분 의식을 활용하고 동원하여 그 에너지로 급속히 산업화를 이룩하였던 것이다. 베버의 뜻으로 말하면, 우리의 자본주의는 금욕성과 합리성을 통하여 "친족의 사슬"을 부숴버린 다음 그 터 위에 세워진 것이 아니라 그 사슬 안에서 움터 나온 우리 특유의 자본주의인 셈이다.[28] 바로 이 사슬이 경제 행위의 영역뿐만 아니라 정치 영역을 포함하는 일상의 의식을 지배하여, 겉보기에는 도시에 사는 '시민' 같으나 실상은 '시민 아닌 시민'으로 살아가고 있는 것이다.[29]

오늘날 우리 사회는 이러한 친분 중심의 의식 세계 안에 갇혀 있다. '친족의 사슬' 안에 들어 있는 것이다. 서양으로부터 들어온 기독교마저 친족의 문화 가치를 치켜세우고 있는 유교의 전통에 함몰되어 그 친족의 '사슬'을 돌파하지 못하였다. 친족의 테두리를 벗어난 자유로운 시민으로 살아갈 수 있는 능력을 일관되게 표상해 오지 않았던 것이다. 우리 사회를 괴롭히고 있는 친분 중심성과 지역 감정, 그 의식의 고착성으로부터 기독교도 '자유롭지' 못하다는 말이다. 의례상 모든 사람이 성찬식에 참여하고 있지만 그 의례의 뜻을 내면화하여 실행할 만큼 깊은 수준에서 '기독교화'된 것은 아니다. 좁은 삶의 틀을 허물어버린 강력한 초월 가능성을 지닌 믿음의 체계가 특수한 친분과 지역의 관계를 중시하는 의식 세계 밑에 깔려버린 것이다.

겉으로 드러난 것과는 달리 우리나라의 '시민,' '시민사회,' 그리고 '시민운동'은 깊은 문화의 결핍증을 앓고 있다 할 수 있다. 시민된 삶과 그들이 엮어가야 하는 사회와 집합 운동은 이를 북돋우어 주는 힘을 필요로 한다. 떠벌리는 구호나 즐비한 간판으로는 부족하고 독재 정권의 퇴거라는 조건만으로도 부족하다. 시민사회는 아래에서 떠받쳐 줄

28) 위의 글(1995), 특히 1-2부를 볼 것.

29) 위에 적은 베버의 논지에 비추어 시민의 문제를 논하고 있는 Stephen Kalberg, *Cultural Foundations of Modern Citizenship*, Bryan S. Turner, *Citizenship and Social Theory* (London: Sage, 1993) 볼 것.

수 있는 문화의 에너지가 있어야 하고 자양분이 있어야 한다. 오늘날 시민이라는 이름으로 사회의 마당 위에 나타난 운동 세력이 여러 사회 세력에 뒤얽혀 시민의 보편적 삶의 수준으로 나아가지 못하고 지역성의 올가미라는 막다른 골목에 들고 있는 것은 이러한 문화의 결핍 때문이다. 시민이 나타나게 된 구조의 분화를 깊은 수준에서 뒷받침할 수 있는 새로운 '깊은' 문화의 바탕을 갖추고 있어야 하는 것이다.

V. 시민 종교의 요청

시민사회에서는 어느 누구도 시민을 향하여 특정 종교에 귀의하여 구원받기를 요구하지 않는다. 이미 우리 사회에는 어느 종교가 국가 종교의 자리에 올라 독점과 지배의 힘을 휘둘러대지도 않고 그럴 수도 없게 되어 있다. 극한 대립과 충돌 사건이 없었던 것은 아니지만 그러한 종교 갈등이 지속되어 올 겨를도 없이 종교는 서로 옆 자리하여 함께 살아왔던 것이다. 우리의 논의 맥락에서 던지는 물음은 종교의 공존이 곧 다원주의의 바탕으로서 시민사회의 충분한 조건이 될 수 있는 것인가 하는 것이다.

불행하게도 이들 종교는 각기 생존·확장해 가기 위하여 전략의 수준에서 공존의 모습을 띠고 있을 뿐, '시민'의 자격 덕목을 가르쳐 이것을 삶의 마당 한가운데서 힘을 다해 실천할 수 있도록 깊은 수준에서 방향을 지워 주고 있지는 않다. 짧게 말해 '시민사회'의 밑바탕으로서 이를 정당화하는 기능을 수행하거나 시민사회의 기둥 노릇을 하는 것은 아니다.

두 가지 사태를 들어 이러한 상황을 살펴볼 수 있다. 하나는 우리 사회의 모든 종교가 '시민사회 이전'의 친분 관계의 망을 강화하는 역을 맡고 있다는 점이다. 우리 사회 구성원들은 엇갈리는 이해관계의 상황에 부딪치게 되면 더욱 일반화된 수준에서 이를 풀어가기보다는 뒷걸

음질쳐 끈끈한 친족이나 지역의 망 속으로 들어가 그 안에서 '정서'의 평온과 만족을 얻고자 한다. 이러한 행동 지향성을 돌파해 갈 수 있는 능력을 마련해 주는 종교를 우리는 갖고 있지 않다. 초월의 영역에 감수성을 지키고자 하는 이른바 서양으로부터 들어온 종교조차도 우리 사회에 들어와서는 기존의 테두리를 벗어날 수 있는 초월의 능력을 잃고 우리 사회의 밑바탕을 이루고 있는 친분 중심의 가치 체계에 함몰되어 근본에서는 전통종교와 다를 바 없는 기능을 수행하고 있는 것이다.[30] 그만큼 종교와 종파와는 상관없이 모든 종교가 '시민 이전'의 특수주의 의식을 부추기며 우리의 삶을 다스리고 있다 할 수 있다.

다른 하나는 우리의 종교가 국가 정책에 동원되어 이를 강화하는 체제의 한 부분으로 기능하고 있다는 점이다. 지난 1960년대 군사 정권이 들어선 다음 경제 성장 정책을 폈을 때 모든 것을 경제 본위의 가치에 집중시키면서 인권과 자유와 같은 가치들은 부차의 자리로 밀어내었다.[31] 오래 전에 정치학자 앱터가 썼던 말로 표현하면, 모든 사회-심리의 에너지를 오직 국가 중심의 경제 성장으로 몰아붙이는 '정치 종교'의[32] 도가니 속에 들어 모든 종교가 국가 정책에 긴장을 불러일으키기보다는 이에 합세하여 힘을 실어 주는 예속의 기능을 수행하였던 것이다. 경제 성장은 국가의 목표이자 삶의 궁극 가치이며 의미로 여겨지게 되었던 것이다. 바꿔 말해, 전래의 종교 전통과 '정치 종교'가 아말감이 되어, 친분과 지역에 대한 충성심을 약화시켜 더욱 높은 차원의 삶의 논리를 자아내지 못하고 오히려 그것을 유지·강화시키고, 나아가 이를 자원으로 삼아 경제 성장의 가치 목표를 달성코자 한 동원 체제

30) 박영신, 앞의 글, 같은 곳.

31) 위의 글, 여러 곳을 볼 것.

32) David E. Apter, *Some Conceptual Approaches to the Study of Modernization* (Englewood Cliffs, New Jersey: Prentice-Hall, 1968), 193-232쪽; 그리고 David E. Apter, *The Politics of Modernization* (Chicago: University of Chicago Press, 1965), 8장에 들어 있는 'political religion'에 대한 논의를 볼 것.

의 순탄한 가동을 돕는 구실을 맡았다. 국가에 고분고분 시중드는 역을 맡아오면서 종교는 국가와 국가 정책의 테두리로부터 얼마만큼 자유로운 시민을 길러 내거나 그러한 시민의 활동 공간을 만들 수 있는 능력을 잃어버렸던 것이다.

이런 이유 때문에 급속한 경제 성장으로 빚어진 도시화와 산업화와 같은 사회 구조의 변동에도 불구하고 친분 관계와 지역 고착성과 같은 특수주의의 가치 지향성이 약화되지 않고 건재할 수 있었다. 사회 변동의 과정에서 일어날 수 있는 사회 해체와 긴장의 소용돌이에서 사회 구성원들은 전래의 종교가 손짓하고 있는 안정과 친밀성의 품안으로 순순히 들어가 안겼던 것이다.[33] 어떤 종교도 삶의 지평을 넓혀 파슨스의 표현대로 더욱 높은 수준에서 가치를 일반화시키려는 데로[34] 나아갈 수 있는 변형의 능력을 발휘하지 못하였다. 모든 종교는 정치 종교의 강풍에 합류하여 국가가 정의내리고 규정한 변동의 목표를 향하여 사회 구성원들을 효과 있게 동원하는 매우 강력한 동원의 수단이 되었을 뿐이다. 현존하는 것과 동일시할 수 없는 종교 자체의 '초월 능력'을 되살리지 못하여 종교는 마침내 우리 사회의 구조 자체도 질문하지 않았고 군림의 자리로 올라선 국가의 동원 체제에 대해서도 질문하지 않았던 것이다.

그렇다고 부르주아 계급이 역사의 임무를 다했던 것도 아니었다. 국가가 이끄는 경제 성장정책에서 자본 세력을 통제·회유하는 특유한 유착 관계를 유지하고 강화하는 것이 더없이 편리하였기 때문에, 자본 세력이 서구식의 부르주아 세력으로 탈바꿈하여 보편주의의 원칙을 다

33) 이 '경제주의'의 유산은 우리 사회에 깊이 뿌리내리고 있어 우리의 민주주의(또는 시민 민주주의)에 걸림돌이 되고 있다. 이러한 논지를 펴고 있는 박영신, "우리의 '현실 자본주의'와 민주주의의 허울", 〈사회이론〉, 1999년 가을호; 또는 한국사회이론학회(엮음), 《민주주의와 우리 사회》(서울: 현상과 인식, 1999), 5-31쪽을 볼 것.

34) 탈코트 파슨스 지음, 윤원근 옮김, 《현대 사회들의 체계》(서울: 새물결, 1999). 특히 6장을 볼 것. Talcott Parsons, *The System of Modern Societies* (Englewood Cliffs, New Jersey: Prentice-Hall, 1971)가 원문이다.

들어갈 수 있는 길을 터놓고자 하지 않았다. 자본의 축적 과정에서 한 번도 자체의 독자성을 키우고 지키고자 한 경험이 없고 그러한 문화의 가능성을 지니고 있지 못한 자본가 세력으로서는 국가와의 유착 관계 속에서 이익을 추구하는 것이 편리하기에 이러한 삶의 방식을 지키고자 하였을 뿐이다. 부르주아 세력으로서 봉건 제도에 맞서 보편주의를 지향하는 새로운 삶의 논리를 만들어 내었던 서구의 역사 경험과는[35] 다른 유착을 통하여 기존 체제의 질서에 '적응' 하면서 자본을 쌓는 데만 익숙하여[36] 어떤 새로운 삶의 방식을 내놓지 않았고 또한 그러한 능력도 없었다.

시민사회를 이야기의 마당으로 끌어올리게 된 오늘, 시민사회를 밑바탕에서 떠받치는 시민성을 문제시하는 깊은 논의는 아쉽게도 찾아보기 어렵다. 그만큼 지식 계급의 논의가 문제의 핵심에 다가서기보다는 겉으로 보이는 껍데기에 맴돌고 있었다 할 수 있다. 쉽게 표면으로 떠오르지 않는 문제를 찾아 이것과 세차게 씨름을 벌이기에는 서양에서 논의되어 온 시민사회의 논술 파고가 너무도 드세게 우리를 휘몰아쳤는지도 모른다. 그러나 그럴수록 지식의 사람들은 깊은 수준에서 시민과 시민사회의 문제에 파고들었어야 했다. 아주 좋게 보아 기껏 서구의 논술을 날렵하게 옮겨놓아 우리의 논의 마당에 자극을 주었다고 할 수는 있으나, 서구의 논의 틀에 우리의 역사 경험을 마름질하여 우리 자신의 깊은 문제를 놓치고 만 서투른 표피의 논의를 되풀이하여 왔던 것이다. 우리 사회의 역사 경험과 구조의 뿌리에까지 내려가 비교의 눈으로 바라보는 문화 사회학의 수준에는 미치지 못하고 말았다.

시민사회는 친분이나 지역에 뿌리를 내리고 있는 좁은 결속 관계의 테두리 안에서는 정당하게 존립할 수 없다. 이에서 벗어나 '시민 솔리더리티' 를 만들고 이를 밑에서 떠받칠 수 있는 도덕 바탕과 힘을 필요

35) 위의 글, 여러 곳을 볼 것.

36) 이와 이어 Carter J. Eckert, "The South Korean Bourgeoisie: A Class in Search of Hegemony," *Journal of Korean Studies*, 7권(1990)을 볼 것.

로 한다. 물론 사회 구성원들이 국가의 지배에 맞서 자유로운 활동 공간을 확보하기 위하여 집합 수준에서 여러 가지 운동을 벌일 수 있다. 그러나 이것조차도 공공의 마당에 참여하는 삶의 방식을 정당화시켜 줄 수 있는 깊은 문화의 바탕 위에, 그리고 시민 됨이라는 시민의 '자기 참모습'을 지니고 거기로부터 나오는 '자기 인식'과 '자기 이해' 위에 터하고 있어야 한다. 그렇지 않으면 시민사회는 순탄하지 않아 쉽게 주저앉게 된다. 사사로운 좁은 울타리 속으로 들어가고자 하는 '시민 이전'의 의식 세계와 그것을 표상하는 사회 세력과 맞부딪쳐 싸우는 데는 단순한 전략 이상의 깊은 문화의 힘을 얻고 있어야 한다. 편의와 편리에 따라 전략 차원에서 시민성이 비시민성과 연합·타협할 수 있기 때문이다. 깊은 뜻에서 시민사회는 다양한 이익 집단의 단순한 각축장이 아니다. 친분과 지역의 연줄 망에 뿌리내리고 있으면서도 오직 겉으로만 다원 사회에서 벌어지는 이익 집단 사이의 다툼인 듯한 모습을 보여주는 것은 더욱 아니다. 시민사회는 낮은 수준의 특수한 결속 관계를 넘어서서 더욱 높은 일반 수준에서 시민 모두를 담아내는 결속 관계이며 이에 대한 헌신의 에너지를 자아내는 그러한 솔리더리티이다.

그러므로 '깊은' 시민사회는 거기에 어울리면서 이것을 떠받쳐 주는 종교 위에서 비로소 가능한 것이다. 이 종교가 바로 '시민 종교'이다. '정치 종교'가 국가 영역에 붙어 있는 것이라면, 시민 종교는 시민 영역에 관련되어 있다. '시민 종교'라는 말은 물론 미국의 사회학자 벨라가 1967년에 발표한 한 논문에[37] 의하여 널리 쓰이게 되었다. 이 글에서 그는 최소한 루소로부터 시작하여 뒤르케임에 이르러 이론화된 사회학의 생각을 아주 새롭게 활용하여 시민사회의 종교 차원을 꿰뚫어 볼 수 있는 길을 열어주었던 것이다.[38]

---

37) Robert N. Bellah, "Civil Religion in America," *Daedalus*, 1967년 겨울호; 또는 *Beyond Belief* (New York: Harper & Row, 1970), 9장을 볼 것.

38) Edward A. Tiryakian, "Emile Durkheim," Tom Bottomore & Robert Nisbet (엮음), *A History of Sociological Analysis* (London: Heinemann, 1978). 특히 235쪽, 달음

시민 종교는 시민 개인이 사사롭게 가지고 있는 종교 신앙과는 다르다. 이 종교는 국가가 표상하는 궁극의 의미와 자체 인식의 내용에 관련되어 있다. 그러나 특정 정권의 동원 체제와 직결되어 그 정권의 권위를 정당화하는 '정치 종교'와는 달리 '시민 종교'는 국가가 행사하는 종교 차원의 역할과 무관하지 않으면서도 그것을 넘어설 수 있는 초월 가능성을 자체 속에 담고 있다. 초월성의 빛에 의하여 현존하는 정권의 정당성을 질문하고 이 정권이 독점 체제를 만들어 정책을 펴고 있을 때 이를 비판할 수 있는 가능성을 얼마만큼 지켜가고 있으며, 사회 내부의 다양한 인종 집단과 지역과 같은 친분성을 분쇄할 수 있는 가능성을 얼마만큼 가지고 있느냐에 따라 특정 사회의 시민 종교성과 정치 종교성의 정도를 재볼 수 있다. 이러한 점에서 시민 종교와 정치 종교는 한 사회의 정치 문화와 깊이 관련되어 있다고 할 수 있다.[39)]

시민사회의 건강은 시민들이 시민 종교를 가지고 있으며, 그 시민 종교는 그들에게 어떤 동기를 불러일으키고 있는가 하는 바로 이 물음에서 찾아야 한다. 비온 뒤에 솟는 대나무의 어린 순과도 같이 시민이라는 간판을 단 시민(?) 집단이 즐비하게 나타났다고 해서 그것이 곧 건강한 시민사회를 말하는 것은 아니다.[40)] 국가의 독점 지배 체제로부터 자유스러워야 하는 동시에 친분의 일차 집단이 요구하는 좁은 결속 관계로부터도 자유스러워야 한다. 그럴 때 비로소 이들 시민 집단은 시민사회의 필수불가결한 구성 세력이 될 수 있는 것이다. 시민이라는 이름으로 아무리 소리질러보아도 친분(과 지역)의 연결 고리를 돌파하지 못하고 거기로부터 나오는 정서 유대의 성벽을 허물어뜨리지 못한다면,

---

(143)을 볼 것.

39) 정치 종교와 시민 종교를 둘러싼 논의에 대해서는 Christopher G. A. Bryant, 앞의 글, 149쪽 아래를 볼 것.

40) 공공성을 강조하면서 우리나라의 시민 사회에 대하여 논하고 있는 이화수, "시민사회의 발전과 한국의 민주주의", 〈사회이론〉, 1999년 가을호; 또는 한국사회이론학회(엮음), 앞의 글, 특히 97쪽 아래를 볼 것.

그 사회는 그만큼 시민성의 본질로부터 떨어져 있고 시민사회로 발돋움하기가 어렵다는 것을 말해 준다 할 수 있다. 겨우 모습을 드러내고자 하는 시민이 좁은 결속 관계의 벽에 부딪쳐 어려움을 겪고 있고 시민운동이 몹시 힘겨운 싸움을 벌이고 있고, 겉에 드러난 것과는 달리 시민사회가 난무하는 이기성의 담벼락을 넘어서지 못하고 있는 것은 근본에서는 '시민 이전'의 삶의 논리를 돌파할 수 있는 시민 종교의 뒷받침이 없기 때문이다.

더구나 한 사회 속에 다양한 인종이 들어와 살아야 하고 그들이 정당한 인권을 보장받아야 하는 범세계화의 정황에서, 그리고 환경 문제와 같이 한 나라의 문제가 곧 다른 나라의 문제이기도 한 탈국가화 시대에서, 오늘날 이야기되고 있는 시민사회는 범세계 수준에서의 시민 됨을 요청받고 있다. 앞으로의 세계가 더욱 열려진 사회로 세계의 시민 모두가 서로 귀함을 확인하고 존중하면서 살 수 있으려면 시민 종교는 기존하는 일체의 테두리를 벗어날 수 있는 초월의 가능성을 놓치지 말아야 하며, 그러한 사회-심리의 바탕 위에 범세계의 시민 됨을 북돋을 수 있어야 한다.[41] 그렇지 않으면 모처럼 만들어진 시민사회는 범세계화의 도전 앞에서 존립의 기반을 잃고 국가라는 좁은 울타리 안에 감금되어 또 다른 '시민 이전'의 형체 속으로 퇴각하여 졸아들고 말 것이다.

VI. 맺음말

시민이니 또는 시민사회니 시민운동이니 하는 말을 흔하게 쓰고 있

---

41) Yong-Shin Park, 앞의 글, Michael Walzer (엮음), *Toward A Global Civil Society* (Oxford: Berghahn Books, 1995)에 들어 있는 여러 글. 특히 Michael Walzer, "The Concept of Civil Society"와 IV부의 여러 글; 그리고 Richard Falk, "The Making of A Global Citizenship," Bart van Sttenbergen(엮음), *The Condition of Citizenship* (London: Sage, 1994)을 볼 것.

는 오늘, 공격과 비판의 대상은 언제나 권력층이었다. 우리의 역사를 마음에 새길 때 그것은 당연하며 또 이해됨직하다. 넓은 뜻에서 시민과 시민사회는 국가 권력에 대한 시민 저항의 산물이다. 그러나 이것만으로는 깊은 뜻에서 시민사회를 지키지 못한다. 시민은 시민다운 바탕을 갖추고 있어야 하며 시민사회는 이러한 바탕을 갖춘 시민으로 짜여지고 움직여져야 한다. 시민은 권리의 주체인 동시에 관심과 보살핌의 폭을 더욱 넓혀야 하는 책임의 주체이기도[42] 한 것이다. 얕은 구조의 차원에서뿐만 아니라 깊은 가치와 도덕의 차원에서도 논의를 펼쳐야 하는 이유가 여기에 있다. 다른 말로, 시민사회의 논의는 시민 종교에 대한 논의로 뻗어나가야 한다.

그럼에도 불구하고 '시민 이야기'에는 가치와 도덕의 차원이 빠져 있다. '문화'의 문제를 주목해야 한다고 주장하는 이들도 '문화' 사회학의 깊은 문제에는 미치지 못하고 얕은 이야기거리에 매달려 있다. 시민을 둘러싼 논의는 그리하여 기껏해야 권력층을 향한 '전략'의 문제로 줄여져 거기에 빠져들고 있다. 문제의 뿌리로 파고들어가 깊은 문제를 두고 성찰의 논의를 펴지 않는 한 시민은 '시민 이전'의 결속 관계라는 좁은 울안에 갇혀 있는 '껍데기 시민'으로 남아 '깊은 시민'의[43] 격을 생각할 수 있는 수준으로는 나아가지 못할 것이며, 이와 같은 깊은 주제에 다가섬 없이 시정의 지식인을 흉내 내어 시민을 이야기하고 시민사회를 말하는 한 허공을 향한 공허한 목소리에서 그치고 말 것이다.

---

42) 박영신, "공동체주의 사회 과학의 새삼스런 목소리", 〈현상과 인식〉, 22권 1/2호(1998년 봄/여름)를 볼 것. 이른바 "새로운 사회 운동"과도 달리, 녹색 환경운동과 같이 단순히 권리의 문제에 초점을 맞추는 것이 아니라 자연과 생태계에 대한, 그리고 후손과 인류 전체에 대한 책임을 중시한다는 점에서 책임의 주제는 매우 중요하다. 이와 관련하여 Bart van Sttenbergen, "Towards A Global Ecological Citizen," Bart van Sttenbergen (엮음), 위의 글을 볼 것. 그리고 나의 글, "도전하는 '생태주의'와 가치 이론의 재구성", 〈현상과 인식〉, 25권 1/2호(2001년 봄/여름)를 볼 것.

43) 성찰의 차원을 강조하고 있는 Paul Barry Clarke, *Deep Citizenship* (London: Pluto, 1996)을 볼 것.

보기를 들어, 아무리 지역감정을 없애야 한다고 소리친다 하여도, 그리고 정부가 여론에 못 이겨 자원 배분의 균형을 다시 짜 맞추고자 하더라도 밑바탕의 깊은 문제인 가치와 도덕의 차원을 투입시키지 않는 한 모든 것은 끝없는 겉치레의 꼼수나 되풀이되는 눈가림으로 끝나고 말 것이다.

뜻있는 사람이라면 모름지기 시민의 자질과 시민사회의 조건에 대한 근원의 문제를 따져봐야 한다. 우리 사회를 갈기갈기 찢고 사회 자체를 비속하게 만들고 있는 '시민 이전'의 사회관계에 붙박여 있는 삶의 논리, 이로부터 벗어날 수 있게 깊은 수준에서 다그치는 동기와 에너지에 대한 인식과 함께 이를 실천으로 옮길 수 있는 참된 뜻에서의 '시민 됨'의 문제를 놓쳐서는 안 된다. 이 점에서 시민사회는 우리의 계획이요 이상이지 어느 계기의 부산물이지 않다. 요란한 '시민 이야기'에도 불구하고 이러한 줄기의 논의가 너무도 오랫동안 잊혀져 있었던 것이다.

이 글은 박영신, 한국인문사회과학회, 〈현상과 인식〉(제24권 1/2호 2000)에 실린 것이다.

4. 사회통합의 관점에서 통일 후 기독교의 역할

I. 들어가는 말

1980년대 말 사회주의권의 해체와 베를린 장벽의 붕괴 이후 한반도의 통일에 대한 관심이 그 어느 때보다 높아졌다. 독일의 통일은 세계에서 유일하게 남은 마지막 분단 민족인 우리 국민들에게 큰 자극이 되었고 독일의 통일을 거울삼아 우리도 하루 속히 통일을 이루어야 한다는 염원을 더욱 강하게 하였다. 그리하여 최근에는 독일의 통일 과정에서 나타난 문제점들을 분석하고 이를 토대로 하여 남북한 통일 정책 수립에 활용하고자 하는 연구들이 지속적으로 진행되고 있다. 그러나 통일에 대한 연구에서 사회 통합의 관점은 최근까지 크게 주목을 받지 못했으며 특히 통일을 종교와 관련해서 연구를 하는 것은 좁은 의미의 선교나 포교의 관점에서 종교계 안에서만 논의되는 주제로 치부되어 온 경향이 강하다. 여기에서는 좁은 의미의 종교 연구에 국한되지 않는 사회 통합이라는 넓은 지평에서 통일 후 기독교가 담당할 역할에 대하여 논의해 보고자 한다.

통일에 대한 연구는 여러 각도에서 접근할 수 있을 것이나 이제까지 통일에 대한 연구는 정권이 하나 됨을 의미하는 정치 차원의 통합, 화폐 및 산업 구조가 단일화되는 경제 차원의 통합에 집중되어 왔다. 특히 북한에 대한 경제 원조와 통일 비용을 계산하며 통일에 대한 경제 측면의 부담에 논의의 초점이 맞춰져 있으며 이러한 부담 때문에 통일의 시기를 될 수 있는 대로 늦춰야 한다는 주장이 나오기도 한다.[1] 그러나 이 글에서는 정치나 경제 차원에서의 통합도 중요하지만, 통일을 한다는 것은 결국 인간을 포함한 사회 차원의 통합을 궁극의 목표로 삼아야 한다고 본다. 단순히 외형상으로 하나의 체제를 갖는다고 해서 두 사회의 구성원들이 공통의 이념을 가진 한 사회의 구성원이 된다고 볼 수 없기 때문이다. 결국 통일은 그 자체가 목적이 아니라 인간 통합 또는 사회 통합을 위한 하나의 수단으로 보아야 할 것이다.[2] 그러나 이 글에서 말하는 사회 통합은 정치, 경제, 또는 문화와 구별되는 다른 하위 영역의 하나로서 사회 영역의 통합을 의미하는 것이 아니라 정치, 경제, 문화 분야의 바탕을 이루는 인간 측면의 통합을 의미한다는 점을 지적해 두고자 한다.

이 글에서는 이러한 인간 중심의 사회 통합의 관점에서 통일 후에 기독교가 담당할 역할에 대하여 논의하고자 하는 것이다. 여기서 통일 '이후'에 관심을 갖는 이유는 통일 '과정'이 통일 '이후'의 문제에 직결되어 있기 때문이다.[3] 다시 말해서 통일 후에 일어날 사회 통합의 차원을 고려하지 않고는 통일을 추진할 수 없다는 것이다. 최근에는 통일 후 사회 통합의 문제를 고려하여 '선 통일, 후 통합'이 아니라 '선 통합

---

1) 경제 위주의 통일 논의에 대하여 비판하는 글로, 박영신, "무엇이 우리를 이끌고 있는가?: 두 체제를 몰아가는 '통일'의 장단", 〈현상과 인식〉(2000, 가을호)을 볼 것.

2) 전성우, "사회 통합의 관점에서 본 독일 통일 3년", 〈통일문제 연구〉(1993년 12월호), 64.

3) 전상인, "통일과 남북한의 사회 통합", 〈통일문제 연구〉(1996년 4월호), 237.

후 통일'에 대한 주장이 나오고 있으나 사회 통합이라고 하는 것이 5년 또는 10년이라는 짧은 기간에 성취될 수 있는 것이 아니므로 통일 후 사회 통합의 문제에 대해서는 장기간의 안목으로 대비해야 하는 것이다.[4] 특히 독일의 경우, 그렇게 오랜 시간 동안 사회 통합의 측면을 염두에 두고 통일을 준비해 왔음에도 불구하고, 역설적으로 현재 사회 통합 문제가 가장 심각하게 드러나고 있는 것을 보았을 때 사회 통합의 중요성은 아무리 강조해도 지나치지 않을 것이다.

이러한 관점에서 통일 이후에 일어날 수 있는 두 사회 사이의 불일치의 문제에 대하여 기독교가 어떠한 역할을 할 수 있을지에 대하여 논의함으로써 통일 과정에 대한 시사점을 얻을 수 있을 것으로 본다. 사회 통합에 대하여 종교에 주목하는 것은 통일 이후에 인간을 통하여 이루어지는 단일 문화 형성에 다른 어느 영역보다도 종교가 큰 몫을 담당해야 하기 때문이며 이것이 고전으로부터 많은 사회학자들이 종교의 사회 통합 기능에 주목한 이유이기도 하다. 기독교는 한국의 종교 중에서 통일 관련 분야에서 가장 활발한 활동을 펼쳐왔기 때문에 기독교계의 통일 활동을 집중 조명해 보고자 한다. 이 글에서는 먼저 사회 통합의 관점에서 보는 통일의 개념과 종교의 사회 통합 기능을 살펴보고, 최근에 벌어진 기독교계의 통일 관련 활동들을 검토함으로써 통일 후 기독교의 역할에 대해 논의해 보고자 한다.

II. 사회 통합의 관점에서 보는 통일

여기서는 먼저 통일 후 사회 통합의 측면에서 심각한 문제를 안고 있는 독일의 경험에 대한 기존 연구들을 살펴봄으로써 통일에서 사회 통합이 갖는 중요성에 대하여 논의하고자 한다. 주지하다시피 독일은

---

4) 사회 통합의 기간은 적어도 10-15년 이상이 필요하다는 것이 전문가들의 견해이다.

통일 이후 그 후유증이 만만치 않게 대두되어 왔으며, 그 가운데서도 특히 사회 통합 측면에서 가장 큰 어려움을 겪고 있는 것으로 알려지고 있다. 흔히 '한 국가, 두 사회'라고 표현되는 현재 독일의 상황은 경제 차원의 열악성에 기인하는 것이라기보다는 구동독인들의 자괴감이라는 사회심리 차원에 그 뿌리가 있다는 점에서 정치, 경제, 법 등의 영역에서 진행되는 제도적 체제통합의 한계를 여실히 드러내고 있는 것이다.[5] 통일된 상황에서 동독인들에게는 이전까지 가지고 있던 가치 체계가 더 이상 소용이 없게 되었고, 여론에서 존경과 인정을 받던 사람들이 별안간 아무것도 아닌 존재가 되었다. 어린 아이들의 경우에는 그것에 더 민감하다. 그 부모가 당이나 정부에서 높은 위치를 차지하고 있었다면 아이들은 자주 심한 압박감을 받기도 한다.[6]

동서독을 가로막고 있던 베를린 장벽은 쉽게 무너졌지만 2백만 명이 넘는 실업자와 지역 차별, 불신감 등의 많은 문제들이 아직 해결되지 않았고, 두 독일 국민 사이의 의식 통합 및 정신문화의 이질성 해소라는 사회 통합의 측면에서 큰 진통을 겪고 있다. 최근의 조사에 의하면 동독인의 50% 이상, 서독인의 40% 이상이 통일 이후 서로에 대해 더 생소해졌다는 답을 했다. 동서독 국민의 행위 성향이 서로 다를 뿐만 아니라 서로에 대해 존경심이나 기대도 거의 갖고 있지 않다. 서로에 대해 가지는 호의의 정도는 통일 초기에 비할 때 반 이상 감소했다. 서독인은 근면성, 합리성, 계획성 등 16개 문항을 담은 동서독인 비교 설문 조사에서 13개항에서 동독인보다 자신들이 우월하다고 느끼며 통일 초기보다 동독인들을 훨씬 더 비판적으로 본다. 그에 반해 동독인들은 훨씬 더 긍정적인 자의식을 가지고 있으나 85% 이상이 '이등 국민'이라고 느끼고 있다.[7]

---

5) 전성우, "동서독 통일과정의 사회학적 함의", 〈경제와 사회〉(1995년 여름호).

6) 요하네스 아킬레스, "교회의 시각에서 본 통일 이후 후유증", 권오성 엮고 옮김, 《독일 통일과 교회의 노력》(서울: 고려글방, 1995), 96.

7) 전성우, 앞의 글(1993), 69.

이것은 역설적으로 다수의 동독인들이 과거 분단 시대에는 수용을 거부했던 '동독의 정체성'을 오히려 통일 후에 굳혀가고 있는 과정으로 이해된다. 물론 그 정체성은 '사회주의 국가로서의 동독'의 정체성과는 질적으로 다른 것이다. 그것은 동독 지역이 서독의 다른 주들과 대등한 자격을 갖는 다섯 개의 새로운 주로서 서독에 가입한 것이 아니라 하나의 식민지로서 서독에 병합된 것이라는 의식, 자기들이 서독인들과 같은 민족이 아니라는 의식, 곧 일등 국민인 서독인들과는 다른 '이등 국민'으로서의 동독인이라는 자기 정체성이다. 그리고 서독인들이 이끌어가는 그 식민화 과정이 그들에게는 오래 전에 잊혀졌던 심각한 문제점들을 다시 불러오기도 하는 것이기 때문에, 다수의 '이등 국민'들 사이에서는 이제는 현실적으로 되돌아갈 길이 없게 되어 버린 동독에의 향수가 생겨나기도 한다.[8)]

동독인들은 통일 후 지난 3년간 자신들의 사회적 지위의 엄청난 변화를 경험해 왔다. 이 경험에서는 매우 다양한 방식으로 이득과 손실, 사회 지위의 상승과 하락이 서로 엉켜 있다. 1980년 이래 동독 국민의 3분의 1 이상이 일자리를 바꾸었고, 30% 정도는 사회 지위의 상승을 또 35%는 사회 지위의 하락을 경험했다고 주장한다. 이것은 동독인들의 경우 지금까지의 모든 행위의 준거틀 및 확실성 등이 더 이상 유효하지 않거나 또는 의문시되고 있다는 것을 의미한다. 그렇다고 이들에게 추천되는 서독인들의 행위 양식들은 그대로 바로 실천될 수도 없을 뿐만 아니라 동독인들에 의해 많은 경우 적절하지 못한 행위 양식들로 간주되기도 한다. 그래서 갑작스러운 체제 전환은 동독인들에게 일종의 '문화 혁명'을 요구하고 있는 것이다.[9)] 그래서 동독인들에게는 새로운 상황에 얼마나 빨리 적응하느냐가 관건이 된다. 동독인들은 통일이라는 새로운 상황에 재빠르게 적응한 사람들을 '개미잡이들'(기회주의자들)

8) 박노영, "사회 통합으로서의 독일 통일",《충남대학교 사회과학연구소 논문집》(1995), 95.

9) 위의 글, 70.

이라고 부르면서 확고부동한 사회주의자에서 하룻 밤 사이에 확고부동한 민주주의자로 재빠르게 동화하는 사람들에 대해서 분노를 나타내기도 한다.[10)]

이러한 현상은 통일이 어느 한 시점에서 이루어지는 것이 아니라, 제한된 수용과 점진적인 절충으로 전개되는 하나의 과정임을 보여 주는 것이다. 남북한의 통일도 정치나 군사 측면의 일회성 사건이나 분단 이전의 단일 민족 상태의 원상 복귀 차원을 넘어서서, 상대방 체제를 인정하고 존중하는 바탕 위에서 두 독립 사회가 하나의 민족 사회로 결합해 가는 사회 통합의 과정으로 인식하고 그에 따른 통일 방법을 모색해야 할 필요가 있다.[11)] 남북한의 서로 다른 정치 체제와 경제 제도는 사회 성원의 행동 양식과 행동 규범, 사고 방식, 역사 해석, 삶의 가치, 일상생활에 이르기까지 광범위하게 이질성을 확산시켰다. 이렇게 서로 다른 사회·문화적 특성은 통일 과정뿐만 아니라 통일 후에도 겪게 될 가장 큰 장애 요인인 것이다.

이것은 사회 통합의 문제가 정치 통합이나 경제 통합의 부수적 문제가 아니라는 것을 뜻한다. 다시 말해 제도의 통합이 자동으로 인간 통합을 보장하는 것이 아닐 뿐만 아니라 오히려 통일 과정에서 가장 어려운 점은 정치 통합이나 경제 통합이 아닌 바로 사회 통합이라는 사실이다. 따라서 사회 통합의 문제를 별도의 독립된 목표로 설정하는 것이 반드시 필요하다. 최근 우리 사회의 통일 논의에서 사회 통합의 문제가 제기되고 있는 것은 분명히 반가운 일이지만, 아직도 사회 통합의 문제를 제도 통합의 하위 영역에 위치시키는 학계의 관행이 바람직하지 않다는 지적을 의미 있게 받아들여야 할 것이다.[12)] 제도의 이식은 그 제도 안에서 살아 움직이고 활동하는 인간에 대한 고려 없이는 성공할

---

10) 요하네스 아킬레스, 앞의 글, 97.

11) 김영한, "남북 사회 통합 문제", 기독교학문연구회 엮음, 《민족통일과 한국기독교》(서울: 한국기독학생회출판부, 1994), 218.

12) 전상인, 앞의 글, 238-239.

수 없다. 그러나 이것은 남한 측 일방의 노력으로 될 일도 아니다. 북한 주민들의 능동적인 개혁 역량을 최대한 활성화하지 않고서는 통합이 불가능할 뿐만 아니라 통일 자체가 무의미해질 수 있다. 이러한 측면에서 볼 때 남북한의 통일 문제는 무엇보다도 사회 통합의 관점에서 폭넓게 논의가 이루어지고 준비되어야 하는 것이다.

Ⅲ. 종교와 사회 통합

사회 통합이라는 개념은 크게 두 가지 의미를 갖고 있다. 첫째, 사회 제도의 통합으로 서로 다른 두 사회가 하나로 합쳐지는 것을 의미한다. 둘째는, 정치나 경제 제도의 통합, 곧 체제 통합과 구분되는 개념으로 의식 통합 또는 인간 통합의 측면이다.[13] 여기서 제도 수준에서의 사회 통합은 사회 체계의 구성 요소들이 전체 체계를 지나치게 위협하지 않고 서로 공존하고 균형을 유지하면서 외부의 환경에 대해서도 체계의 독특성을 보유해 나가는 상태를 말한다. 한편 개인 수준에서의 사회 통합은 제도 수준에서의 역할 기대가 개인의 가치 지향 유형으로 내면화되는 것을 의미한다.[14] 개인 의식 수준에서의 사회 통합 과정 분석에서는 제도나 체제 통합에 대해 인간들이 어떻게 구체적으로 행동과 의식의 차원에서 대응하며 이 체제와 제도를 수용 또는 거부하는가 하는 문제가 중심을 이룬다. 따라서 집단의 결속, 집단의 자의식, 사회관계가 사회 통합을 측정하는 중요한 변수가 된다.

사회를 통합의 관점에서 분석하는 것은 사회학의 고전이론가 가운데 한 사람이자 종교사회학의 창시자라 할 수 있는 뒤르케임(Emile Durkheim)의 전통에 바탕을 두고 있다. 뒤르케임은 사회의 분업을 논의하는 과정에서 사회의 통합 문제를 제기한다. 그는 사회의 분업 정도

13) 전성우, 앞의 글(1993), 63.

14) Talcott Parsons, *The Social System* (New York: The Free Press, 1964).

의 크고 적음에 따라 사회 결속의 성격과 유형이 두 가지로 나눠진다고 보았다. 분화의 정도가 낮은 "기계적 결속 관계"에서는 사회 구성원이 공통으로 가지고 있는 신념과 감정의 총체로서 "집합적 가치 의식"(the conscience collective)이 규범으로 작용했다. 그러나 분화가 증대되어 나타나는 "유기적 결속 관계"에서는 사회 구성원들 사이에 공통성이 약화되고 특수하고 전문화된 역할을 수행하는 이질적인 인간관계를 형성하게 된다.[15] 짜임새의 성격이 바뀐 현대사회에서는 이전에 사회 구성원들을 통합시켰던 집합적 가치 의식은 더 이상 그 기능을 수행하지 못하게 되므로 현대 사회에 맞는 새로운 공동의 신앙이나 집합적 가치 의식이 필요한 것이다.[16]

이러한 뒤르케임의 생각은 후대의 많은 종교사회학자들에게 영향을 미쳐 사회를 통합의 관점에서 분석하고 사회 통합에서 종교의 역할을 중요하게 보게 되었다. 뒤르케임이 말하는 집합적 가치 의식이 결국 넓은 의미의 종교를 의미하기 때문이다. 종교를 기독교, 불교, 유교, 힌두교와 같은 역사 종교로 제한하여, 이러한 종교가 비종교적 개념이나 다른 사회 영역들과 맺는 관계에 관심을 가졌던 베버(Max Weber)와 달리,[17] 종교에 대하여 기능적인 관점을 가지고 있었던 뒤르케임은 종교 신앙의 중요한 특징은 모든 사물을 성과 속으로 나누는 것이라고 보고,

---

15) Emile Durkheim, *The Division of Labor in Society* (Glencoe, Ill.: Free Press, 1947), 79-82.

16) 박영신, "현대 사회의 구조적 특성과 도덕적 위기: 에밀 뒤르껭의 현대 사회 인식", 《현대 사회의 구조와 이론》(서울: 일지사, 1978), 235.

17) 뒤르케임만큼은 아니지만 베버도 종교와 사회 통합의 관계에 대하여 밝힌 바가 있다. 베버는 인간이 모든 사회 안에서, 그리고 모든 실제적인 상황 안에서 기대와 실제적 사건 사이의 부조화에 대하여 이해할 필요가 있음을 상기시켰다. 다시 말해서 인간들은 인간의 운명, 도덕성과 훈련의 필요성, 그리고 부정의, 고통, 죽음 등과 같은 악한 세력들에 관계된 물음에 대한 대답을 필요로 하고 있다. 베버는 이런 식으로 종교 관념들은 목표의 형성, 수단을 규제하는 규칙, 그리고 선택과 결단에 영향을 미치는 일반적인 가치 구조에 영향을 준다고 말한다. 이에 대하여는 Talcott Parsons, *Essays in Sociological Theory* (New York: Free Press, 1964), 208-209을 볼 것.

종교를 "성스러운 사물들, 즉 구분되고 금지된 사물들과 관련된 믿음들과 의례들이 결합된 체계"라고 규정한다. 그리고 "이러한 믿음들과 의례들은 교회라고 불리는 단일한 도덕적 공동체 안으로 그것을 신봉하는 모든 사람들을 통합시킨다"고 말한다.[18]

사회가 개인들을 통합하기 위해서는 개인에게 속박, 희생, 부자유 등을 요구하는 어떤 영향력을 행사할 수 있어야만 한다. 이러한 영향력은 물리적 지배권에 의존하기보다는 도덕적 권위와 연관되는 것이다. 종교적 권위는 사회로 하여금 그 구성원에 대하여 도덕적인 권위를 갖게 한다. 곧 대상의 속성에 의한 집단적 표현은 표현 대상의 속성을 고양시켜서 그 대상이 성스럽고 강력한 것으로 여겨지도록 만들며 그렇게 부여된 능력이 실제적인 것처럼 작용하게 한다. 결국 종교는 사회에 대한 숭배를 가능하게 하며, 사회를 고양시켜 도덕적 권위를 가지게 하고 사회가 존경의 대상이 되게 한다. 그 결과 개인이 자발적으로 사회에 복종함으로써 사회 통합이 가능케 되는 것이다.[19]

이와 같이 뒤르케임은 개인의 다양한 종교 체험에 관심을 두기보다 종교 의례에 참여함으로써 나타나는 집합 행위와 공동의 결속에 관심을 가졌다. 곧 종교 교리보다는 종교 의식과 집합 행동에 대하여 강조하고, 종교가 인간을 사회에 밀접하게 결속시키고 그로 하여금 실재와 올바른 사회관계를 이해하고 공통된 개념에 기초하여 다른 사람들과 의사소통하며 인간이 절대적이며 의무적으로 깨달을 수 있도록 이념과 사회관계를 구체화하고 규제하는 기능을 한다고 보았다. 이렇게 종교가 사회 구성원들에게 공통된 가치들과 도덕적 의무감을 마련해 줌으로써 사회에 일체감과 결속력을 제공하여 사회 통합에 크게 기여한다고 보는 것이다. 요컨대 종교는 한 사회를 결속시키는 가치와 이상 그리고 희망에 대한 상징적인 찬양과 완성이라고 주장하면서 뒤르케임은 종교

18) 에밀 뒤르케임 지음, 노치준·민혜숙 옮김, 《종교 생활의 원초적 형태》(서울: 민영사, 1992), 81.

19) 위의 글, 294-307.

의 통합적인 기능을 강조했던 것이다.

이런 점에서 뒤르케임은 전통종교의 쇠퇴로 종교가 그 권위를 상실한 현대 사회에서 시민 도덕심으로 사람들을 사회에 통합시키려고 노력한 학자로 이해된다. 여기에서 사회는 이중의 의미를 담고 있다는 사실을 이해하는 것이 중요하다. 하나는 흔히 사회학에서 분석의 대상으로 삼는 사회 집단과 같은 현실 사회이고 다른 하나는 인간의 이상과 신념이 구현된 어떤 것, 도덕과 인성과 인간다운 삶의 근원이 되는 추상 수준의 사회를 의미한다. 따라서 뒤르케임에게 사회 통합은 부정적 시각에서 흔히 이야기되는 지배 계층의 이익을 위한 통제와 질서를 의미하는 것이 아니라 사회가 인간 이상의 원천이 되기 위한 통합으로 이해해야 할 것이다.[20)]

이러한 뒤르케임의 사회 통합 관점의 전통은 후대의 사회학자들을 거쳐서 더욱 발전된다. 현대 사회에서 종교가 더 이상 공공 수준에서 관심사가 되지 못하며, 개인들의 사사로운 관심사에 의존하지 않을 수 없게 되었다는 입장에서 종교를 연구하는 일련의 학자들과는 달리, 뒤르케임의 사상을 따르는 학자들은 현대 사회에서도 종교는 여전히 사회 문화 수준에서 영향력을 행사하고 있다는 점을 중시한다. 그릴리(A. Greeley), 기어츠(C. Geertz), 파슨스 등의 입장이 여기에 속한다고 할 수 있는데, 이들 가운데 사회 통합의 관점에서 구조기능론을 정립한 파슨스는 사회 체계의 통합을 위한 수단의 하나로 종교 신앙 체계의 인지적이고 평가적인 기능을 강조한다. 그는 종교 이념들은 철학의 측면에서 '의미'의 문제를 포함하며 사회 체계의 통합이란 관점에서 보면 종교 신앙은 행동에 대한 의미들을 부여하면서 인지적 지향 체계의 통합을 위한 중심점이 된다고 말한다.[21)]

뒤르케임과 베버의 종교사회학을 독특한 방식으로 종합하면서, 특히

---

20) 노치준, "뒤르케임과 베버의 종교사회학", 〈사회학연구〉, 5권(1988), 127.

21) Talcott Parsons, 앞의 글, 367-368.

뒤르케임의 도덕성 개념, 집단 표상, 상징적 의미 개념 등의 영향을 깊게 받은 벨라(R. Bellah)는 종교의 의미를 해석하는 데에서 도덕적이고 철학적인 관점과 사회과학적인 방법을 종합하려고 시도한다. 사회에 대한 벨라의 이론은 사회의 기능적 구성 요소 가운데서 생겨나는 관계에 대한 강조에 근거하고 있다. 그 이유는 문화 상징들이 그 자체와는 동떨어져 객관적으로 분리되어 있다고 보는 이른바 객관성의 오류를 극복해 보려고 했기 때문이다.[22] 벨라에 의하면 종교는 두 가지 주요 문제들과 관련된 행위 체계에서 생겨난다. 하나의 문제는 정체성으로서 그것은 특히 긴장과 갈등의 상황에서 필요하다. 왜냐하면 어떻게 그 현상체계 자체가 유지되어야 하며, 어떻게 손상된 현상 체계가 고쳐져야 하는가에 대한 지침들의 가장 일반적인 내용을 종교가 마련해 줄 수 있기 때문이다. 또 하나의 문제는 무의식적인 동기로 이것은 인간의 무의식 속에 있는 불안, 소망 그리고 두려움의 깊은 감정들과 관련된 것이다. 다시 말해서 행위 체계에서 종교의 역할은 인지적으로 그리고 동기적으로 의미 있는 정체 개념 또는 일단의 정체 상징들을 마련해 주는 것이다.[23] 그렇게 함으로써 종교는 우선적으로 사회 문화적 구조의 통합에 공헌한다고 벨라는 보고 있다.

현대 사회에서 종교가 갖는 의미에 대하여 말할 때 종교는 결국 쇠퇴하게 될 것이라는 주장이 있다. 이것은 과학이 발달함에 따라 세계에 대한 질서를 이해하게 해주는 종교의 사색적 기능이 과학에 그 자리를 내주게 되기 때문이다. 그러나 삶의 궁극적인 의미를 제공하고 신앙 공동체를 형성함으로써 개인의 정체성과 사회에의 결속을 확보하는 하나의 의미 체계로서 종교의 통합적 기능은 결코 과학이 대신할 수 없고 과학의 발전과 상관없이 종교는 사회와 함께 영원히 존재할 것이다.[24] 특히 우리 사회가 앞으로 직면하게 될 통일이라는 새로운 상황은 기존

22) Robert N. Bellah, *Beyond Belief* (New York: Harper & Row, 1970), 202.

23) 위의 글, 265.

24) 에밀 뒤르케임, 앞의 글, 590-592.

의 가치관과 세계관이 흔들리고 정체성의 위기를 맞을 수 있는 격변의 상황이므로 통합의 기능을 담당할 종교의 역할에 더욱 주목하게 되는 것이다. 다음에서는 기독교를 중심으로 통일 후에 사회 통합을 위하여 어떠한 종교적인 노력을 강구해야 할지에 대하여 논의하도록 하겠다.

IV. 통일 후 사회 통합을 위한 기독교의 역할

통일은 두 사회의 통합이지만 사회 구성원들에게는 전혀 새로운 사회 환경에서 살아야 하는 새로운 삶의 시작을 의미한다. 이렇게 새로운 사회 환경에서는 새 사회를 지탱해 줄 수 있는 새로운 규범 또는 가치체계가 필요하다. 오랫동안 동일한 환경에서 살았던 사람들이 두 체제가 통합된 사회에 살게 될 때에는 이전에 삶을 지탱해 주던 규범들이 지속적으로 의미 있는 역할을 하기 어렵기 때문이다. 이것은 일찍이 뒤르케임이 서구 근대화 과정에서 목격했던 서구 사회의 아노미(무규범) 상태와 같은 것이다. 뒤르케임이 사회 구조가 변한 현대 상황의 문제를, 옛 가치와 규범과 제도를 몰아내면서도 그 자리에 새 가치와 규범과 제도를 채 들여다 놓지 못한 도덕적 진공 상태가 낳는 도덕 차원의 문제로 본 것 같이,[25] 통일된 이후에 우리 사회는 새로운 가치와 규범과 제도가 자리 잡지 못한 상태에서 심각한 도덕적 위기 상황을 맞을 수 있다는 것이다.

앞에서 논의한 대로, 이러한 상황에서 새로운 가치와 규범을 제시함으로써 사회 통합에 기여하는 것이 종교의 중요한 역할이다. 통일 이후 한국사회에서 종교의 통합 기능에 대해 논의하면서 여러 종교 중에서 기독교에 주목하는 이유는 교회가 지니고 있는 공동체성에서 찾을 수 있다. 1970년대 개신교회가 성장한 배경에는 고향을 떠나온 실향민들

---

25) Emile Durkheim, *Suicide* (Glencoe, Ill.: Free Press, 1951), 369.

을 품에 안았던 교회의 공동체성이 있었다. 그들은 고향을 떠나오면서 도시에서 겪게 된 상황 정의와 자아 정체성의 혼란 속에서 교회라는 공동체를 통하여 준거 집단을 얻게 되고 그 소속으로 말미암아 새롭게 요구되는 가치관과 행동의 준거들을 얻게 된 것이다. 동시에 이러한 공동체는 고향과 가족을 떠난 사람들에게 대체 가족으로서의 역할을 감당하며 정서적 안정까지 주게 되었다. 통일이라고 하는 것은 남과 북, 양 사회의 깨짐을 의미한다. 이것은 그 사회에 속한 사람들에게 급격한 삶의 변화와 새로운 해석과 준거의 틀을 요구하게 될 것이다. 이러한 의미에서 사람들에게는 재사회화의 과정이 필요하게 되는 것인데 여기서 재사회화는 새로운 준거 집단의 소속을 통하여 손쉽게 이루어지도 한다. 바로 이런 의미에서 교회는 공동체의 제공을 통하여 재사회화의 과정을 돕는 역할을 감당할 수 있을 것이다.

통일을 먼저 경험한 독일에서 기독교회는 동·서독 지역에 보편적으로 자리한 거의 유일한 종교 기관이었다. 물론 기독교가 그 사회에서 중요한 정신적 가치였고 동시에 국민들의 지지를 얻는 종교라는 것도 중요한 이유이다. 그렇지만 더 우리의 주목을 끄는 것은 교회라는 종교 조직이 행하였던 여러 가지 역할들이 있었기 때문이다. 독일의 교회는 동·서독이 분단된 이후에도 1969년까지 동·서독 간에 통일된 교회 조직을 유지하고 있었다. 이러한 경험은 비록 이후에 교회의 분단까지 겪기는 했지만 서로를 이해하는 데에서 중요한 토대가 되었다. 특히 사회주의권인 동독 지역에서도 교회는 국민들의 종교성에 뿌리 깊게 자리하고 있었고 동독 정부 역시 교회를 서방 사회와 대화할 수 있는 창구로 이용하였기 때문에 교회가 소멸되지 않고 그 위치를 유지할 수 있었다. 동독 교회는 교인들과 여러 그룹들, 개 교회 및 교회 지도자들이 많은 사람들과 연대하여 저항을 표현하는 방식을 제시함으로써 사회를 대표하는 행동을 했다. 교회의 전통, 교회 장소, 예배 형식, 교회 동역자들, 교회 안에서 훈련을 쌓은 민주적인 능력을 동원하여 비폭력과 사회 정의 또 인권과 권력에 대한 성숙한 참여라는 목표를 실현하는 데 교회가 사회의 대표로서 역할을 한 것이다. 교회가 이렇게 대표 역할을 할 수 있었던 이유는 여러 사람들이 교회에 신뢰를 보냈고, 교회가 정치적으로 정권에 순응하지 않았으며, 사람들이 교회는 권리와 인도주의, 해방의 문제를 다룰 자격이 있다고 믿었기 때문으로 분석된다.[26] 그리고 공산정권이 무너진 이후 폭넓게 자리하고 있었던 공산당 조직에 자유로울 수 있었던 유일한 조직으로서의 교회는 '통일 후'의 시기에 동독 지역에서 여러 종류의 NGO를 구성하여 국민적인 지지를 얻어낸 것이다. 이와 같이 독일에서는 통일과 그 이후의 과정에서 교회가 중요한 역할들을 감당하고 국민들의 의지를 통합해 내는 역할을 수행하였기에 사회적 공신력을 가지고 있었다고 평가할 수 있다.

이러한 독일 교회의 경험은 한국 기독교에 대하여 많은 시사점을 준다. 그러나 이러한 독일의 경험이 곧 우리의 미래가 될 것이라고 속단하는 것은 위험하다. 똑같은 통일의 문제를 안고 있다고 하더라도 그 사회가 걸어온 역사와 사회 구성원들의 이념과 사회의식 등 문화적 자원은 큰 차이를 가지고 있기 때문이다. 지금까지 동·서독은 통일이 되기까지 길게는 분단 이후부터 인적·물적 교류가 있어왔고, 통일 전 최근 20년간은 서독이 통일에 대비하여 동독에 많은 투자를 했다. 그러나 우리나라는 한 때 국민이나 민간이 '통일'이라는 말을 제대로 낼 수 없었던 때가 있었고 통일에 관한 모든 것을 정부가 통제하였고, 정부는 북한의 폐쇄성과 도발 때문에 남북한의 긴장을 풀지 못했었다. 게다가 북한의 교회 상황과 동독의 교회 상황 또한 분명히 다르다. 앞에서 살펴본 대로 분단 이후에도 동독의 교회들은 양적으로나 질적으로나 교회로서의 모든 기능을 다하고 있었다. 그리고 격변의 시기에 동독 교회는 국가에 대한 하나의 비판 세력이 됨으로써 민주화를 위한 민중의 후견인으로서의 역할까지도 수행했던 것이다.[27]

---

26) 루츠 모티카트, "독일 통일 과정에서 교회의 기여", 권오성 역고 옮김, 앞의 글, 83.

이것이 북한의 상황과는 매우 다르다. 북한 정부는 한국 전쟁 이후 과감한 종교 박해 정책을 펼쳐서 북한을 사실상 종교가 없는 사회로 만들었다. 공식적으로 북한에는 약 만 여명의 기독교 신도와 수백 개의 가정 교회가 명맥을 유지하고 있는 것으로 알려지고 있고, 단지 외교 정책적 필요에 따라 기독교연맹 등을 공식 조직으로 명칭만 허용하고 있는 실정이다. 해방 전 2천여 교회와 25만 여 명의 신도 수를 자랑하던 것과 비교해 볼 때 오늘날 북한에 기독교가 거의 존재하지 않는다는 표현은 조금도 과장된 것이 아니다.[28] 이와 같이 북한의 종교는 매우 미약한 상태여서 남북한의 통일에 능동적으로 기여하기 어렵다. 그러나 그렇다고 해서 통일과 통일 이후의 과정에 대해서 교회의 역할이 약화되는 것은 아니다. 그렇기 때문에 오히려 남한의 교회들이 통일과 통일 이후의 과정에 대하여 더욱 적극적으로 대처해야 할 필요가 있는 것이다.

통일 이후에 남북한의 사회 통합 역할에서 기독교는 남한의 여러 종교 가운데 단연 주목을 받고 있다. 그것은 기독교가 통일 운동에 다양하면서도 적극적인 활동을 해왔고 현재도 하고 있기 때문이다. 일반적으로 '북한 선교 운동'의 시작은, 한국전쟁 후에 북한이 사회주의 체제를 형성함으로써 모든 기독교 활동을 불가능하게 만든 이후 남한에서 행해졌던 방송선교에서 찾는다. 그리고 1977년 "북녘 땅에 잃은 형제, 복음으로 다시 찾자"라는 슬로건 아래 '북한선교회'가 설립되면서부터 구체적인 모습을 갖기 시작했다. 이후에 '기독교북한선교회', '북한선교통일훈련원', '모퉁이돌선교회' 등 전문 북한 선교단체들이 형성되고 이들에 의해 북한 선교가 주도되었는데, 이 가운데 기독교 북한 선교회는 현재 아시아 방송에서 선교 방송을 매일 실시하고 있고, 국방부 협

27) 김기련, "독일 통일에 있어서 교회의 역할: 한반도의 상황과 비교해서", 《역사신학 논총》(2001), 62-63.

28) 유종선, "남북 종교 교류의 현황과 문제: 기독교를 중심으로", 《울산대학교 사회과학논집》(1999), 2-3.

조로 대북 심리 전담 방송을 주 2회 실시하고 있다. 그리고 선교사를 파송하여 중국 및 러시아에 교회를 설립하여 우회 선교를 실시하며 성경통신 신학교를 운영하여 현지 지도자를 양성하고 있다.[29] 또한 모퉁이돌선교회는 중국과 북한을 포함한 공산권 지하교회 성도들을 위해 성경을 배달하며 사역의 기본 자세로 공산권 정부와 결탁하지 않는다는 원칙을 가지고 있다.[30]

여기서 북한선교운동을 하는 단체들이 모두 북한 당국에 의해 세워진 교회와 조선기독교도연맹의 존재를 인정하지 않고 오로지 직접 복음을 전하려는 열정에 사로잡혀 북한에 상존하고 있다고 믿는 지하교회 성도들과의 연결을 모색하고 실천 가능한 모든 방법을 동원하여 성경과 전도지를 전하는 데 전력을 기울였다는 점은 이 단체들이 갖는 성향을 확실히 보여준다. 이런 활동들에 대해서 매우 순수한 복음의 열정이라는 긍정적인 평가와 더불어 냉전시대 식 태도로서 이 단체들이 갖는 반공 이념적 성격은 북한 당국의 저항에 직면하게 될 수 있다는 우려가 있는 것도 사실이다. 북한선교운동을 주도했던 기독교 단체들은 최근 북한교회 재건 운동에 관심을 기울이고 있다. 이들은 북한 땅에 존재했던 교회 명단을 조사하여 남한 교회들을 대상으로 재건 대상 교회를 확정하는 등의 활동을 전개했으며, 1998년 6월에는 북한을 방문하여 금강산수양관과 온정리교회 복원 계획을 세우기도 했다고 한다.[31] 그러나 아직도 적대적인 긴장을 해소하지 못하고 있는 현재의 남북 관계를 고려할 때, 이러한 북한선교운동은 북한 당국의 기독교에 대한 태도를 더욱 경색시킬 뿐만 아니라 남북 관계 나아가 한반도 통일의 전망에도 좋지 않은 영향을 미치게 될 것이라는 비판은 매우 설득력이 있어 보인다.

---

29) 김연중, "북한 선교 활동의 분석과 정책 제안", 〈북한연구학회보〉(2002), 298.

30) 모퉁이돌 선교회 편, 《모퉁이돌 선교회》(서울: 모퉁이돌 선교회, 1985), 5.

31) 김성태, "최근의 한반도 상황에서의 북한 선교의 발전 과정 고찰과 통일을 향한 선교적 제언(2)", 〈신학지남〉(2003년 가을호), 123-124.

남북 기독교 교류의 다른 갈래는 한국기독교교회협의회(KNCC)와 진보 교단을 중심으로 펼쳐지는 '기독교 통일운동'이다. 이들이 주도하는 '남북나눔운동'은 남북교회가 신앙의 기초 위에 영적, 물질적 자산을 나누고 공유하며, 민족의 화해와 평화통일의 선교 사명을 다하는 것을 목적으로 나눔 운동을 전개하고 있다.[32] 특히 한국기독교교회협의회는 1988년 2월 29일 "민족의 통일과 평화에 관한 한국 기독교 선언"을 통하여 조국 분단에 교회가 중대한 책임이 있었음을 반성하고, 조국의 평화통일을 위해 한국 교회가 앞장 서 주체적 역할을 할 것을 다짐했다. 이 선언은 국내외에서 커다란 반향을 불러 일으켰으며, 국내에서 민간 차원의 통일 논의를 자유화하고 활성화하는 데 획기적인 기여를 했다고 평가받았다.[33] 그러나 보수 교단들은 이 선언을 비난하는 성명서를 대대적으로 발표하고,[34] 'KNCC 선언 범교단 평신도 단체 대책위원회'가 조직되는 등, KNCC와 비 KNCC의 대립과 공방전이 맹렬하게 전개되었다.[35] 이에 대해 북한의 조선기독교도연맹은 남한의 '북한 선교 대책위원회'나 '북한선교회' 같은 선교단체들이 그들과의 대화의 상대가 될 수 없음을 분명히 함으로써 오직 한국기독교교회협의회를 통해서만 대화할 수 있음을 강하게 시사하였다. 이렇게 진보적 교계를 중심으로 추진되고 있는 '기독교 통일운동'은 명확히 조국의 평화통일이라는 궁극적 목표를 위해 추진되고 있는 기독교 교류 운동이나 기독교계 안에서조차 기독교적인 것들로부터 크게 벗어나 있다고 비판받고 있으며,[36] 이의 반체제적 정서와 통일에 대한 정치적 접근 방법으로 인해 정

32) 남북나눔운동본부, "남북나눔운동 소개", http://www.sharing. net/ Introduction/ index.php

33) 이삼열, "민족통일을 향한 기독교의 평화운동", 숭실대학교 기독교사회연구소 엮음, 《한국사회발전과 기독교의 역할》(서울: 한울, 2000), 135.

34) 이에 대하여는 한국개신교교단협의회, "민족통일과 평화에 관한 한국기독교교회협의(KNCC) 선언에 대한 개신교 교단들의 입장"(1988. 3. 23)을 볼 것.

35) 이삼열, 앞의 글, 136.

36) 유은상, "남북 대화시대의 기독교 통일운동 방향: 민족통일 문제는 어떠한가?", 《교회

부의 통일 정책과 갈등을 빚을 가능성이 클 것으로 우려된다. 이와 같이 현재의 남북 기독교 교류를 살펴보면 자칫 통일이 아닌 분열 운동이 될 가능성이 매우 높은 실정이다.

통일을 위한 현재의 기독교계 활동을 고려할 때 제3의 방법이 요구된다. 그것은 현실 정치에 대한 가치 판단을 내리지 않고 순수하게 사회 통합의 관점에서 통일 문제에 접근하는 것이다. 곧 분단의 영향으로 형성된 북한에 대한 적대적 태도를 지양하고 상호 인정에 바탕을 둔 화해와 협력에 대한 인식을 심화시키고 통일 후 삶의 단절을 겪게 될 사람들과 재사회화의 과정에 대해 주목하는 것이다. 그리고 거기에 기독교가 어떠한 역할을 할 수 있을까에 대해서 고민하는 것이다. 이것은 기독교의 사회 형태인 교회가 시민사회 속에서 기독교적인 시각에서 전달할 수 있는 사회적 보편 가치들, 즉 민주주의, 인권, 윤리의 내용들을 어떻게 만들어서 전달할 것인가에 대한 고민이라고 할 수 있다. 곧 교회의 울타리를 벗어나 교육을 통한 사회봉사라는 입장에서 통일 후의 시기를 맞는 통일 한국의 시민들에게 가치의 전환과 자아 정체성의 재정립 등으로 재사회화의 과정을 돕는 것이다.

이에 대해서는 앞서 언급한 로버트 벨라가 주창한 '시민 종교론'에서 그 단초를 얻을 수 있을 것이다. 시민 종교는 18세기 프랑스 계몽사상가 장 자크 루소가 《사회 계약설》에서 최초로 사용한 개념으로, 뒤르케임의 고전적 시민 종교론을 거쳐 벨라에 이르러 본격적으로 논의되기 시작했다. 벨라는 1960년대 중반 당시 미국에서 고조되기 시작한 인종, 갈등, 범죄, 마약 중독 등과 같은 사회 문제들에 대한 도덕적 대응체로서 미국의 시민 종교를 거론하였다. 시민 종교는 시민 개인이 사사롭게 가지고 있는 종교 신앙과는 다르며 국가가 표상하는 궁극의 의미와 자체 인식의 내용에 관련되어 있는 '집합적 가치 의식'으로서의 종교를 의미한다. 그러나 시민 종교는 국가가 행사하는 종교 차원의 역할

와 한국문제》(1989), 16-17.

을 넘어설 수 있는 초월의 가능성을 자체 속에 담고 있다.[37)]

벨라는 대부분의 미국 대통령이나 지도자들의 취임사나 기타 연설문 등에서 흔히 발견되는 신(神) 개념은 특정 종교나 종파와 관련되지 않으면서도 자유, 정의, 질서, 진보, 인권 등을 역설하고 있다는 점에서 일반 종교에 비해 역사성이 강하다고 본다. 곧 벨라가 개념화한 미국의 시민 종교는 일차적으로 미국을 세운 사람들의 정신, 곧 신의 의지를 지상에서 실현하겠다고 하는 집단적 동기를 출발점으로 했다. 그러면서 한편으로는 계몽주의나 프로테스탄티즘과 같은 사상을, 또 다른 한편으로는 독립 투쟁과 공화국 건설이라는 미국의 역사적 사명을 배경으로 한 하나의 사회 문화적 산물이라 할 수 있다. 모세나 예수 그리스도 등을 직접적으로 언급하지는 않고 있지만 시민 종교가 결코 반신론적, 반종교적이라고는 할 수 없는 것이다. 또 보다 구체적인 정치 사회적 가치를 논하고는 있으나 단순한 조국 찬양 또는 국민 예찬에 그치지 않고 그것을 종교의 차원으로 승화시키고 있다. 이것이 결국 정교 분리라는 당대의 종교가 처한 현실 및 흔히 용광로에 비유되는 미국 고유의 사회 이념과 결합되고 발전되어 종파나 정파를 초월해 최고의 권위를 지니는 보편 가치로서 국가 차원의 결속이나 위기 극복에 위력을 발휘해 왔다고 볼 수 있다.[38)]

그런데 이와 같이 전통적인 교회나 정치 과정으로부터 분리되어 미국인들의 생활양식 안에 잠재하게 된 시민 종교는 미국이라는 국가가 지닌 고유한 종교적, 역사적 성격으로 인해 뚜렷하고도 정교화된 형태로서 사회에 제도화되어 있다. 벨라에 따르면, 공화국의 성립 이래 미국인들은 신성한 의미로서 전 국민에게 집합적으로 제도화되어 있는 일련의 믿음과 상징 그리고 의례를 가지게 되었는데, 이것은 많은 점에서

---

37) 박영신, "잊혀진 이야기: 시민 사회와 시민 종교", 〈현상과 인식〉(2000 봄/여름호), 81-82.

38) 김문조, "시민 종교론", 그리스도교 철학연구소 엮음, 《현대사회와 종교》(서울: 서광사, 1987), 175.

기독교와 공통성을 지니기는 하지만 내용상으로 보아 그것이 바로 기독교라고는 결코 말할 수 없는 것이다.[39] 다시 말해서 벨라는 미국의 시민 종교는 기독교와는 구별된 자체의 믿음, 상징 및 예식을 지니는 완비된 하나의 종교라고 결론짓는다. 보기를 들어 "신과 국가를 위하여", "신 앞에서 국가에 대한 충성을"이라는 문맥을 통해 알 수 있듯이 시민 종교는 신학적 또는 순수 신앙적 교의와는 달리 국가나 민족에 대한 숭배를 기본 명제의 하나로 삼고 있다. 또한 아브라함이나 모세에 상당하는 워싱턴과 링컨 같은 자체적인 시민적 성인(civil saints), 그리고 자유의 여신상과 같은 시민적 상징(civil symbols)을 지닌다. 뿐만 아니라, 전몰 기념일, 추수감사절 또는 어머니날과 같은 시민적 휴일(civil hoildays)을 맞이하면 흡사 교회 예배를 방불케 하는 행사가 진행되곤 한다. 이 날의 행사에는 미국 시민 종교가 활용할 수 있는 거의 모든 인적, 물적 자원이 총동원되고 있다. 이와 같이 시민 종교는 벨라에 이르러 교회 및 정부의 의지를 벗어난 독자적 체계로서 사회 통합적 기능을 수행하는 존재로 이해되었다.[40]

한반도의 통일 이후에 사회 통합을 위해 기독교가 기여할 수 있는 부분은 바로 이런 것이다. 기독교와 남북한 사회의 통합에 대한 연구들은 흔히 남북한 기독교 사이의 교류에 주목하면서 기독교 간 교류가 증대되면 자연히 이질화가 약화되어 남북 기독교 간에 통합을 이루게 되고 이를 계기로 하여 사회통합에 도움이 될 것이라는 논리를 펼친다. 이런 주장에서는 대부분 '사회'를 정치와 경제, 또는 (좁은 의미의 문화 예술의 차원에 국한되는) 문화와 구분되는 일반인 또는 서민의 영역이라는 매우 좁은 의미의 개념으로 이해하며 사회 영역의 통합을 주장한다. 그러나 이 글에서 말하는 사회 통합은 보다 근본을 이루는 뜻에서 사회를 구성하는 인간들의 규범 및 가치와 관련된 의미 체계의 통합을

---

39) Robert N. Bellah, 앞의 글, 175.

40) 이러한 미국의 시민 종교는 사회 통합적 요소를 크게 강조하므로 앞서 살핀 뒤르케임의 시각에 충실한 것이라고 할 수 있다.

의미하는 것이다. 이런 관점에서 기독교가 담당해야 할 역할은 그 영향력이 단순히 사회 조직의 하나로서 교회라는 울타리 안에 한정되는 것이 아니며, 사회 영역 전반에 기여할 수 있는 것이어야 한다. 그러기 위해서는 기독교가 가진 보편주의 사상과 관행을 더욱 개발시켜 그것을 통일 한국의 사회 구성 원리로 제시하여 그에 근거한 사회 통합이 가능하도록 해야 한다. 다시 말해서 기독교라는 작은 울타리 안에 소속된 구성원들에 대해서만 권위를 행사할 것이 아니라 기독교라는 울타리를 뛰어 넘는 보편적 가치를 통해서 남과 북의 시민들이 공유할 수 있는 통합의 마당을 마련해 주어야 한다는 것이다. 기독교 정신에 입각하면서도 비기독교인들도 거부감 없이 받아들일 수 있는 보편의 가치, 신학이나 신앙의 표현을 드러내지 않으면서 한민족 전체를 묶어 줄 수 있는 공통의 가치 의식을 만들어야 한다. 두 사회의 구성원들의 감성을 담아 표현하는 데 걸림이 없는 새로운 언어가 창조되어야 한다. 이럴 때라야 한국의 기독교는 진정으로 한국인들의 심성과 습속 깊이 자리 잡는 하나의 민족 종교가 될 수 있을 것이다.

V. 나가는 말

통일은 우리 사회에서 이론과 실천이 첨예하게 부딪치는 현장이며 다양한 관점과 이해관계가 엇갈리면서 가장 뜨거운 관심을 받고 있는 주제이다. 순수하게 학문적으로만 접근할 수 없으며 무턱대고 실천의 마당으로 앞장서 나갈 수도 없다. 그렇다고 방관자의 자세를 취할 수는 더더욱 없는 것이다. 대립적인 상황은 기독교계 안에서도 재현되고 있다. 이른바 '북한선교운동'과 '기독교 통일운동'이라고 불리는 기독교계의 양대 통일 운동은 연합 활동보다는 자신들의 입장의 정통성 또는 정당성을 주장하며 평행선을 달리고 있다. 이러한 상황에서 기독교와 관련해서 통일에 대해서 한 마디 하기라도 하면 곧바로 그 저의에 대해 의심을 받거나 특정 입장으로 분류되어 단죄를 받기도 한다. 이렇듯 통일은 우리 사회에서 무시할 수 없고, 반대로 집중해서 다루기도 쉽지 않은 그야말로 뜨거운 감자이다. 이 글에서는 이러한 통일 문제를 사회통합이라는 보편적 관점에서 다룸으로써 신학적인 입장에 관계없이, 기독교가 기여할 수 있고 또 기여해야만 하는 측면에 대하여 논의하였다. 특히 통일 후의 시점에 주목하여 체제 통합 이후에 있을 수 있는 도덕적 무규범 상태에서 남북한 사회 구성원들에게 새로운 사회 상황에 필요한 새로운 가치 체계 및 규범을 제공하는 것은 우리 사회에서 기독교가 아니라면 담당할 수 없는 중대한 역할이라는 점을 보여주고자 하였다.

흔히 현대 사회에서는 종교가 권위를 상실하고 사람들은 더 이상 종교적 가르침에 귀를 기울이지 않을 것이라고 얘기한다. 그리고 종교에 관심을 갖더라도 그것은 아주 사사로운 개인 차원에서의 관심일 뿐, 공공의 수준에서는 어떠한 영향력도 미치지 못할 것이라고 말한다. 그러나 앞에서 뒤르케임이 종교의 근원을 사회라고 본 것과 같이, 종교와 사회는 결코 떨어질 수 없는 관계에 있으며 현대 사회에서도 종교는 여전히 공공의 수준에서 논의될 수 있는 주제일 뿐 아니라 실제로 의미 있는 역할을 수행할 수 있다는 것을 이 글은 보여준다. 인간의 종교 신념은 전부 개인의 것이고 사사로운 것이라고 할 수 있는 것이 아니다. 영성은 개인 수준에서만 머무는 것이 아니라 공동체와 사회 수준에서 발현되는 것이기 때문이다. 현대 사회에서는 다원주의와 상대주의에 의해 개인의 느낌을 고립시키고 소외시키는 사사화된 신앙의 경향이 조장되어 왔다. 이러한 종교성의 추구는 그 내부 속성상 공동체 삶을 부정하기 때문에 재생산 자체가 불가능하고 설사 그들만의 공동체가 존재한다고 하더라도 확장되고 다원화된 현대사회의 지평에서 어떠한 기여도 할 수 없다.[41] 한국의 기독교가 현대 한국인들의 삶 속에 깊이

41) Robert Wuthnow, *Christianity and Civil Society: The Contemporary Debate* (Pen-

자리 잡고 공공의 수준에서 의미 있는 역할을 감당하기 위해서 기독교 안에서부터의 성찰적 노력이 요구되는 시점이다.

이 글은 박영신, 한국복음주의 실천신학회, 〈복음과 실천〉 (제9권 2005년 봄호)에 실린 것이다.

nsylvania: Trinity Press International, 1996), 36-40.

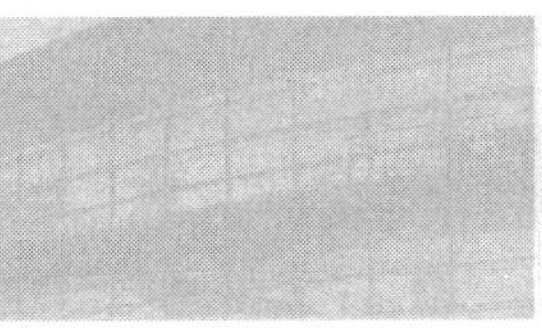

제 3 부
한국사회와 교회 공동체

1. 세속화와 한국 교회의 성장
2. 세속화 시대에 설교의 의미
3. 교회 소집단의 공동체성에 대한 연구
4. 종교사회학의 관점에서 본 교회 소집단 운동

1. 세속화와 한국 교회의 성장

I. 머리말

우리 사회에는 광범위한 종교 인구가 자리 잡고 있다. 그것은 19세기 말 국교가 철폐된 이후에 근대화와 더불어 발전된 것으로 전적으로 새로운 현상이다. 아울러 1970년에서 1980년까지 약 10년 동안 한국의 종교 인구가 급성장했다는 것을 알 수 있다. 특히 개신교는 가장 늦게 전파되었음에도 불구하고, 가장 짧은 기간 동안에 많은 신자들을 확보하여 전체 인구에서 경이적으로 높은 비중(약 25%)을 차지하게 되었고, 그 성장 속도가 무척 빠르다는 사실이 두드러진다. 개신교의 성장은 1960년대까지 꾸준히 이어져 왔고, 1970년대에 세속화 및 산업화가 본궤도에 오르는 것과 발맞추어 한국 개신교는 사상 유례를 찾아볼 수 없는 급성장을 보이기 시작하였다.

이 글에서 주목하고자 하는 바는 개신 교회의 양적인 성장이 '진보적'이라고 분류되는 교회에 의해서보다는 주로 '보수적'이라고 불리는 교회에 의해서 이루어지고 있다는 점이다. 일반적으로 근대화 및 산업화와 보수적인 성향은 잘 어울리지 않는 것으로 생각한다. 그러나 한국 개신교의 성장은 보수적인 진영에 의해서 주도되었다. 이렇게 된 원인을 이해할 만한 것으로 만드는 것은 의미가 있을 뿐 아니라 그 결과가 시사하는 바 또한 크다고 생각된다. 이의 원인은 개신교가 비약적인 성장을 기록했던 1970년대에서 분명하게 규명될 수 있을 것이다.

오늘날 한국 개신교 성장에서 가장 두드러진 특징이 교회와 교인수의 급증, 곧 양적 성장에 있다는 데에 이의를 제기할 사람은 없을 것이다. 이 양적 성장 자체를 부정적으로 볼 필요는 없다. 그러나 문제는 이 양적 성장이 역사의식의 부재, 사회적 책임의 회피, 또는 질적 성숙을 외면하는 가운데서 이루어지고 있지 않느냐는 의문이 제기된다는 데에 있다. 이점이 분명하게 해명될 필요가 있다.

II. 한국 교회의 진보/보수 진영과 양적 성장

1. 진보/보수 진영에 대하여

무엇보다도 먼저 이 글의 문제 범위 안에서 진보와 보수의 개념을 분명히 해야만 한다. 잘 알려진 바와 같이 한국 개신교에는 진보 진영 및 보수라고 불리는 '교단'들이 있다. 이 글에서는 "사회 참여"라는 척도에 비추어 한국 교회를 진보적인 진영과 보수적인 진영으로 구분해 보고자 한다. 여기에서 사회 참여라는 개념에 대한 어느 정도의 논의가 필요하다. 일반적으로 사회 참여란 말 속에는 구제 활동, 봉사 활동, 정치 활동 등이 포함되어 있다. 이러한 복합적인 개념은 좀더 세분화될 필요가 있다. "그랜드 래피드 보고서"는 이러한 면에 시사하는 바가 많다. 그랜드 래피드 보고서에 의하면 사회봉사와 사회활동은 서로 대비되는 개념이다. 사회봉사는 인간을 궁핍으로부터 구제하려는 자선 활동으로서, 개인과 가족 단위의 도움을 추구하며 주로 구제 행위로 이루어진다. 이에 비해 사회활동은 궁핍의 원인을 제거하려는 정치·경제적 활동으로서, 사회 구조적인 변혁과 사회 정의를 추구한다.[1]

이 글에서 의미하는 사회 참여는 사회활동을 지향하는 행동을 의미한다. 한국 개신교의 진보 진영이란 이러한 사회 참여에 적극성을 보이는 집단을 가리킨다. 보수 진영은 세속적 가치에 관심이 없거나, 세속적 가치에 관심을 두는 경우 그 가치 가운데 개인적인 욕구와 관련된 것만을 받아들여 강조하고 있기 때문에 이 글이 의미하는 사회 참여와는 거리가 멀다.

보수 진영의 교회들은 사회 참여가 아닌 사회봉사에 적극성을 보이는 경우가 많다. 그러나 이들은 사회 문제를 사회 구조적인 차원에서 파악하지 못하고, 개인의 책임으로 돌리며 이를 해결하기 위한 정치적인 활동에 무관심하여 적극적인 참여를 하지 않고 있다. 이 때문에 이들의 활동은 이 글이 문제시하는 사회 참여와는 다른 것이다. 위의 보수 진영의 교회들은 오히려 사회적인 문제들을 의도적으로 외면하고 개별 교회의 양적인 성장에만 치중하는 경향이 있었다.

II. 진보/보수 진영의 성장 비교[2]

앞에서 분류한 진보 진영에 속하는 지역 교회들을 비교적 많이 가지

---

1) 존 스타트 지음, 박영호 옮김, 《현대 사회 문제와 기독교적 답변》(서울: 기독교문서선교회, 1985), 28쪽에서 따옴.

2) 개신교의 양적 성장을 설명할 수 있는 변수들은 여러 가지가 있을 수 있다. 그러나 이러한 모든 변수들을 종합적으로 고려할 수는 없다. 그 이유는 이미 지나간 1970년대 개신교의 양적 성장을 해명하는 것을 과제로 삼고 있는데, 이용 가능한 자료가 우리의 의도와는 상관없이 이미 결정되어 있기 때문이다. 이러한 배경에서 이 글에서는 개신교의 양적 성장을 세례 교인과 입교인을 모두 합한 전체 교인수를 중심되는 변수로 삼을 것이다.

고 있는 개신교 교단들은 '교회협의회' 에[3] 가입하고 있다. 이 글은 편의상 다음의 통계적 분석에서 우리 사회의 통념에 따라서 '협의회' 의 가입 교단을 진보 진영으로, 그리고 여기에 가입하지 않은 교단을 보수 진영을 대표하는 것으로 보려고 한다.[4]

그러나 자료를 이와 같이 재편성하는 것은 개신교 성장에서 진보/보수 진영에 따른 차별성을 실제보다 훨씬 약화시키는 의미를 가지고 있다. 그 이유는 '협의회' 회원 교단에 속하는 많은 지역 교회들, 보기로 대한예수교장로회 통합측과 기독교대한감리교 소속 지역 교회들, 기독교장로회 안의 '성풍회' 라 불리는 성령 운동이 특이하게 지배권을 누리고 있는 상당수의 지역 교회들은 이 글의 분류 유형에 따르면 보수 진영에 속한다고 할 수 있기 때문이다. 그럼에도 불구하고 이렇게 재편된 통계치는 진보 진영과 보수 진영 사이의 양적 성장에서 현격한 차이를 여전히 드러내주고 있다.

1972년을 기준하여 진보 진영과 보수 진영의 교인수를 비교해 보면, 진보 진영이 보수 진영보다 169,163명이 많았다. 이러한 수치가 1980년도에 와서는, 진보 진영의 총합은 2,073,845명인데 반해 보수 진영의 총합은 2,336,337명으로 보수 진영이 오히려 262,492명이 많은 것으로 나타난다. 곧 1972년도에는 진보 진영이 보수 진영보다 전체 교인수에서 앞서 있던 것이 1980년도에는 정반대로 보수 진영이 진보 진영을 추월해가고 있음을 알 수 있다.

이는 연도별 성장률을 검토해 보아도 마찬가지이다. 1973-82년까지

3) 아래에서는 '협의회' 로 줄임.

4) '협의회' 는 '세계교회협의회' 의 한국 지부라고 할 수 있다. 이것은 1948년에 조직된 세계 최대의 교회 연합체인데, 이 협의회가 생기면서 이에 가입할 것인지의 여부를 놓고 한국 최대의 교단인 장로교가 분열되는 사태가 발생했다. 뿐만 아니라, 이 협의회의 활동에 대한 평가를 둘러싸고 한국 교회는 의견이 양분되었고, 이것이 외형적인 계기가 되어 한국 교회 안에 진보파와 보수파라 불리는 분파가 발전되어 나왔다. 1970년대에 '협의회' 에 가입된 교단은 대한예수교장로회의 통합측, 기독교대한감리교, 한국기독교장로회, 구세군대한본영, 대한성공회, 대한복음교회 등 6개이다.

10년 동안의 연평균 성장률은 진보 진영은 7.52%이고, 보수 진영은 11.27%이다. 이것을 1972년을 기준으로 계산해 보면, 진보 진영은 9.55%이고, 보수 진영은 25.66%가 된다. 앞의 방법으로 계산하면 보수 진영이 진보 진영보다 약 1.5배 더 성장하였고, 뒤의 방법으로 계산하면 2.7배가 넘게 더 많은 양적 성장을 이루었다는 것을 알 수 있다.[5)]

그러나 이러한 자료에 나타난 것은 교인 수에 대한 자료를 수집하여 해마다 보고하는 비교적 큰 교단을 중심으로 한 것이기 때문에, 여기에 빠진 교단 중에는 비록 전체 교인 수는 적지만 매우 큰 성장률을 나타내는 많은 교회가 있을 것으로 보인다. 그리고 그 대부분은 종파[6)]의 성격을 띠었다고 추측되는데, 이러한 교회들도 역시 보수적인 교회들이다. 그 대표적인 보기는 순복음교회이다.[7)] 이 경우 성장 속도를 보면 실로 폭발적이라고 할 수 있는데, 1970년대에 비해 10년 후인 1980년에는 신자 수가 약 18배나 증가한 것으로 나타난다.[8)] 따라서 1970년대 한국 개신교의 성장은 개혁적이고 사회 참여적인 성격을 띤 진보적인 진영에 속하는 교회보다는 일반적으로 근본주의[9)]라고 불리는 보수적인

---

5) 보기로 가장 활발한 사회 참여를 보였던 교단으로 꼽히는 한국기독교장로회의 경우 1972년 기준으로 10년 동안의 성장률은 28.93%이고, 연평균 성장률이 3.21%이었다. 반면에, 일반적으로 가장 보수적이라고 알려진 대한예수교장로회의 고신 측의 같은 기간에 이룩한 성장률은 1972년 기준으로 100.52%이고, 연평균 성장률은 11.17%을 기록하여, 성장률이 진보 진영의 3배가 훨씬 넘는 것을 알 수 있다. 또한 보수 진영에서 가장 높은 성장률을 기록한 기독교한국침례교회의 경우에는 같은 기간 동안의 성장률이 263.39%, 연평균 성장률은 29.27%로 기독교장로회의 10배에 가깝다. 자세한 내용은 정재영, "세속화와 한국 교회의 성장"(연세대학교 석사학위논문, 1992), 30-39쪽을 볼 것.

6) 종파는 기존의 교단에 포함되지 않거나 기존의 교단으로부터 빠져나와 새로운 교파를 형성하려는 비교적 작은 규모의 교회 집단을 의미하며, 이들은 기존 교단으로부터 이단시되는 경우가 많다. 종파에 대한 논의로는 Ernst Troeltsch, *The Social Teaching of the Christian Churches* (New York: Macmillan, 1931), 331-343쪽을 볼 것.

7) 지금의 순복음중앙교회는 하나의 교파로서 인정받고 있으나, 초기에는 종파적인 성격이 강했다.

8) 한완상, 앞의 글, 192쪽.

진영에 속하는 교회들에 의해 이루어졌음을 알 수 있다.[10]

III. 세속화 이론

여기서 '세속화' 이론에 대해 살펴볼 필요가 있다. 진보/보수 진영이 종교적 시장 상황에서 어떻게 다르게 자신을 드러내는 활동을 했는가를 해명할 수 있게 하는 이론적 거점을 발견할 수 있을 것이기 때문이다. 세속화로 인해 새로이 직면하게 된 종교적 시장 상황에서 종교 집단들이 어떻게 적응해 나갔는지를 살펴봄으로써 종교 집단들 특히 개신교 내의 보수 및 진보 집단이 각기 다른 성장률을 기록할 수 있었던 원인을 이해할 수 있을 것이다.

정도의 차이는 있지만, 거의 모든 종교사회학자들의 글에는 세속화에 대한 논의가 있다. 고전적인 종교사회학자의 경우도 마찬가지이다. 베버가 세속화에 대해 직접적으로 상세히 논의한 경우는 드물지만,[11] 그의 《프로테스탄티즘 윤리와 자본주의 정신》에서 종교의 합리화 과정에 대한 분석이 곧 세속화 과정에 대한 분석에 해당한다고 말할 수 있다. 그의 "세계의 탈주술화"라는 개념이 이를 가리키는 것이라 할 수 있기 때문이다. 베버의 영향을 받아 세속화에 대하여 최근 폭넓게 사회학적인 분석을 시도한 사람은 피터 버거이다. 그는 세계의 탈주술화 개념을 그대로 사용하여 프로테스탄티즘과 세속화의 관계를 설명하고 있다.[12] 주변적이지만 뒤르케임에게도 세속화에 대한 논의는 나타난다. 그

---

9) 근본주의에 대하여는 김성건, "한국 개신교와 근본주의 문제", 《기독교와 이데올로기》(서울: 민영사, 1991)을 볼 것.

10) 노길명, 앞의 글, 90쪽.

11) 베버가 세속화라는 말을 쓴 보기는 Max Weber, "The Protestant Sects And The Spirit of Capitalism," *From Max Weber: Essays in Sociology* (New York: Oxford University Press, 1958), 307쪽에서 찾을 수 있다.

12) 이에 대하여는 피터 버거 지음, 이양구 옮김, 《종교와 사회》(서울: 종로서적, 1982), 5

는 세속화를 사회 속에서 종교의 약화 또는 쇠퇴로 보고 있다. 그에 의하면 제도 종교의 퇴화는 수천 년에 걸쳐 광범위한 역사적 배경 속에서 일어나는 세속화 과정이다.[13] 그러나 뒤르케임은 당시의 계몽주의자들과는 달리 과학이 종교의 표상적 기능인 의례적 요소를 대신할 수 없다고 보았다. 그는 과학이 발전해도 종교는 사라지지 않고, 다만 변형될 뿐이라고 주장했다.[14]

여기서 세속화에 대한 두 고전 사회학자의 입장이 다른 것을 발견할 수 있다. 이러한 두 고전 사회학자의 입장의 차이는 결국 현대 종교사회학자들의 입장을 둘로 나누는 경향을 낳았다. 베버의 추종자들은 현대 사회에서 종교가 더 이상 공적인 관심사가 되지 못하며, 개인들의 사적인 관심사에 의존하지 않을 수 없게 되었다는 이론적 입장을 취하는 경향을 나타낸다. 그 가운데 대표적인 사람이 피터 버거라고 할 수 있다. 반면에 뒤르케임을 따르는 학자들은 현대 사회에서도 종교는 여전히 사회 문화적 수준에서 영향력을 행사하고 있다는 점을 강조한다. 가장 널리 알려진 학자는 '시민 종교론'을 주창한 로버트 벨라이다.[15] 이런 분석적 차원에서의 대립과는 달리 벨라와 버거는 두 고전 사회학자의 입장을 각기 자기의 방식으로 종합하고 있다는 평가를 받고 있다.

장을 볼 것.

13) 뒤르케임이 세속화에 대하여 말한 부분은 다음에서 찾을 수 있다. 에밀 뒤르케임 지음, 임희섭 옮김, 《자살론 · 사회분업론》(서울: 삼성출판사, 1976), 433쪽. 에밀 뒤르케임 지음, 노치준·민혜숙 옮김, 《종교 생활의 원초적 형태》 (서울: 민영사/한국사회학연구소, 1992), 589쪽.

14) 위의 글, 590-592쪽을 볼 것.

15) 시민 종교론은 뒤르케임에 앞서 장 자크 루소에게서부터 발전되어 온 개념으로, 벨라는 사회 문제에 대한 도덕적 대응체로서 사회적 가치를 종교적으로 승화시킨 시민종교를 주장한다. 이에 대하여는 Robert N. Bellah, "Civil Religion in America," *Beyond Belief: Essays on Religion in a Post-traditional World* (New York: Harper & Row, 1970)를 볼 것. 벨라의 종교 사회학과 그의 이론적 관심 세계를 보려면 로버트 N. 벨라 지음, 박영신 옮김, 《사회 변동의 상징 구조》(서울: 삼영사, 1981)와 박영신, 《사회학 이론과 현실 인식》(서울: 민영사, 1992), 10장을 볼 것.

무엇보다도 버거의 세속화론은 우리의 논의에 중요한 시사점을 준다. 버거는 세속화를 "사회 및 문화의 어떤 영역이 종교의 제도와 상징체계의 지배로부터 벗어나는 과정"[16]이라고 정의하고 있다. 세속화 과정과 그것이 인간 행위에 대해 가지는 의미를 다음의 글귀에서 찾아볼 수 있다.

> 서구의 근대사에서 사회와 제도에 관해서 이야기할 때는 교회의 통제와 영향 아래에 있던 영역으로부터 기독교의 교회가 퇴거하는 데서, 곧 교회와 국가가 분리되고 교회령을 몰수하고 교회의 권위로부터 교육이 해방되는 데서 세속화가 나타난다. 그러나 문화와 상징체계에 관해서 말할 때는 세속화가 사회 구조적 과정 이상을 뜻한다. 그것은 모든 문화생활과 관념 작용에 영향을 미치며, 예술, 철학, 문학의 영역에서 종교적 내용이 사라지고, 그리고 무엇보다도 중요한 것은 과학이 세계에 관하여 자율적이고 철저하게 세속적인 시각으로서 나타나는 데서 찾아볼 수 있다. 더욱이 여기에는 세속화 과정이 주관적인 측면을 갖고 있다는 뜻이 내포되어 있다. 사회와 문화에 세속화가 있는 것과 마찬가지로 의식의 영역에도 세속화가 있다. 간단히 말해서 이것은 근대의 서구 사회에서 종교적 해석을 빌리지 않고서도 세계와 자신의 삶을 바라보는 개인들의 수가 증가해 왔다는 것을 뜻한다.[17]

버거는 그의 긴 논의를 통하여 세속화가 세계사 속에서 보편적으로 나타나는 현상임을 증명했다. 이 점은 고전 사회학자들과 현대의 사회학자들이 모두 인정하고 있는 바이다. 물론 우리 사회도 예외가 아님은 말할 것도 없다. 그러나 우리 사회의 세속화는 서구와는 다른 독특성을 지니고 있다는 사실을 말하지 않을 수 없다. 대부분의 서구 사회가 기독교라는 단일 종교에 의해서 지배되었던 것과는 달리 기독교는 우리

---

16) 위의 글, 125쪽과 피터 버거 지음, 서광선 옮김, 《이단의 시대》(서울: 문학과 지성사, 1981), 35쪽.

17) 《종교와 사회》, 같은 곳.

사회에서 신흥 종교에 속한다. 오히려 우리 사회의 지배적 종교는 시기를 달리하고 있긴 하지만 불교와 유교였다. 물론 이들 종교에 관련된 문제는 서구에서와 같이 인간 삶의 모든 영역을 망라하고 있었다. 그러다가 한말에 이르러서 국교가 공식적으로 폐지되고, 사실상 헌법에서 종교의 자유를 인정하는 데로 변동되게 되었다. 이러한 역사적 과정은 우리 사회 특유의 세속화 과정을 의미하는 것이었다. 우리 사회에서 전통적으로 하나의 지배 종교 또는 종교적 상징체계가 사람들의 삶을 유기적으로 지배하고 있었다는 사실은 긴 논의가 필요 없다.[18)]

이러한 종교와 상징체계의 공식적인 지배로부터 벗어나게 되고, 종교가 개인들의 사적인 관심사에 의존하게 되는 사태로 발전하고 있는 것은 분명히 세속화이다. 이러한 특이한 세속화 과정 속에서 한국 개신교 또한 유럽과는 다른 형태로 자신을 변화시키고 있다. 이는 보수 교회의 차별적 성장 원인의 규명에 고려되어야 할 부분이기도 하다.

IV. 한국 교회의 차별적 성장 원인

1. 한국의 종교 다원주의적 상황

진보적인 교회와는 달리 보수적인 교회들이 급성장한 원인을 설명하기 위해서, 먼저 한국사회가 종교 다원주의적 상황을 맞고 있다는 사실에 대한 논의에서부터 출발하고자 한다. 그리고 이에 대하여, 개신교의 진보/보수 진영이 어떻게 다르게 반응했는가를 살펴봄으로써 두 진영 사이의 차별적 성장 원인을 이해할 수 있게 될 것이다. 버거에 의하면 세속화는 종교 다원주의적 상황을 낳게 하는데, 종교 다원주의란 다양한 세계관이 공존하는 문화적 상황을 뜻한다.

---

18) 이에 대하여는 박영신, "한국 전통 사회의 구조적 인식",《현대 사회의 구조와 이론》(서울: 일지사, 1978)을 볼 것.

> 현대사회에서의 개인들은 다원적인 세계, 서로 경쟁하고 가끔은 서로 모순되는 설득력의 구조들 사이를 오가며 살고 있다. 이들 각각의 설득력 구조는 그의 다른 설득력 구조들과 어쩔 수 없이 공존해 있다는 사실 때문에 그 영향력이 약화된다.[19]

결과적으로 다원주의 상황에서는 그 어떤 견해도 사람들에게 절대적인 것으로 받아들여지지 않는다. 경쟁적인 세계관들이 상대화되고, 독점적이던 종교적 전통이 탈독점화되는 상황이라고 말할 수 있다. 특히 종교 다원주의 상황에서 서로 다른 종교 집단들은 모두 국가에 의해서 공인됨과 아울러 서로 배타적인 종교 집단들이 공존하는 가운데 자유로운 경쟁을 할 수밖에 없는 상황을 맞는다.[20]

우리 사회는 분명히 종교적으로 볼 때 철저한 다원주의적 상황에 처해 있다고 말할 수 있다. 버거와 같은 대부분의 서구 사회학자들이 종교 다원주의 상황에 대하여 설명할 때 그것은 대체로 기독교 교파들 사이의 공존을 의미하였다.[21]

그러나 한국의 상황은 이와는 달리 철저한 다종교, 다교파, 다종파 상황으로 공통점이 거의 없는 세계관들의 공존이라는 양상을 띠고 있다. 불교, 유교, 개신교, 가톨릭, 원불교, 천도교, 그리고 이슬람교 등의 종교가 공존하고 있다. 더 나아가서 이들 종교 안에서조차 수많은 교파나 종파들이 어떤 제한도 받지 않은 채 생겨나 공존하고 있는 것이 현실이다. 곧 불교의 경우 조계종, 태고종, 천태종 등 18개의 종단으로, 개신교의 경우에는 기감, 기장, 예장(통합), 예장(합동) 등 94개 교단으로 나

---

19) 《현대 사회와 신》, 76쪽. 이러한 버거의 생각은 베버로부터 물려받은 것으로 보인다. 베버는 변신론과 관련하여 비슷한 주장을 한 바 있다. 이에 대하여는 Max Weber, "The Social Psychology of the World Religions," Max Weber, 앞의 글, 271-275쪽을 볼 것.

20) 《종교와 사회》, 153쪽.

21) 이원규, "종교 다원주의 상황과 한국 교회", 《한국 교회의 사회학적 이해》(서울: 성서연구사, 1992), 27쪽.

뉘어져 있는 것이 이를 방증한다. 뿐만 아니라 기성의 체계화된 종교의 관점에서 이단으로 판단될 수밖에 없는 수많은 신흥 종교들도 난립하고 있다. 조사에 의해 확인된 것만도 393개에 이르고 있다.[22] 여기에 민간인들의 생활 속에 깊이 뿌리 내리고 있는 민간 신앙까지 고려한다면 한국사회는 종교의 전시장이라고 말할 수 있을 정도로, 종교 다원주의적 상황의 극치를 이루고 있다.

버거에 의하면 이러한 다원주의적 상황은 기존 종교에 심각한 위협이 되며, 그것에 효과적으로 적응하지 않으면 안 되는 사태를 낳는다.

> 다원주의 상황은 서로 경쟁하는 설득력 구조의 수를 증가시킨다. 결과적으로 다원주의적 상황은 설득력 구조의 종교적 내용들을 상대화시켜 버린다. 보다 자세하게 말하면 종교적 내용은 '탈객체화' 된다. 즉, 의식 안에서 당연시되는 객체적 실재의 지위를 박탈당해 버린다. 종교적인 내용은 이중적인 의미에서 주관화된다. 그것들의 '실재'는 개개인의 '사적인' 일이 된다. 즉, 자명한 상호 주관적 설득력의 성격을 잃어버린다. 그리하여 우리는 종교에 관해서 더 이상 '진실'을 말할 수 없게 된다.[23]

이와 같이 거부할 수 없는 세속화의 진전에 따라서 종교적 전통들은 자신의 내적 설득력을 상실하게 되었다. 이제 각 종교는 자체를 새롭게 정당화시켜야 하는 존립 근거에 관계되는 문제에 부딪히고 있는 것이다. 서구 사회에서 기독교가 직면했던 이러한 상황은 한국의 각종 종교는 말할 것도 없고, 개신교 안의 진보 진영 및 보수 진영 모두에게 원칙적으로 같다고 말할 수 있다.

---

22) 이에 대하여는 조흥윤, "신흥 종교", 윤이흠 외, 《한국인의 종교》(서울: 정음사, 1987), 150-164쪽을 볼 것. 글쓴이가 이것을 정리한 것은 1980년대이지만 대부분의 교단이 1950년대 또는 1960년대부터 변하지 않았다.

23) 위의 글, 167-168쪽.

2. 종교 다원주의와 진보/보수 진영

1) 시장 상황

버거에 의하면 위에서 말한 종교 다원주의적 상황의 발전은 시장 상황을 야기시킨다. 이 상황에 대한 그의 설명은 다음과 같다.

> 결과적으로 이전에는 권위 있게 부과할 수 있었던 종교적 전통을 이제는 시장에 내놓아야 한다. 다시 말해서, 종교적 전통은 더 이상 '구매' 하도록 강요받지 않는 고객들에게 '판매' 되어야 하는 것이다. 그리하여 다원주의적 상황은 무엇보다도 시장 상황이라고 말할 수 있다. 이러한 상황에서는 종교 제도가 매매 기관이 되며 종교적 전통은 소비자 상품이 된다. 이러한 상황에서는 어쨌든 종교 활동이 시장 경제의 논리에 의해서 지배당하게 된다.[24]

이러한 다원주의적 상황의 영향은 종교의 외적 측면에 국한되는 것이 아니라 종교의 내용, 곧 종교적 시장에 내어 놓는 상품에까지 미친다. 종교 제도가 사회에서 독점적인 위치를 차지하고 있을 때에는 종교의 내용을 신학적 원리에 따라서 종교 지도자들이 설득력 있다고 판단하는 것에 부합하도록 결정할 수 있었다. 그러나 다원주의적 상황에서는 종교 지도자들이 종교 내용을 결정하는 데 이전에는 없었던 세속적인 요소, 곧 소비자 선호를 고려해 넣지 않을 수 없게 되었다.[25] 종교가 세상에 심판의 메시지를 선포하던 것과는 달리 이제는 소비자에게 자신의 상품을 팔기 위해 소비자의 기호를 고려해야 한다.

결국 철저히 세속화된 세계에 살고 있는 소비자의 기호는 세속적일 수밖에 없을 것이고, 이에 걸맞은 종교의 내용 또한 세속적이어야 한다

---

24) 위의 글, 156쪽.

25) 위의 글, 162쪽.

는 말이 된다. 곧 일반 소비자들은 세속화된 자신들의 의식과 조화를 이룰 수 있는 종교적 제품을 그렇지 못한 것보다 더 좋아하게 된다는 것이다. 버거에 따르면 앞에서 논의한 바와 같이 세속화는 보편적인 추세이다. 그러므로 종교의 내용이 세속화되는 방향으로 변화하는 것 또한 필연적이라고 할 수 있다는 것이다. 심한 경우 세속화의 이와 같은 보편적 경향은 종교적 전통으로부터 거의 모든 초자연적 요소를 신중하게 배제시키도록 할 것이며, 세속적으로 변형된 종교 제도만이 계속 존속할 수 있도록 정당화시킬 것이다. 그렇지 않을 경우 종교의 초자연적 요소의 중요성을 격하시키든지, 아니면 초자연적인 요소를 뒤로 후퇴시켜 표면에 내세우지 않으면서 종교적 제도가 세속화된 의식의 기준에서도 가치 있다는 이름으로 판매될 것이라고 버거는 말한다.[26)]

이러한 종교적 시장 상황에서 한국의 종교는 제각기 경쟁적으로 고객을 유치하려는 치열한 싸움을 벌였다. 종교마다, 교파마다, 교회마다 자신의 교세 확장을 제일의 목표로 삼게 되는 결과를 가져왔다. 우리 사회에서 종교의 성공 척도는 그 종교의 교리를 사회에 효과적으로 전파하여 심는 것이라기보다는, 내용에 관계없이 고객을 얼마나 유치하고 있느냐가 결정적인 것이 되었다. 이것은 초기에 이단적 종교 운동으로 보이던 종교 집단이 세계적인 거대 교회가 된 후에, 진보적인 교회에 속한 종교적 지식인 및 학자들은 더 이상 교리 및 이념에 입각한 논쟁과 비판을 삼가고 있을 뿐만 아니라, 오히려 이들과 일치단결하여 범국민적 복음화를 위한 대형 집회를 자주하고 있다는 사실을 통해서 알 수 있다. 이 점에서 개신교의 보수 진영에 속한 교회들은 교인의 질과 사회 정의 이념을 내세워 주저했던 진보 진영의 교회와는 달리 훨씬 적극적이었다. 결과적으로 이런 면에서 보수 진영은 진보 진영과는 다른 차별적 급성장, 곧 양적 성장을 달성할 수 있었다.[27)]

---

26) 위의 글, 163쪽.

27) 이에 대하여는 나일선, "한국교회 성장의 비결들", 〈목회와 신학〉(1990년 2월), 57-66쪽 볼 것.

이와 관련해서 고객의 기호에 따라 한국 개신교의 종교적 내용 변질과 관련된 또 다른 주목할 만한 경우는 경제주의에 의해서 야기되었다. 박영신은, "경제라는 안경을 끼고 사물을 바라다보고, 경제라는 잣대를 갖다대어 모든 것을 평가하고, 일상생활을 경제적으로 파악하고, 경제로 자족해 하는 것"을 경제주의라고 규정하고,[28] 박 정권 이후 사회가 온통 경제주의에 빠져 있는 상태에서 국민들의 의식이 경제화되었다고 주장한다. 이 상황에서 교회 또한 예외일 수 없었다. 교회도 경제주의에 의해 식민화되었다. 다시 말해 하나님이 인간을 창조하신 목적이 경제적으로 잘 살아보라는 것이 아닌데도 불구하고, 마치 경제적으로 잘 사는 것이 인생의 목적인 양 생각하기 때문에 영광을 돌려야 될 존재가 왜곡되어 있다는 것이다. 따라서 "목회자들은 한국 교회를 이끌어 갈 때 순수한 의미의 부흥이 아니고 일종의 생산체를 확장시킬 수 있는 마케팅 전략으로 교회를 이끌어 가기 때문에 교회마다 물질적 풍요와 여유를 찾기에 급급하고, 기독교의 부흥과 영향력을 교회(인) 수와 헌금액 등에 비추어 모든 것을 물량적으로 측정하며, 교인들의 가정마다 물질적 축복을 비는 신앙(?)으로 넘치게 되었다"고 한다.[29] 이로 말미암아 한국 개신교에는 성장 제일주의 의식이 강해졌다. 이것이 교회의 궁극적인 목적이 되어 버려 수단과 목적이 바뀌는 현상이 나타났다. 한국 개신교가 거대한 숫자의 지역 교회와 교인 수를 가지고 있고, 막대한 양의 돈이 헌금으로 교회에 들어가지만 자체 교회의 유지와 확장 이외의 목적을 위해서 사용되는 돈은 무시해도 좋을 정도라는 사실이 이러한 바탕에서 이해될 수 있을 것이다. 진보 진영보다는 보수 진영의 교회들이 이러한 유형에 훨씬 친화적이었다는 것은 달리 설명이 필요없다.

종교 영역이 세속화되는 출발점은 1960년대 후반에 미국 교회들을

28) 박영신, "경제주의와 기독교", 정훈택 외, 《오늘의 기독교 어떻게 거듭나야 하는가》(서울: 대장간, 1991), 92쪽.

29) 위의 글, 243쪽.

압도했던 교회성장 신학에서 부터이다. 교회성장론은 로버트 슐러에 이르러 그 절정에 달했다. 그가 주장하는 교회 성장 요인은 종교가 그 본연의 기능인 궁극적인 의미를 사람들에게 제공하는 것이 아니라, 일종의 경제적인 요인이라 볼 수 있는 미국식 시장 원리를 곧바로 교회성장에 적용한다는 특징을 지니고 있다. 그는 자기 교회를 예수 그리스도를 위한 20에이커의 쇼핑센터로 묘사하고 있다. 그러면서 그는 성공적인 소매업의 일곱 원칙을 제시하고 있다. 교통이 편리한 위치에 교회가 있어야 한다는 것, 넓은 주차장뿐 아니라 잉여 주차장이 있어야 한다는 것, 나이와 관심에 따라 선택할 수 있는 다양한 상품이 있어야 한다는 것, 흔히 교회 활동에서 말하는 넓은 의미의 봉사가 아니라 훈련된 평신도가 교회성장을 위해 봉사해야 한다는 것, 과장된 광고를 통해 상품을 선전해야 한다는 것, 적극적인 사고방식을 해야 한다는 것, 돈이 첫째 문제는 아니지만 소매업을 성공시키기 위해서는 꼭 필요하다는 것을 원칙으로 들고 있다.[30] 이러한 현상은 한국 교회에서도 나타났다. 교회 행정학의 이론들은 경영학의 기법을 그대로 적용하여 이윤을 극대화하기 위한 방법들을 제시하고 있으며, 목회자의 역할에서도 행정 활동의 중요성이 크게 두드러졌다.[31]

이 영향으로 "복음의 상품화"라는 현상이 나타났다.[32] 곧 기독교의 복음을 원래의 의미대로 전하기보다는 사람들을 끌어들이기 위해 온갖 비성서적, 비신앙적 포장을 하고, 지나친 광고와 선전을 하면서 세상에 상품화하여 내놓는 일들이 생겨나게 된 것이다. 복음의 상품화된 가장 전형적인 모습은 신앙의 기복화이다. 신앙생활의 목적을 단지 물질적인

30) 로버트 슐러 지음, 조문경 옮김, 《성공적인 목회의 비결》(서울: 보이스사, 1976), 42-57쪽 볼 것.

31) 조동진, 《교회행정학》(서울: 창원사, 1964), 59쪽과 김득룡, 《현대교회 행정학신강》(서울: 총신대학출판부, 1985), 58-59쪽.

32) 이원규, "도시 산업사회와 교회", 이원규(엮음), 《한국 교회와 사회》(서울: 나단, 1989), 319쪽.

뜻에서의 축복받는 것으로 가르치고 생각한다. 여기서 보수 진영 목사들의 설교 내용을 깊이 살펴 볼 필요가 있다. 그 이유는 앞에서 말한 바와 같이 시장 상황에 처한 종교는 구매자의 선호에 맞는 종교적 상품을 내놓고 호소하게 되는데 기독교에서 종교적 상품이란 결국 설교라는 형태로 제시되기 때문이다. "복음의 상품화" 현상은 보수 진영의 목사들 설교에서 자주 나타난다.

> 우리 하나님 아버지는 부자십니다. 얼마든지 무엇이든지 가능하신 하나님이십니다. 떡을 달라 하면 떡을 주시고, 생선을 달라 하면 생선을 주시고 얼마든지 우리에게 주실 수 있는 하나님 앞에 여러분들이 그를 우리들의 아버지로 믿고 사는 것을 충심으로 감사하기 바랍니다.[33]

이러한 설교에서 믿음은 복 받기 위한 수단이 되어 버린다. 헌금은 마치 커다란 이익을 약속하는 주식 투자처럼 되었고, 교회는 건강을 보장받는 헬스클럽이 되어 버린다. 뿐만 아니라 자기 교단, 자기 교회가 가진 상품의 우수성을 나타내기 위해 타 교단, 타 교회의 상품에 대해서는 온갖 중상과 비방까지도 서슴지 않는 일들이 자행되기까지 한다.[34]

이러한 분석은 바로 한국 개신교의 보수 진영의 교회들이 진보 진영의 교회들에 비하여 어떻게 더 성장할 수 있었는가를 설명해 준다. 진보 진영이 주장하고 있는 사회 참여나 특히 정치 참여라는 종교적 상품은 개인 소비자들의 기호와는 맞지 않기 때문에 판매되기가 어렵다. 오히려 그들의 기호, 곧 자기 자신과 가족의 이익을 도모하고 잘되는 것에 대한 관심을 채워줄 수 있는 보수 진영 교회의 상품이 구매력을 높이게 되어 소비자들에게 판매되는 것이다. 이것은 곧바로 사람들이 보수적인 교회에 몰려들게 된다는 것을 의미한다.

---

33) 이만신, 《풍성한 생명》(서울: 보이스사, 1982), 215쪽.

34) 이원규(1992), 앞의 글, 33-34쪽을 볼 것.

경제학 이론에는 세이의 “판로 법칙”[35]이라는 것이 있다. 이것은 “공급이 그 스스로 수요를 창출한다”는 내용을 골자로 하고 있다. 이 이론에 따르면, 한국의 보수 진영 교회들은 진보 진영 교회들보다 더 많은 신학생을 배출하고, 더 많은 목회자들을 세우고, 더 많은 교회당을 세움으로써 사회 속에 더 많은 신자들을 만들 수 있었고, 그것은 결국 교회의 양적 성장을 위한 발판이 되었다고 할 수 있다.[36]

다른 말로 표현하면, 한국의 보수 진영 교회들은 지역 교회의 필요에 맞추어 합리적인 계획 하에 교역자를 양성하거나 새로운 교회를 만들었다기보다는, 언제나 그 숫자가 현장의 수용을 크게 앞지르고 있었다는 것이다. 이는 한국 교회가 전체적으로 보면 엄청난 재원을 가지고 있으면서도, 개별 교회 차원에서는 자체 유지와 성장 이외에(사회봉사 및 구제 등) 사용할 어떤 재원도 발견할 수 없게 만든 중요한 이유의 하나이다. 이러한 일반적인 경향은 교회 성장에 대한 보수 진영에 속한 한 설교자의 평가에서도 드러난다.

> 제가 부임하던 해에…8백 수십 명밖에 되지 못했는데 지금은 교인수가 1,800여 명이 되었습니다…뿐만 아니라 물질적인 면에서도 축복을 받아 1천만 원, 1천 4백만 원을 매년 예산으로 세우던 교회가 지금은 6천만 원 이상으로 물질적인 면에서도 축복을 받았습니다.[37]

진보/보수 진영 교회를 이끄는 목사들의 설교는 여러 유형으로 분류될 수 있다. 그러나 흥미 있는 한 가지 사실은 각자의 입장에서 성서를 해석하고 있다는 것이다. 이것이 가장 극명하게 드러나는 곳은 기독교

---

35) 이에 대하여는 성창환,《경제 원론》(서울: 박영사, 1975), 40쪽을 볼 것.

36) 당시에는 목사 안수를 받고 나면, 기성 교회에서는 목회를 할 수 없고, 반드시 교회당을 새로 세워서 개척 교회에서 목회를 해야만 하도록 하는 교단도 있었다.

37) 이만신,《하늘문이 열리다》(서울: 보이스사, 1978), 274쪽. 1979년 현재 성결교회 예산 평균 액수가 1천 2백만 원 정도인 것을 감안하면, 이 교회는 확실히 매우 성장한 교회이다.

의 가장 기본적이고도 중심적인 문제인 구원에 관련된 부분이다. 위의 글에서 보수 진영의 교회들은 구원을 지극히 좁은 의미로 해석하고 있다는 특징을 보이고 있다. 구원이란 개인적인 죄로부터의 구원만을 의미한다. 그러나 사회 참여를 강조하는 진보주의 진영에 속하는 교회들은 이들과는 전혀 다른 생각을 가지고 있다. 곧 내세적인 구원이 있는 반면에 현세적인 구원도 있다는 것이다.[38] 왜냐하면 현세적인 구원이란 현실 사회 속에서 하나님 나라 사상에 따라 사회정의를 이룸으로써 실현되는 것이기 때문이다.[39]

2) 종교의 사적 영역으로의 퇴거

다원주의 상황이 만들어낸 또 다른 결과는 종교를 사적 문제의 영역으로 퇴거시켰다는 것이다. 이에 대하여 버거는 다음과 같이 말한다.

> 종교는 이와 같이 일상적인 사회생활의 사적인 영역에 위치해 있으며, 근대 사회에 있어서 이러한 사적인 영역에 특이한 성격에 의해서 특징지어진다. 그 본질적인 특징의 하나는 개인주의화이다. 이것은 사적 영역으로 물러난 종교가 개인이나 핵가족의 '선택'이나 '선호'의 문제이며 결과적으로 공통적이고 구속력 있는 성격을 사실상 박탈당해 버렸다는 것을 말한다.[40]

위에서 살펴본 시장 상황과 종교의 사적 문제는 서로 밀접한 관계를 맺고 있다. 종교가 사회적으로 의미 있는 적합성을 갖는 것이 일차적으로 사적인 영역에 있기 때문에, 시장 상황에서 소비자 선호는 바로 이러한 사적 영역의 욕구를 반영한다. 결국 이러한 상황에서 종교가 대규모의 공적인 제도에 적합하다고 선전하는 것 대신에, 사적인 생활에 적

38) 박형규, "구원과 해방", 《해방을 위한 순례》(서울: 풀빛, 1984), 105-107쪽.
39) 서광선, "예수의 선교", 〈기독교사상〉(1979년 12월), 46쪽.
40) 피터 버거, 앞의 글, 151-152쪽.

합성이 있다는 것을 보여줄 수 있다면, 종교는 그만큼 더 쉽게 상품화 될 수 있다. 버거에 의하면 이런 차원에서 사적인 생활에 대해 종교가 적합성을 갖는 이유는 그것이 지니는 도덕적인 기능과 치유적인 기능 때문이다.[41]

이 점에서 한국 개신교의 보수 진영과 진보 진영은 두드러진 차이를 보이고 있다. 우리 사회에서 개인들의 관심과 삶의 중요한 부분은 사적인 영역에 집중되어 있다. 이것은 또한 한국사회의 특수성과 맞물려 가족주의라는 집단적 이기주의를 낳았다. 곧 산업화 과정과 엇물려서 가족 및 유사 가족의 복리를 공적 목표보다 앞세우는 집단 이기주의로 발전하게 되었다.[42] 이에 따라 절대 다수가 자신과 가족에 대한 축복, 특히 물질적 축복에 대한 욕구를 강하게 지니게 되었다. 진보 진영이 아닌 보수 진영의 교회들이 이러한 욕구를 채워 주었던 것이다. 1970년대에 성령 운동을 주도했던 한 목사는 자신의 설교 철학을, 오직 대중들이 요구하는 것을 정확하게 찾아내어 그 요구를 충족시켜 주는 것이었다고 말한다.[43]

> 교인들은 교회에 윤리나 철학이나 도덕 강의를 들으러 오지 않습니다. 문제는 교회의 숫자가 늘어나야 부흥하고 천국을 확대하려면 목마른 사람에게서 물을 마시게 하느냐, 안하느냐 이것이 가장 결정적인 문제입니다.[44]

이른바 유명한 삼박자 구원이란 것도 실제로는 대중의 욕구에 대한 적응에서 도출된 것이었다.[45] 이러한 설교 철학에 따라서 기독교의 성

41) 위의 글, 163쪽.

42) 이에 대하여는 박영신, "한국 사회의 구조와 변동", "한국 사회의 변동과 가족주의", 《역사와 사회변동》(서울: 민영사/한국사회학연구소, 1987)을 볼 것.

43) 조용기, "목회자와 설교철학", 순복음교육연구소(엮음), 〈교회성장〉 1집(서울: 영산출판사, 1981), 21쪽.

44) 조용기, "성령과 목회", 순복음교육연구소(엮음), 윗 글, 3집(서울: 영산, 1983), 30쪽.

령은 무속적 전통의 맥락에서 이해된다. 결과적으로, 성령은 세속적 물질주의를 강조하는 데 기능적인 역할을 하게 된다. 이러한 유형의 목회자들은 소비 지향적 경제 체제를 아무런 조건 없이 축복하게 된다. 결국 성령의 은사라는 것은 다름 아닌 성장과 발전, 성공의 은사가 되어 버린다.

> 여러분이 믿고 순종하는 생활을 하면 동남풍이 불고 서남풍이 불며 환경이 칠흑같이 어두워도 모든 것이 협력하여 선을 이루게 된다는 궁극적인 신념이 생기게 되는 것입니다. 꿈이 없는 백성은 망합니다. 하나님의 성령이 오시면 젊은이에게는 환상을, 하나님의 성령께서는 예수 그리스도 안에서 종국적으로 삼박자 축복이 내 것이라는 꿈과 환상을 버리지 않게 하십니다.[46]

이러한 설교는 시장 상황과 종교의 사적 영역으로의 퇴거에 직면한 기독교의 보수 진영이 구매자에게 호소하기 위하여 만든 일종의 기획상품이라고 말할 수 있다. 그리고 교회의 성장에 지나치게 집착한 나머지 목적이 수단을 정당화해서, 이른바 먹혀 들어가는 방법이면 성경과는 무관한 잘못된 방법을 사용해도 상관이 없었다.[47]

또한 이러한 설교는 마르크스에 의해서 비판 받았듯이 민중의 아편으로서의 역할을 할 뿐이며, 오히려 중산층의 물질주의적 가치관에 그대로 영합하는 문제점을 안고 있다. 그리고 가난한 자, 억눌린 자를 위하기보다는 현실 유지와 기득권에 연연했으며 부자와 권세 잡은 자의 기득권 유지에 기여하여 결국 고도 경제 성장 정책의 시녀 노릇을 한

---

45) 위의 글, 34쪽을 볼 것. 여기서 삼박자 구원이란 예수의 구원을 세 가지 곧 영혼의 구원과 육체의 구원 외에 생활의 축복을 포함하는 것으로 해석하는 독특한 성서 해석으로서, 특히 물질적인 축복을 강조하고 있다. 이에 대하여는 조용기, 《삼박자 구원》(서울: 영산, 1977)을 볼 것.

46) 조용기, "궁극적인 신념", 《더 깊은 곳으로》(서울: 서울서적, 1986), 79-88쪽.

47) 정성구, 《한국교회 설교사》(서울: 총신대학출판부, 1986), 395쪽.

결과를 낳은 것이다.

이제 기독 신앙은 개인과 사회를 긴밀하게 연결시키지 못하게 되었고 있다. 개인의 신앙은 직장, 교회, 사회생활에서의 변화를 수반하지 않는 자기 내면의 영적 차원의 문제가 되어버린다. 버거가 주장하고 있는 바와 같이 종교나 신앙은 사회적 현상이라기보다는 개인 또는 가족 현상이거나, 그렇지 않을 경우 경제적 및 정치적인 제도 안에서의 '행동'과는 어떤 적합성도 가지지 못하는 사적 도덕의 문제가 되어 버린다는 것이다. 보기를 들면, 사업가나 정치가는 종교적으로 정당화된 가족생활의 규범들을 충실히 지킬 수 있지만, 공적인 영역에서는 종교적 가치에 따른 규범들을 준수하지 않는 표리부동한 삶을 살아가게 되는 것이다. 실제로 사회적으로 큰 물의를 빚는 사건이 일어날 때, 그 주범들이 어느 교회의 집사나 장로, 또는 목사였던 경우가 자주 있었다.

한편, 조선시대 이래로 우리나라의 지배적인 종교였던 유교는 막스 베버가 자신의 연구에서 보여주었듯이 전형적인 보수적 성향을 가지고 있었다.[48] 유교는 현실을 주어진 것으로 받아들임으로 체제 순응적이고 보수적인 사회 윤리를 만들어 일반인들에게 심어왔다. 결국 강한 유교적 전통의 영향을 받아온 우리 사회의 일반 사람들의 정서는 보수적인 성향을 띠게 되었다. 바로 이러한 상황에서 기독교가 선진 산업사회 및 서구 문화를 종교적으로 대표하는 신흥 종교로서 급부상했던 것이다.[49] 따라서 사람들이 앞서 논의한 바와 같은 성격을 가지고 있고, 규모가

48) 이것은 막스 베버가 《유교와 도교》(이상율 옮김)(서울: 문예, 1990)에서 중국 사회에서 청교도와 비교하여 유교에 대하여 분석한 결과이다.

49) 이것은 특히 한국 사회의 재구조화 과정과 관련되는데, 한국 사회는 일제 강점기와 6·25 전쟁으로 말미암아 전통적인 사회 계층이 완전히 무너져 내리고 처음 상태에서 다시 시작해야 할 형편이었다. 이러한 상황에서 기독교는 사회 이동의 역할을 담당했던 것으로 보인다. 기존의 사회 제도가 대부분 뒤바뀌게 되고 이제는 사람들을 판단할 만한 마땅한 기준이 없었을 때에 기독교 신자라는 것은 하나의 판단의 기준으로서 작용했을 가능성이 높다. 이에 대하여는 더 자세한 논의가 필요할 것이나, 베버는 미국 사회에 대하여 이와 비슷한 주장을 한 바 있다. 이에 대하여는 Max Weber,

큰 보수적인 교회에 이끌린 것은 자연스런 귀결이었다.

위에서 살펴본 바와 같이, 한국 개신교 특히 보수 진영이 자신의 종교 내용을 사적인 문제의 영역에 얼마나 철저히 적응시키고 있는가는 목회자들의 설교 내용을 분석하고 있는 통계 자료에 의해서도 입증될 수 있다. 곧 한 보고서에 의하면,[50] 평신도들이 교회 생활에서 소중하게 얻었다고 대답한 항목을 살펴보면, 신앙생활 자체가 현실을 신의 뜻에 따라 합리적으로 장악하는 것과는 거리가 먼 내세에 대한 소망이 신앙생활의 가장 중요한 소득으로 부각되고 있음을 알 수 있다.[51]

이러한 결과는 각 지역 교회의 목사들이 이와 같은 종류에 걸맞은 주제를 설교해온 데 그 원인이 있었다. 곧 현재 자신의 교회에서 설교되고 있는 주제가 무엇이냐는 질문에 대한 교인들과 교회 지도자들의 대답에서 사적인 문제가 된 좁은 종교적 경험이 사회 윤리적 규범보다 앞서고 있다는 것이다.[52] 이것은 목회자들 자신이 종교를 철저히 사적인 문제로 이해하고 있다는 말이 된다. 특히 지역 교회의 지도자들이 주로 설교하는 내용은 죄의 용서와 내세의 소망이 주를 이루며, 사회적 책임에 관한 것은 일부에 지나지 않고, 나라 일에 관한 것은 전혀 없었다.[53]

결과적으로, 일반 평신도와 교회 지도자 모두에게 가장 중요시되는 것은 개인적인 구원 및 내세에 대한 소망과 같은 것으로 종교는 완전히 사적인 문제로 되어버린 것이다. 공적인 영역 곧 사회적인 관심은 매우 저조하였던 것이다.

"The Protestant Sects And The Spirit of Capitalism," Max Weber, 앞의 글을 볼 것.

50) 현대사회연구소,《한국교회성장과 신앙 양태에 관한 조사연구》(1982).

51) 위의 글, 57-61쪽.

52) 위의 글, 70-71쪽.

53) 위의 글, 134쪽.

3) 표준화와 한계 분화

위에서 논의한 바와 같이 세속화의 상황에서 종교적 내용이 소비자 선호라는 역학에 의해 통제되기 때문에, 종교적 내용은 자유 시장에 작동하는 압력 아래에서 표준화되고 소비자 계층의 특성에 맞추기 위해 한계 분화를 일으키게 된다.[54] 여기서 한계 분화란, 판매되는 자기 교파의 제품을 경쟁하고 있는 다른 종교 집단의 것과 구분할 필요성에서 각 집단은 자신의 신앙고백적 유산을 강조하게 된다는 것이다. 물론 이러한 한계 분화는 겉에 드러나는 포장만의 구분이고, 속에는 이전에 표준화되었던 것과 똑같은 내용이 들어 있을 수도 있다.

개신교 안에서 나타나는 표준화의 보기로는 다음과 같은 것들을 들 수 있다. 곧 유행하다시피한 적극적인 사고방식, 물질적 축복, 헌금 강조, 치유운동, 성령운동, 부성회, 산상 기도회, 절기에 따른 대형 종교 연합집회, 총동원 주일 행사 등이 그것이다. 교회들이 앞다투어 교육관, 수양관, 기도원 등을 건립하는 것도 이에 해당한다. 아울러 성공적으로 성장하는 교회의 전략과 목회 지침이 성장 모델이 되고 있는 것에서도 그 보기를 발견할 수 있다.[55] 이와 함께 우리는 한계 분화에 대한 보기도 쉽게 찾아낼 수 있다. 개신교 안에 수도 없이 많은 교단이란 모두 그 시작을 자기 교파의 독특성을 내세우며 분열된 데서 유래했다는 역사적 사실을 들 수 있다. 그리고 개별 지역 교회들이 자기 교회의 특성을 강조하면서 유독 자기 교회에 출석하여 예배를 드려야만 '주일 성수'를 하는 것이라고 주장하고 있는 데서 또한 그 보기를 발견할 수 있다. 여기에서 표준화가 전체 한국 개신교의 성장에 관련되어 있는 반면에, 한계 분화는 특히 보수 진영 교회들이 효과적으로 활용하여 차별적 성장을 이룩하게 되었다고 잠정적인 결론을 내릴 수 있을 것이다.

---

54) 피터 버거, 앞의 글, 164쪽.

55) 이원규, 앞의 글, 32-33쪽을 볼 것.

미국과 캐나다의 보수 교회들의 성장을 설명하고 있는 딘 켈리의 논의는 우리의 관심을 끈다. 그는 이 지역의 보수 교회들이 성장하는 이유는 그들이 종교의 본질적인 기능, 곧 궁극적인 삶의 문제에 진지하게 해답을 주는 역할을 강조하고 있기 때문이라고 한다.[56] 인간의 종교성 자체가 세속적 경향을 띠게 되었다는 사실은 역설적으로 종교로 하여금 세속화를 거부함으로써 더욱 더 그 본질적 기능을 수행하도록 요구한다는 것이다.[57] 따라서 이들 지역의 보수적인 교회들은 순수화의 전략, 가르침과 의식에서 간단하고 기본적인 원리로 되돌아감으로써 세속화에 대응해 왔다는 것을 알 수 있다.[58]

이와 마찬가지로 한국의 보수 진영 교회들은 세속화의 영향을 거부하는 방편으로 종교적인 순수성과 보수성을 강조하고 있지만, 이 경우 이들의 주장과는 달리 종교적인 순수성을 강조하는 행위 자체가 세속화의 영향을 반영하고 있는 것이다. 다시 말해서 보수 교회들은 다른 많은 교회들과 많은 종교 단체들과의 경쟁 속에서 그들과의 차별성을 높이기 위해서, 자신들의 독특성 또는 정통성을 강조함으로써 사람들의 또 다른 욕구를 채워주고자 하였다. 이러한 교회들은 주로 보수주의적인 신학에 입각한 설교를 행했다.

> 우리 한국 교회의 지도자들과 성도들은 우리 교회의 70년 역사에 나타난 조상들의 확고부동한 신앙으로 돌아가 그것을 고수할 것을 요구합니다. 우리는 신, 구약 성경을 정확하고 무오한 하나님의 말씀임을 가르치기에 심혈을 기울인 신학자 마포삼열과 나부열과 이병서와 노드만의

---

56) Dean Kelley, "Comment: Why Conservative Churches are Still Growing," *Journal for the Scientific Study of Religion*, 17권 2호(1978), 170쪽.

57) 위의 글, 166쪽.

58) 이에 대하여는 Dean Kelley, *Why the Conservative Churches are Growing* (New York: Harper & Row, 1972)와 Reginald Bibby, "Why Conservative Churches Really are Growing: Kelley Revisited," *Journal for the Scientific Study of Religion*, 위의 글을 볼 것.

신앙을 고수하여야 합니다.[59)]

보수적인 진영에서 자신들을 특화시키는 한계 분화의 중요한 방법은 초자연적인 것을 강조하는 것이다. 보수 진영의 한 설교자는 예수 그리스도의 생애가 모두 기적의 연속이며, 죄인의 구원도 기적의 역사이므로 기적을 제외하고는 기독교를 논의할 수 없다고 잘라 말하고 있다.

> 인간 역사의 주인이 되시며 구체적으로 간섭하시는 하나님은 인간이 예기치 못했던 일로 우리에게 보다 근원적이며 영원한 것으로 축복해 주심을 믿고 나사렛 예수 그리스도의 이름으로 병든 사회, 비인간화로 앉은뱅이가 된 우리 형제들을 오른손을 붙들어 일으켜 새로운 소망과 삶의 용기를 얻도록 해야 할 것이다.[60)]

이런 방식으로 자신을 특화시킨다는 것은 다른 종교 집단에 대해 강한 배타주의적 성향을 드러낸다. 그러나 중요한 것은 이것이 보수 진영 교회의 성장에 한 몫을 담당하고 있다는 사실이다. 일반적으로 종교적 배타주의는 자기 우월주의에 터하고 있다. 우월주의에 빠져 있는 사람들은 자신들을 선택된 거룩한 백성으로 여기면서 타인들은 열등한 존재로 비하시키게 된다. 이러한 우월주의는 배타주의와 결합되어 자기가 소속되어 있는 종교 집단에 대한 연대 의식을 강화시킨다. 그리고 집단 내의 결속력이 강하면 강할수록 다른 집단에 대한 적대감 또한 이와 비례해서 강하게 된다. 이러한 종교적 배타주의가 강하게 지배하고 있

59) 박형룡, "우리 조상들의 신앙", 《박형룡 박사 저작선집 XIX》(서울: 한국기독교교육연구원, 1983), 222쪽. 이러한 설교는 우리가 발을 딛고 사는 삶과 역사에 대하여 그리스도인들이 어떠한 태도를 가져야 할 것인가에 대하여는 말하지 않는다. 이에 대하여는 김동욱, "한국 교회 설교 유형에 관한 연구"(연세대학교 석사학위논문, 1983), 76-77쪽을 볼 것.

60) 김선도, "예기치 못했던 기적", 〈기독교사상〉(1973. 7), 27쪽. 이러한 설교를 문자 그대로보다는 상징적으로 이해할 수도 있지만, 다른 설교문들과 비교해 볼 때 상징적인 의미보다는 기적 그 자체를 강조한 것으로 보인다.

는 집단에서는 자신의 믿음을 위해서 타 집단에 대해 호전적일 것을 장려하는 경향이 있다. 이러한 집단 역학 속에서 종교 지도자들은 추종자들을 쉽게 동원할 수 있게 되고, 해당 교회는 양적인 성장을 하게 되는 것이다.[61)]

건전한 사회생활, 사회 문제에 대한 교회의 기여, 사회봉사나 구제 활동 등은 이러한 보수 진영의 공동체들에게는 기독교 복음의 본질적 내용과 직접 관련이 없는 부차적인 것이다. 이들의 집단 우월주의나 배타주의는 이러한 사회 참여적인 것들과는 아무런 상관이 없는 그들 '특유'의 신앙 내용에 바탕을 두고 있다. 보기로서 1970년대에 '구원파'라고 불리는 종교 집단을 들 수 있다. 이들은 구원에 대해 특이한 개념을 가지고 있었다. 그리고 이를 통해서 자기 집단의 우월성 및 배타 의식을 표출해 왔던 것이다.[62)]

이러한 유형의 공동체들은 의도적으로 세상으로부터 자신들을 고립시키거나 분리시키면서 사회·문화적인 측면보다 종교적 전통의 우월성 및 완전한 자족성을 강조한다는 특징을 갖고 있다.

다음으로 우리는 1970년대에 한국의 개신교가 심각하게 직면하고 있었던 사회 정의 문제에 대해 보수 진영의 교회들이 진보 진영과는 달리 특이한 방식으로 기독교의 '사회 참여'와 관련된 한계 분화를 하고 있음을 주목해 볼 필요가 있다. 보수 진영의 교회들은 직접적인 정치 참여에서 오는 사회 정치적 탄압을 피하면서도, 사회 정의를 위한 자신들의 헌신과 그 의미를 규정하면서 그들의 교리를 신자들에게 제시하고 있다. 신자들이 이것을 위해 지불하는 비용은 진보 진영의 그것에 비하면 훨씬 적으면서도, 그들은 헌신에 따른 심리적 만족을 얻을 수 있었을 것이다.

---

61) 이에 대하여는 이원규, "한국 사회와 종교 갈등-개신교 배타주의 성향의 문제를 중심으로", 《한국 교회의 사회학적 이해》(서울: 성서연구사, 1992), 47-50쪽을 볼 것.

62) 이에 대하여 탁명환, 《세칭 구원파의 정체》(서울: 신흥종교문제연구소, 1975), 98-99쪽을 볼 것.

보수적인 교회들이 세속화에 반응하는 또 하나의 방식은, 순수 종교적인 것과 내적인 관련성 없이 사회봉사도 필요한 것이라고 주장하는 형식을 취한다. 이 때문에 이들 교회에 속한 이들의 사회적인 봉사 활동이 아무리 강력하다 해도, 그것은 깊은 의미에서 여전히 세속적인 것에 머물러 있을 뿐 종교적인 의미를 갖지 못한다. 이 둘 사이는 이율배반적 관계라고 규정할 수 있다. 이는 보수 교회의 대표적인 지도자에 속하는 한 목사의 설교에서 확인된다.

> 오늘 우리 한국에 있어서 제일 중요한 일은 철저한 반공정신과 국력배양으로 북괴의 재침략을 막아야 하며, 우리 사회를 좀먹는 부정부패와 온갖 부조리를 일소해야 하며, 경제발전에 따르는 폐단과 빈부의 격차를 막아 온 국민이 같은 혜택을 입고 잘 살 수 있는 나라를 만드는 데 있습니다. 다만 이 사회 참여에 대하여 우리가 기억해야 할 것은 교회와 정치는 반드시 분리되어야 합니다. 그리스도인은 **개인적으로** 사회운동과 정치 활동에 헌신해야 합니다.[63]

한국사회에서 대표적인 중산층에 해당하는 사람들이 이러한 유형의 교회들에 집중되어 있다는 사실은 널리 알려져 있다. 중산층에 속하는 사람들은 다른 어떤 사회 계층의 사람들보다도 좁은 종교적인 욕구와 아울러 세속에서의 자신의 특권적 지위를 계속 보존하고자 하는 이해관계를 동시에 갖게 된다. 사회적인 안정은 동시에 좁은 뜻에서의 종교적 욕구를 촉발시킨다. 그렇지만 이러한 종교적 이념에 따라 세속을 거부하거나 개혁하기에는 자신들이 누리고 있는 세속적 특권이 너무 중

---

63) 한경직, "올바른 신앙 노선", 《한경직 목사 설교전집 VII》(서울: 기독교문사, 1987), 415-421쪽. 강조는 필자의 것임. 그가 말하는 사회 참여는 주로 사회봉사에 해당하는 것이다. 구조적인 문제를 지적하고 있는 것으로 보이지만 결국에는 정교를 분리하고 '개인적인' 사회 참여를 강조함으로써 구조적인 문제의 책임을 개인으로 돌리고 있는 것이다. 그리고 공산주의에 대해서는 신랄하게 비판하지만 한국 역사를 어둡게 한 독재 정권에 대해서는 묵인함으로써 역사적 상황을 외면했다는 비판을 받을 수밖에 없다(김동욱, 위의 글, 82-83쪽).

요하다. 이런 점에서 이들은 이율배반적인 사회적 처지에 놓여 있다고 할 수 있다.[64] 보수적인 교회들이 1970년대의 산업화와 더불어 두터워진 중산층을 끌어들여 양적인 급성장을 할 수 있었다는 사실은 그들이 위와 같은 전략적인 방식으로 자신들을 특화시켰다고 할 수 있다.

V. 맺는 말

이 글에서는 '세속화'라는 보편적인 흐름과 '교회의 성장'이라는 어떻게 보면 서로 어울릴 수 없는 두 주제를 연결시켜서 논하였다. 이것이 어울릴 수 없다는 것은, 세속화 경향 속에서는 종교가 사적인 영역으로 퇴거함으로써 이전과 같은 영향력을 행사할 수 없게 되었고, 이러한 교회에 사람들이 몰린다는 것은 언뜻 납득하기 어려운 것이기 때문이다. 그러나 이제까지의 논의는 세속화의 거센 압력에서 개신교 안의 각 진영 교회의 지도자들이 자신의 종교 전통을 각기 다르게 선택하고 해석했으며 또한 이를 각기 다르게 한계 분화함으로써 한국 교회가 양적으로 성장하고 그것이 특히 보수적인 교회에서 이루어졌다는 것을 보여 준다. 결국 세속화의 경향이 보편적이라고는 하지만, 이것이 각 종교가 선택하고 결정할 아무런 자유의 공간이 없다는 것을 의미하지는 않는다. 분명하게 드러난 보수와 진보 진영 사이의 차별적 성장은, 각 유형의 교회들의 주체적인 활동의 결과였다.

물론 개별 교회의 지도자들이 물질적인 이해 관계 때문에 자신들의 방향을 결정한 것이라고 할 수는 없다. 그러므로 이 글은 이들에게 자신들의 행위가 어떤 과정에서 이루어졌고, 그것이 의미하는 바가 무엇인가를 인식하게 하는데 의의를 가진다고 할 수 있다. 이와 아울러, 보

---

64) 이와 관련하여 "복음의 중산층화"라는 개념이 있다. 이에 대하여는 로버트 웨버 지음, 박승룡 옮김, 《기독교 사회 운동》(서울: 라브리, 1990), 21쪽과 존 스타트 지음, 정성구 옮김, 《현대 교회와 설교》(서울: 풍만, 1985), 176-185쪽을 볼 것.

수 진영 교회들의 양적 급성장이 종교 집단에서 주장하는 자신들의 집단에 진리가 있기 때문이라는 주장을 액면 그대로 받아들일 수 없으며, 양적 성장 자체가 해당 집단을 사회적으로 정당화시킨다는 주장에 대해서 이의를 제기할 수 있다. 얼마 전에 물의를 빚었던 시한부 종말론 사건은 이런 점에서 우리에게 많은 것을 시사해 준다.

우리 사회는 1990년대 들어서 더욱 급변하고 있다. 그러나 사회가 아무리 변하고 사회를 구성하는 인간들이 아무리 변해도, 삶에 대한 궁극적인 의미와 관련된 문제는 결코 인간을 떠나지 않는 문제로 남아 있다. 한국 교회가 사회 안에서 의미 있는 역할을 감당하기 위해서는, 세속적 가치에 영합할 것이 아니라, 성서의 본 뜻에 터한 기독교적 이상을 제시하고 이에 따른 실천과 참여의 마당에서 현존 질서의 정당성을 언제이고 도전할 수 있는 힘을 뿜어 낼 수 있어야만 할 것이다.

이 글은 정재영, 한국인문사회과학회, 〈현상과 인식〉(제18권 4호 1995)에 실린 것이다.

2. 세속화 시대에 설교의 의미

I. 들어가는 말

최근에 실시한 기독교인에 대한 여론 조사에 따르면, 현재 다니는 교회를 택한 가장 큰 이유는 거리상의 이유를 제외하면, "목사님의 설교가 좋아서"가 가장 큰 이유였다. 그리고 당회장 목사에 대한 만족도 조사에서는 설교에 대한 만족도가 90%를 육박해 수위를 차지했다.[1]

이와 같이 대부분의 기독교인들은 교회에서 목회자의 여러 가지 역할 중에서 설교를 가장 중요한 역할이라고 생각한다. 뿐만 아니라 흔히 기독교는 말씀의 종교라고 할 만큼 매주일 드려지는 예배에서도 설교는 매우 중요한 요소임에 틀림없다.[2] 한 학자는 미국의 청교도들이 평생 들은 설교 시간은 거의 1만 5천 시간쯤 된다고 보고한 바 있다.[3] 수

1) 한미준 · 한국 갤럽,《한국교회 미래 리포트》(서울: 두란노, 2005), 208쪽과 217쪽.

2) 예배에서 차지하는 설교의 중요성에 대하여는 김순환, "설교의 목적", 한국복음주의 실천신학회 엮음,《복음주의 설교학》(서울: 기독교문서선교회, 2003), 24-26쪽을 볼 것.

많은 교회에서 매주일 여러 차례 예배가 드려지고 교회마다 각기 다른 설교가 전해진다. 이러한 설교는 목회자의 목회 철학에 따라 차이가 나겠지만, 또한 시대에 따라 차이가 나기도 한다. 초대 교회에서의 설교와 중세 시대의 설교, 그리고 종교개혁 시기에 전해진 설교는 각기 다른 특징을 띠고 있는 것으로 나타난다.[4)]

그렇다면 현대 교회에서 선포되는 설교는 어떤 특징을 지니고 있을까? 현대 교회에서는 현대라는 시대에 상응하는 설교가 이루어지고 있을 것이다. 따라서 기독교 교리를 설명하는 설교가 현 시대의 특성과 반응하여 어떤 차이를 낳는지 종교사회학 관점에서 설명해 보는 것은 의미 있는 작업이라고 여겨진다.

현대 사회를 가리키는 말은 탈산업화 사회, 정보화 사회, 지식 사회, 서비스 사회, 포스트모던 사회 등 다양하지만, 종교사회학의 관점에서 본다면 세속화 시대라는 표현이 세속화 개념을 둘러싼 논쟁에도 불구하고 여전히 유효하리라고 생각한다. 사회학자들은 종교와 관련하여 근대 이후에 세계에서 일어나고 있는 거대하고 근본적인 변화를 세속화라는 말로 표현하고 있다. 세속화는 종교와 사회 변동과 관련된 논의에서 빠뜨릴 수 없는 주제이며, 인간의 삶의 존재 이유에 대해 관심을 갖는 사회학자들이 행하는 매우 의미 있는 작업이기도 하다.[5)] 그러나 우리 사회에서 세속화에 대한 이해는 여전히 모호하게 남아 있으며 세속화에 대한 논쟁 또한 매우 다양하다. 특히 기독교계에서는 좁은 의미로 '교회의 세속화' 곧 교회가 세속의 가치에 매몰되어 교회 자체가 병들고 심지어는 부패했다고까지 표현되는 하나의 병리 현상으로 이해되는

---

3) Marsha G. Witten, *All is Forgiven: The Secular Message in American Protestantism* (Princeton University Press, 1993), 11쪽.

4) 설교의 역사에 대하여는 정인교, "설교의 역사", 한국복음주의 실천신학회 엮음, 앞의 글을 볼 것.

5) 김성건, "세속화에 관한 사회학적 연구", 《종교와 이데올로기》(서울: 민영사, 1991), 11-12쪽.

경우가 많다. 세속화에 대한 이러한 이해가 완전히 틀렸다고 할 수는 없으나 이것은 세속화 개념의 한쪽 면만 보는 데서 오는 오해라고 할 수 있다. 이렇게 세속화에 대한 이해가 다양한 것은 세속화라는 낱말이 워낙 다중의 의미를 가지고 있기 때문이다. 이 글에서는 종교사회학 분야에서 진행된 세속화 논의에 대하여 살펴보고 세속화 개념을 중심으로 현대 사회에서 설교가 갖는 의미에 대해서 논하고자 한다.

II. 세속화론

앞에서 말한 대로 세속화라는 말은 다중의 의미를 가지고 있다. 중세에는 교역자가 교구를 책임지는 과정을 설명하는 말에서 교황과 황제의 분리로 교권으로부터 정치적 주권자에게 책임을 넘겨주는 것을 의미하는 말로 확장되었다. 그리고 19세기 중엽부터 세속화는 정치 · 법률 영역에서 문화·철학 영역으로 확대되어 매우 광범위하게 쓰이기 시작했다.[6]

종교사회학의 관점에서 세속화는 "종교가 신앙과 의식 그리고 인간의 일상생활에 대한 영향이라는 측면에서 쇠퇴하고 있는가"의 문제와 관련된다. 현대 종교사회학에서 처음으로 세속화를 중심 논제로 제시한 윌슨은 세속화를 "종교적 사고, 의식 및 기구들이 사회적 의미와 중요성을 잃게 되는 과정"으로 정의하면서 종교의 쇠퇴를 주장했다.[7]

이러한 세속화 과정의 마지막은 무종교 사회가 될 것을 암시한다. 근대 이후 국교 폐지로 교회의 영향력이 감소하고 교회 출석 빈도, 성직자 수가 감소하여 세속화는 일면 사실로 보이기도 한다. 그러나 세속화의 관점에서 보는 종교에 대한 부정적 견해와 달리, 서구사회에서 실

6) 위의 글, 12-14쪽.

7) Bryan R. Wilson, *Religion in Sociological Perspective* (Oxford: Oxford University Press, 1982), 148쪽.

제로 일어나고 있는 것은 세속적 이념들이 종교적 이념들을 대치하고 있는 것이 아니라, 단지 급속한 사회 변동의 시대 속에서 종교의 성격이 변형되고 있다고 주장하는 학자들도 있다. 아래에서는 이러한 세속화와 관련된 종교사회학의 논의들을 자세히 살펴보도록 하겠다.

정도의 차이는 있지만, 거의 모든 종교 사회학자들의 글에서는 세속화에 대한 논의가 나타난다. 고전적인 종교 사회학자의 경우도 마찬가지이다. 막스 베버가 세속화에 대하여 직접적으로 상세히 논의한 경우는 드물지만,[8] 그의 《프로테스탄티즘 윤리와 자본주의 정신》에서 종교의 합리화 과정에 대한 분석이 곧 세속화 과정에 대한 분석에 해당한다고 말할 수 있다. 그의 '세계의 탈주술화' 라는 개념이 이를 가리키는 것이라 할 수 있기 때문이다. 역시 고전 이론가인 에밀 뒤르케임에게도 주변적이지만 세속화에 대한 논의는 나타난다. 그는 세속화를 사회 속에서 종교의 약화 또는 쇠퇴로 보고 있다. 그에 의하면, 제도 종교의 퇴화는 수천 년에 걸쳐 광범위한 역사적 배경 속에서 일어나는 세속화 과정이다. 뒤르케임이 세속화에 대하여 말한 부분은 다음에서 찾을 수 있다.[9]

그러나 뒤르케임은 당시의 계몽주의자들과는 달리 과학이 종교의 표상적 기능인 의례적 요소를 대신할 수 없다고 보았다. 그는 과학이 발전해도 종교는 사라지지 않고, 다만 변형될 뿐이라고 주장했다.[10]

여기서 세속화에 대한 두 고전 사회학자의 입장이 다른 것을 발견할 수 있다. 이러한 두 고전 사회학자의 입장 차이는 결국 현대 종교사회

---

8) 베버가 세속화라는 말을 쓴 보기는 Max Weber, "The Protestant Sects And The Spirit of Capitalism," *From Max Weber: Essays in Sociology* (New York: Oxford University Press, 1958), 307쪽에서 찾을 수 있다.

9) 뒤르케임이 세속화에 대하여 말한 부분은 다음에서 찾을 수 있다. 에밀 뒤르케임 지음, 임희섭 옮김, 《자살론 · 사회분업론》(서울: 삼성출판사, 1976), 433쪽. 에밀 뒤르케임 지음, 노치준 · 민혜숙 옮김, 《종교 생활의 원초적 형태》(서울: 민영사/한국사회학연구소, 1992), 589쪽.

10) 위의 글, 590-592쪽을 볼 것.

학자들의 입장을 둘로 나누는 경향을 낳았다. 베버의 추종자들은 현대 사회에서 종교가 더 이상 공적인 관심사가 되지 못하며, 개인들의 사적인 관심사에 의존하지 않을 수 없게 되었다는 이론적 입장을 취하는 경향을 나타낸다. 그 가운데 대표적인 사람이 피터 버거라고 할 수 있다. 반면에 뒤르케임을 따르는 학자들은 현대 사회에서도 종교는 여전히 사회문화적 수준에서 영향력을 행사하고 있다는 점을 강조한다. 가장 널리 알려진 학자는 '시민 종교론'을 주창한 로버트 벨라이다.[11] 이런 분석적 차원에서의 대립과는 달리 벨라와 버거는 두 고전 사회학자의 입장을 각기 자기의 방식으로 종합하고 있다는 평가를 받고 있다.

베버의 영향을 받아 세속화에 대하여 체계적으로 폭넓게 사회학적인 분석을 시도한 피터 버거는 베버의 '세계의 탈주술화' 개념을 그대로 사용하여 프로테스탄티즘과 세속화의 관계를 설명하고 있다.[12] 버거는 세속화를 "사회 및 문화의 어떤 영역이 종교의 제도와 상징 체계의 지배로부터 벗어나는 과정"[13]이라고 정의한다. 버거는 그의 긴 논의를 통하여 세속화가 세계사 속에서 보편적으로 나타나는 현상임을 증명했다.[14] 버거에 의하면 세속화는 종교다원주의적 상황을 낳는데, 종교다원

---

11) 시민 종교론은 뒤르케임에 앞서 장 자크 루소에게서부터 발전되어 온 개념으로, 벨라는 사회 문제에 대한 도덕적 대응체로서 사회적 가치를 종교적으로 승화시킨 시민 종교를 주장한다. 이에 대하여는 Robert N. Bellah, "Civil Religion in America," *Beyond Belief: Essays on Religion in a Post-traditional World* (New York: Harper & row, 1970)를 볼 것.

12) 이에 대하여는 피터 버거 지음, 이양구 옮김, 《종교와 사회》(서울: 종로서적, 1982), 5장을 볼 것. 그러나 최근에 피터 버거는 세속화에 대한 자신의 입장을 재고하는 글을 발표한 바 있다. 이에 대하여는 Peter L. Berger, "The Desecularization of the World: A Global Overview," Peter L. Berger 엮음, *The Desecularization of the World: Resurgent Religion and World Politics* (Grand Rapids: Wm. B. Eerdmans Publishing Company, 1999)를 볼 것. 이 책은 《세속화냐 탈세속화냐》라는 제목으로 우리말로 옮겨졌다.

13) 위의 글, 125쪽과 피터 버거 지음, 서광선 옮김, 《이단의 시대》(서울: 문학과 지성사, 1981), 35쪽.

주의란 다양한 세계관이 공존하는 문화 상황을 뜻한다.[15]

현대사회에서의 개인들은 다원적인 세계, 서로 경쟁하고 가끔은 서로 모순되는 설득력의 구조들 사이를 오가며 살고 있으며, 이들 각각의 설득력 구조는 그의 다른 설득력 구조들과 어쩔 수 없이 공존해 있다는 사실 때문에 그 영향력이 약화된다는 것이다.[16] 결과적으로 다원주의 상황에서는 그 어떤 견해도 사람들에게 절대적인 것으로 받아들여지지 않는다. 경쟁적인 세계관들이 상대화되고 독점적이던 종교적 전통이 탈독점화되는 상황이라고 말할 수 있다. 특히 종교 다원주의 상황에서 서로 다른 종교 집단들은 모두 국가에 의해서 공인됨과 아울러 서로 배타적인 종교 집단들이 공존하는 가운데 자유로운 경쟁을 할 수밖에 없는 상황을 맞는다.[17]

버거에 의하면 이러한 종교 다원주의적 상황의 발전은 시장 상황을 야기시킨다.[18] 종교 다원주의적 상황의 영향은 종교의 외적 측면에 국한되는 것이 아니라 종교의 내용, 곧 종교적 시장에 내어놓는 상품에까

---

14) 피터 버거, 위의 글(1982), 125쪽.

15) 종교 다원주의라고 하는 개념은 크게 두 가지 뜻으로 사용될 수 있다. 첫째는, 주로 종교사회학에서 다뤄지는 가치 중립의 개념으로 이것은 버거의 개념과 일치한다. 둘째는, 주로 신학에서 다뤄지는 가치 판단의 개념으로 이것은 모든 종교인이 관심 갖는 궁극적 실재의 성격 자체가 다원적이라는, 곧 여러 가지 근원을 갖고 있다는 것을 의미한다. 이러한 개념에 따라 얼마 전에 감리교신학대학 안에서 문제가 되었던 "구원은 기독교에만 있는 것이 아니라 다른 종교에서도 있을 수 있다"는 주장이 나오게 되는 것이다. 이에 대하여는 박종천, "종교 다원주의와 신학의 탈서구화", 한국기독교학회(엮음), 《종교 다원주의와 신학적 과제》(서울: 대한기독교서회, 1990)를 볼 것. 이 글에서 종교 다원주의라고 할 때에는 가치 중립의 의미로 쓸 것이며, 가치 판단적인 개념과 구분하기 위해 "종교 다원주의 상황"이라고 쓸 것이다.

16) 피터 버거, 앞의 글(1981), 76쪽. 이러한 버거의 생각은 베버로부터 물려받은 것으로 보인다. 베버는 변신론과 관련하여 비슷한 주장을 한 바가 있다. 이에 대하여는 Max Weber, "The Social Psychology of the World Religions," Max Weber, 위의 글, 271-275쪽을 볼 것.

17) 피터 버거, 위의 글(1982), 153쪽.

18) 위의 글, 156쪽.

지 미친다. 종교 제도가 사회에서 독점적인 위치를 차지하고 있을 때에는 종교의 내용을 신학적 원리에 따라서 종교 지도자들이 설득력 있다고 판단하는 것에 부합하도록 결정할 수 있었다. 그러나 다원주의적 상황에서는 종교 지도자들이 종교 내용을 결정하는 데 이전에는 없었던 세속적인 요소, 곧 소비자 선호를 고려해 넣지 않을 수 없게 되었다.[19) 종교가 세상에 심판의 메시지를 선포하던 것과는 달리 이제는 소비자에게 자신의 상품을 팔기 위해 소비자의 기호를 고려해야 하는 상황에 처한 것이다.[20)]

이러한 종교의 시장 상황은 교회 자체를 쇼핑센터로 보고 시장 원리를 도입한 로버트 슐러의 교회 성장학을 등장시켰다. 1960년대 후반에 미국 교회들을 압도했던 교회 성장론은 로버트 슐러에 이르러 그 절정에 달했다. 슐러는 자기 교회를 예수 그리스도를 위한 20에이커의 쇼핑센터로 묘사하고 있다. 그러면서 성공적인 소매업의 일곱 원칙을 제시하고 있다. 교통이 편리한 위치에 교회가 있어야 한다는 것, 넓은 주차장뿐 아니라 잉여 주차장이 있어야 한다는 것, 나이와 관심에 따라 선택할 수 있는 다양한 상품이 있어야 한다는 것, 흔히 교회 활동에서 말하는 넓은 의미의 봉사가 아니라 훈련된 평신도가 교회 성장을 위해 봉사해야 한다는 것, 과장된 광고를 통해 상품을 선전해야 한다는 것, 적극적인 사고방식을 해야 한다는 것, 돈이 첫째 문제는 아니지만 소매업을 성공시키기 위해서는 꼭 필요하다는 것을 원칙으로 들고 있다.[21)]

다원주의 상황이 만들어낸 또 다른 결과는 종교의 사사화, 곧 과거에 공공 영역에서 중요성을 가졌던 종교가 이제는 개인의 사적인 영역으로 물러나는 상황이다. 버거는 현대 사회에서 종교는 일상적인 사회생활의 사적인 영역에 위치해 있으며, 현대 종교의 본질적인 특징의 하

19) 위의 글, 162쪽.

20) 위의 글, 163쪽.

21) 로버트 슐러 지음, 조문경 옮김, 《성공적인 목회의 비결》(서울: 보이스사, 1976), 42-57쪽.

나는 개인주의화라고 말한다. 이것은 사적인 영역으로 물러난 종교가 개인이나 핵가족의 '선택'이나 '선호'의 문제가 되었으며 결과적으로 공통적이고 구속력 있는 성격을 사실상 박탈당해 버렸다는 것을 의미한다. 이러한 사적인 종교성은, 종교를 받아들이는 개개인들에게 아무리 실재적이라 할지라도, 종교의 전통적인 과업 곧 모든 사람들에게 구속력을 행사하여 모든 사회생활에 궁극적 의미를 부여하고 그럼으로써 공통된 세계를 구성해야 한다는 과업을 더 이상 수행할 수 없다는 것을 의미한다.[22)]

위에서 살펴본 종교의 시장 상황과 종교의 사사화는 서로 밀접한 관계를 맺고 있다. 종교가 사회적으로 유의미한 적합성을 갖는 것은 일차적으로 사적인 영역에 있기 때문에, 시장 상황에서 소비자 선호는 바로 이러한 사적 영역의 욕구를 반영한다는 점에서이다. 결국 이러한 상황에서 종교가 대규모의 공적인 제도에 적합하다고 선전하는 것 대신에, 사적인 생활에 적합성이 있다는 것을 보여 줄 수 있다면, 종교가 그 만큼 더 쉽게 상품화될 수 있다는 것을 의미한다. 버거에 의하면 이런 차원에서 사적인 생활에 대해 종교가 적합성을 갖는 이유는 그것이 지니는 도덕적인 기능과 치유적인 기능 때문이다.[23)]

여기서 세속화의 두 측면에 대하여 이해할 필요가 있다. 피터 버거 이전에 논의된 세속화의 개념은 유럽의 경험을 바탕으로 한 것으로 유럽 사회에서의 세속화는 종교적인 전통들에 의해 지배당하던 사회가 종교 전통으로부터 벗어나는 것을 의미했다. 그러나 앞에서 살펴본 종교의 시장 상황에 대한 버거의 논의는 근대화 과정에서 일어났던 유럽의 경험과는 다른 내용들을 암시한다. 버거의 동료인 루크만은 미국의 경우에는 세속화가 유럽에서와 달리 종교 또는 교회 자체가 세속적인 가치나 이념들에 의해 지배당하는 방식으로 이루어졌다는 사실을 보고

22) 위의 글, 151-152쪽.
23) 위의 글, 163쪽.

하고 있다. 다시 말하면 유럽의 경우는 사회가 종교 권위로부터 세속화되는 과정으로 '사회의 세속화'라고 할 수 있고, 미국의 경우는 종교 자체가 세속화되는 과정으로 '종교의 세속화'라고 할 수 있을 것이다.[24] 글의 처음에서 말한 바와 같이 대개 교계에서 사용하는 의미에서 교회 자체가 세속화되었다고 할 때에는 '종교의 세속화'의 측면과 관련된다고 볼 수 있다.

이러한 세속화론은 이에 반대하는 여러 이론가들에 의해 공격을 받기 시작했다. 해든은 종교의 쇠퇴에 대한 예상은 포괄적인 근대화론에 뿌리를 두고 있다고 말하면서, 세속화론은 토대가 밝혀지지 않은 전제에 자리 잡고 있는 이데올로기라고 주장한다.[25]

그러나 세속화론에 대한 가장 강력하고도 지속적인 비판을 하는 이론가들은 이른바 종교에 대한 합리적 선택 접근 방식을 주장하는 학자들이다. 특히 스타크와 베인브리지는 《종교의 미래》에서 세속화가 현대의 주요 흐름이라는 것을 인정하지만, 세속화가 현대의 새로운 사실은 아니며 종교의 소멸을 예고하는 것도 아니라고 주장한다. 오히려 세속화는 모든 종교 경제학에서 발견되는 과정이며, 모든 사회에서 항상 진행되는 것이라고 주장한다. 이들은 이전의 서구 지식인들은, 종교를 기독교와 같은 특정 종교와 같은 것으로 잘못 생각함으로써, 이러한 집단들의 세속화를 전체적인 종교의 파멸로서 오해했다고 비판한다.[26]

---

24) 이 두 경우에 대하여 이원규는 유럽의 경우를 "밖으로부터의 세속화"(secularization from without)라고 부르고, 미국의 경우를 "안으로부터의 세속화"(secularization from within)라고 부르고 있다. 이에 대하여는 이원규, 《종교의 세속화》(서울: 대한기독교출판사, 1987), 144쪽을 볼 것.

25) Jeffrey K. Hadden, "Toward Desacralizing Secularization Theory," *Social Forces*, 65권 3호(1997년, 3월), 587쪽.

26) Rodney Stark and William Sims Bainbridge, *The Future of Religion: Secularization, revival and cult formation* (Berkeley: University of California Press, 1985), 1-3쪽. 이 책은 종교에 대한 과학적연구협회(Society for the Scientific Study of Religion)에서 탁월한 저서상을 받았다.

합리적 선택 이론 학파의 입장을 잘 정리한《합리적 선택 이론과 종교》에서 로렌스 영은 합리적 선택 모델은 종교에 대한 사회과학적 연구에서 지배적인 이론적 준거 틀로서 세속화론을 대체할 잠재력을 가지고 있다고 주장한다.[27] 이들의 주장이 설득력이 있는 것은, 세속화 모델은 근대화가 전통적인 종교 신앙에 대한 요구를 침식함에 따라 종교가 쇠퇴할 것이라는 전제에 기초하고 있기 때문에 종교 활동의 증가를 설명하지 못하기 때문이다. 다시 말해서 세속화론의 입장에서는 교회의 성장을 설명할 수 없다는 것이다. 또한 세속화론은 단선적이고 결정론적인 설명을 제시함으로써 종교현상의 다양한 변화들을 잘 설명할 수 없다는 비판을 받기도 한다.[28]

이에 반해 최근의 세속화 주제에 대한 여러 종교 사회학자들의 논의는 현대 사회에서도 여전히 종교가 그 영향력을 행사할 수 있고, 또한 공공 종교로서의 역할을 수행할 수 있는 가능성을 보여주고 있다. 특히 새로운 세속화론자라고 이름 붙일 수 있는 일련의 학자들 중에 야메인은 세속화론의 사망에 대한 보고는 대단히 과장되었다며, '이전' 패러다임의 핵심이 되는 통찰력을 유지하고 '새로운' 관점의 정당한 비판을 통합하는 '이전의' 패러다임과 '새로운' 패러다임에 대한 대안으로서 새로운 세속화론을 주창한다. 그럼으로써 두 패러다임에 대한 외형의 모순을 초월하려고 시도한다.[29] 야메인이 신세속화론자라고 분류한 차베

27) Lawrence A. Young, "Introduction," *Rational Choice Theory and Religion: Summary and Assessment* (New York: Routledge, 1997), xii쪽.

28) 그러나 이러한 입장에 대한 비판 역시 만만치 않다. 누구보다도 가장 비판적인 학자는 역시 세속화론의 입장에 서 있는 학자들이고 그 중 한 사람인 스티브 브루스는 이러한 합리적 선택 이론을 논리적으로 매우 설득력 있게 비판하고 있다. 이에 대하여는 Steve Bruce, "Religion and Rational Choice: A Critique of Economic Explanations of Religious Behavior," *Sociology of Religion,* 54권 2호(1993년), 194-195쪽을 볼 것.

29) David Yamane, "Secularization on Trial: In Defense of a Neosecularization Paradigm," *Journal for the Scientific Study of Religion,* 36권 1호 (1997년). 그는

스와 카사노바는 사회적 수준에서 제도적 분화의 중심성을 강조하고 있다.

특히 체이브스는 세속화란 "종교의 쇠퇴로서가 아니라 종교적 권위 영역의 쇠퇴", 더 구체적으로 종교적 권위 구조의 영향력의 감소로서 가장 잘 이해된다고 주장하고, 단순한 종교 활동(하나님에 대한 신앙, 교회 신도 수, 교회 참석에 의해 나타난)은 20세기 미국에서 외형적으로는 매우 안정적인 것처럼 보이지만, 개인의 행위를 규제하는 종교적 권위의 능력은 실제로 감소하였다는 것이다. 그는 세속화의 대상으로서 종교 자체보다는 종교적 권위에 대한 강조를 함으로써 더 사회학적인 연구가 될 수 있다면서, 개인의 마음속에 있는 종교적 신앙, 감성 등은 그것들이 권위의 구조로서 동원되고 제도화될 때만 사회적으로 효과가 있다고 주장한다. 종교적 권위 구조의 힘의 쇠퇴로서 세속화는 진정한 사회학적 현상으로서 세속화를 나타낸다는 것이다. 또한 그가 주장하는 새로운 세속화론은 전 세계적인 보편적인 흐름으로서의 세속화보다는 각 사회의 역사성을 강조한다. 곧 사회 안과 밖의 종교적 권위의 여러 가지 범위를 설명하는 이론이 필요한 것이며, 종교적 권위가 현대 사회들에서 여러 권위 구조들 중의 하나라면, 필요한 것은 이러한 시간과 장소에서는 이러한 권위 구조가 지배적인 반면에, 저러한 시간과 장소에서 저러한 권위 구조가 지배적인 이유를 설명하는 이론이라고 말한다.[30] 또한 카사노바는 최근 몇 년 동안 많은 국가에서 사사화라는 역사의 선택을 거부하는 '공공 종교'의 등장을 목격했으며, "현대 세계에서 종교의 '탈사사화'를 목격하고 있다"고 말한다. 카사노바에 따르면, 현대의 사회 운동들은 종교의 성격을 띠고 있거나 종교의 이름으로 일차

Olivier Tschannen의 주장을 빌어, 세속화 패러다임은 종교는 결코 완전히 사라지지 않을 것이라는 가정 아래 있으며, 스타크(Rodney Stark) 등이 말하는 것처럼 종교의 '종식'을 의미하는 것이 아니라고 말한다. 위의 글, 116쪽.

30) Mark Chaves, "Secularization as declining religious authority," *Social Forces*, 72권 3호(1994년 3월).

의 세속 영역, 곧 국가와 시장 경제의 정당성과 자율성에 도전하고 있다. 비슷하게 종교 제도들과 조직들은 스스로를 개인 영혼의 돌봄에 제한하기를 거부하고, 외재 규범으로부터 벗어나기 위해 지속해서 사사로운 도덕성과 공공 도덕성의 상호 관계에 대한 문제를 제기하고, 하위 체계들 특히 국가와 시장의 요구에 도전하고 있다고 한다.[31]

이제까지 살펴본 바와 같이 세속화에 대한 논쟁은 첨예한 입장 차이를 보여 왔으나 새로운 세속화론의 등장으로 그 간극이 다소 좁혀졌다고 볼 수 있다. 세속화와 이에 대비되는 것으로서 신성화 또는 탈세속화는 변증적으로 연결되어 있고 상호 배타적이라기보다는 보완적이라고 볼 수 있다. 세속화는 종교가 가진 생명력의 적이라기보다는 전제 조건으로서 이해해야 한다. 현대 사회에서 종교가 어떤 공공성을 띤 역할을 할 수 있는 것은 세속화에도 불구하고가 아니라, 종교 다원주의 상황으로 인해 이제는 교회가 문화 차원에서 "도덕의 담지자"로서의 구실을 하게 되었기 때문이다.[32] 교회에서 행해지는 설교는 기독교인이 일반 사회에서 도덕의 담지자로서 정체성을 가질 수 있도록 폿대의 역할을 하는 것이므로 세속화 시대에 더욱 중요한 의미를 갖는다고 하겠다. 다음에서는 이러한 세속화의 영향 속에서 설교가 어떤 영향을 받고 또 어떤 역할을 할 수 있는지에 대해서 논의하도록 하겠다.

Ⅲ. 세속화에 대한 반응으로서의 설교

설교는 사전적 의미로는 종교의 교리를 설명하는 것이고, 기독교의 관점에서는 "성경에 포함된 종교 진리를 사람들의 마음을 향해서 구두

31) Jose Casanova, *Public Religions in the Modern World* (Chicago: The University of Chicago Press, 1994), 4-6쪽.

32) N. J. Demerath III and Rhys H. Williams, "Secularization in a Community Context: Tensions of Religion and Politics in a New England City," *Journal for the Scientific Study of Religion*, 31권 2호(1992년).

로 연설하는 것"이라고 할 수 있다.[33] 그러나 현대의 설교학자들은 설교를 설교자, 텍스트, 회중의 연관과 상호작용 속에서 형성되어가는 복음의 현실적 해석이라고 본다. 이런 의미에서 설교란 그리스도 사건을 현재의 상황에서 현재적으로 새롭게 부각시키는 해석학적 작업으로 이해된다.[34] 따라서 현대 설교에서는 청중이 존재하는 곳이며 설교의 배경이 될 뿐만 아니라 설교의 해석이 이루어지는 장으로서 설교의 상황이 중요시된다. 여기서 설교의 상황은 고정 불변한 것이 아니고 시간의 흐름과 사회 문화의 변동에 따라 변할 수밖에 없기 때문에 기독교의 설교는 시대 또는 사회 문화의 영향에 의해 바뀌게 되는 것이다.[35] 그런 의미에서 "모든 설교는 사회적 행위"라는 주장이 나오게 되는 것이고,[36] 현대 사회의 급격한 변화는 사회의 변화에 대응하는 새로운 설교학을 요구하는 것이다.[37] 여기에서는 이렇게 설교의 상황이 되는 사회문화의 영향을 세속화로 보고 세속화의 관점에서 설교의 의미를 논의해 보겠다.

앞에서 살펴본 바와 같이 세속화 현상을 종교 자체의 쇠퇴가 아니라 종교 권위의 쇠퇴로 이해할 때 현대의 세속화 시대에서 행해지는 설교는 종교가 강력한 지배력을 행사하던 시대에서의 설교와는 많은 차이를 가질 것으로 이해된다. 이것은 단순히 연대기적인 문제가 아니라 한 시대 한 사회 안에서도 종교 권위가 지배력을 행사하느냐 그렇지 못하냐 하는 것에 따라서도 달라질 수 있는 문제이다. 다시 말해서 사회의

---

33) 배핑호, 《설교학》(서울: 개혁주의신행협회, 1998), 26쪽. 이 정의는 펠프(A. Pelps)의 정의이다.

34) 염필형, 《설교신학》(서울: 성광사, 1987), 17쪽.

35) 위의 글, 117쪽.

36) Arthur Van Seters 엮음, *Preaching as a Socila Act: Theology and Practice* (Nashville: Abingdon, 1988), 14쪽; 위의 글, 27쪽에서 재인용.

37) 사회 변화에 따른 새로운 설교학의 등장에 대해서는 정인교, "새로운 설교학 운동의 이해와 한국적 수용", 한국복음주의 실천신학회, 〈복음주의 실천신학논총〉, 제6권 (2003년 11월), 1장을 볼 것.

세속화의 수준이 높은 대부분의 현대 산업화된 사회들에서는 종교 권위가 국가, 경제, 예술, 과학과 같은 영역에서 일어나는 일에 대하여 최소한의 그리고 간헐적인 영향력 밖에 행사하지 못하기 때문에 버거의 논의대로 각 종교 단체들은 시장 상황으로 내몰리게 된다. 따라서 시장 상황에 처한 기독교 지도자들은 자신들의 설교를 통해서 더 많은 사람들을 조직 안으로 끌어들이기 위해 경쟁을 하는 상황에 놓이게 되는 것이다. 이와 같이 본다면 목회자의 설교 내용은 세속화로 인한 시장 상황에 대한 대응이란 측면에서 이해될 수 있는 것이다.

세속화의 압력에 직면한 종교 단체들의 반응은 각기 다른 형태로 나타난다. 이와 관련해서 버거는 자신의 책 《종교와 사회》에서 적응과 거부라는 두 가지 선택 가능성을 제시한 바 있다.[38] 그리고 그는 그 후에 출판한 《이단의 시대》에서는 제3의 선택 가능성으로서 자체의 갱신을 추가로 들고 있다.[39] 첫째로, 적응은 세속화에 적응하거나 이에 동화하려는 태도이다. 여기서 동화는 세속화 추세에 따라 종교 자체도 이에 맞게 현대적으로 되어야 한다는 입장을 말한다. 둘째로, 거부는 세속화된 세계로부터 의도적인 고립과 분리를 자초하며 세속화된 현대성을 의식적으로 거부하는 태도이다. 셋째로, 갱신은 종교 자체를 재무장하거나 갱신을 통해서 변화를 추구하는 입장이다.[40] 기독교와 관련해서 볼 때, 세속화에 대한 교회의 반응은 교회 지도자인 목회자에 의해서 행해지는 설교에서 직간접으로 표현된다. 그것은 설교가 목회자의 철학을 나타내는 가장 효과적이고도 손쉬운 수단이기 때문이다.

먼저 적응의 입장부터 살펴보도록 하자. 세속화에 대응이라는 측면에서 설교 분석을 시도한 마샤 위튼은 종교 다원주의 상황과 관련하여 목회자의 설교에는 다음과 같은 변화가 나타난다고 밝히고 있다. 첫째

---

38) 위의 글, 169쪽.

39) 이에 대하여는 《이단의 시대》, 3-5장을 볼 것.

40) 세속화에 대한 반응에 대하여는 이원규, 《종교의 세속화》(서울: 대한기독교출판사, 1987), 10장을 볼 것.

로, 죄와 벌에 대한 설교보다는 은혜와 축복에 대한 설교가 늘어나게 된다. 한 사람의 교인이라도 붙잡기 위해서는 죄에 대한 벌로 위협하기보다는 용서와 축복에 대한 설교를 하는 것이 효과적이기 때문이다. 마찬가지로 도덕적이고 영적인 요구를 하는 메시지보다는 교회 안에서 음악과 함께 즐길 수 있고, 분위기를 고조시키는 메시지가 영향력을 발휘하게 된다. 둘째로, 설교 내용에서 초자연적인 내용은 없어지거나 약해짐으로써 탈신화화 되는 경향을 나타낸다. 이것은 종교 상품의 소비자인 일반 신도들은 일상생활을 세속적인 상황에서 보내므로 초자연주의에 의지하는 종교 이념은 그들의 매일매일의 삶과 모순되어 보여서 받아들이기 어렵기 때문이다. 이런 점에서 옳고 그름이나 흑백 논리보다는 다른 사람을 포용하는 관용이 중요한 덕목으로 자리 잡는다.[41)]

이러한 결과로 하나님에 대한 이미지조차도 심판의 하나님, 진노하시는 하나님보다는 사랑과 용서의 하나님으로 나타나는 경우가 많다. 하나님의 성품은 시대에 따라 또는 행위자의 지향성에 따라 서로 다른 부분과 친화력을 갖는다. 과거에 이원론의 세계관이 지배력을 가졌을 때는 근본주의 사고방식이 기독교인들의 이념에 영향을 미쳤고, 이에 따라 하나님의 성품도 "심판하시는 하나님"이 강조되었다. 또한 사회 불평등과 부조리에 저항하는 사람들은 "공의의 하나님"에 의지한다. 마찬가지로 공동체를 상실하고 소외감을 느끼는 현대인들에게 정서의 위로라는 필요를 채워줄 수 있는 하나님의 성품은 사랑이다. 징벌의 하나님보다는 사랑의 하나님이 현대인들에게 더 가깝게 와 닿는 것이다.[42]

---

41) Marsha G. Witten, 앞의 글, 22-23쪽.

42) 비슷한 논의를 하고 있는 Robert Wuthnow, *Sharing The Journey: Support Groups and America's New Quest for Community* (New York: Free Press, 1996), 261-266쪽을 볼 것. 우스노우는 이러한 현상에 대해서 "성스러움이 길들여진 것" 또는 "D. I. Y. 종교"라고 표현하고 있다. 이에 대하여는 위의 글, 7쪽과 357쪽을 볼 것. 또한 하나님의 성품과 관련하여 공의의 하나님보다는 사랑의 하나님이라고 생각하는 사람일수록 더 자선 행위를 하는 경향이 있다고 한다. Robert Wuthnow, *Acts of Compassion: Caring for Others and Helping Ourselves* (Princeton, New Jersey: Prince-

위튼은 사사화의 영향으로 설교자들이 설교의 주제를 개인의 영역으로 제한하는 경향을 가져온다고 말한다.[43] 현대 복음주의 기독교 저자들의 대중적인 문헌들을 조사한 제임스 헌터는 이 문헌들에서 나타나는 종교적 관심이 감정이나 욕구와 같은 개인의 주관적인 상태에 집중된다는 점을 지적했다.[44] 이런 결과로 현대의 기독교의 주제들은 일반 심리학 용어를 사용하여 자아에 대한 심층 분석을 시도하는 내용들로 채워지는 경향이 강하다. 이것은 설교에서도 마찬가지여서 심리 치료와 관련된 많은 어휘들이 설교 언어로 사용되고 있는 실정이다. 물론 이런 현상 자체를 부정적으로 볼 필요는 없겠으나 진지한 신학 차원에서의 검토 없이 현대인의 욕구를 충족시키기 위해 무분별하게 도입한다면 이것은 문제가 될 수 있는 것으로 사료된다.

사사화의 또 하나의 결과는 현대 설교에서 실용적 합리성을 강조한다는 점이다. 현대 설교의 주제는 실용성과 관련되어서 영성 자체도 실용적인 영성이 주목을 받는다. 이러한 설교에서는 절망과 의심에 대처하는 법, 마음의 평안과 자존감을 얻는 법, 일에서의 성공, 부모나 자녀와의 좋은 관계 등을 강조한다. 현대인의 일상생활과 관련된 내용들을 설교에서 다룬다는 것 자체는 문제가 아니고 오히려 장려될 부분이나, 문제는 지나치게 현실 세계를 강조함으로써 자연히 내세에 대한 강조가 약해지고 현세에서의 가치를 중시하게 되는 경향을 낳아 결국에는 교회와 기독교인들이 세속 가치에 매몰되는 결과를 낳을 수 있다는 점이다.

이런 상황에서는 기독교 신앙이 개인과 사회를 긴밀하게 연결시키지 못하게 된다. 개인의 신앙은 직장, 교회, 사회생활에서의 변화를 수반하지 않는 자기 내면의 영적 차원의 문제가 되어버린다. 버거가 주장하고 있는 바와 같이 종교나 신앙은 사회적 현상이라기보다는 개인이나

---

ton University Press, 1991), 129쪽.

43) Marsha G. Witten, 앞의 글, 20쪽.

44) James Hunter, *American Evangelism: Conservative Religion and the Quandary of Modernity* (New Brunswick, N.J.: Rutgers University Press, 1983), 91-99쪽.

기껏해야 가족 차원의 현상이 되고, 그렇지 않을 경우 경제적 및 정치적인 제도 안에서의 '행동'과는 어떤 적합성도 가지지 못하는 사사로운 문제가 되어 버린다는 것이다. 보기를 들면, 사업가나 정치가는 종교적으로 정당화된 가족생활의 규범들을 충실히 지킬 수 있지만, 공적인 영역에서는 종교적 가치에 따른 규범들을 준수하지 않는 표리부동한 삶을 살아가게 되는 것이다.[45)]

다음으로 세속화를 거부하는 입장에서는 이분법의 사고 틀에서 사회와의 관련성을 강조하지 않거나, 경우에 따라서는 의도적으로 고립과 분리를 조장하는 설교를 한다. 현대 문화에 대응하여 전통적인 교리를 강조하거나 세속화에 대항하여 호전적인 태도를 취하기도 하고 재신성화를 주장하기도 한다. 이러한 입장에서는 하나님 중심의 인간학을 주장하고 세속화를 동화하는 입장에서 수용했던 심리학 개념들을 거부한다.[46)]

그리하여 세속적 가치들을 전적으로 부정하고, 오직 좁게 한정된 의미의 종교 생활만을 강조하며 세속과 대비되는 교회 내부 활동에 치중하는 특성을 보인다. 이런 식으로 자신들이 가지고 있는 종교 전통의 우월성과 완전한 자족성을 주장하기도 한다.

이러한 유형의 극단적인 형태를 버거는 "인지적 소수자"라고 부른다. 인지적 소수자란 해당 사회에서 일반적으로 당연시하여 받아들이고 있는 세계관과는 분명하게 다른 세계관을 가지고 있는 소수 집단을 가리킨다.[47)] 이들은 자신들을 의도적으로 고립시킴으로써 축복받은 자기 집단 밖에 있는 세계의 일체의 힘과 영향을 부정한다. 결국 사회와 종교 집단 사이의 괴리는 이들 종교 집단에게 일종의 탈출구이며, 특이한 위로의 원천으로 작용할 수 있다. 이 유형에 속하는 종교 단체들은 종파의 형태를 취하는 경우가 많다.[48)]

45) 실제로 우리 사회에서는 사회적으로 큰 물의를 빚는 사건이 일어날 때 그 주범들이 어느 교회의 집사나 장로, 또는 목사였던 경우가 종종 있었다.

46) Marsha G. Witten, 앞의 글, 136-137쪽.

47) 피터 버거(1979), 앞의 글, 17쪽.

세속화에 대한 반응으로 갱신의 태도를 취하는 입장은 현대사회의 세속화 흐름을 인정하고 사회와 관련된 가치들의 중요성을 인정하는 특징을 갖는다. 다시 말해서 성속의 분리라는 이분법의 사고를 지양하고 기독교 전통의 중요한 내용들은 사회라는 실천 영역에서 구현되어야 한다고 생각한다. 따라서 기독교 전통의 중요성을 강조하면서도 교회 자체의 갱신을 통한 변화를 추구한다는 점에서 단순히 세속화에 적응 또는 동화하는 입장과 구별된다. 로버트 벨라의 표현을 빌면 초월의 이상과 경험 현실 사이에 적절한 긴장 상태를 유지하는 '창조적 긴장'(creative tension) 관계라고 할 수 있다.[49] 이런 상태에라야 기독교는 현실 세계에 용해되어 세속 가치들에 침식당하지 않고 초월의 기준을 가지고 동시에 현 사회에도 기여할 수 있게 되는 것이다. 기독교는 세속적인 일에서 문화적 창조성에 의미를 부여하도록 교회 체계 자체를 재구성할 수 있어야 한다. 세속의 직업 활동에서 종교적 의무를 통해서 훈련된 동기가 발휘되어야 하며, 나아가 사회의 결속과 통합에 기여하여야 한다. 이런 과정은 결국 카사노바의 말로 교회의 공공성 회복을 향한 '탈사사화'의 가능성을 열게 될 것이다.

이미 현대 사회에서 종교가 쇠퇴하고 종교의 영향력이 갈수록 감소

---

48) 이러한 태도를 지닌 대표적인 보기는 근본주의이다. 근본주의는 자신을 현대 세속화된 세계 및 다른 기독교인들로부터 스스로를 구분하는 독특한 방식의 생활과 믿음을 가진 집단이다. 또한 근본주의는 교리와 신조의 차원을 넘어서서 현대 문명에 대한 하나의 대항 체계로서 현대인과 현대 사회에 지대한 영향력을 미치는 세력 혹은 운동으로 이해된다. 이러한 근본주의는 현대주의 또는 세속주의의 증대에 대한 반응 곧 이러한 세속화된 사회로부터 자신들은 다르다는 점을 부각시킴으로써 나타나는 것이다. 따라서 오늘날 근본주의는 현대성이 멀리 떨어져 있는 곳보다는 전통이 현대성과 만나는 곳에서 가장 흔히 발견되고 있다. 곧 전통의 정통주의가 현대성에 대하여 자체를 방어해야 하는 곳에서만 근본주의는 생겨난다. 그렇다면 근본주의자는 현대성이 증대되는 모서리에서 발견될 가능성이 많다. Nancy Tatom Ammerman, *Bible Believers: Fundamentalists in the Modern World* (New Brunswick: Rutgers University Press, 1987), 3쪽과 8쪽.

49) 로버트 벨라, 《사회변동의 상징구조》(서울: 삼영사, 1981), 185쪽.

하고 있는 상황에서 이와 같이 종교의 영향력을 키운다는 것은 역사의 흐름에 반하는 것으로 보일 수도 있다. 특히 종교가 사사로운 영역으로 물러나 개인이나 핵가족의 '선택'이나 '선호'의 문제가 되어버렸고, 그 결과로 공통의 구속력 있는 성격을 사실상 박탈당해 버린 현대사회에서, 교회가 공동체를 구성하고 교회 권위를 사회 속에서 인정받으려 하거나 그 영향력을 행사한다는 것은 언뜻 모순되게 보일 수 있다. 그러나 앞에서 살펴본 대로 새로운 세속화론을 주장하는 여러 종교 사회학자들의 논의는 현대사회에서도 여전히 종교가 그 영향력을 행사할 수 있고, 또한 공공 종교로서의 역할을 수행할 수 있는 가능성을 보여주고 있다.

세속화 시대에 바람직한 설교는 이와 같이 이분법의 사고를 극복하면서도 지나치게 현실 사회의 가치에 매몰되지 않고, 기독교 본연의 초월의 이상을 설파할 수 있는 설교가 되어야 할 것이다. 이를 통해서 설교를 들은 기독교인들로 하여금 자신들의 활동 영역인 일상생활 또는 사회생활의 영역에서 성경에서 제시하는 초월의 이상을 가지고 기독교인으로서 의미 있는 활동을 할 수 있게 되는 것이다. 기독교인들이 직면하는 여러 사회 문제들은 그 사회의 지배적인 문화적 흐름을 반영하고, 이런 문제들은 현대 세계에서 기독교인이 된다는 것이 무엇을 의미하는지에 대한 문제를 제기한다.[50] 설교는 이런 상황에서 기독교인이 기독교인으로서의 정체성을 확립하고 의미 있는 삶을 살 수 있도록 도와야 한다. 설교는 기본적으로 하나님의 구원 역사를 선포하는 것을 목적으로 하지만, 또한 그것이 오늘날 이 땅에서 살고 있는 기독교인들에게 어떤 의미를 갖는지를 보여주어야 하는 것이다.[51]

---

50) Robert Wuthnow, *Christianity in the Twenty-first Century* (Oxford: Oxford University Press, 1993), 6-11쪽.

51) 이와 관련해서 김순환, 앞의 글, 36-37쪽을 볼 것.

IV. 나가는 말

현대사회에서는 종교가 권위를 상실하고 사람들은 더 이상 종교적 가르침에 귀를 기울이지 않을 것이라고 얘기한다. 그리고 종교에 관심을 갖더라도 그것은 아주 사사로운 개인 차원에서의 관심일 뿐, 공공의 수준에서는 영향력을 미치지 못할 것이라고 말한다. 그러나 이 글에서는 세속화된 현대 사회에서도 여전히 종교는 공공의 수준에서 논의될 수 있는 주제일 뿐 아니라 의미 있는 역할을 수행할 수 있다는 것을 보여주고자 하였다. 한국의 기독교가 이러한 역할을 감당하기 위해서는 기독교인 한 사람, 한 사람을 기독교인으로서의 정체성을 가진 건전한 시민으로 세우는 것이 필요하다. 이를 위해서 설교자는 사회 상황과 현실에 민감해져야 한다.

여기서 세속화에 대한 입장을 정립할 필요가 있는데, 이것은 각 교회나 기독교인들이 스스로 판단을 해야 할 문제이지만, 종교사회학의 관점에서 교회와 사회에 모두 기여하는 의미 있는 입장은 앞에서 논의된 세 가지 가운데 갱신의 입장이라고 판단된다. 이러한 입장에서 사회 차원에서 의미를 가질 수 있는 설교에 대해 다음과 같은 원칙을 제시해 본다. 첫째로, 설교 주제와 관련하여 사회 차원의 공공 문제에 대한 설교를 해야 한다. 앞에서 살펴본 대로 종교의 사사화 경향은 설교의 주제를 개인의 안위와 행복, 마음의 평안에 대한 내용으로 축소시키고 있다. 기독교의 공공성을 회복하기 위해서는 개인의 사적인 영역에 속하는 주제들보다도 사회 공공의 영역에 속하는 주제들에 대한 소재정보를 발굴하는 것이 시급하다. 정치나 경제 또는 사회 다른 분야에 대한 공공 이슈에 대하여 기독교 관점에서 접근하는 설교가 되어야 한다.

둘째로, 기독교적 해석을 하는 데에서 지나친 이분법의 사고를 지양해야 한다. 지나친 이분법식 사고는 기독교인으로서의 사회생활에 올바른 의미를 부여하지 못하여 기독교인들을 분리주의자 또는 배타주의자로 만들 것이다. 교회 안에서의 삶에만 높은 가치를 부여할 것이 아니라 교회 안에서 요구되는 엄격한 윤리 기준을 모든 기독교인들의 사회생활에 확대하여 적용할 수 있어야 한다. 하나의 의례로서 예배에 참여하는 것으로 그칠 것이 아니라 실천 윤리의 행동 지향성이 삶의 무대위에서 표출되어 나타나야 한다. 일상의 삶 속에서 모든 기독교인은 기독교의 삶의 뜻을 구현해야 하는 것이다. 세속 사회의 모든 활동에 대하여 기독교의 가치를 부여하고 거기에 윤리적인 삶의 지침을 마련해 줄 수 있는 설교가 필요하다.

셋째로, 다원주의 상황에서 타종교를 가진 사람들과도 공존하고 그들을 포용하는 자세가 필요하다. 기독교인들의 힘을 키워서 세력을 확장하고 이를 통해서 타종교를 가진 사람들을 힘으로 제압하자는 것은 강자 중심의 논리이고 패권주의식 발상이다. 우리에게 필요한 것은 비기독교인들에게 거부감 없이 기독교의 진리를 설명해 줄 수 있는 대화의 언어이다. 우리는 대화와 토론을 통해서 기독교의 진리로 그들을 설득시킬 수 있어야 한다. 기독교의 진리는 보편타당한 가치를 지니고 있어서 누구라도 수용할 수 있는 진리라는 것을 보여줄 수 있어야 한다. 이러한 대화의 언어, 보편적인 언어를 사용하는 설교가 제시되어야 한다.

마지막으로 설교 자체가 기독교인의 사회생활에 대한 정답표가 되어서는 안 될 것이다. 현대인의 삶은 매우 복잡하고 다양하여 설교자가 모든 사례에 대한 정답을 제시할 수는 없다. 설교자는 성경의 원리와 성경의 정신에 따른 일반 원칙을 제공할 뿐이며 매일매일의 삶에서 부딪치는 각각의 문제에 대해서는 결국 기독교인 개인이 기독교의 가르침에 벗어나지 않는 범위 안에서 스스로 판단하고 행동하는 것이다. 따라서 설교가 구체적인 사안에 대한 해답을 제시하기보다는 성경의 원리에 비추어서 가능한 다수의 대안을 제시하는 것이 옳다고 본다. 설교가 이러한 역할을 감당할 때 우리 사회에서 기독교가 개인의 삶뿐만 아니라 사회 수준에서도 중요성을 회복하게 될 것이라고 믿는다.

이 글은 정재영, 숭실대학교 한국기독교문화연구소 주최 제15회 기독교문화세미나(2005년 7월 2일) 발표문이다.

3. 교회 소집단의 공동체성에 대한 연구

이론 차원의 논의

I. 들어가는 말

최근 우리 사회 안에서 공동체에 대한 관심이 고조되고 있다. 이렇게 공동체에 대한 논의가 활발하게 진행되는 것은 현대사회에서 무시되고 있는 도덕에 대한 관심의 부활이라고 할 수 있을 것이다. 곧 심각해져 가고 있는 무질서의 문제가 결국은 전통의 생활 공동체가 와해되고 해체되면서 비롯되는 것으로 보고 어떻게 하면 공동체 회복을 통해서 질서 회복이 가능하겠는가 하는 문제의식과 관련된 것이다. 이 글에서는 종교 안에서 공동체성의 단초를 찾으려고 한다. 베버가 말했듯이, 종교는 의미에 대한 인간의 욕구들을 만족시켜 주고, 이러한 의미 체계의 토대를 이루는 것이 종교 공동체이기 때문이다.[1] 뒤르케임 또한 교

---

1) Max Weber, "Religious Rejection of the World and Their Direction," (Gerth and Mills 엮고 옮김), *From Max Weber: Essays in Sociology* (New York: Oxford University Press, 1958), 353쪽.

회를 도덕 공동체로 보고 사회의 도덕성이 종교에 기초함을 보여 주고 있다.[2] 이 글의 관심 또한 이러한 문제 의식과 궤를 같이한다. 곧 한국 교회가 자체 안에 공동체를 이루고 이 공동체성을 바탕으로 시민사회에서 공공 종교로서의 역할을 감당할 수 있을 것인가 하는 것이 이 글의 관심이다.[3]

교회는 스스로 공동체라고 말하고 있으나, 사회의 흐름 속에 묻힌 오늘날 교회들의 모습은 성서에 나타난 초대교회 시대에 기독교인들이 경험하였던 교회의 공동체 요소를 상실하고 있다는 지적이 보편화되고 있다.[4] 한국의 기독교는 기독교 인구가 최고조에 달했던 시기에조차, 종교 신념에 따라 초월 세계를 지향하며 '창조성 있는 긴장'[5]을 유지해 나감으로써 비종교인의 삶의 양식과 차별성을 보인 사람들이 적었다는 역사의 사실을 안고 있다. 오늘날의 한국 교회는 근대화의 물결을 타고서 폭발력을 가진 성장을 이룬 반면에 교회의 대형화 추세에 따른 내부 빈곤감이 이전에 비해 증폭되고 있다. 교회의 생활이 질보다는 수와 양에 치중하여 교인 수 확장, 건물 확대, 재정 확대에 치중하면서, 한국 교회들은 공동체로서의 교회관과 자기 정체성을 유지하지 못함으로써 교회의 공동체성이 점점 희박해지는 실정에 이르게 된 것이다. 이것은 목적과 수단이 전도되어 교회가 양의 성장에만 치중한 나머지, 자체 집단 안에 있는 사람들에게조차 스스로의 권위를 인정받지 못하고 또한

---

2) 에밀 뒤르케임, 《종교 생활의 원초적 형태》(서울: 민영사, 1992), 576-578쪽.

3) 이와 비슷한 생각으로, 현대 사회에 적절하고 바람직한 의미 체계의 가능성을 프로테스탄트 윤리에서 찾고 있는 글로 박영신, "현대 사회의 구조화와 실존적 참여", 《현대 사회의 구조와 이론》(서울: 일지사, 1978)을 볼 것.

4) 하워드 스나이더 지음, 이강천 옮김, 《새 포도주는 새 부대에: 기계 문명 시대에 있어서 교회의 구조는?》(서울: 생명의말씀사, 1981), 78쪽.

5) "창조성 있는 긴장"(creative tension)이라는 말은 벨라가 쓴 말로, 종교 이상과 현실 세계가 긴장 관계를 유지함으로써 초월의 이상이 종교 상징체계의 중심부를 차지하며 경험 현실이 의미 있고 가치 있는 타당한 영역으로 인정되는 상태를 가리킨다. 로버트 벨라 지음, 박영신 옮김, 《사회 변동의 상징 구조》(서울: 삼영사, 1981), 174쪽.

영향력을 행사하지도 못했다는 것을 의미한다.

이런 상황 속에 최근 한국교회에 주목할 만한 하나의 현상이 나타나고 있다. 적게는 수백 명에서 수천 또는 수만 명의 교인 수를 가지고 있는 여러 교회들 속에 10명 안팎의 적은 사람들이 모여서 친밀한 대면 관계를 이루며 활동하는 소집단 운동이 그것이다.[6] 소집단 운동은 원래 1980년대 이후 대학가를 중심으로 일어난 일종의 평신도 훈련이다. 이것은 교회 조직 안에서 평신도의 중요성이 증가함과 함께 나타났는데, 예수가 열두 제자를 훈련시킨 것에 착안한 제자 훈련의 한 방법으로 더욱 유용하게 활용되었다. 이에 따라 많은 교회들이 여러 가지 이름과 형태로 소집단 활동을 운영하고 있으며, 이 소집단 활동이 활성화되는 교회에는 더 많은 사람들이 몰리게 됨으로써 실제로 양의 성장에도 크게 기여하고 있는 것으로 보인다.

이 글에서 소집단에 주목하는 이유는 이 소집단이 공동체의 특성들을 보여 주기 때문이다. 소집단은 거대 교회 안에서 정체성을 잃어가는 교회 구성원들을 작은 집단으로 묶어 친밀감을 느끼게 함으로써, 소외감을 느끼며 공동체를 갈구하는 현대인들에게 일종의 안식처를 제공해 주는 기능을 하고 있다. 뿐만 아니라 소집단 안에서 활동하는 구성원들은 공통의 신념과 행동 양식을 가지고 있으며 강한 집합 의식과 결속력을 보인다. 이러한 소집단을 통해서 교회의 본질 요소라고 할 수 있는 공동체 특성을 회복할 수 있을 뿐만 아니라, 사실상 원자화된 개인들이 운동 경기를 보듯이 모여 있는 교회 구성원들에게, 공공의 토론을 하는 사회관계를 발전시킴으로써 시민사회를 지탱할 수 있는 하나의 사회 자본으로[7] 형성될 수 있는 가능성을 우리는 이 소집단 안에서 찾

---

6) 소집단은 사회 과학에서 쓰는 말이고, 신학계에서는 주로 소그룹이라는 말을 쓴다. 소집단은 교회 안의 소그룹뿐만 아니라 기업이나 학교 교육에서 활용되는 모든 소규모 집단을 포함하는 개념이다. 이 글에서는 교회 안의 소집단을 다루고 있으나 사회과학의 이론에 터하여 연구하는 것이므로 '소집단'을 대표 낱말로 쓰고자 한다.

7) 사회 자본이란 협력 행위를 촉진시켜 사회 효율성을 향상시킬 수 있는 사회 조직의 속

을 수 있을 것이라고 기대한다.[8] 특히 혈연과 지연의 굴레로부터 벗어나지 못한 근대 이전의 유사 가족주의의 문화, 그리고 경제 논리 아래 다른 모든 가치들을 귀속시키는 이기스러운 경제주의의 논리가 우리 사회의 대표가 되는 윤리 지향성으로 지적되고 있는 현실에서 교회 소집단을 통한 공공성의 확장은 시사하는 바가 적지 않을 것이다.[9]

이제까지 한국 교회 소집단에 대한 사회학의 연구는 전무하다고 할 수 있을 정도이다. 신학에서의 논의는 활발하게 진행되어 왔으나 사회학의 관점에서는 이렇다 할 논의가 시작되지 못했다고 할 수 있다. 이 연구에서는 사회학의 관점을 통해, 소집단에서 공동체 특성이 나타나게 되는 것은 사회 교섭의 증가 때문이라고 본다. 곧 작은 규모의 모임에서 일어나는 친밀한 대면의 교섭이 서로에 대한 신뢰를 낳고 이를 바탕으로 공동체 의식이 형성된다는 것이다. 한편 소집단에서의 사회 교섭은 소집단 안에서 일어나는 모든 종교 활동이 개인의 사사로운 영역에 머물지 않고 공공의 영역으로 나오게 된다는 것을 의미한다는 점에서 중요하다. 현대 사회에서 종교 수행은 사사로운 개인의 행위로 환원되어 설명되는 경우가 많지만, 소집단에서의 종교 행위는 그 자체로 사회성을 띄고 있기 때문에 공공의 차원을 갖게 되는 것이다. 특히 소집단 활동에서 계발되는 인간관계는 시민 조직에 참여하는 데 필요한 사

성을 가리키는 말이다. 푸트남은 사회 자본은 생산성이 있기 때문에 특정 목표를 달성하는 것을 가능하도록 해 준다고 말한다. 곧 구성원들이 서로 신뢰하고 다른 사람들에 대한 믿음을 보이는 집단은 그렇지 않은 집단보다 많은 것을 성취해 낼 수 있다는 것이다. 로버트 푸트남 지음, 안청시 외 옮김, 《사회적 자본과 민주주의》(서울: 박영사, 2000), 281쪽.

8) 우스노우는 미국 사회의 소집단들은 실제로 시민 결사체로서 기능한다고 말한다. 이에 대하여는 Robert Wuthnow, *Christianity and Civil Society: The Contemporary Debate* (Pennsylvania: Trinity Press International, 1996), 35쪽을 볼 것. 아래에서 *Civil Society*로 씀.

9) 우리나라의 두 갈래 윤리 지향성으로 '가족주의'와 '경제주의'를 지적하고 있는 글로, 박영신, "두 갈래의 윤리 지향성, 그 울을 넘어", 한국사회이론학회(엮음), 《윤리와 우리 사회》(서울: 현상과 인식, 1998)을 볼 것.

회 자본을 형성하고, 지원 집단이나 공동 작업에 필요한 연결망을 발전시키기 때문에 중요한 사회학 주제가 되는 것이다.[10] 따라서 이 글에서는 최근 한국교회의 중요한 현상으로서 소집단 운동을 사회학의 측면에서 조명해 보고 이 소집단을 중심으로 한국 교회의 공동체성에 대하여 논의하고자 한다.

II. 교회 소집단의 출현

1. 소집단의 정의

소집단에 대한 정의는 학자에 따라서 조금씩 다르다. 밀즈는 "목적을 가지고 접촉하며 그 접촉을 의미 있게 여기는 두 명이나 그 이상의 사람들로 구성된 단위"라고 정의한다.[11] 베일즈는 "얼굴을 맞대고 대화할 수 있는 모임이거나 그러한 종류의 모임들 가운데서 서로 교섭을 주고받을 수 있는 사람들의 집합체"라고 했고,[12] 또한 버군과 동료들은 "구성원이 다른 구성원들의 특성을 정확하게 회상할 수 있는 방법 가운데서 둘이나 그 이상의 사람들 사이의 대면의 교섭"이라고 정의한다.[13] 여기서 소집단은 정도의 차이는 있어도 사회 교섭을 전제로 하여

---

10) 우스노우는 공동체가 무너진 현대 사회에서 느슨한 연결을 맺고 있는 소집단과 같은 조직 구조를 통한 새로운 참여 형태에 주목하고 있다. Robert Wuthnow, *Loose Connections: Joining Together in America's Fragmented Communities* (Cambridge, Massachusetts: Harvard University Press, 1998), 6쪽. 아래에서 *Connections*로 씀.

11) Theodore M. Mills, *The Sociology of Small Groups* (Englewood Cliffs, New Jersey: Prentice-Hall, 1967), 2쪽.

12) Robert F. Bales, *Small Group* (New York: Free Press, 1953), 240쪽.

13) Michael Burgoon 외, *Small Group Communication: A Functional Approach* (New York: Holt, Rinehart and Winston, 1974), 2쪽.

어떠한 사회 협동 행위를 지속하고 있는 과정이라고 할 수 있다. 그 교섭이나 사회 행위의 수준에 의해 제1차, 제2차, 공식, 비공식 등으로 분류되지만 공통으로 말할 수 있는 것은 여러 사람들이 정해진 사회 행위를 하는 단위로서 최소 단위에 위치하는 집단이라는 것이다. 따라서 소수의 사람들이 모였다고 해서 소집단이 되는 것은 아니고, 첫째로, 대면 접촉의 집단, 둘째로, 일정기간 존속하는 집단, 셋째로, 구성원 사이에 서로 의존관계가 있는 집단이어야 함을 알 수 있다. 이러한 연유로 소집단은 인원수는 비록 적으나, 사회 조직이나 사회 집단 중에서는 교섭의 밀도를 가장 높게 가진 행위 단위라고 할 수 있다.

교회의 소집단도 이와 크게 다르지 않다. 교회 소집단에 대해서도 학자에 따라 다양한 정의가 내려지지만, 풀러신학대학원에서 소집단 사역에 대한 강의를 해왔고, 펜실베이니아 주에 있는 베들레헴 장로교회에서 소집단 활동을 지도하고 있는 개러스 아이스노글은 소집단을 통한 공동체 경험이 교회의 본질임을 주장하며, 소집단을 "서로의 발전과 다른 이들의 이익을 위해서 함께 나누고 실천하는 몇 사람이 얼굴을 마주하고 만난 모임"이라고 간략하게 정의하고 있다.[14] 기독교 소집단 지도자로 널리 알려진 로베르타 헤스테네스는 "소집단은 정해진 시간에 3명에서 12명 정도의 기독교인들이 그리스도 안에서 풍성한 삶을 위한 가능성을 발견하고 성장하려는 공통의 목적을 가지고 얼굴을 맞대고 한 자리에 모인 의도적인 모임"이라고 정의한다.[15] 3명은 집단을 구성하기 위한 최소한의 인원이고, 집단의 수가 12명을 넘게 되면 얼굴을 마주하는 의사소통이 어렵게 되기 때문이다. 통계로 볼 때, 모든 의사소통의 90%는 언어 이외의 관계에서 이루어진다고 한다. 따라서 사람들이 서로의 얼굴을 마주할 때 그리고 한 자리에 모여 앉을 때 더욱 원만

---

14) 개러스 아이스노글 지음, 김선일 옮김, 《왜 소그룹으로 모여야 하는가》(서울: 옥토, 1997), 16쪽.

15) Roberta Hestenes, *Using the Bible in Groups* (Philadelphia: Westminster, 1983), 5쪽.

한 의사소통을 이룰 수 있는 것이다.

2. 소집단 운동 출현의 사회 요인: 공동체 추구

현재 미국인들의 40%가 여러 가지 소집단에서 활동을 하고 있다고 알려져 있다. 그들은 정기 모임을 갖고 집단 구성원들을 위한 돌봄과 후원을 제공한다.[16] 소집단 운동은 20세기 들어와 급속히 퍼지기 시작하였는데, 교회 안에서보다 일반 사회에서 더 큰 관심의 대상이 되었다. 정신병원, 형무소, 사회단체, 교육계 등에서 정신 질환을 치료하고 상담을 하며, 사회활동이나 연구 활동을 하는 데에서 소집단 단위의 형식을 이용하는 일이 점점 두드러지기 시작했다. 특히 제2차 세계대전을 전후하여 소집단 형식이 생산성에 큰 효율이 있다는 것을 알고 시험관 집단이라는 연구팀을 장려했다.[17] 그리고 소집단이 단순히 생산성을 높이는 데 유용한 것이 아니라 인간관계에 새로운 의미를 부여해 주며 이 결과로 개인의 인격에 변화를 일으켜 준다는 사실에까지 눈을 뜨게 되었다.[18] 그리고 1940년대 초반부터 미국에서는 소집단에 대한 학술 논문, 소집단을 연구하는 실험실들이 급격히 증가하였다. 이러한 증가는 어떤 하나의 학문의 영역에 국한되지 않고, 심리학, 사회 심리학, 정신의학, 사회학, 정치학, 인류학을 포함한 사회과학뿐만 아니라 수학, 인공두뇌학, 일반 체계 이론에도 적용되기에 이르렀다.[19]

교회의 소집단은 2천 년 전, 예수의 제자 훈련에서 가장 전형이 되는 모형을 찾을 수 있고 중세 교회와 근대 교회를 통해 계속해서 존재

---

16) Robert Wuthnow, "How small groups are transforming our lives," *Christianity Today*, 38권 2호(1994년), 20쪽.

17) Robert T. Golembiewski, *The Small Group: An Analysis of Research Concepts and Operations* (Chicago: University of Chicago Press, 1962), 19쪽.

18) Ernest G. Bormann & Nancy C. Bormann, *Effective Committees and Groups in the Church* (Miniapolis: Augsburg Publishing House, 1973), 12쪽.

19) Theodore M. Mills, 앞의 글, 2쪽.

해 왔다.[20] 그리고 현대 교회에서 소집단 운동이 일어난 것은 50년 전이다. 20세기에 들면서 소강상태에 접어들었던 미국 교회는 20세기 말부터 시작된 소집단 운동을 통해 양과 질의 모든 부분에서 크게 성장하고 있다고 평가받고 있다. 우리에게도 잘 알려진 새들백교회, 윌로우크릭 커뮤니티 교회, 새소망교회 등이 그 보기이다. 이처럼 소집단 운동이 교회 안에서 주목받는 원인은 무엇일까? 우리는 이런 소집단이 현대에 와서 특별히 주목을 받고 있는 이유에 대해서 생각해 봐야 할 것이다. 기독교의 역사를 볼 때 소집단이 계속해서 존재해 왔다고 해도 오늘날에 와서 전에 없던 큰 주목을 받고 있고 현재 가장 뜨거운 주제가 되었다는 것을 부인할 사람은 아무도 없을 것이기 때문이다.

소집단이 현대에 급부상한 배경에는 기독교 안의 이유들뿐만 아니라 기독교 밖의 사회에 기인하는 이유들이 있음을 부인할 수 없다. 그것은 곧 변화하는 사회 환경에 대한 기독교의 대응과 관련된 것들이다. 근대 사회의 출현 이후 공동체의 변화 및 붕괴에 대한 설명은 많은 사회학자들에게 공통으로 발견된다. 그들은 현대사회에서는 사회 구성원들을 결속시키는 통합력이 약화되면서 공동체 관계들이 깨져가고 있다고 이해한다.[21] 과학과 기술의 발달, 합리주의 사고, 정치와 경제 제도의 발달이 산업화와 도시화를 촉진시켰고, 이것은 공동체의 붕괴를 초래했다. 또한 급격한 인구 이동을 수반한 도시화 과정을 통해 사람들은 서로 이질화되었고, 사회 결속도 약화되었다.[22]

이러한 상황에서 사회심리 요인이 소집단의 출현을 촉진시켰다. 조직 구조의 거대화와 관료주의화는 사회 구성원 사이에서 서로에 대한 친숙성을 어렵게 하며 비인격의 인간관계를 초래한다. 이런 상황에서는

---

20) 개러스 아이스노글, 앞의 글, 15-17쪽.

21) 이원규, "후기 산업 사회와 인간 공동체", 크리스찬아카데미 신학연구위원회(엮음), 《공동체 신학의 모색》(서울: 전망사, 1992), 186쪽.

22) Elmer H. Johnson, *Social Problems of Urban Man* (Homewood: Dorsey Press, 1973), 69쪽.

구성원들 사이의 신뢰성과 인격의 상호성 또한 약해지고, 결국 소외감을 느끼게 된다. 니스벳은 이런 소외가 번져 나가는데 대한 유일한 대안은 "작은 규모와 안정된 구조의 공동체"라고 말한다.[23] 곧 사람들 사이에는 예전의 공동체를 그리워하고, 공동체 안에 안주하려는 욕구가 심화되는 것인데, 이런 사람들은 일반사회 조직과 똑같이 거대화되고 관료주의화된 교회 조직에 정착하지 못한다. 더 작고 친밀감을 느낄 수 있는 집단 안에서 편안함을 느끼게 된다. 바로 이러한 사람들에게 공동체를 제공하는 것이 교회 안의 소집단이다. 사람들은 소집단 안에서의 대면 활동을 통해 인격 관계를 형성하고, 공동체 의식을 형성하게 된다. 이러한 현실의 문제들에 대한 바람직한 대안으로서 효과 있는 소집단의 적절한 운용이 대두된 것이다. 아이스노글은 이러한 소집단의 특성을 "새로운 패러다임"이라고 부른다. 거대한 관료주의 기관들의 규모가 줄어들면서, 의도를 갖고 서로 마주하며 일하도록 구성된 집단들에게 능력 함양과 주인 의식이 주어지고 있고, 위에서부터 아래로 통제해오던 제도는 이제 사라져가고, 이른바 우수 집단이라고 불리는 분권화된 참여 민주 조직이 나타난 것이다.[24]

이러한 사회 환경의 변화와 함께 현대사회가 다원화, 전문화됨에 따라 성직자 혼자서 모든 것을 담당할 수 없게 된 사회 상황이 중요하다. 사회의 다원화와 직업의 세분화는 교회 운영의 구조와 형태에서 근본으로부터의 변혁을 불러일으키게 되었다. 다양한 문화와 세계관, 개인의 경험과 가치관의 차이 속에서 이제 교회 지도자 일인 체제의 교회 운

---

23) Robert A. Nisbet, "Moral Values and Community," *International Review of Community Development*, 5호(1960년), 82쪽. 신용하(엮음), 《공동체 이론》(서울: 문학과지성사, 1985), 24쪽에서 되따옴.

24) 아이스노글은 이러한 소집단의 특성을 "새로운 패러다임"이라고 부른다. 거대한 관료주의 기관들의 규모가 줄어들면서 의도를 갖고 서로 마주하며 일하도록 구성된 집단들에게 능력 함양과 주인 의식이 주어지고 있고, 위에서부터 아래로 통제해 오던 제도는 이제 사라져가고, 이른바 우수 집단이라고 불리는 분권화된 참여 민주 조직이 나타난 것이다. 개러스 아이스노글, 위의 글, 11쪽.

영은 능력에 한계를 느끼며 전문화와 세분화를 요구받게 되었다.[25] 이런 상황에서 교회 안에 절대 다수를 차지하는 평신도들을 방치하는 것은 좋은 방법이 못된다. 유휴 자원으로 남아 있는 평신도들을 동원하여 충분히 교회의 활성화를 위한 자원으로 개발, 훈련, 활용할 필요가 있다.[26] 이렇게 함으로써 교회 조직 자체가 더 효율적이 되는 것이다.[27] 다시 말하면 교회는 과거의 엄격한 교리 전통을 고수하기보다는 변화하는 사회의 흐름에 맞춰서 현대 사회에 적용할 수 있는 성서 전통을 발견하고 이것을 구체화시킨 것이다. 바로 이것이 최근 현대교회에서 소집단이 등장한 배경이다. 요컨대 교회의 소집단은 사회 환경의 변화에 따른 교회의 필요와 공동체에 대한 추구라는 사회 측면의 필요 사이의 친화력에 의해 발전된 것이라고 할 수 있는 것이다.

III. 소집단의 공동체 특성

1. 공동체 개념

소집단의 공동체 특성을 살펴 볼 때 먼저 공동체 개념에 대해서 생각해 보고자 한다. 공동체에 대해 한 마디로 정의를 내리는 것은 매우 어려운 일이다. 그것은 학자에 따라서 강조하는 공동체의 차원이 다르고 또한 맥락에 따라서 공동체의 의미가 여러 가지로 해석되기 때문이다. 실제로 소수로 구성된 가족이나 동료 집단에서부터 거대한 지역 사

25) 김만배, 《선교지향적 팀목회론》(서울: 진리와 자유, 1999), 136쪽.

26) 옥한흠, 《다시 쓰는 평신도를 깨운다》(서울: 국제제자훈련원, 2000), 45-46쪽과 김한옥, "현대 목회와 평신도: 전 교인의 목회자화를 위한 교회의 존재양식", 〈신학사상〉, 제103집(1998), 255쪽.

27) 이것이 최근에 교회 안에서 평신도 훈련을 통한 팀 목회가 중요하게 대두된 이유이다. 이숙종, "평신도를 위한 목회와 교육", 강남대학교 신학대학(엮음), 《한국교회의 미래와 평신도》(서울: 대한기독교서회, 1994), 269쪽.

회를 의미하는 개념까지 포함하는 복합 개념으로 사용되고 있는가 하면, 뜻을 같이 하는 사람들의 집단 이데올로기나 공유 특성을 의미하는 경우도 있다.[28] 이러한 공동체 개념의 혼란을 극복하고자 한 조지 힐러리의 연구가 우리에게 도움이 된다. 힐러리는 "공동체의 정의"라는 논문에서 1910년부터 1950년대 초반 사이에 행해진 94개의 공동체 연구에서 나타난 공동체 정의를 비교 검토한 결과 대략 15개의 개념 범주로 인식되고 있음을 발견하였다. 대부분의 연구들은 공동체를 사회 교섭과 생태학 관계로 보았는데, 그 중에서도 많은 학자들이 공동체를 사회 교섭으로 인식하고 있었다. 힐러리는 이것을 더욱 명료하게 물리 공간을 말해주는 지리 영역, 사회관계를 나타내는 사회 교섭, 그리고 집단의식을 나타내는 공통의 결속으로 분류했다.[29] 여기서 지리 영역은 교통, 통신 기술이 발달한 현대사회에서는 중요한 조건이 되지 못하며, 사회 교섭이 공동체 형성의 출발점이라고 할 수 있다. 또한 교섭 과정 없이는 공동체 의식이 이루어질 수 없는 것이기 때문에 공동체 의식 형성에서 구성원 사이의 교섭은 필수 요소이다.

공동체 연구가들은 공동체 이해에서 얼굴을 마주하는 대면 교섭의 중요성을 인식하게 되었고, 현대의 교섭론자들은 공동체를 물리 조건과 관계없이 사회 공간에서 이루어지는 인간관계의 망으로 인식하기에 이르렀다.[30] 특히 조지 허버트 미드는 공동체를 인간 사이의 상징 교환망으로 보았다. 미드는 인간의 존재를 타인과의 관계, 곧 교섭으로 보며 이러한 관계를 통하여 자신과 타자가 함께 사회 존재로 발전해 간다고 보았다.[31] 그러므로 미드에게 인간들의 만남은 인간 세계를 열어가는

28) 공동체 개념의 혼란에 대해서는 강대기, "공동체 연구에 있어서 공동체 개념의 혼란", 《숭실대 사회과학연구》, 12권(1995년), 1-22쪽을 볼 것.

29) George A. Hillery, "Definition of Community: areas of agreement," *Rural Sociology*, 20호(1955년), 119쪽.

30) Kenneth P. Wilkinson, "In search of the community in the changing countryside," *Rural Sociology*, 51권 1호(1986년 봄).

31) George H. Mead, Mind, Self, & Society(Chicago: University Chicago Press(1934).

시발점이며 공동체의 기초가 된다. 한 인간이 타자와 의미 교환 관계를 통하여 자아를 형성시키는 것과 같이 인간 사이의 교섭은 공유하는 상징 세계를 만든다. 여기서 공동성, 곧 공동체 의식이나 공동체 감정은 사회 교섭의 결과로 이해할 수 있다. 공동체 구성원들 사이에서 하나됨을 느끼면서 '우리'라는 의식과, 구성원들 서로 간에 그리고 구성원과 공동체 사이에 상호 신뢰감이 있을 때 공동체는 조화와 안정, 협동과 결속감이 마련되는 것이다.[32] 이러한 신뢰를 통한 공동의 결속은 서로 지켜야 할 도덕과 행동 규범, 집단의 상징과 의미 체계, 그리고 집단이 지향하는 궁극의 가치 체계 및 종교 신념들을 포함하는 것이다.

또한 공동체 의식은 개인들 사이의 직접 교섭을 통한 공동생활의 원리 습득이라는 뜻에서, 대부분 개인주의화되고 해체된 사회관계를 복원하려는 의도에서 사용되기도 한다. 이것은 현대사회 문제를 극복하려는 사회의식이며, 이해관계에만 입각한 비인간성의 사회관계를 인간화시키려는 대안 의식으로 사회 구성원들 사이의 결속에 기초하여 개인의 문제를 넘어서 공동의 문제를 인식하고 그것을 해결하기 위해서 함께 참여하는 의식을 말한다.[33] 다시 말해서 공동체 의식을 단지 공동체라는 경계 안에 있는 개인들의 집합 의식의 평균이라고 볼 것이 아니라, 공동체 구성원들의 소속감 및 교섭을 통한 결속과 관련된 집합 의식과 함께, 공동체를 유지하고 지속 발전시키려는 실천 의식이라고 할 수 있는 것이다.

이러한 입장을 따라서 이 글에서 주목하는 공동체 개념은, 인구학이나 생태학에서 바라보는 공동체 개념이 아니고, 상호 신뢰를 바탕으로 공동의 의식과 공동의 생활양식을 통해 결속감이 증대된 사회 집단이다. 이러한 공동체는 특히 서로에 대한 책임과 의무를 다하는 도덕 공동체를 뜻한다. 일찍이 뒤르케임은 "종교는 사회가 그 자체를 의식하는

---

32) R. M. Maciver, *Community* (London: Rontledge and Kegan Paul, 1951), 5쪽.

33) 정수복, 《공동체의식과 시민운동》(서울: 공보처, 1995), 7-8쪽.

상징의 체계이다. 종교는 집합의 존재를 사고하는 특징 수단이다. 이것은 개인의 의식이 결합되지 않고서는 생겨날 수 없는 위대한 집합의 심성이며, 그와 같은 결합의 결과이고 개인들의 특성에 의해서 첨가된다"고 말했다.[34] 뒤르케임이 교회라고 부르는 것은 공통된 이념들을 가지고 공동의 의식들을 수행하는 하나의 종교 공동체를 뜻하는 것이다. 교회는 사제들의 집단이 아니라 단일한 믿음을 가지고 모든 믿는 이들에 의하여 구성되는 '도덕 공동체'인 것이다.[35]

이러한 공동체는 단순히 특정 공간에 개인들이 모여 있다는 뜻이 아니라 "사회성으로 서로 의존하고 토론과 의사 결정에 함께 참여하고, 공동체를 정의해 주면서도 그것에 의해 양육되는 (목적을 달성하는 수단으로서가 아니라 그것 자체가 윤리 측면에서 선한 공유된 행동으로 정의되는) 특정 '실천'을 함께 하는 사람들로 이루어진 집단"을 가리킨다.[36] 이러한 공동체는 어느 순간에 갑자기 형성되는 것이 아니라, 로버트 벨라가 말한 바, 하나의 역사를 가지며 그래서 공통의 과거와 과거의 기억들로 한정되는 "기억의 공동체"이다.[37] 그리고 이러한 하나의 공동체가 여러 해 동안 수행한 일들에 대한 이해와 평가의 양식으로서 모든 인간 행위의 본질을 이루는 차원이 전통이며 그 역사가 문화로 형성된다. 그 안에서 지난날의 밝고 어두운 이야기와 바람과 두려움의 역사를 잊지 않고 공유하는 것이며, 그 안에서 구성원들이 모두 참여하여 서로에게 책임과 의무를 다하는 도덕 실천의 공동체가 된다.[38] 이러

34) 에밀 뒤르케임 지음, 임희섭 옮김, 《자살론·사회분업론》(서울: 삼성출판사, 1990), 299쪽.

35) 에밀 뒤르케임 지음, 노치준·민혜숙 옮김, 《종교 생활의 원초적 형태》(서울: 민영사, 1992), 81쪽.

36) 박영신, "역사적 대화: 벨라의 탈사회학적 관심 세계", 《사회학 이론과 현실 인식》(서울: 민영사, 1992), 408쪽.

37) Robert N. Bellah 외, *Habits of the Heart: Individualism and Commitment in American Life* (Berkeley: University of California Press, 1985), 333-336쪽.

38) 박영신, "공동체주의 사회 과학의 새삼스런 목소리", 〈현상과 인식〉, 22권 1/2호(1998

한 공동체는 공동체 밖에 있는 사람들에 대하여 문을 닫고 자신들의 이익만을 챙기는 이기주의 공동체가 아니라 서로에 대한 책임과 의무를 공동체 밖으로 표출할 수 있는 도덕 공동체인 것이다.

이제까지 살펴본 공동체 개념은 두 가지 차원을 포함하고 있다. 하나는 공동체 내부 결속과 관련된 "공동체 의식"의 차원이고 다른 하나는 도덕과 실천의 공동체로서 "공동체 정신"과 관련된다. 이러한 차원에 따라서 이 글에서는 소집단의 공동체 특성을 살펴보는 데에서 공동체 개념을 '안으로의' 공동체와 '밖으로의' 공동체라는 개념으로 나누어서 논의하고자 한다. 일반으로 "교회 공동체"라는 말을 사용했을 때, 서로 다른 차원의 공동체에 대하여 의미하는 경우가 있는데, 이렇게 함으로써 이러한 혼란을 줄일 수 있을 것이기 때문이다.

2. 소집단과 '안으로의' 공동체

안으로의 공동체는 공동체의 통합 측면 곧 앞에서 살펴본 공동체 의식을 바탕으로 한 연합과 결속에 대한 것이다. 이것은 공동체를 잃은 현대인들에게 교회가 하나의 안식처를 제공할 수도 있고, 좋은 공동체 생활의 보기를 보여 줄 뿐만 아니라, 교회의 하나 됨을 통해 더 효율성 있는 조직이 됨으로써 교회의 양의 성장에도 중요한 요인이 된다고 볼 수 있다.[39]

소집단과 공동체는 동전의 양면과 같이 불가분의 관계에 있다. 현대의 대형화된 교회에서 공동체성을 회복하기 위해서는 소집단이 필수조건이다. 적게는 수백 명에서 많게는 수십만 명에 이르는 거대 교회에

년 봄/여름), 107쪽.

39) 그러나 이것은 종종 다른 공동체와의 경쟁 관계에서 성원들 사이의 담합과 외부에 대한 폐쇄 현상을 나타내게 되기도 한다. 머피는 이를 "사회에 대한 폐쇄"라고 한다. 이에 대하여는 Raymond Murphy, *Social Closure: The Theory of Monopolization and Exclusion* (Oxford: Clarendon Press, 1988)을 볼 것.

서는 비록 같은 건물 안에 있다고 해도 대면 접촉을 하는 친밀한 결속을 유지할 수 없기 때문이다. 공동체는 대중이 아닌 소집단 속에서 구현되는 것이다. 소집단이 아니면 대면의 친밀감과 깊은 결속력을 보일 수 없다. 현대교회에서는 극장식 예배당에 앞을 보고 앉아 설교를 듣고 찬송을 부르며 예배 후에 간단하게 식사하는데, 이런 식으로는 친밀감과 결속력을 발달시킬 수 없다. 적은 수가 정기로 모이는 소집단 안에서만 공동체의 특성들이 계발될 수 있는 것이다.[40] 소집단은 서로 인격의 상호 교섭과 상호 격려를 통한 신앙의 진보를 가져오기 때문에 대형화되어가고 조직화된 교회 속에서 소외를 극복할 수 있는 충분한 대안이 되는 것이다.[41]

이러한 소집단의 안으로의 공동체성 가운데 가장 중요한 부분은 얼굴을 마주하는 대면 공동체라는 것이다. 많은 소집단 연구가들은 이 부분을 공통으로 강조하고 있다. 헤어는 소집단을 구성원의 수보다는 대면의 교섭에 중점을 두어 일반 집단과 소집단을 구별하였는데, 소집단에서 구성원들은 서로에 대하여 심리의 영향을 직접 주고받는 차원에서 교섭을 한다고 하였다. 그에 의하면 소집단이란 대면의 모임을 통해 다른 사람들로부터 인상이나 지각을 받고 다시 이들 각자에게 개인이 반응할 수 있는 구성원들의 집합체인 것이다.[42] 인간관계 전문가인 제랄드 에간 역시 그러하다. 그는 "만일 스스로를 채근하여 서로 돕고 이해하는 공동체 곧 구성원들이 근원으로부터 서로를 위하여 서로의 눈

40) 길버트 빌지키언 지음, 두란노 출판부 옮김, 《공동체 101》(서울: 두란노서원, 1998), 71-73쪽.

41) 문석호, 《21C 한국교회와 공동체 운동》(서울: 줄과추, 1998), 228쪽. 아이스노글은 교회 안에서의 소집단 운영을 통하여 공동체의 특징을 이루어낼 수 있다고 보았으며, 스나이더 역시 소규모의 집단이 현대사회 속에서 공동체성 회복을 위한 가장 효과 있는 구조라고 보았다. 개러스 아이스노글, 앞의 글, 14쪽과 하워드 스나이더, 앞의 글, 159쪽.

42) A. Paul Hare, *Handbook of Small Group Research* (New York: Free Press, 1962), 10쪽.

을 통하여 세상을 볼 수 있는 공동체를 이룰 수 있다면, 이러한 사람들은 인간관계의 성장을 가져오는 행동 유형에 자기 자신을 훈련시킬 수 있다"고 말한다.[43)]

우스노우는 소집단 운동은 전통 공급 구조의 붕괴에 따른 공동체에 대한 끊임없는 욕구에 터한 것이라고 분석한다. 사람들에게 공동체에 대한 더 강한 의식을 제공하는 것이 처음부터 소집단 운동의 핵심 목적이라고 하면서, 소집단 운동이 공동체에 대한 기존의 이해를 바꾸고 영성을 재규정함으로써 사회를 바꾸고 있다고 주장한다.[44)] 소집단이 공동체를 이루게 되는 것은 구성원들 사이의 친밀한 사회 교섭을 통해서 신뢰를 형성하게 되기 때문이다. 신뢰는 오랫동안의 교제에 근거한 "공동의 틀"(common framework)을 가지고 있을 때 가능하다.[45)] 곧 한 집단에 속하여 서로 교섭을 하는 과정에서 사람들은 각자의 가치관과 생활 습관에 대하여 알게 되고 서로에 대한 신뢰가 형성되는 것이다. 이러한 의미에서 소집단에의 참여는 구성원들이 오랜 시간 동안 서로를 볼 수 있고, 또한 다른 구성원들이 신뢰할만하다는 사실을 배우게 됨으로써 신뢰를 형성할 수 있게 하는 요인이 된다.

그러나 소집단에 의해 생겨난 공동체는 인류사 대부분을 통해서 특징지어진 가족, 이웃, 민족 집단, 종족과는 분명히 다른 공동체이다. 이 공동체는 더 유동성 있고 개인의 감정 상태와 더 연관되어 있다. 이러한 공동체는 쉽게 결속하지만 또한 똑같이 쉽게 해체할 수 있게 함으로써 현대 사회의 유동성을 반영하는 것이다.[46)] 이 점이 소집단 운동이 세속화와 만나는 점인데, 소집단 운동은 대인 결속력을 상실했다고 느

---

43) Gerald Egan, *Face to Face: The Small-Group Experience and Interpersonal Growth* (Monterey: Brooks-Cole, 1973), v-vi쪽. 개러스 아이스노글, 앞의 글, 86쪽에서 되따옴.

44) *The Journey*, 4-5쪽.

45) *Connections*, 182쪽.

46) *Small Groups*, 22쪽.

끼는 사람들에게 공동체를 제공하고 세속의 맥락에서 영성을 양성하는 것이다. 그리고 소집단 운동이 제공하는 공동체는 많은 사회와 개인의 비용을 지불하고만 얻을 수 있는 형태의 공동체가 아니다. 오히려, 소집단 운동은 바쁘고 불안정한 사람들이 자신의 생활양식을 심각하게 조정하지 않고 가질 수 있는 사회 교섭을 제공한다. 결국 소집단 운동은 우리가 사는 복잡한 다원주의 세계에 완전히 적응할 수 있는 공동체를 제공한다고 말할 수 있을 것이다.[47)]

3. 소집단과 '밖으로의' 공동체

밖으로의 공동체는 교회 소집단이 자체 내의 공동체를 이룰 뿐만 아니라 도덕 공동체로서 소집단의 공동체성이 교회 밖의 사회로 나가서 사회 안에 구현될 수 있는 '공동체 정신'을 나타낸다. 교회 소집단 공동체 안에서 훈련된 기독교인이라면 교회 밖에서도 교회의 권위에 지배를 받아서 일반인들과는 다른 도덕성, 곧 더 엄격한 도덕 기준에 따라 일반인들의 삶의 양식과는 차별성을 보일 것이라고 예상되는 것이다. 그렇다면 교회는 소집단을 통해 사회에 기여할 수 있는 올바른 시민을 길러내는 조직이라고 할 수 있으며 기독교가 현대사회에서 하나의 사회 운동의 원천으로서 역할을 한다고 할 수 있을 것이다. 그리고 이러한 과정을 통해서 교회는 공공성을 회복하게 될 것이고, 교회에 대한 사회의 공신력도 높아지게 될 것이다. 이런 측면의 공동체는 우리 사회에서 민중신학을 중심으로 한 민족 공동체 또는 민중 공동체라는 개념으로 표현되기도 했다.

신학자들은 성서에 입각한 공동체는 공동체 구성원들만의 효과 있는 삶을 위한 것만이 아니라 안으로 헌신되고 절제된 삶의 응집을 통해서 공동체 밖의 사람들에게도 나누고 베풀 수 있는 여력을 가지게

---

47) 위의 글, 24-25쪽.

된다고 말한다. 따라서 공동체는 타인을 위한 여력을 가질 수 있는 삶이며 지역 사회와 더불어 함께하는 삶이다.[48] 이러한 공동체는 시민사회를 위한 결속에 가장 기초가 되는 조직이 된다.[49] 마찬가지로 기독교의 소집단 지도자들은 사회에 반하는 사사로운 경건은 두말할 필요 없이 성서의 정신과 부합하지 않는 것이라며, 성숙한 소집단에서 개인의 관심은 공공의 관심으로 바뀌고 공동체의 삶은 다른 사람들을 위한 삶이 된다고 말한다.[50] 성숙한 소집단은 자신의 존재를 두고 있는 더 큰 사회를 변혁시킬 수 있는 영향력을 발휘할 수 있을 것으로 보는 것이다. 교회 소집단은 주로 교회 안에서만 모이게 되지만, 삶의 장이 사회이기 때문에 삶의 지평을 넓혀 사회 변화의 주체가 되어야 하는 것이다.[51]

이것은 바로 종교의 공공성과 관련되는 것으로 뒤르케임으로부터 파슨스와 벨라를 거쳐 내려오는 종교 사회학의 주요 주제이다. 일찍이 뒤르케임이 종교의 근원을 사회라고 본 것과 같이, 한 사람의 종교 신념은 전부 개인의 것이고 사사로운 것이라고 할 수 없는 것이다. 영성은 개인 수준에서 머무는 것이 아니라 공동체와 사회 수준에서 발현되는 것이기 때문이다. 특히 현대사회에서는 다원주의와 상대주의에 의해 개인의 느낌을 고립시키고 소외시키는 사사화된 신앙의 경향이 조장되어 왔다. 그러나 이러한 종교의 추구는 그 내부 속성상 공동체 삶을 부정하기 때문에 재생산 자체가 불가능하고 설사 그들만의 공동체가 존재한다고 하더라도 확장되고 다원화된 현대사회의 지평에서 어떠한 기여도 할 수 없을 것이다.[52] 벨라는 이러한 개인주의 종교의 출현과 확산

48) 김현진, 《공동체적 교회 회복을 위한 공동체 신학》(서울: 예영커뮤니케이션, 1998), 423쪽.

49) 권진관, 앞의 글, 326-328쪽과 권진관, "국가, 시민사회, 교회", 〈기독교사상〉, 43권 3호(2000년 3월), 45-46쪽.

50) 개러스 아이스노글, 앞의 글, 351-353쪽; 클라이드 리이드 지음, 고용수 옮김, 《성숙한 교회를 위한 소그룹 운동》(서울: 한국장로교출판사, 1993), 25쪽.

51) 최훈진, 앞의 글, 90-91쪽.

에 대해 우려하면서 시민 종교를 강조한다. 시민 종교는 시민 개인이 사사롭게 가지고 있는 종교 신앙과는 다르며 국가가 표상하는 궁극의 의미와 자체 인식의 내용에 관련되어 있다. 그러나 '시민 종교'는 국가가 행사하는 종교 차원의 역할을 넘어설 수 있는 초월 가능성을 자체 속에 담고 있다.[53)]

'공공 교회'라는 말을 만들어 낸 마틴 마티는, 교회가 기독교 전통으로부터 공공의 이익을 명료화하고 이 공익에 대한 관심을 지향하는 공익 우선의 신앙에 공헌할 수 있다는 점을 강조하였다. 그의 논의는 한편으로 개인과 정부 사이, 다른 한편으로는 개인과 대중 사이를 중재하는 제도 없이는 민주주의가 제 역할을 할 수 없다고 염려했던 토크빌의 정신 안에서 교회의 역할을 분석하고 있다.[54)] 교회가 세속화된 사회에서 종교 권위를 회복하려면 공동체를 통해 교회 구성원들의 정체성을 확립하고 공공의 참여에 대한 의식을 형성해야 할 것이다. 종교의 공공성은 종교가 시민사회에 기여할 수 있는 일종의 사회 자본이 되기도 한다. 종교 모임은 다른 시민 조직에 참여하는 데 필요한 대인 기술을 얻고, 직업, 후원 집단, 공공 행사에 절대 필요한 정보가 의존하는 연결망을 발전시키면서 사람들이 서로 교섭하고 신뢰하는 것을 배우는 장소가 되기 때문이다.[55)]

---

52) *Civil Society*, 위의 글, 36-40쪽. 이에 대해서는 로버트 벨라도 같은 입장을 취하고 있다. Robert N. Bellah 외, 위의 글, 236쪽.

53) 박영신, "잊혀진 이야기: 시민 사회와 시민 종교", 〈현상과 인식〉, 24권 1/2호(2000년 봄/여름), 81-82쪽. 시민 종교에 대한 벨라의 글로는 Robert N. Bellah, "Civil Religion in America," *Daedalus*, 1967년 겨울호, 또는 Robert N. Bellah, Beyond Belief (New York: Harper & Row, 1970), 9장을 볼 것.

54) Martin E. Marty, *The Public Church* (New York: Crossroad, 1981).

55) 푸트남은 시민의 참여가 사회 자본의 주축 형태라고 인식하고 종교의 중요성을 시민사회에 기여할 수 있는 사회 자본으로 생각했다. 그러나 푸트남은 그 가능성에 대해서는 비판의 눈으로 바라보았다. Robert D. Putnam, *Bowling Alone: The Collapse and Revival of American Community* (New York: Simon & Schuster: 2000), 4장을 볼 것.

우스노우는 특히 종교가 완전히 사사화되어서 사람들이 더 이상 누구를 신뢰할 수 있는지 확신하지 못할 때, 소집단 안에서의 사회 교섭을 통해 돌파구를 마련할 수 있다고 주장한다.[56] 곧 공동체주의 운동의 지지자들과 자원 결사체의 지도자들이 했던 것처럼 사회 교섭을 더 많이 증진시키는 것이다. 우스노우에 따르면, 사람들이 이 공동체 환경에서 서로 교섭할 때 대인 신뢰를 발전시킬 수 있다는 것이다. 이러한 신뢰감은 사람들에게 그들의 관점에서 절대로 혼자가 아니라는 확신을 심어주며, 시민사회에 참여할 수 있게 되는 것이다. 그런 공동체의 일원인 기독교인들은 다른 기독교인들이 신뢰받을 수 있다고 확신 있게 대답할 수 있는 것이며 소집단 운동은 이런 식으로 기독교인들이 시민으로서 종사하게 되도록 북돋는다는 것이 우스노우의 분석이다.[57]

교회의 공공성 문제는 다시 종교사회학의 중심 주제인 세속화와 관련해서 논의될 필요가 있다. 이미 현대사회에서 종교가 쇠퇴하고 종교의 영향력이 갈수록 감소하고 있는 상황에서 종교의 영향력을 키운다는 것은 역사의 흐름에 반하는 것일 수 있기 때문이다. 특히 종교가 사사로운 영역으로 물러나 개인이나 핵가족의 '선택'이나 '선호'의 문제가 되었고, 그 결과로 공통의 구속력 있는 성격을 사실상 박탈당해 버린 현대사회에서,[58] 교회가 공동체를 구성하고 교회 권위를 사회 속에

56) *Civil Society*, 46쪽.

57) 개인의 자율성과 선택을 가장 기본이 되는 미덕으로 가정하면서 그로부터 공공에의 참여를 끌어내려고 한다는 점에서 우스노우를 '시민사회'의 전통에 가까운 '공동체주의 자유주의자'로 분류한 글로 이승훈, "사사로운 이해와 공공선, 대립인가 공존인가", 〈현상과 인식〉, 24권 3호(2000년 가을)을 볼 것.

58) 피터 버거 지음, 이양구 옮김, 《종교와 사회》(서울: 종로서적, 1982), 151-152쪽. 이러한 종교의 사사화에 대한 사상은 베버의 이론에서 영향을 받은 바 크다. 버거의 입장과 유사하지만 그보다 훨씬 광범위하게 종교 문제를 다룬 루크만 역시 사사화에 대하여 깊이 있는 분석을 내놓았다. 루크만은 종교 제도의 전문화가 다른 제도 영역들의 전문화와 더불어 종교를 점차 객관성이 없는 사사로운 실체로 변형시키는 발전이 시작되었다고 본다. 토마스 루크만 지음, 이원규 옮김, 《보이지 않는 종교》(서울: 기독교문사, 1982), 123쪽.

서 인정받으려 하거나 그 영향력을 행사한다는 것은 언뜻 모순되게 보일 수 있다. 실제로 미국의 경우, 벨라의 분석에서 보는 바와 같이 개인주의가 공동체 결속을 침식하고 있으며 이로 인해 교회의 공동체 유지력이 약화되고 있다.[59)]

종교의 세속화에 대한 정의를 종교의 쇠퇴라고 했을 때는 이런 결과를 예측할 수밖에 없을 것이다. 그러나 최근의 세속화 주제에 대한 여러 종교사회학자들의 논의는 현대사회에서도 여전히 종교가 그 영향력을 행사할 수 있고, 또한 공공 종교로서의 역할을 수행할 수 있는 가능성을 보여주고 있다.[60)]

특히 신세속화론자라고 이름 붙일 수 있는 일련의 학자들 중에 야메인은 세속화론의 사망에 대한 보고가 대단히 과장되었다며, '이전' 패러다임의 핵심이 되는 통찰력을 유지하고 '새로운' 관점의 정당한 비판을 통합하는 '이전의' 패러다임과 '새로운' 패러다임에 대한 대안으로서 신세속화론을 주창한다. 그럼으로써 두 패러다임에 대한 외형의 모순을 초월하려고 시도한다.[61)]

---

59) Robert N. Bellah 외, 앞의 글, 9장.

60) 이런 입장을 대표하는 학자로 카사노바를 들 수 있는데, 그는 최근 몇 년 동안 많은 국가에서 사사화라는 역사의 선택을 거부하는 '공공 종교'의 등장을 목격했으며, "현대세계에서 종교의 '탈사사화'를 목격하고 있다"고 말한다. 카사노바에 따르면, 현대의 사회 운동들은 종교의 성격을 띠고 있거나 종교의 이름으로 일차의 세속 영역, 곧 국가와 시장 경제의 정당성과 자율성에 도전하고 있다. 비슷하게 종교 제도들과 조직들은 스스로를 개인 영혼의 돌봄에 제한하기를 거부하고, 외재 규범으로부터 벗어나기 위해 지속해서 사사로운 도덕성과 공공 도덕성의 상호 관계에 대한 문제를 제기하고, 하위 체계들 특히 국가와 시장의 요구에 도전하고 있다고 한다. 이에 대하여는 Jose Casanova, *Public Religions in the Modern World* (Chicago: The University of Chicago Press, 1994), 4-6쪽을 볼 것.

61) David Yamane, "Secularization on Trial: In Defense of a Neosecularization Paradigm," *Journal for the Scientific Study of Religion*, 36권 1호(1997년). 그는 채넌(Olivier Tschannen)의 주장을 빌어, 세속화 패러다임은 종교는 결코 완전히 사라지지 않을 것이라는 가정 아래 있으며, 스타크(Rodney Stark) 등이 말하는 것처럼 종교의 '종식'을 의미하는 것이 아니라고 말한다. 위의 글, 116쪽.

야메인이 신세속화론자로 분류한 학자들 가운데 체이브스는 "세속화는 종교의 쇠퇴로서가 아니라 종교 권위 영역의 쇠퇴", 더 구체성 있게, 종교 권위 구조의 영향력의 감소로서 가장 잘 이해된다고 주장하고, 단순한 종교 활동(하나님에 대한 신앙, 교회 신도 수, 교회 참석에 의해 나타난)은 20세기 미국에서 외형으로는 매우 안정된 것처럼 보이지만, 개인의 행위를 규제하려는 종교 권위의 능력은 실제로 감소하였다고 말한다.[62] 체이브스는 사회 수준과 개인 수준의 세속화 정도에 따라 각기 다른 사회들을 범주화하고 있는데, 그림으로 표현하면 다음과 같다.

<그림 1> 두 차원의 세속화: 사회 설정[63]

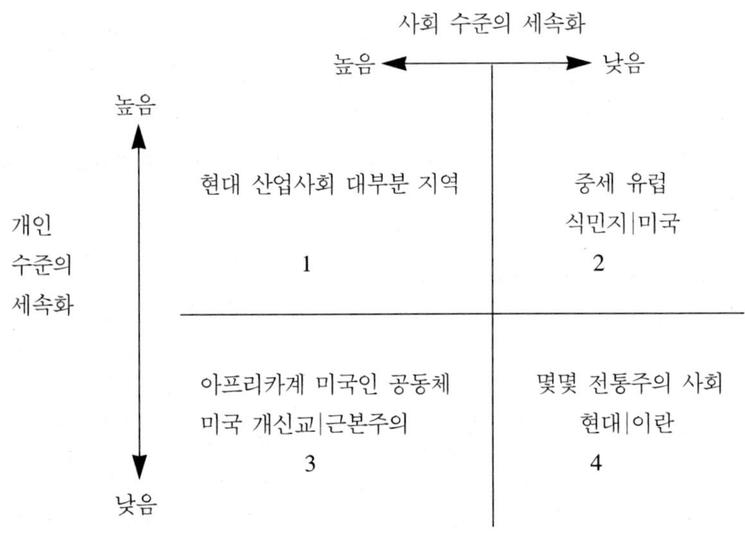

62) 그는 세속화의 대상으로서 종교 자체보다는 종교 권위에 대한 강조를 함으로써 더 사회학다운 연구가 될 수 있다면서, 종교 권위 구조의 힘의 쇠퇴로서 세속화는 진정한 사회학 현상으로서 세속화를 나타낸다는 것이다. 또한 그가 주장하는 신세속화론은 전 세계에서 보편의 흐름으로서의 세속화보다는 각 사회의 역사성을 강조한다는 점이 이전 세속화론자들과 다른 점이다. 이에 대하여는 Mark Chaves, "Secularization as Declining Religious Authority," *Social Forces*, 72권 3호(1994년 3월)를 볼 것.

63) 위의 글, 761쪽.

여기서 사회 수준의 세속화가 낮은 수준 곧 사회 수준에서 종교 권위의 범위가 넓은 사회는 교육, 과학, 국가와 같은 제도가 종교 권위에 직접 영향을 받는 사회이다. 그것은 몇몇 전통 사회에서처럼 종교 권위가 다른 영역들로부터 역사에서 분화된 적이 전혀 없기 때문이거나, 중세 유럽이나 현대 이란처럼 분화된 종교 권위가 다른 영역들에 대한 통제를 행사하기 때문이다. 사회의 세속화가 높은 수준의 사회는 종교 권위가 국가, 경제, 예술, 과학과 같은 영역에서 일어나는 일에 대하여 최소한의 그리고 간헐의 영향력을 행사하는 현대의 산업화된 사회들이다. 다음으로 개인 수준의 세속화가 낮은 수준의 사회에서 종교 권위는 개인들의 행위를 상당히 규제하거나 영향을 미친다. 개인의 세속화 정도는 사회 안에서뿐만 아니라 사회를 넘어서도 다를 것이다. 보기를 들어, 현대 미국 안에서 개인 수준의 세속화는 사회의 다른 부분보다 흑인들 사이에 현저하게 더 낮고 백인 개신교 근본주의자들 사이에 더 낮다. 개인 수준의 세속화는 지리의 위치에 구애받지 않는다. 이렇게 개인의 행위가 종교 권위에 지배되거나 반응하는 정도는 사회에 따라 다르다.[64]

체이브스는 이 분류를 종교와 사회운동과의 관계에 적용한다. 곧 실제로 사회와 개인의 세속화가 있는 1번 칸에서 종교는 사회운동을 위한 문화 자원으로 기능할 것이라는 것이다. 곧 그런 상태에서 사회운동은 지지자들에게 동기를 부여하고 동원하기 위해 종교 상징성과 생각들에 의존할 것이다. 사회운동은 문화 자원으로서 종교에 의존할 것이다. 왜냐하면 이것이 두 차원 모두에서 높게 세속화된 상태에서 종교로부터 사회 운동이 기대할 수 있는 모든 것이기 때문이다. 체이브스는 여기서 종교 사상과 상징들은 사회운동의 수사학에서 두드러지지만 종교 조직과 지도자들은 중요한 활동가가 되지는 못할 것이라고 말한다. 그는 또한 2번 칸에서는 반성직자 운동이, 3번 칸에서는 조직의 기초로

---

64) 위의 글, 760-764쪽.

서 종교가 활용될 것이고, 4번 칸에서는 종교와 정치가 결합한 사회 운동이 일어날 것이라고 본다.

우리 사회도 역시 1번에 해당한다고 할 수 있을 것이다. 사회 수준에서의 세속화는 물론이지만, 갤럽이 조사한 《한국인의 종교와 종교의식》에 보면, 개인의 종교 체험 빈도와 종교 의례 참여 빈도 그리고 기도 빈도 수가 모두가 감소하고 있고, 종교 영향력이 감소하고 있다는 응답은 증가한 반면에 종교 영향력이 증가하고 있다는 응답은 감소했다. 또한 종교 영향력의 증가에 찬성하는 응답도 감소했다.[65] 이로써 우리 사회에서 개인 수준의 세속화의 수준도 높다고 할 수 있다. 이러한 우리 사회의 종교 상황에서 한국교회의 소집단 운동이 다른 시민운동을 위한 문화 자원을 제공할 수 있는지, 또한 그것을 통해 종교 권위를 회복하고 공공 종교로서 기능을 할 것인가를 분석하는 것은 매우 의미있는 작업이 될 것이다.[66] 이제까지 한국교회의 지도자들은 대부분 교회를 사회로부터 엄격하게 분리하는 이분법 사고방식을 지켜왔으며, 신앙을 개인의 구원과 관련된 사사로운 영역에 국한시킴으로써 교회의 공공 차원을 무시해왔다. 이에 따라 교회가 사회에 대한 역할을 소홀히 했을 뿐 아니라 구성원들이 사회에 관심을 기울이지 못하게 하는 결과를 낳았다. 그러나 소집단 운동을 전개하고 있는 교회 지도자들은 교회와 사회의 이분법 사고방식에서 벗어나 교회의 사회에 대한 책임을 중

---

65) 한국갤럽 코리아, 《한국인의 종교와 종교의식》(서울: 한국갤럽 코리아, 1998), 26-30쪽.

66) 데머러스와 윌리엄스는 이렇게 종교가 사회 운동을 위한 문화 자원들을 제공하는 곳에서, 종교 권위는 새로운 방식으로 권위를 얻을 수 있으며, 종교 권위가 다른 제도들이나 개인들에게 큰 영향을 미칠 수 없는 곳에서도 종교는 여전히 문화 권위나 힘을 표현할 것이라고 말한다. N. J. Demerath III & Rhys H. Williams, "Secularization in a Community Context: Tensions of Religion and Politics in a New England City," *Journal for the Scientific Study of Religion*, 31권 2호(1992년)를 볼 것. 카사노바 역시 이와 같은 입장에서 현대에서 시민 사회 수준에서 공공 종교의 출현 가능성을 보았던 것이다.

요하게 생각했고, 교회 구성원의 대부분을 차지하고 있는 평신도 회원들이 교회 안에서뿐만 아니라 사회에서도 자신들의 역할을 담당하도록 동기 부여를 하고 있다는 점에서 큰 차이를 나타낸다. 이런 의도를 가지고 구성되는 교회의 소집단 활동은 그 자체로 공동체 의식을 형성하면서 교회 안에서의 활력소가 되기도 하지만, 소집단 활동을 통해 길러지는 구성원들의 사회의식은 시민 사회활동을 위한 자원이 될 수 있다고 여겨지는 것이다.

IV. 나가는 말

공동체 주제는 우리 사회의 도덕성에 대한 문제가 불거지면서 최근 많은 주목을 받고 있는 주제이다. 우리는 사회에서 도덕의 원천이 종교임을 생각할 때 한국 종교 중 가장 많은 회원을 갖고 있는 개신교 교회의[67] 공동체성에 대하여 생각해보지 않을 수 없다. 여기서 공동체가 집단 안으로 형성되는 공동체 의식만을 의미한다면, 사회에 대하여 갖는 의미가 크지 않을 것이다. 외부에 대하여 폐쇄성을 갖고 다른 집단에 대하여 배타성을 갖는 종교 집단이라면 사회에 대하여 아무런 기능도 할 수 없을 것이기 때문이다. 현대사회에서 종교에 대하여 기대하는 것은 사회에서 무시되고 있는 도덕의 차원을 다시 공공 영역으로 들여옴으로써 사회 구성원들이 개인 및 집단 이기주의로부터 벗어나 다른 사람들에 대한 책임과 의무를 갖도록 하는 데 기여하는 것이다. 특히, 최근에 시민사회에 대한 관심이 커지고 있는데, 시민사회는 법과 정치의 강제력에 의해서가 아니라 결사의 자유가 적용되는 자원의 영역이고, 이윤과 이기심보다는 헌신에 의해 동기 부여되는 삶의 영역들과 관련된다는 것을 감안할 때, 공공 영역에서 사람들 사이에 사회 교섭을 증

67) 최근 조사에 따르면, 한국 종교인 가운데 불교인를 앞질러 개신교인의 비율이 가장 높은 것으로 나타났다. 한국갤럽코리아, 위의 글, 55쪽.

가시키고 도덕에 대한 헌신에 동기 부여할 수 있는 집합의 가치들을 형성하는 것은 매우 중요한 일이다.[68] 종교가 이러한 시민사회의 힘에 기여할 수 있는 사회 자본을 형성한다면 세속화 과정에서 사사로운 영역으로 물러난 종교가 다시 공공성을 회복하게 되는 것이다.

우리가 교회의 소집단에 주목하는 이유가 바로 여기에 있다. 소집단은 사람들이 서로 교섭하고 신뢰하는 것을 배우면서 시민 조직에 참여하는 데 필요한 인간 관계에 대한 기술을 계발하고, 지원 집단이나 깡동 작업에 필요한 연결망을 발전시키기 때문이다. 문화 변동과 관련하여 소집단 운동은 이중의 의미를 갖는다. 소집단은 분명히 현대사회에서 충족되지 않는 정서의 필요들을 충족시켜 준다는 점에서 사회 흐름을 거스르는 것으로 보일 수 있지만, 다른 측면에서 소집단 운동은 현대 사회에서 일어나고 있는 경향들과 친화력을 갖기 때문에 성공하고 있는 것이다. 그것은 앞에서도 살펴보았듯이, 소집단이 현대사회의 일시성과 삶의 파편화, 그리고 다원성의 경향과 상충하기보다는 조응함으로써 스스로의 입지를 키워나갔다는 것을 의미한다. 또한 소집단은 더욱 개인주의화된 현대인들이 자신의 개인성을 유지하도록 허용할 뿐 아니라 개인의 이해관계와 필요에 초점을 맞춤으로써 개인의 사사로운 영역을 침해하지 않는다는 점에서도 현대성과 친화력을 갖는다. 이와 같이 소집단은 현대사회의 파편화된 조건에 잘 적응하면서도 현대사회에서 공동체의 역할을 유지하거나 강화하는 중요한 잠재력을 지니고 있는 것으로 보인다.

현대사회에서 종교에 대하여 기대하는 것은 사회에서 무시되고 있는 도덕의 차원을 다시 공공 영역으로 들여옴으로써 사회 구성원들이 개인 및 집단 이기주의로부터 벗어나 다른 사람들에 대한 책임과 의무를 갖도록 하는데 기여하는 것이다. 특히, 최근에 시민사회에 대한 관심이 커지고 있는데, 시민사회는 법과 정치의 강제력에 의해서가 아니라

---

68) *Civil Society*, 2쪽.

결사의 자유가 적용되는 자원의 영역이고, 이윤과 이기심보다는 헌신에 의해 동기 부여되는 삶의 영역들과 관련된다. 이러한 점을 감안할 때, 공공 영역에서 사람들 사이에 사회 교섭을 증가시키고 도덕에 대하여 헌신할 수 있는 집합의 가치들을 형성하는 것은 매우 중요한 일이다. 한국의 교회가 이러한 시민사회의 힘에 기여할 수 있다면 사회의 세속화과정에서 사사로운 영역으로 물러난 교회가 다시금 공공성을 회복함으로써 세속화를 극복할 수 있게 될 것이다.

이 글은 정재영, 한국인문사회과학회, 〈현상과 인식〉(제26권 1/2호 2002)에 실린 것이다.

4. 종교사회학의 관점에서 본 교회 소집단 운동

1. 들어가는 말

최근 한국교회에 주목할 만한 하나의 현상이 나타나고 있다. 적게는 수백 명에서 수천 또는 수만 명의 교인 수를 가지고 있는 여러 교회들 속에 10명 안팎의 적은 사람들이 모여서 친밀한 대면 관계를 이루며 활동하는 소집단 운동이 그것이다.[1] 소집단 운동은 원래 80년대 이후 대학가를 중심으로 일어난 일종의 평신도 훈련이다. 이것은 교회 조직 안에서 평신도의 중요성이 증가함과 함께 나타났는데, 예수가 열두 제자를 훈련시킨 것에 착안한 제자 훈련의 한 방법으로 더욱 유용하게 활용되었다. 이에 따라 많은 교회들이 여러 가지 이름과 형태로 소집단

1) 소집단은 사회과학에서 쓰는 말이고, 신학계에서는 주로 소그룹이라는 말을 쓴다. 소집단은 교회 안의 소그룹뿐만 아니라 기업이나 학교 교육에서 활용되는 모든 소규모 집단을 포함하는 개념이다. 이 글에서는 교회 안의 소집단을 다루고 있으나 사회 과학의 이론에 터하여 연구하는 것이므로 '소집단'을 대표 낱말로 쓰고자 한다.

활동을 운영하고 있으며, 이 소집단 활동이 활성화되는 교회에는 더 많은 사람들이 몰리게 됨으로써 실제로 교인 수의 증가에도 크게 기여하고 있는 것으로 보인다.

이 글에서 교회 소집단에 관심을 갖는 것은 교회가 소집단을 통해 하나의 사회 자본으로[2] 형성될 수 있는 가능성을 기대할 수 있기 때문이다.[3] 소집단은 거대 교회 안에서 정체성을 잃어가는 교회 구성원들을 작은 집단으로 묶어 친밀감을 느끼게 함으로써, 소외감을 느끼며 공동체를 갈구하는 현대인들에게 일종의 안식처를 제공해 주는 기능을 하고 있다. 뿐만 아니라 소집단 안에서 활동하는 구성원들은 공통의 신념과 행동 양식을 가지고 있으며 강한 집합 의식과 결속력을 보인다. 이러한 소집단을 통해서 교회의 본질 요소라고 할 수 있는 공동체 특성을 회복할 수 있을 뿐만 아니라, 사실상 원자화된 개인들이 운동 경기를 보듯이 모여 있는 교회 구성원들에게, 공공의 토론을 하는 사회관계를 발전시킴으로써 시민사회를 지탱하는 데 기여할 수 있는 것이다.

소집단에서의 사회 교섭은 소집단 안에서 일어나는 모든 종교 활동이 개인의 사사로운 영역에 머물지 않고 공공의 영역으로 나오게 된다는 것을 의미한다는 점에서 중요하다. 현대사회에서 종교 수행은 사사로운 개인의 행위로 환원되어 설명되는 경우가 많지만, 소집단에서의 종교 행위는 그 자체로 사회성을 띠고 있기 때문에 공공의 차원을 갖

---

2) 사회 자본이란 협력 행위를 촉진시켜 사회 효율성을 향상시킬 수 있는 사회 조직의 속성을 가리키는 말이다. 푸트남은 사회 자본은 생산성이 있기 때문에 특정 목표를 달성하는 것을 가능하도록 해 준다고 말한다. 곧 구성원들이 서로 신뢰하고 다른 사람들에 대한 믿음을 보이는 집단은 그렇지 않은 집단보다 많은 것을 성취해 낼 수 있다는 것이다. 로버트 푸트남, 안청시 외 옮김, 《사회적 자본과 민주주의》(서울: 박영사, 2000), 281쪽.

3) 우스노우는 미국 사회의 소집단들은 실제로 시민 결사체로서 기능한다고 말한다. 이에 대하여는 Robert Wuthnow, *Christianity and Civil Society: The Contemporary Debate* (Pennsylvania: Trinity Press International, 1996), 35쪽을 볼 것. 아래에서 *Civil Society*로 씀.

게 되는 것이다. 특히 소집단 활동에서 계발되는 인간관계는 시민 조직에 참여하는 데 필요한 사회 자본을 형성하고, 지원 집단이나 공동 작업에 필요한 연결망을 발전시키기 때문에 중요한 사회학 주제가 되는 것이다.[4] 특히 혈연과 지연의 굴레로부터 벗어나지 못한 근대 이전의 유사 가족주의의 문화, 그리고 경제 논리 아래 다른 모든 가치들을 귀속시키는 이기스러운 경제주의의 논리가 우리 사회의 대표가 되는 윤리 지향성으로 지적되고 있는 현실에서 교회 소집단을 통한 공공성의 확장은 종교 사회학 분야에서 시사하는 바가 적지 않을 것이다.[5]

그러나 이제까지 한국교회 소집단에 대한 사회학 분야의 연구는 전무하다고 할 수 있을 정도이다. 신학에서의 논의는 활발하게 진행되어 왔으나 사회학의 관점에서는 이렇다할 논의가 시작되지 못했다고 할 수 있다. 사회학의 관점에서 교회를 연구한다는 것은 교회 개념의 두 측면을 모두 연구 범위에 포함시킨다는 것을 의미한다. 신학의 관점에서 보자면 교회는 단순히 하나의 사회 조직으로 이해될 수 없다. 교회는 의미 체계를 구성하고, 구성원들에게 정체성을 부여하기 때문에 어느 사회 조직보다도 상징과 의미, 그리고 집합 의식이 중요하다. 그러나 그럼에도 교회는 하나의 조직이다. 안으로는 집합 의식과 공동체성이 강조되지만, 조직으로서의 교회는 효율성을 무시할 수 없다. 따라서 우리는 교회에 대하여 연구할 때 이 두 측면을 모두 고려해야만 한다. 특히 둘째 측면과 관련하여 교회를 '그리스도의 몸'과 같이 신학의 전제 위에서 이해하지 않고, 인간들이 어떤 종교 목적이나 때로는 또 다른

---

4) 우스노우는 공동체가 무너진 현대 사회에서 느슨한 연결을 맺고 있는 소집단과 같은 조직 구조를 통한 새로운 참여 형태에 주목하고 있다. Robert Wuthnow, *Loose Connections: Joining Together in America's Fragmented Communities* (Cambridge, Massachusetts: Harvard University Press, 1998), 6쪽. 아래에서 *Connections*로 씀.

5) 우리나라의 두 갈래 윤리 지향성으로 '가족주의'와 '경제주의'를 지적하고 있는 글로, 박영신, "두 갈래의 윤리 지향성, 그 울을 넘어", 한국사회이론학회(엮음), 《윤리와 우리 사회》(서울: 현상과 인식, 1998)을 볼 것.

목적을 달성하기 위해 모인 집단 또는 하나의 조직으로 이해하는 입장을 취함으로써 현실 자체를 좀더 객관성 있게 볼 수 있을 것이다.[6] 이 글에서는 최근 한국교회의 중요한 현상으로서 소집단 운동을 종교 사회학의 측면에서 조명해 보고자 한다.

II. 교회 소집단의 사회학적 특성

1. 거시 차원

오늘날 교회들은 여전히 자신들을 공동체라고 말한다. 그러나 공동체가 종교 신념을 고수하지 못하고 사회 자본을 양성하지 못한다면 이런 공동체는 효과 있는 공동체가 아닐 것이다. 사람들은 세속화된 현대에도 과거와 같이 자주 교회에 가지만 다른 구성원들과 실제 생활에 도움이 되는 인간관계를 발전시키지 못하기 때문에 사회 자본으로서 교회의 쇠퇴가 심각하다고 판단되는 것이다. 교회 안에서의 집회는, 중요한 문제들이 공공으로 토론되는 공회당으로 보기보다는 원자화된 개인들이 서로 옆에 앉아서 같은 광경을 보지만 교섭이 거의 없는 영화관이나 경기장으로 생각되고 있다. 이에 따라 점점 더 많은 사람들이 큰 종교 집회가 제공하지 못하는 강렬하고 친밀한 공동체를 필요로 하고 있다. 이러한 사람들은 친구와 이웃으로부터 고립되지 않고 사람들과 자신의 가치관에 대해 토론하기를 원하고 진정한 돌봄을 실제로 보여주기를 원한다. 그리고 자신들의 영성을 키워나갈 장소를 원한다. 미

---

6) 노치준, "한국 교회의 재정 구조(1): 1982년 자료 분석", 《한국의 교회조직》(서울: 민영사, 1995), 146쪽. 이러한 생각은 사회학과 신학의 차이에 대하여 말한 버거의 주장에서 비롯된 것이다. 이에 대하여는 피터 버거 지음, 이양구 옮김, 《종교와 사회》(서울: 종로서적, 1981), 195-203쪽에 있는 "부록 2. 사회학적 시각과 신학적 시각"을 볼 것.

국의 소집단 운동에 대해 많은 연구를 한 우스노우는 이것이 현대사회에서 소집단 운동이 매우 중요하게 된 이유라고 말한다.[7] 현재까지 기독교 소집단에 대한 사회학 연구로는 우스노우의 작업이 유일한 것으로 보이기 때문에 여기에서는 우스노우의 연구를 중심으로 기독교 소집단의 사회학적 특성에 대하여 자세히 살펴보도록 하겠다.

먼저 거시 차원에서 보았을 때, 기독교 소집단은 세속화와 관련하여 더욱 큰 의미를 갖는다. 현대사회에서 종교의 사회 영향력은 감소하고 사회의 많은 영역이 종교로부터 더 자율성을 갖게 됨으로써 사회에서 종교 권위가 쇠퇴했다는 측면에서 볼 때 세속화는 명백한 사실이다. 더욱이 종교 의식조차도 소비자 중심주의와 치유의 동기에 적응하는 양상을 보이고 있다. 우스노우는 여러 가지 면에서 미국 종교가 세속화되고, 물질주의 문화에 잘 적응해 왔다고 말한다. 우스노우에 따르면, 교회들은 물질의 풍요로부터 많은 이득을 보았고, 사람들로 하여금 이웃들과 다르게 살도록 도전하기보다는 편하게 느끼게 함으로써 번성해왔다. 성직자들은 종종 미국의 도덕 쇠퇴에 관심을 표명하기도 하지만, 자신들의 교구민들이 더 나은 삶의 방식으로 살도록 조언하는 것 대신 다른 집단들이 일으키는 문제에 대하여 추상 수준에서만 설교를 할 뿐이다.[8]

그럼에도 소집단을 통한 공공 생활로의 회귀는 카사노바의 말로 종교의 "탈사사화"의 가능성을 보여 준다고 할 수 있다.[9] 종교가 완전히 사사화 된 상황이라도 소집단을 통한 공동체주의 운동을 통해 이를 극복할 수 있는 것이다. 소집단 안에서 증가하는 사회 교섭을 통해 대인

---

7) *Civil Society*, 35쪽.

8) 위의 글, 39쪽.

9) 탈사사화라는 말은 카사노바가 처음 사용한 말로, 전 세계의 종교 전통들이 세속화론뿐만 아니라 현대성 이론들이 종교에 대해 말하는 주변화되고 사사화된 역할을 받아들이기를 거부하고 있다는 사실을 가리킨다. 이에 대하여는 Jose Casanova, *Public Religions in the Modern World* (Chicago: The University of Chicago Press, 1994), 4-6쪽을 볼 것.

의 신뢰를 회복, 발전시킴으로써 시민사회로의 참여를 이끌어 낼 수 있게 된다. 소집단 운동은 이런 점에서 세속화된 사회에서 사사화의 길을 걷기를 거부하고 공공 종교로서의 기능을 회복하게 할 잠재력을 지니고 있다. 이런 점에서 교회 안의 소집단 운동은 세속화에 대한 교회의 저항 운동으로 이해될 수 있다. 다시 말해서 세속 문화가 교회 안으로까지 밀려 들어와 교회 운영이 기업 운영을 닮아가는 현실에서 이를 거부하고 교회 본연의 모습을 되찾기 위한 대안으로 소집단을 통한 공동체 회복을 주장하는 것이다.

그러나 이 소집단도 세속화로부터 완전히 자유로울 수는 없다. 우스노우는 소집단 운동이 세속화를 거부하기보다는 세속화에 적응하고 있다고 말한다. 여기서 우스노우는 세속성을 사람들이 영적으로 되는 것을 막는 힘으로 생각하거나 저급한 세속 문화가 교회 안으로 침투했다는 것으로 보지 않는다. 그는 세속성을 "안전하고 길들여진 형태의 성스러움을 조장하는 지향성"으로 생각하는 것이 더 적절하다고 말한다.[10] 이러한 관점에서 신성한 존재는 사람들에게 순종을 요구하고 너무나 강력하거나 신비로워서 사람들이 이해할 수 없거나 사람들에게 봉사의 삶을 요구하는 존재라기보다는 애완동물처럼 자신의 만족을 위한 존재이다. 곧 영성이 세속사회의 요구에 조응함으로써 영성이 길들여지고 있다는 것이다. 이런 면에서 우스노우는 소집단 운동이 일련의 문화 재조정 과정의 최신 형태라고 말한다.[11]

교단의 구조는 상당히 약화되었고 성직자는 교인 수에 대해 다른 집회들과 경쟁해야 하는 더 큰 압력을 받는 상태에서, 경쟁의 기초는 교리나 규정의 구분으로부터 실용성 있는 호소로 의미 있게 바뀌었다. 이러한 상황에서 소집단들은 더 많은 다양성을 제공하고 전보다 종교를

10) *The Journey*, 7쪽.

11) 우스노우는 첫 번째 문화 재조정은 국교가 폐지된 것이고, 두 번째 문화 재조정은 종교의 자유가 보장된 상태에서 신앙이 더욱 민주적으로 되었고 더욱 철저하게 미국식으로 된 것이라고 말하고 있다. *The Journey*, 8쪽.

선택하는 데 더 큰 자유를 인정한다. 소집단은 변화 자체에 도전하고 이전에 비해 쉽게 만들고 없앨 수 있는 '개별(modular) 공동체'를 만들면서 신앙을 더 유동성 있게 만들고 있다.[12)]

여기서 미국 사회에 대한 우스노우의 연구 조사를 자세히 보면, 미국에는 모두 3백만 개의 소집단이 존재하는데, 이 중 2백만 개가 종교의 목적을 가진 소집단들이다.[13)] 우스노우는 미국 종교가 재부흥하고 있다면 그것은 이 소집단들을 통해서라고 말한다. 그리고 설문 조사를 통해 소집단들이 종교에 대한 관심을 유지하거나 발전시키는 역할을 하고 있다는 것이 분명한 사실임을 보여주고 있다.[14)] 우스노우는 이에 따라 소집단들은 실제로 많은 점에서 전통의 시민 결사체로서 기능한다고 말한다. 보기를 들어, 모든 집단 구성원들 중 56퍼센트가 자신들이 집단에 참여한 결과로 평화나 사회 정의에 더 관심을 갖게 되었다고 보고하고 있고, 45퍼센트는 사회나 정치 문제에 더 관심을 갖게 되었다고 말한다. 또한 43퍼센트는 소집단 활동의 결과로 자신들의 공동체에서 자원 봉사에 관계하게 되었고, 40퍼센트는 집단이 사회나 정치 문제에 대한 태도를 바꾸었다고 말하고, 12퍼센트는 자신이 속한 소집

---

12) 위의 글, 같은 쪽.

13) *Civil Society*, 38쪽.

14) 이 연구에서 모든 소집단 구성원들의 61퍼센트가 자신들의 신앙이나 영성이 집단에 참여함으로써 영향을 받아 왔다고 응답했고, 66퍼센트는 하나님과 더 가깝게 느낀다고 응답했으며, 57퍼센트가 성서가 자신들에게 더 의미 있게 되었다고 말했다. 그리고 55퍼센트가 다른 종교 관점에 대해 더 많은 지식을 갖게 되었고, 54퍼센트가 기도의 응답을 받았다고 말한다. 이 집단들 안에서 사람들이 경험하는 돌봄 또한 중요하다. 이 조사에 따르면, 82퍼센트가 자신들이 속한 집단 때문에 혼자가 아니라고 느끼게 된다고 응답했고, 72퍼센트가 침체되었을 때 격려를 받았다고 말했고, 43퍼센트가 감정적인 위기를 통해 도움을 받았다고 말했다. 이에 따른 당연한 결과로, 이 집단들은 또한 구성원들에게 다른 사람들을 돌보는 것을 보여주는 통로가 된다. 74퍼센트가 도움을 필요로 하는 집단 안의 사람들을 도왔다고 말했고, 62퍼센트가 집단 밖에서 도움을 필요로 하는 사람들을 도왔다고 말했다. 위의 글, 36쪽.

15) 위의 글, 37쪽.

단으로부터 정치 집회에 참여하거나 정치 유세에 일하도록 독려를 받았다고 말한다.[15] 또한 소집단의 구성원이 됨으로 돈에 대한 태도, 재산 소유에 대한 가치관, 노동의 의미를 포함하여 여러 가지 삶의 태도와 가치관에도 지대한 영향을 받았다고 말한다.

이제까지의 논의를 정리하면, 소집단은 성서의 가르침에 대한 인식을 높일 뿐만 아니라, 신앙과 사람 사이를 연결시키고, 신앙이 규정되는 데 필요한 원조를 공급한다고 할 수 있다. 소집단은, 대규모 집회와는 달리 보다 더 친밀한 방식으로 종교 지도력을 풀뿌리에 연결시키는 세속사회에서 교회 운영에 대한 중요한 전달 수단이다. 또한 소집단은 친밀한 교섭을 통해 사람들 사이에 신뢰도를 높일 뿐만 아니라, 토론을 촉진시킴으로써 가치관과 사회에 대한 태도의 변화를 가져온다. 세속화된 사회에서 소집단이 종교의 쇠퇴를 막지는 못하겠지만, 소집단은 종교에 새로운 존재 양식을 제공하고 그렇게 함으로써 기독교는 공공성을 회복하게 될 것이며, 이를 통한 공공 영역의 확장은 시민 사회를 지탱할 수 있도록 도울 것이다. 이러한 소집단의 힘은 소집단이 공동체를 이루고, 소집단의 공동체 의식이 참여자 개인의 정체성을 부여 또는 변화시키기 때문에 나타날 수 있는 것이다.

2. 미시 차원

소집단의 미시 차원은 소집단 안에서 활동하는 개인의 수준에 초점을 맞추는 것이다. 소집단 안에 있는 개인에 대하여 논의하는 것은 소집단의 구조로서의 특성뿐 아니라 구조 안에서 행위하는 개인 수준에서의 특성이 중요하기 때문이다. 소집단 활동은 기본 관점으로 인간을 고정되고 고착된 존재가 아니라, 변화가능하고 성장과 발전의 가능성을 지닌 존재로 보는 전제 위에 서 있다는 점에서 인간에 대한 사회 문화 요인을 강조하고 있다. 곧 소집단 활동에서 학습자의 학습 능력은 생물학의 특성을 갖는 것이 아니라 사회 문화의 특성을 갖는다고 보는 것이다. 따라서 소집단 활동 과정의 분석에서는 구성원들의 사회 환경 속에서 일어나는 타자와의 교섭을 중요시한다. 이것은 사회학의 사회 교섭론, 그 중에서도 상징 교섭론의 인간관과 그 맥을 같이하는 것이다.

상징 교섭론에서는, 인간은 상징의 세계, 또는 의미의 세계에 태어나고 타자의 역할을 담당하는 것도 의미 있는 상징을 통해서 가능한 것으로 본다. 타자의 역할을 담당한다는 것은 다른 사람의 관점을 택해 볼 수 있다는 뜻인데, 이것은 곧 다른 사람들과 의미 있는 상징을 공유한다는 것을 전제로 하는 것이다. 소집단 안에서 다른 사람들과의 교섭은 자신의 삶을 반성하고 자신의 자아 규정을 재확인할 수 있는 거울을 가진 사람들을 제공하는 것이다. 개인의 자아는 소집단에서 발견되는 상호 교섭과 지원으로 성장하는 것이다.[16] 따라서 소집단 안에서의 개인은 그 소집단에서 공유되고 있는 의미 체계를 습득하는 것이 필수이다.

이런 점에서 소집단 안에서는 관찰이 매우 중요시된다. 관찰은 사람들 사이의 역동성과 인간 관계의 형식들을 살피고 이해하는 기술이다. 각 집단은 관계를 맺고 행동할 때 독특한 나름대로의 방법을 가지고 있다. 집단들은 모일 때마다 다른 환경, 다른 목적들로 인해 새로운 관계의 유형을 탐색하곤 한다. 관찰은 집단이 자신을 대변하도록 보여주는 귀납의 기술이다. 관찰 과정에서는 집단 안에서 일어나는 행위들에 대한 의미를 해석하는 것이 중요하다.[17]

---

16) Robert Wuthnow, *Sharing The Journey: Support Groups and America's New Quest for Community* (New York: Free Press, 1996), 210쪽. 이 책은 우스노우가 다른 연구자들과 함께 6개월 이상 미국 전역의 소집단의 사례를 선정하여 설문 조사와 면접 조사를 실시한 결과로 낸 저서로 미국의 소집단 운동에 대한 개관과 소집단을 통해 본 미국인의 종교성에 대하여 정리한 것이다. 아래에서 *The Journey*로 씀. 같은 연구에 대한 또 하나의 결과물인 Robert Wuthnow 엮음, *"I Come Away Stronger": How Small Groups Are Shaping American Religion* (Michigan: William B. Eerdmans Publishing Company, 1994)은 각각의 연구자들이 민속학 연구의 결과에 초점을 맞추어 설문 조사 결과를 요약한 것을 우스노우가 엮어서 만든 책이다. 아래에서 *Small Groups*로 씀.

17) 개러스 아이스노글, 위의 글, 231-232쪽.

이러한 소집단에 대한 전제는 교육의 궁극 목적이라고 할 수 있는 인간의 전인 변화라는 시각에서 소집단이 인간 변용의 역학을 지니고 있다는 점을 함의하는 것이다. 곧 소집단 활동을 통해 교섭하는 과정에서 개인 행위자들은 다른 구성원들을 관찰하며 그것을 자신의 행위에 반영함으로써 서로에게 영향을 주고받는다. 이러한 과정을 통해 소집단 참여자들은 태도와 행위에 변화를 일으키게 된다는 것이다.

그러나 우리는 소집단 안에 있는 개인에 대한 또 다른 측면에서의 특성을 지나칠 수 없는데, 이것은 사회 행위의 호혜성과 관련이 되는 것이다. 소집단 안에 있는 각 개인은 상대방에게 어떻게든 도움이 되는 행동을 하려고 한다. 그런데 여기서 상대방에게 과연 어떤 행동이 어느 정도의 도움이 되는 것이냐 하는 문제는 당사자의 욕구에 따라서 규정될 수 있는 것이다. 이것을 그 행동으로부터 도움을 받게 되는 상대방의 입장에서 본다면, 그가 받는 도움에는 필연으로 어떤 형태로든 어느 정도의 대가가 지불되어야 하는 것이다. 따라서 소집단 안에서 개인의 행위는 호혜성을 갖는다. 일찍이 굴드너는 호혜 원칙이 인간관계를 규제하는 가장 기본이 되는 원칙이라는 것은 여러 문화권의 제약을 초월하는 하나의 보편 규범임을 강조하고 있다.[18] 또한 소집단에서 발생하는 신뢰에 주목한 우스노우는 소집단 안에서의 신뢰가 호혜주의에 기초한다고 분석한다. 사람들은 서로 도움을 주기를 기대하고 소집단에 들어오지만, 또한 스스로 지원받기를 기대한다는 것이다. 여기서 신뢰는 다른 구성원들의 정직, 통합, 성실에 대한 전제 가정을 요구하지만, 더 중요하게 소집단은 호혜주의에 대한 암묵의 규범을 발전시킨다고 주장한다. 곧 구성원들은 자신들의 기대를 존중하는 집단에서 다른 사람들을 신뢰한다는 것이다.[19]

18) A. W. Gouldner, "The Norm of Reciprocity: a Preliminary Statement," *American Sociological Review*, 25권(1960년), 161-179쪽.

19) *The Journey*, 154-156쪽.

이러한 호혜성이 사회생활에 필수가 되는 이유는 다음과 같이 설명될 수 있다. 현대인의 삶에 불가피하게 내재되어 있는 공공성은 공동화, 사회화된 물리 기반을 토대로 형성되고 있으며, 이러한 물리 기반은 집합재의 성격을 띠고 있기 때문에, 현대인은 생활 문제에 공동으로 직면하게 된다. 이에 공동의 노력으로 자신의 단기의 이해관계를 떠나 공동의 책임 의식을 가지고, 협조의 참여 행위를 통해 문제를 해결할 수밖에 없다는 것이다. 따라서 사회 행위 기준으로서의 호혜성은 이익 속에서 개인화되기 쉬운 인간들이 공동의 이익 구현 속에서 자신의 사사로운 이익과 함께 공동의 이익을 도모하기 위해 집합 행동을 할 수 있는 여지를 마련해 주므로, 호혜성은 개인 및 집단의 공동 문제를 해결하기 위해 조직화되는 집합 행위 조직의 핵심을 이루는 유인 동기가 될 수 있다. 따라서 현대인의 이기성을 공동체 형성이라는 방향으로 유도하기 위해서는 일반 이익의 구현 속에 사익도 동시에 추구할 수 있는 새로운 사회 행위 기준으로서 호혜성이 제시된다고 하겠다.

한편, 소집단에 참여하는 개인은 참여를 선택할 때, 이 집단이 자신에게 중요한지 또한 그 집단에 소속하기 위하여 얼마나 많은 값이 기꺼이 지불되어야 하는지 심사숙고한다. 개인의 필요가 불변하는 것이 아니며 개인의 필요를 채우기 위한 집단의 능력도 변한다는 것을 감안한다면, 종교 집단 안에 있는 개인은 항상 선택의 문제에 직면에 있음을 부인할 수 없다.[20] 이러한 선택의 문제는 대가와 보상이라는 측면에서 논의될 수 있다. 곧 다양한 선택들을 추구하는 데 소요되는 비용들에 대한 계산이 고려될 것이고, 그러한 비용은 어떤 선택이 최대의 보상이나 이익을 산출할 것인가 하는 것을 결정하려 할 때 이익과 견주어 어림될 것이다. 이런 점에서 개인의 집단에 대한 만족도는 그 집단에 기여한 것에 대한 보상이 얼마나 적당한가 하는 인식에 달려 있다

20) 클라이드 리이드 지음, 고용수 옮김, 《성숙한 교회를 위한 소그룹 운동》(서울: 한국장로교출판사, 1993), 122쪽.

고 할 수 있다.[21)]

현대인들은 유동성이 많은 상황에서 살기 때문에 다양한 역할들을 배워야 하지만, 현대사회는 이런 역할들을 배울 수 있는 동년배 집단들이 자연스럽게 형성되기에는 많은 한계를 가지고 있다. 따라서 작고 의도된 집단 안에서 이런 것을 배우는 것이 필요하게 된 것이다. 특히 우리 사회와 같이 개인들이 선택할 수 있는 교회나 교파 또는 소집단의 대안이 풍부한 상황에서 집단에 대한 만족이 낮을 때 개인들이 집단에 불만족을 표시하는 것보다는 그 집단을 탈퇴하고 새로운 집단을 찾아 나서는 것이 더 현실성 있는 선택이 된다. 이런 환경에서 집단에 대한 개인의 만족도와 애착심을 높이고 집단에 헌신하게 하는 것은 결코 쉬운 문제가 아니다.

이것은 무임 승차의 문제와 관련된다. 한 사람의 종교에 대한 만족은 자신의 투자와 다른 사람의 투자 모두에 의존하며 자신의 투자는 자신뿐만 아니라 다른 사람들에게도 이익을 제공하기 때문이다. 소집단에 있는 개인들의 목표는 자신의 이익을 위한 것이지만, 그 목표를 위한 수단은 다른 사람들과의 관계 속에서만 이루어진다. 아이아나콘은 무임승차의 문제를 해결하기 위해서는 구성원에 대한 엄격성을 높여야 한다고 주장한다. "벌과 금지"의 방법을 통해 모임에 대한 헌신이 약한 회원들을 걸러 낼 수 있고 이에 따라 헌신의 전체 수준을 높이고 평균 참여율을 높임으로써 모임을 더 강하게 할 수 있다는 것이다.[22)] 이것은

---

21) 이러한 관점에서 종교 집단에 대한 개인의 애착은 종교 집단이 제공하는 보상물과 종교 집단의 문화에 의해 결정된다고 할 수 있다. 곧 개인이 종교 집단에서 얻는 보상이 무엇이며 그 보상이 개인에게 얼마나 중요한가, 그리고 그 보상이 얼마나 공정하게 분배되었는가 하는 것과 종교 집단이 어떠한 조직 문화를 가지고 있으며 개인은 그 문화에 얼마나 적응되어 있는가 또는 그 집단의 가치관이나 규범이 얼마나 내재화되어 있는가 하는 사회화의 정도에 따라 애착의 정도가 달라진다고 할 수 있는 것이다. 전성표, "교회에서 공평의 인식을 결정하는 요인과 교회에 대한 개인의 애착심", 《울산대학교 사회과학논집》, 7권 10호(1997년), 87쪽.

22) Laurence R. Iannaccone, "Why Strict Churches Are Strong," *American Journal of*

미국의 소집단과 달리 '제자 훈련'이라는 방법을 통해 구성원들의 강한 헌신을 요구했던 80년대 이후 한국의 선교 단체 중심의 소집단 운동과도 깊은 연관이 있는데, 이런 유형의 소집단 운동은 현재도 많은 교회들에서 실시되고 있다. 제자 훈련 방법에서 흔히 표현되는 소수 정예 요원을 중심으로 한 배가의 원리는, 회원들에게 강도 높은 헌신을 요구함으로써 집단에 대한 적극성이 결여된 회원들보다는 적극성을 띄는 회원들을 중심으로 구성원을 기하급수로 늘일 수 있다는 주장인 것이다.[23)]

결국 현대사회의 공리주의 특성을 지닌 개인주의 요소가 소집단 안에도 작용하는 것이다. 이것은 궁극으로 개인은 자신의 이익을 추구할 책임이 있으며 다른 사람들로부터 독립하여 각 사람은 그것을 어떻게 잘 할 것인가를 결정해야 한다는 것을 시사한다. 우스노우는 "소집단은 사람들이 자신의 문제를 해결하도록 독려하면서도 모든 관점에 똑같은 중요성을 둠으로써 공리주의 특성의 개인주의와 문화 상대주의를 조장

Sociology, 99권 5호(1994년 3월), 1183-1188쪽.

23) 제자 훈련에서 사용되는 핵심 원리 중의 하나인 배가 원리는 교회에서 전통으로 해오던 복음전파 방식의 비효율성과 비생산성을 지적하고 이에 대한 대안으로 제시되는 것으로 그 논리는 이렇다. 하루에 1,000명 씩을 회심시키는 전도자와 1년에 한 사람을 제자로 키우는 사람을 비교해 보면, 1년 후에 앞의 전도자는 365,000명의 신자들을 회심시키는 데 비해 제자 훈련자는 자기를 포함해서 2명 밖에는 얻지 못한다. 2년 후에 전도자는 730,000명의 신자들을 얻는 데 비해 제자 훈련자는 4명의 제자를 확보하게 된다. 3년째 되는 해에 전도자는 365,000 x 3 = 1,095,000명을 회심시키게 되고 제자훈련을 하는 사람은 23=8명의 제자를 얻게 된다. 초기 몇 년간을 비교해보면 제자 훈련자가 얻게 되는 사람의 숫자는 전도자가 얻는 사람의 숫자와 비교가 안 될 만큼 보잘 것 없으나 이런 식으로 계속하다보면 20년 정도가 되면 제자 훈련자가 확보한 숫자가 전도자가 회심케 한 숫자를 능가하게 되고 그 후로 제자의 숫자는 폭발적으로 능가하게 된다는 것이다. 따라서 제자 훈련 과정은 마치 제화 공장에서 구두를 만들어내듯이 제자를 길러낼 수 있다고 주장된다. 이에 대하여는 월터 헨릭슨, 《훈련으로 되는 제자: 태어나는 것이 아니다》(서울: 네비게이토 출판사, 1980), 139-141쪽과 리로이 아임스, 《제자 삼는 사역의 기술》(서울: 네비게이토 출판사, 1981), 71-73쪽을 볼 것.

한다"고 말한다.[24] 이런 점에서 볼 때, 소집단 운동은 현대사회로부터 독립하여 안식할 수 있는 방주를 제공하는 것이 아니라 현대사회의 문화를 반영하여 그것에 익숙한 현대인들이 쉽게 소집단에 들어오기를 선택할 수 있도록 스스로를 적응시키는 것이다. 이런 면에서 소집단은 현대성이 반영된 사사화된 종교의 특성을 보여준다고 할 수 있다.

마지막으로 집단과 개인의 관계에서 보자면, 소집단의 특징은 집단으로서 공동체를 제공하지만 구성원들의 개인성을 인정한다는 것이다. 소집단의 개인들은 기본 특성상 처음부터 공동체를 추구하여 들어온 사람이라기보다는 개인의 필요와 관심으로 집단 안으로 들어온 개인주의자들이다. 이러한 개인들에 대하여 소집단은 개성을 유지하도록 허용할 뿐만 아니라 자신의 이해관계와 필요에 초점을 맞추고 다른 사람과 보내는 시간이나 다른 사람에 대하여 감수하려는 의무의 수준을 제한한다. 이런 의미에서 소집단은 개인주의 영성이 합법화될 수 있는 포럼을 제공한다고 할 수 있으며,[25] 이런 점에서 소집단 공동체는 각 개인의 존재와 특성을 인정하고 공동의 덕을 위해 서로 의존하는 무리라고 할 수 있다.[26]

Ⅲ. 한국 교회의 소집단 운동

1. 한국 교회 소집단의 특성

현재 우리나라에서 실시되고 있는 소집단 활동의 원형은 1950년 이

---

24) *The Journey*, 177쪽.

25) 위의 글, 200쪽.

26) 실제로 소집단 지도자들은 현대사회는 지극히 개인화되고 개성을 덕으로 삼기 때문에 공동체를 이룩해 나가는 데에서도 이 점에 민감하게 대처하는 훈련을 받을 필요가 있음을 인정하고 있다. 최훈진, "소그룹을 통한 공동체 개발", 이연길 · 최훈진, 《이야기식 소그룹 성경공부 방법》(서울: 한국장로교출판사, 1996), 82쪽.

후에 미국 성공회 교육국 지도자들에 의해 처음으로 시도된 것으로 본다. 이름은 공동체 훈련, 기초 공동체 건설 등 공동체라는 낱말을 강조해서 사용하고 있으며, 인간관계 훈련, 지도력 개발, 체험 학습 등으로 불리기도 하지만, 인간관계를 개선하기 위한 집단 방법으로서 나와 다른 사람을 이해하고 공동체로서 협동하여 역동성 있는 집단 조성을 목적으로 실시된다는 점은 모두 공통이다.[27] 현대 교회에서 소집단 운동이 등장한 사회 요인에 대해서는 앞에서 이미 살펴보았다. 한국교회에서 소집단 운동의 등장은 여기에 더하여 교인 수 증가의 이면에 있는 질의 저하에 대한 교회 안으로부터의 반성과 깊은 관련이 있다. 곧 한국교회가 대형화되면서 성도들 사이에 인격을 통한 교제는 어렵게 되었고, 교회의 본질을 이루는 요소들 중 하나인 신앙의 공동체성이 점점 희박해지는 실정에 이르게 되었다는 것이다. 한국사회의 합리화에 따른 가치관의 변화, 산업화 및 도시화에 따른 개인주의 생활양식의 변화, 세속 물량주의 가치관에 의한 성공주의의 증대라는 시대 상황에 편승하여, 교회가 지녀야할 구원의 공동체 요소를 강조하지 못한 채, 번영의 신학을 중심으로 한 성장 일변도의 강조, 개교회 만능주의와 개인 축복의 장으로서의 교회만을 강조해 왔다는 비판을 받아 왔다.[28]

이렇게 사회 상황에 의해 침식된 한국 교회는 사회의 해체와 도덕성의 위기에 직면해서도 개인 구원 문제에만 집착할 뿐, 교회 밖의 사회 문제에는 무관심하고 사회 정의에 대해서는 무감각했다. 그 결과 교회의 구성원들에 대해서도 믿음만을 강조하고 신앙인이 되는 일에만 관심을 가졌을 뿐, 기독교의 사랑을 실천하고 생활 속에서 이웃에 대한 책임 의식을 갖는 올바른 시민으로 성장하도록 돕지 못하게 된 것이다.[29] 이와 같이 세속화 과정 가운데서 기독교인들의 자기 정체성 상실

27) 전요섭, 《그룹 지도 방법: 그룹 다이나믹스 이론과 인간관계 훈련의 실제》(서울: 백합출판사, 1986), 26쪽.

28) 문석호, 《21C 한국 교회와 공동체 운동》(서울: 줄과추, 1998), 13-14쪽.

29) 이원규, "공동체성의 위기와 한국 교회의 상생적 책임", 〈기독교사상〉, 35권 1호(1992

은 신앙과 생활의 분리라는 결과를 초래하게 되었고, 결국 이 문제는 제자로서와 시민으로서의 기독교인의 이중의 의무와 권리를 망각하는 지경에 이르게 되었다는 비판을 받는다.[30]

이와 함께 한국의 기독교 교육에 대한 반성도 소집단 운동을 촉진시켰다. 그동안 한국 교회는 교인수의 증가에 너무 집착한 나머지 교인에 대한 교육을 등한시한 경향이 강했다. 심지어 사람을 많이 불러 모을 수 있는 것이라면 그 내용과 방법이 무엇이든지 별로 개의치 않는 실용주의 경향이 교회의 혼란과 저질화를 초래했다는 비판도 나오고 있다. 그나마 신학교나 교회에서는 신학 개념이나 교리주의에 중점을 두었을 뿐 평신도에 대한 전인 교육은 매우 빈약했다는 것이다. 이에 1980년대부터 한국 교회는 교회 안에서 평신도의 역할에 대한 재인식과 함께 평신도 교육과 훈련에 대해 관심을 갖기 시작했고 이것이 소집단을 통해서 이루어졌다. 소집단을 통한 신앙공동체 중심의 교육이론은 종래의 교회 교육이 학교식 지식 전달 체계에 기초한 교회학교 중심의 교육 구조가 지닌 제한성에 대한 반성과 함께 극복을 위한 하나의 대안 이론으로 등장했다. 1970년대 한국 교회의 부흥회 시기를 거쳐 1980년대에 한국 교회는 제자 훈련을 중심으로 한 소집단 운동의 시기를 맞이한 것이다.

1980년대 이전에도 여러 가지 형태의 소집단은 한국 교회 안에 존재해 왔다. 보기를 들면 대개 지역에 따라 교회 구성원들을 분류하여 일주일에 한 번씩 모여 예배와 교제의 시간을 갖는 구역 또는 속회 조직이 그것이다. 또한 세대별로 구분하여 각종 전도회 또는 선교회를 구성하는 것도 그 보기가 될 수 있다. 그러나 엄밀한 의미에서 이 보기들은 이 글에서 주목하는 소집단 운동과는 거리가 있다. 구역 모임이나 속회의 출발은 현재의 소집단 운동과 마찬가지로 예수의 소집단을 보

년 1월), 62-63쪽.

30) 김도일, 《교육인가 신앙공동체인가?》(서울: 한국장로교출판사, 1998), 10쪽.

기로 삼아 시작된 것이었다.[31] 그러나 전통 감리교회의 속회는 주로 회원들을 개별 상담하여 교회에 보고하는 일이 주 임무였을 뿐[32] 구성원의 관계성 회복을 통한 효과 있는 모임이 되지 못함으로써 교회 안에서조차 속회의 쇠퇴를 인정하고 있다.[33] 또한 전통 농경 사회에서 발달해 온 장로교회의 구역 모임은 오늘날과 같은 산업사회 속에 적합하지 않을 뿐더러,[34] 이 모임들에서는 깊이 있는 교섭이 이루어지지 못하는 하나의 형식 모임으로 진행되는 경우가 많고, 모임의 특성상 인격의 조우보다는 일상의 문제를 논하는 데 그칠 우려가 많은 것이 사실이다.[35]

한 신학자는 과거의 구역 제도가 새 회원으로 하여금 빨리 교회에 정착하게 하고, 교인들의 신앙 성장에 도움을 주는 등 긍정의 기여를 하기도 했지만, 심각한 문제점도 안고 있다고 말한다. 그 문제점들은, 현대 교회에서 구역의 운영은 거의가 여성 교인들에 의해 주도됨으로써 남성 교인들이 배제되는 결과를 낳았으며, 평신도 지도자에 대한 훈련 부족으로 구역 모임이 무기력에 빠져 있고, 다변화된 사회 환경에 맞지 않는 단순한 내용으로 구성되어 있기 때문에 교회 안의 기초 공동체로서의 역할을 수행하지 못하고 단순한 친목 단체로 전락했다는 것이다. 또한 거주지를 중심으로 조직되는 구역의 특성상 연령, 학력, 생활수준의 불균형이 내재되어 있고, 때로는 구역원들 사이의 지나친 응집력으로 같은 구역 안에서만 활동하려고 하는 부작용을 낳기도 한다고 지적한다.[36] 또한 구역 모임의 내용은 대규모 공예배의 축소판으로 틀에 박

31) 감리교회의 속회는 이미 18세기에 등장했는데, 요한 웨슬레는 예수의 방법을 보기로 삼아 12명 안팎의 회원을 한 단위로 하는 속회를 조직하였었다. 송정률,《감리회 신도교본》(서울: 총리원교육국, 1956), 35쪽과 송홍국,《요한 웨슬레》(서울: 대한기독교서회, 1982), 117쪽.

32) 노종해,《한국 감리교회의 성격과 민족》(서울: 성광문화사, 1983), 125쪽.

33) 길버트 머레이 지음, 한경수 옮김,《감리교회 속회》(서울: 주안교회 출판부, 1991), 65-81쪽.

34) 정근두, "오늘의 구역제도, 왜 문제인가",〈목회와 신학〉, 7권 5호(1996년 5월), 46쪽.

35) 문석호, 위의 글, 230쪽.

혀 있다는 문제점이 지적된다. 구역 모임에서는 구역장 한 사람에게 모든 진행이 집중되어 엄숙한 분위기에서 예배를 진행하고 구역 공과에 제시되어 있는 성경공부 내용을 설교하듯 전달하는 것으로 모임을 마친다. 뿐만 아니라 매년 같은 내용의 공과가 일률로 구역 모임의 구성원의 주를 이루는 기혼 여성들에게 적용되어 개인의 필요는 물론 신앙 성장의 단계조차 고려할 수 없는 초보 교과 과정의 한계를 나타낸다.[37]

최근에 주목받고 있는 소집단 운동은 교회 구성원들이 공동체 의식을 느낄 수 있도록 구성된 것이다. 이를 위해서는 대면의 친밀한 교제가 이루어지는 환경이 전제가 된다. 많은 사람들과 함께 앉아 앞에서 전하는 설교를 듣기만 하는 예배가 아니라 구성원들이 다함께 참여하여 서로의 마음과 생각을 나눔으로써 소속감과 정체성을 세워 주고 이를 통해 공동체 의식이 형성될 수 있도록 하는 것이다. 이러한 의미의 소집단 운동이 1980년대 대학가와 몇몇 교회들을 중심으로 활발하게 전개되었다. 한국 교회의 소집단 운동은 처음에 제자 훈련이라는 이름으로 시작되었는데, 제자 훈련이란 신약성서에서 예수가 열두 제자를 훈련시킨 것에서 착안한 평신도 훈련을 말한다. 곧 회심을 통해 기독교인이 된 사람들을 더욱 기독교 정신에 충실한 사람으로 훈련하는 것이다. 여기서 '훈련'이라고 하는 말속에는 의도가 담겨 있다. 전통의 교회에서는 훈련이라는 말보다는 교육이라는 말을 사용해 왔다. 그래서 한동안 훈련이라는 말 자체에 대해 기존 교회들은 강한 거부 반응을 보이기도 했다. 제자 훈련이라는 말에는 기성 교회에 자리 잡고 있는 교육 방법을 불신하는 색채가 다소 깔려 있고, 좀더 적극성을 띠고 현실

---

36) 황성철, "전통적 구역 제도의 기여와 한계", 〈목회와 신학〉, 7권 5호(1996년 5월), 53-58쪽.

37) 채이석 · 이상화, 《건강한 소그룹 사역 어떻게 할 것인가?》(서울: 기독신문사, 2000년), 72-73쪽. 물론 모든 교회의 구역 및 속회 제도가 이런 한계점을 가지고 있는 것은 아니다. 교회에 따라서는 기존의 구역 제도를 재구성하여 이 글에서 주목하는 방식의 소집단 운동으로 활용하는 경우들도 있다.

에 어울리는 교육 방법이 필요하다고 주장하는 강한 의지가 들어 있다.[38]

제자 훈련이라는 말이 실제로 성서에 나오지는 않으나 예수가 어부들을 불러서 제자로 삼았고 그들과 함께 지내면서 가르친 사실을 그 본보기로 삼고 있다. 교회사에서 볼 때 3-4세기 경에 처음 교회를 찾는 사람들이 세례를 받기까지 2년 또는 3년씩 훈련을 시켰던 '학습학교'가 예수의 제자 훈련과 현대의 제자 훈련을 잇는 보기가 된다. 종교개혁 이후에는 요리문답 공부가 이를 계승했으나 역사를 통해서 볼 때 교회에서 제자훈련은 점차 사라져가다가 19세기 키에르케고르, 20세기 본회퍼가 성서의 제자도를 강조하면서 다시 제자 훈련에 대한 관심이 일어나기 시작했고 80년대 이후로 한국 교회에 소개되어 오늘에 이르고 있다.[39] 그러나 선교 단체를 중심으로 출발한 한국 교회의 소집단 운동은 선교 단체의 소집단과는 차이를 갖는다. 그것은 첫째로, 모임의 구성원에서의 차이이다. 곧 선교 단체들은 대부분 대학생과 청년들이라는 비슷한 나이와 사회 지위의 유사성을 갖는 회원들로 구성되어 있는 반면에, 교회는 다양한 나이와 사회 계층의 사람들로 구성되어 있다. 따라서 교회의 소집단 역시 나이와 계층을 고려하여 구성하게 된다. 또 하나의 차이는 선교 단체들이 주로 대학가에 위치하고 있는 반면에 교회는 여러 지역에 골고루 퍼져 있으며 각 지역 사회에 속해 있으므로 사회와의 관계성에 관심을 갖게 된다는 것이다. 따라서 교회는 선교 단체보다 훨씬 다양한 활동을 하는 소집단을 구성할 필요가 있는 것이다.[40]

종교사회학의 관점에서 볼 때, 한국 교회에서 소집단 운동의 출현은 종파 운동의 특성을 띠고 있다. 트뢸치가 말한 바와 같이, 교회는 대중을 지배하는 조직 형태로서 보편의 원칙을 강조하고 보수성을 띤다. 그러나 종파는 소집단이고 구성원들 사이의 인격성을 갖는 친교를 목적

38) 옥한흠, 《다시 쓰는 평신도를 깨운다》(서울: 국제제자훈련원, 1998), 192쪽.
39) 방선기, "제자도와 제자훈련", 〈목회와 신학〉, 2권 6호(1990년 6월), 188-193쪽.
40) 고용수, "제자훈련사역의 기독교교육적 성찰", 〈교육교회〉, 1993년 6호, 38쪽.

으로 하며 공동체성을 강조한다.[41] 앞에서 살펴본 바와 같이, 교회 안의 소집단은 이미 초대 교회와 근대 교회에도 존재했고, 감리교회의 속회와 장로교회의 구역 제도를 통해서 계속해서 존재해 왔다. 뿐만 아니라 감리교회나 장로교회 자체가 처음에는 하나의 종파 운동으로서 공동체성을 지닌 소규모 집단으로 시작했다. 그러나 조직화되고 규모가 커지면서 제도로서의 모습을 갖춘 교회에서는 공동체성이 사라지고 종파로서의 생명력을 잃어버리게 된 것이다. 따라서 경직된 구조의 교회는 새로운 소집단을 통해서 교회 안에 새로운 생명력을 불어넣기 원했고, 이에 현대 사회에 적합한 새로운 형태의 소집단이 등장한 것이다.[42] 특히 한국 교회에서 소집단 운동의 모태가 된 선교 단체들은 기성 교회들에 대한 반발감이 있었고, 자신들만의 공동체를 만들려고 하는 움직임이 강했다. 이에 선교 단체들은 반교회성을 보인다는 비판을 받기도 했다.[43] 이렇게 출발한 소집단 운동은 교회 안에 들어와서도 하나의 종파 운동으로 비춰졌고, 일부 교회에서는 심한 거부감을 나타내기도 했으나[44] 이제는 많은 교회에서 보편화된 실정이다.

대학가의 선교 단체를 중심으로 널리 퍼져 있던 소집단 운동을 처음으로 교회 안으로 들여온 인물로 사랑의교회 옥한흠 목사가 꼽힌다. 그

---

41) 종파는 기존의 교단에 포함되지 않거나 기존의 교단으로부터 빠져 나와 새로운 교파를 형성하려는 작은 규모의 교회 집단을 의미하며 이들은 기존의 종교 집단으로부터 이단시되는 경우가 많다. 트뢸치는 교회(the church)와 종파(the sect)를 구분하면서, 기존의 정치 및 사회 체제와 타협하고 그것에 순응하는 종교와 사회 조직을 '교회'라고 불렀고, 정신의 순수성을 추구하기 위하여 모든 충성을 다하는 사람들의 자원 단체를 '종파'라고 불렀다. Ernst Troeltsch 지음, Olive Wyon 옮김, *The Social Teaching of Christian Churches,* 1권(New York: Harper & Brothers, 1960), 331쪽.

42) 소집단 운동을 펼치고 있는 한 교회 지도자는 자신이 트뢸치의 이론에 영향을 받았음을 책에 적고 있다. 장학일,《교회의 체질을 바꿔라: 밴드 공동체 만들기》(서울: 대한기독교서회, 1998), 111-113쪽.

43) 정덕룡, "제자 훈련에 관한 소고", 〈목회〉, 132호(1987년 8월), 313쪽; 고직한, "교회가 본 선교단체 제자훈련의 약점과 강점", 〈목회와 신학〉 1995년 7호, 65쪽.

44) "한국교회 제자훈련, 이대로 좋은가" 〈목회〉, 157호(1989년 9월), 43쪽.

는 일차로 제자 훈련에 관심을 갖고 자신의 교회 운영 전략으로 삼았다. 그는 소집단 형태의 평신도 훈련이 성서에 나타난 예수의 방법이자 가장 효과 있는 교육 방법이라고 생각하면서도, 이것은 소외감을 느끼는 현대인들이 소속감을 얻기 위한 노력이 소집단 모임에 대해 관심을 갖게 되는 현대의 추세에 영향을 받은 것임을 부인하지 않는다.[45] 이러한 교회의 소집단 운동은 교회 안의 평신도 훈련이 실시될 수 있는 형식을 제공했다. 종종 개인을 대상으로 하는 일대일 훈련의 형식을 취하기도 하지만, 대부분의 경우 10명 내외의 소집단을 대상으로 이루어진다. 역으로 모든 소집단 활동이 제자 훈련을 하는 것은 아니나 소집단 활동이 활성화되어 있는 경우, 그 내용은 평신도 훈련을 주축으로 하고 있는 것이 한국 교회의 실태라고 할 수 있다.

한국 교회에서 소집단 운동은 교단과 교파를 뛰어넘는 운동이다. 장로교회뿐 아니라 감리교회에도 기존의 속회를 재구성하여 소집단으로 운영하는 교회들이 있고,[46] 그 밖의 다른 교단들에서도 이런 노력들이 계속 나타나고 있다. 그러나 현재 한국 교회의 소집단은 기존의 속회나 구역 제도와는 차이점을 갖는다. 기본 발상은 모두 성서의 원리에서 출발하였고, 소규모의 집단으로 운영된다는 것은 공통되는 부분이지만, 두 제도는 구조에서 중요한 차이가 있다. 기존의 속회나 구역 제도는 교회 지도자를 정점으로 위계 서열이 중시되는 피라미드형 구조인 반면에 현재의 소집단 운동의 구조는 각각의 소집단이 자율성을 갖는 연결망형 구조이다. 또한 구역장 한 사람에게 집중되는 구역 제도와 달리, 소집단 활동은 구성원들 사이에 평등한 인간관계를 전개하여 자주성과 민주성 있는 운영을 하게 된다. 이를 통해 구성원들 사이의 관계 개선과 소집단 속에서 민주성을 경험하게 되면 집단 안에서 민주주의를 형성할 뿐만 아니라 이 경험을 토대로 사회 속에서 민주주의를 구현하고

45) 옥한흠, 앞의 글, 242-244쪽.

46) 보기로, 웨슬리가 운영했던 신도반(band)을 현대 교회에 적용하여 소집단 활동을 전개하고 있는 신당제일교회를 들 수 있다. 이에 대하여는 장학일, 앞의 글을 볼 것.

시민으로서의 참여를 촉발하는 데 큰 기여를 할 수 있을 것으로 기대된다.[47] 소집단의 구조는 이처럼 현시대의 흐름에 어울리는 탄력 있는 구조로서, 탄력성과 급속한 변화에 대해 대응할 수 있는 환경을 조성한다. 소집단은 다양하게 살고 있는 사람들을 일정한 장소에 모아 서로 이해할 수 있는 토대를 제공해 줌으로 구성원 사이의 관계 개선을 이룰 뿐만 아니라,[48] 구성원 전원이 활동의 주체가 됨으로써 자발성과 적극성 있는 참여를 가능하게 한다. 각 개인들은 모임을 위해 보다 큰 책임감을 갖게 되고 높은 친밀도로 작용함으로써 자주성과 주체성을 형성하는 데 초석이 될 수 있는 것이다.[49]

2. 한국교회 소집단의 유형

한국교회에서 어느 정도의 교회가 소집단 활동을 하고 있는 지에 대한 정확한 자료는 없다. 다만 대부분의 소집단 활동의 내용을 이루는 제자 훈련이 실시되고 있는 교회를 통해 간접으로 추산해 볼 수밖에 없는데, 국제제자훈련원의 제자훈련 지도자 세미나를 통해 2000년 1월 현재 5,375명이 배출된 것을 근거로[50] 약 3, 4천 교회에서 제자 훈련이 실시되고 있는 것으로 파악하고 있다. 따라서 소집단 활동을 하는 교회는 4천 개 교회를 웃돌 것으로 어림잡아 말할 수 있을 것이다. 그러나 소집단 활동이 모두 제자 훈련을 하기 위한 것은 아니고, 한국 교회의 소집단의 유형은 제자 훈련 소집단을 포함하여 몇 가지로 나뉠 수 있다. 기독교 소집단 연구가인 로버타 헤스테네스는 소집단의 기본 유형을 활동의 내용에 따라, 공부 집단, 교제 집단, 봉사 집단, 그리고 제자 집단으로 나누고 있다.[51] 또한 한국소그룹 목회연구원은 단순히 소집단

---

47) *Civil Society*, 39쪽.

48) 개러스 아이스노글, 앞의 글, 120쪽.

49) 전요섭, 앞의 글, 33쪽.

50) 옥한흠, 앞의 글, 404쪽.

의 활동 내용에 따라 분류하지 않고 교회의 전체 구조와 관련하여 제자 훈련 집단, 세포 집단, 통합 집단, 기초 언약 집단, 그리고 협력과 회복 집단으로 분류하고 있다.[52]

정확한 자료는 없으나, 소집단 운동에 대한 문헌들을 살펴보면 한국 교회의 소집단 운동은 대체로 사랑의교회 식의 제자 훈련 집단과 순복음교회식의 통합 집단으로 대별되며, 세포 집단과 기초 언약 집단은 최근 들어 활발한 활동을 하고 있는 것으로 보인다. 이 두 교회는 모두 평신도 개발의 중요성을 인식하여 소집단 활동을 전개시켜 왔으나, 그 내용에서는 상당한 차이점을 갖고 있다. 순복음교회의 조용기 목사는 강력한 카리스마와 설교를 가지고 부흥회식으로 청중들을 끌어 모으며, 이렇게 모은 청중들을 강력한 구역 조직으로 묶는다. 이것은 지금까지 한국 교회 대부분의 지도자들이 지향했던 방식이다. 반면에, 사랑의교회 옥한흠 목사의 방법은 "소집단을 중심으로 평신도들을 육성하여 전 교인을 제자화하여 하나의 작은 목회자를 만드는 것"이다.[53] 곧 순복음교회의 소집단은 교회 지도자의 지도력이 전달되는 창구로서 이용되는 것이고, 여기서 평신도는 성직자를 보조하는 역할을 담당하며 소집단들이 존재하지만 교회 전체의 구조는 여전히 피라미드형을 지향한다.[54] 교회 조직은 전체로 보아 교인을 관리하기 위한 목적으로 작용하고 있으며[55] 교구 사이의 경쟁 메커니즘이 큰 역할을 하고 있다. 교회 관계자

51) 로버타 헤스테네스 지음, 김의원 · 조남수 옮김, 《소그룹을 위한 성경연구 지침서》(서울: 아가페문화사, 1990), 38-39쪽.

52) 자세한 내용은 채이석 · 이상화, 앞의 글, 31-36쪽을 볼 것.

53) 이중표, "제자훈련이 한국 교회에 끼친 영향", 국제제자훈련원(엮음), 《제자훈련, 영적 부흥과 갱신의 길》(서울: 국제제자훈련원, 1999), 39쪽.

54) 정진홍, "급성장 대형교회의 현상과 구조: 순복음중앙교회의 이해를 위한 종교학적 시론", 크리스챤아카데미(엮음), 《한국 교회 성령운동의 현상과 구조: 순복음중앙교회를 중심으로》(서울: 대화, 1981), 142쪽의 교회 기구 조직표를 볼 것.

55) 순복음교회에서 소집단 인도자라 할 수 있는 구역장은 구역의 관리자로 규정되고, 담당 교역자와 성도들 사이의 다리 역할을 하며, 교회 지도자의 교회 운영 방침을 교인들에게 전달하는 역할을 한다. 이에 대하여는 여의도순복음교회 평신도 교육연구소,

조차도 대교구 사이의 경쟁심이 중요한 활력소가 되고 있음을 부정하지 않는다고 한다.[56] 반면에, 사랑의교회의 소집단은 평신도들이 담임목사로부터 직접 훈련을 받아 소집단 모임의 지도자가 되며 실제로 담임목사의 교회 운영을 분담하는 작은 목사의 역할을 함으로써 연결망 구조에 가까운 특성을 보여준다.

조직의 차이뿐만 아니라 순복음교회는 그 상징체계에서 근본주의 상징체계를 가지고 있다는 점에서 더욱 분명한 차이를 나타낸다. 근본주의는 자신을 사회로부터 격리시키려는 경향을 보이고 자기 방어의 필요로 외부의 주장 일체를 비판하고 부정하는 엄정주의의 태도를 갖는다. 그러나 또한 역설로 종교 의식의 표출보다는 세속주의 경향이 강하게 작용함으로써 초월성이 결여된 현세 긍정과 현세 부정의 지향성을 동시에 나타내기도 한다.[57] 이러한 교회 자체에 대한 공동체 안으로의 몰입은 교회가 닫혀져 사회와 이웃에 대해 무관심한 집단이 되어 사회에 대한 책임 의식을 갖지 못하게 되는 결과를 낳는다.[58] 이러한 순복음교회식의 교구 중심 소집단 활동은 소집단 자체의 자율성이 무시되고 교회 지도자의 보조 수단으로 활용됨으로써 소집단으로서의 기능을 상실했다고 판단된다.

마지막으로 한국의 교회 소집단을 미국의 경우와 간략하게 비교해 보고자 한다. 한국의 기독교 소집단은 교회 안에 있다는 점에서 미국의 소집단과 근본으로부터 다른 독특한 특성을 갖는다. 그 차이는 미국에서의 기독교 소집단이 반드시 교회에 소속되어 있거나 교회의 직접 후원을 받는 것은 아닌데 반해, 한국의 기독교 소집단은 대부분 교회나,

---

《작은 목자론》(서울: 서울서적, 1994), 16쪽을 볼 것.

56) 교회 관계자조차도 대교구 사이의 경쟁심이 중요한 활력소가 되고 있음을 부정하지 않는다고 한다. 정진홍, 앞의 글, 143쪽.

57) 여의도순복음교회 평신도 교육연구소, 앞의 글, 149쪽.

58) 노치준, "한국교회 성장 정체의 실태와 원인", 《한국 개신교사회학》(서울: 한울, 1998), 36쪽.

교회와 유사한 역할을 하는 선교 단체에 소속되어 있는 소집단이라는 데서 출발한다. 한국의 교회 조직은 초기부터 교회 지도자를 중심으로 한 엄격한 위계질서로 짜여 있었고, 교회 지도자들 또한 대부분 권위주의 요소가 강한 특성을 지니고 있다. 대부분의 한국 교회들이 회원 수가 300명을 넘는 중형 이상의 교회들이고,[59] 특히 만 명을 넘는 초대형 교회들이 다수를 차지하고 있는 것을 감안할 때,[60] 한국 교회의 회원들은 교회 안에서조차 자신의 정체감과 역할에 대해 소외감을 느끼게 되는 결과를 낳게 되는 것이다. 교회에 출석하는 사람들은 교회 밖에 있는 사람들과는 공감대가 형성되지 않기 때문에 그들과는 깊이 있는 교섭이 이루어지기도 힘들다. 따라서 유휴 자원으로 남아 있는 다수의 회원들에게 소속감과 정체성을 심어 주어 유용한 자원으로 활용하기 위해 교회 안에서 소집단의 필요성이 대두된 것이다.

이렇게 한국의 기독교 소집단이 교회 조직 속에 편성됨으로써 갖는 특징은 교회에 대한 헌신의 강조이다. 미국의 소집단들은 가입과 탈퇴가 자유롭기 때문에 자신에게 맞는지 판단할 때까지 일시로 머물다가 부담을 느끼면 바로 활동을 그만둘 수 있다. 한국 교회의 소집단도 형식상 가입과 탈퇴가 자유로우나, 교회에서 더 많은 일을 하고 싶어하거나 더 높은 지위에 오르길 원한다면 소집단 활동은 거의 필수 요건이 된다. 특히 교회 지도자들이 직접 관리하는 한국 교회의 소집단에서 교회 지도자들의 면전에서 소집단 활동을 그만둔다는 것은 곧 그 교회의

59) 교회 회원 수 300명이 기준이 되는 것은, 회원 수 300명 이상의 교회에서는 회원들 사이에 대면 접촉이 어렵고 공동체 특성을 갖기 힘들기 때문이다. 이에 대하여는 존 웨스터호프 지음, 정웅섭 옮김, 《교회의 신앙교육》(서울: 대한기독교교육협회, 1989), 93-96쪽을 볼 것.

60) 대형교회 전문가인 미국의 존 번(John Vaughan)이 1984년에 발간한 세계 20대 교회들의 목록을 보면 한국 교회 6개가 포함되어 있으며, 이 순위는 1990년대 초에 개정된 《세계 50대 교회들》의 목록에서도 절반이 넘는 숫자를 차지함으로써 큰 변동이 없다. 명성훈, "대형교회의 득과 실 그리고 과제", 〈목회〉, 269호(1999년 1월), 182쪽; 존 번 지음, 정명섭 옮김, 《세계의 20대 교회들》(서울: 요단출판사, 1985)을 볼 것.

구성원이기를 포기하는 것과도 같은 결과를 낳는 것이다. 뿐만 아니라 한 소집단에 편성된 후에 그 소집단이 자신과 맞지 않는다고 하여 다른 소집단으로 옮기기도 현실 여건상 거의 쉽지 않다. 따라서 미국의 소집단들이 높은 유동성을 갖는 반면에, 한국 교회의 소집단들은 다소 경직된 특성을 갖는다고 할 수 있을 것이다.

그러나 교회 차원에서 보면, 기존 교회의 피라미드형 구조와 달리 소집단이 활성화된 교회의 구조는 연결망형 구조에 가깝다. 이러한 교회 구조의 차이는 교회 회원들에게 서로 다른 의미를 낳는다. 피라미드식의 높은 위계 조직을 갖는 교회에 새로운 회원이 들어와서 자신의 능력 발휘가 가능한 직위로 올라가려면 장시간의 노력을 요하는 과정을 거쳐야 한다. 그러나 연결망 구조는 각 회원들이 의사소통하기도 쉬울 뿐만 아니라 모든 사람이 평등한 관계에서 권리를 나눠 갖기 때문에, 새 회원이라도 적응하기 쉽고 보다 영향력 있는 위치에 올라갈 수 있는 시간도 훨씬 짧게 걸린다. 따라서 교회 안에서의 많은 활동이 정신 또는 심리 차원의 보상 뿐 아니라 정치 차원의 보상에도 영향을 받는다는 사실을 인정한다면, 회원들이 교회에 기여한 자원의 중요성과 양에 상응하도록 보상이 분배될 때 교회에 대한 애착심도 증가하게 될 것이므로 연결망 구조의 교회가 회원들의 소속감 및 애착심을 유발하기 쉬운 구조라고 할 수 있을 것이다.[61] 따라서 연결망 구조를 가진 교회가 피라미드 구조의 교회보다 회원을 유치하기 쉬운 특성을 갖는다고 할 수 있으며, 이것이 최근 소집단 운동을 하는 교회들에 회원들이 지속으로 공급되는 하나의 이유가 될 수 있을 것이다.

우스노우는 미국의 소집단의 경우, 교회의 후원을 받는 소집단들조차 교회 지도자들의 의도와는 달리, 성스러움에 대한 재규정—앞에서 사용한 말로는 교화 또는 길들임—을 통해 세속 문화의 주요 흐름에 적응하고 있다고 말하고 있다.[62] 그러나 한국교회의 소집단들에서 이러

61) 이와 비슷한 논의로 전성표, 앞의 글, 특히 89-90쪽을 볼 것.

한 징후는 찾아보기 어렵다. 성서연구의 자유로움이나 기도의 민주화 등 소집단 자체가 집단의 특성으로서 갖는 분권화는 한국 교회의 소집단에도 발견되는 현상이지만, 한국의 경우 상위 조직인 교회와 긴밀한 관계를 맺으면서 때로는 감독과 견제를 받는 실정이므로 미국의 경우와 같이 더 세속화된 형태로 변화하지는 않은 상태이다. 앞으로 한국 교회의 소집단 활동이 오랜 기간 계속되고, 교회에 직접 소속되지 않거나 교회에 소속되더라도 종교 활동이 아닌 취미 활동을 포함한 여러 사회활동을 위주로 하는 소집단들이 등장한다면 지금과는 다른 특징을 가질 수 있겠으나 그러한 예측을 하는 것은 이 연구의 범위를 벗어나는 일이다.

IV. 나가는 말

문화 변동과 관련하여 소집단 운동은 이중의 의미를 갖는다. 소집단은 분명히 현대사회에서 충족되지 않는 정서의 필요들을 충족시켜 준다는 점에서 사회 흐름을 거스르는 것으로 보일 수 있지만, 다른 측면에서 소집단 운동은 현대사회에서 일어나고 있는 경향들과 친화력을 갖기 때문에 성공하고 있는 것이다. 그것은 앞에서도 살펴보았듯이, 소집단이 현대사회의 일시성과 삶의 파편화, 그리고 다원성의 경향과 상충하기보다는 조응함으로써 스스로의 입지를 키워나갔다는 것을 의미한다. 또한 소집단은 더욱 개인주의화된 현대인들이 자신의 개인성을 유지하도록 허용할 뿐 아니라 개인의 이해관계와 필요에 초점을 맞춤으로써 개인의 사사로운 영역을 침해하지 않는다는 점에서도 현대성과 친화력을 갖는다. 이와 같이 소집단은 현대 사회의 파편화된 조건에 잘 적응하면서도 현대사회에서 공동체의 역할을 유지하거나 강화하는 중

---

62) *The Journey*, 7쪽.

요한 잠재력을 지니고 있는 것으로 보인다.

그러나 이 잠재력이 실현될지 여부는 이 집단을 옳은 방향으로 이끌려는 운동의 지도자, 참여자, 그리고 관심 있는 외부인들의 능력에 달려 있다.[63] 현대사회에서 교회가 공동체의 역할을 감당하기 위해서는 교회 구성원들에게 양심 있는 시민이 되도록, 사회에 대한 프로그램을 세우고 운영하기 위해 주도권을 쥐도록, 정치 문제들에 대해 잘 알도록 그리고 그들의 양심에 따라 지지하거나 반대하도록 격려할 필요가 있다. 하지만 개인의 활동은 보통 그 효과 측면에서 제한받기 때문에 사회 안의 특별한 필요들에 관심을 갖는 소집단을 형성해서 참여하고, 사회 문제에 대한 조사에 착수하도록 그리고 적절한 행동을 조직하도록 장려되어야 한다. 이러한 활동은 전체로서의 교회가 할 수 없는 일들이며 소집단을 통해서만 가능한 것이다. 이와 함께 기독교인들은 개인으로서 그들이 관심 갖거나 선택한 정당, 노동조합, 또는 사업협회 그리고 유사한 운동 단체에 책임감을 갖고 참여하도록 격려 받아야 한다. 그리고 가능할 때마다 소집단과 연계 또는 연합 활동을 전개해야 한다.

현대사회는 급격한 변화의 과정을 겪고 있다. 현대사회에서 나타나는 산업사회에서 정보 사회로, 중앙 집권에서 지방 분권으로, 그리고 대표 민주주의에서 참여 민주주의로의 변화는 현대 사회 자체가 대규모의 조직에서 소규모의 집단을 필요로 하는 구조로 바뀌고 있음을 나타낸다. 더욱이 포스트모던의 바람이 불어 닥친 현실에서 교회만이 과거의 습속(習俗)에서 경직된 권위주의 구조를 고집할 수는 없는 것이다. 교회 스스로 갱신하여 현대사회에 대하여 설득력을 가질 수 있는 구조로 변화하고, 사회에 대하여 초월의 가치를 제시할 수 있어야 할 것이다. 이를 위해서 더 많은 교회들이 소집단을 중심으로 한 연결망 구조로 전환할 필요가 있다. 또한 교회에 속한 구성원들은 교회 안에서뿐만

---

63) 소집단이 교회와 사회의 모든 문제들을 해결할 수 있는 만병통치약이 아님은 분명하다. 이에 대하여는 The Journey, 347-349쪽을 볼 것.

아니라 사회에서도 시민으로서의 참여 활동에 적극성을 보여야 할 것이다. 그럼으로써 올바른 종교인으로서만 아니라 참여하는 시민으로서의 역할도 수행하게 되는 것이다. 이러한 상태에서 기독교는 사사로운 영역에 벗어나 공공의 마당에서 의미 있는 역할을 감당하게 될 것이다.

이 글은 정재영, 연세대학교사회발전연구소, 〈사회발전연구〉(제8 호 2002)에 실린 것이다.

덧붙이는 글

1. 어떤 변화인가?
2. 믿음의 세계와 학문의 세계
3. 한국 교회가 돌파해야 할 '현실'은 무엇이고, 지향해야 할 '미래'는 무엇인가?
4. 386세대와 포스트 386세대에 대한 사회학적 분석
5. 인구 통계 조사에 대한 개신교 관점의 분석
6. 소그룹을 통한 교회 공동체의 실현

1. 어떤 변화인가*)

로마서 12:1-2

I. 본문에서

바울은 로마서에서 예수 그리스도의 십자가 죽음과 부활 사건을 구원의 맥락에서 체계화한 다음, 이 서한문 마지막 부분에 이르러 그는 곧바로 실천의 영역으로 나갑니다. 오늘 읽은 로마서의 본문은 바로 이 대목의 첫 부분입니다.

여기서 바울은 독자들을 향하여 '형제'라 부릅니다. 어떤 구획과 칸막이도 없는 형제 자매됨을 강조하는 표현입니다. 그리고는 하나님의 은혜에 기대어 우리에게 권합니다. '하나님이 기뻐하시는 거룩한 산제사'로 드리라 합니다. 이것이 '합당한 예배'라 합니다. 이어 '세상을 본받지 말고' 새롭게 '변화를 받으라'고 권면합니다. 그렇게 되면 하나님의 '선하시고 기뻐하시고 온전하신 뜻'이 무엇인지 가려낼 수 있다고 가르칩니다.

---

* 이 글은 박영신, 2005년 3월 3일 실천신학대학원 개교예배에서 설교한 것이다.

이 본문의 중심 내용은 변화입니다. 핵심어가 여럿일 수 있으나 그 가운데서 가장 두드러지는 것은 '새롭게 바뀌는' 것입니다. 이것이 주요 키워드입니다.

II. 변화의 실체

오늘날 '변화 이야기'는 곳곳에서 빗발치고 있습니다. 모든 영역에서 변화의 요구가 들끓고 있습니다. 널리 쓰이는 말이 있지 않습니까? '변화하지 않으면 죽는다'고까지들 말합니다. 기업이건 대학이건, 심지어 교회도 변해야만 살아남을 수 있다고 이야기합니다. 변화의 요구가 오늘처럼 절박한 때가 어디 있었을까 싶을 정도입니다.

우리를 휘몰아가고 있는 이 변화의 이야기는 어떤 것입니까? 변화의 소용돌이에서 갈팡질팡 어쩔 줄 모르고 허우적거리는 이 시대의 '변화'라는 것은 도대체 무엇을 말하고 있습니까? 어디에 지향되어 있는 변화입니까?

표현은 가지각색이지만 우리가 듣고 만나는 변화 이야기는 '부분의 변화'에 모아져 있습니다. 몸통은 그대로 두고 고작 '옆 가지'만을 정리하는 변화이고, 뼈대는 그대로 두고 밖으로 보이는 것 몇 항목을 바꾸는 그 정도의 변화입니다. 그렇게 변화를 외쳐대면서도 이것이 지향하고 있는 변화의 가치와 목표에 대해서는 깊이 논하지 않습니다.

변화의 목표와 가치는 그대로 두고, 거기에 이르는 방법과 수단과 과정의 변화만을 꾀합니다. 흔히 듣는 바대로, 구조 조정이라는 이름으로 변화를 시도합니다. 여전히 이익의 극대화라는 목표에서 출발하고 그것이 최종의 목표입니다. 그 목표를 달성하기 위해 가지를 쳐 자를 수밖에 없다고 하며 또 과감히 자릅니다. 몸통과 뼈대는 그대로 둔 채 곁가지의 정리에 한정되어 있는 변화의 보기입니다.

이 모든 것은 인간의 욕심과 계산에서 나온 변화의 시도입니다. 인간의 온갖 잔꾀를 짜내어 인간의 욕심과 계산을 한껏 충족시키려는 변화의 노선입니다. 우리가 부딪히게 되는 '변화와 변화의 시도'는 이러한 데 쏠리고 있습니다.

부의 증식, 이익의 확장, 거대주의, 거기서 나오는 힘과 명성과 지위의 확보와 유지…, 변화의 욕구는 그런 가치와 목표에 지향되어 있습니다. 갖가지 이름으로 시도하고 있는 변화의 밑바탕에는 이러한 인간의 탐욕이 도사리고 있습니다. 탐욕스런 인간이 세운 그 가치와 목적을 달성하기 위해 수단과 방법과 과정을 조정하고 바꾸는 그러한 변화에만 모든 관심을 쏟고 있습니다. 이 시대를 규정짓고 있는 변화란 다름 아닌 바로 이런 것들입니다.

그런데도 우리 모두는 이러한 변화에 몰입하고 있습니다. 이러한 변화의 길로 달음박질해 갑니다. 이 길이 어디로 치닫고 있는지 깊이 헤아려 살피지 않고 그저 한 길로 몰려가는, 저 허다한 사람들을 보고 나도 뒤따라 나섭니다. 서로 앞서고자 달음박질까지 하며, 질주합니다. 이렇게 해서 질주의 군상을 낳기에 이르렀습니다. 이 질주는 무서운 획일화의 광란을 낳고 있습니다.

이것은 역설입니다. 변화를 획책하겠다고 한 것이 근본에서는 '변화 없는', 아니 근본의 '변화를 막는' 새로운 획일화를 가져오고 있기 때문입니다. '세상을 본받고', '세상 것'을 뒤따르는 한줄 서기의 획일화입니다.

세상을 본떠 살아온 지금까지의 '마음'을 그대로 지키고 굳히면서, 현존하는 우리의 '마음'을 더욱 굳건히 지켜가기 위해 '필요한 만큼의 변화'만을 허용하는 그러한 변화일 따름입니다. 탐욕스런 인간 중심의 마음을 하나님이 기뻐하시는 '새로운 마음'으로 변화시키지 않고 겉모습의 부분 변화에만 머물러 있습니다. 근본 뿌리가 되는 '마음'을 새롭게 하여 변화를 받은 것이 아닙니다.

III. '몸' 을 제물로

진실된 변화는 이러한 표피의 부분 변화가 아닙니다. 바울의 입을 통하여 하나님이 말씀하시는 그 '변화' 는 부분의 변화일 수 없습니다. '너희 몸' 을 '산 제사' 로 드리라고 했을 때 '너희 몸' 은 우리의 존재 전체를 일컫습니다. 신체의 특정 부분이나 어떤 부위만을 가리키지 않습니다.

'너희 몸' 을 하나님께 제물로 바치라는 것은 우리의 몸 전체를, 우리의 존재 전체를, 우리의 삶 전체를 하나님께 바치는 것을 뜻합니다. 한 부분만을 제물로 드리고 나머지는 내가 갖겠다는 것이 아닙니다. 우리가 지키고 싶다면 얼마만큼 간직할 수도 있다는 여지를 전혀 주고 있지 않습니다. 전체를 '산 제사' 로 바쳐야 합니다.

'지난날의 우리' 가 죽고 새로운 생명으로 다시 산 그 생명 넘치는 새로운 피조물의 '산 제사' , 그것이 '정당하고 마땅한' , '산 제사' 라 합니다. 이 말은 엄중한 뜻을 담고 있습니다. 우리 자신을 '완전히' 거부하고 부정하라는 뜻이기 때문입니다. 그렇지 않고서는 우리의 몸 전체가 '산 제사' 일 수 없기 때문입니다.

실천신학대학원은 목회 자체의 틀을 통째로 바꿔야 한다고 믿고 있습니다. 벌써부터 일상어가 되었습니다만 '패러다임' 의 전환을 시도합니다. 여기에 이 배움의 공동체가 세워지고 존재해야 하는 이유가 있습니다. '총체의 사역,' '총체의 사역자' ('Total Ministry, Total Minister') 입니다. 한국교회와 사역, 그 틀 자체를 새롭게 바라보고 새롭게 짜야합니다. 어느 한두 곳을 손질해 고친다고 될 일이 아닙니다. 우리는 이러한 변화의 뜻에 동참합니다.

우리는 이러한 눈으로 한국교회를 바라보고 섬기고자 합니다. 근본의 변화를 외면한 채 부분의 변화에 매달리고 있는 이 땅의 교회와 성도들을 향하여, 바울 사도는 근본이 되는 '마음' 을 새롭게 하여 변화를 받으라고 권면하지 않겠습니까? 사역자를 향하여 '마음' 을 새롭게 하여 틀 자체를 새롭게 짜여 한다고 가르치지 않겠습니까? 우리는 이러한 권면을 받아들여 새로운 사역을 꿈꾸며 기도합니다.

이제 우리는 오늘의 한국교회를 근본의 차원에서 점검해야 합니다. 수단 방법 가리지 않고 지위와 명성과 재물을 탐하는 세상, 그것을 성공이고 복이라고 믿는 세상을 교회와 성도가 본받아, 그것을 흉내내어 그것으로 우쭐거리는 천박함, 그 우쭐거림에 또 무릎 꿇는 천하고 천박한 작태를 깊이 새김질해야 합니다. 기존하는 세상의 잣대가 아닌 하나님의 뜻이라는 새로운 잣대로 재어봐야 합니다.

바울은 힘주어 말합니다. '이 세상의 본'을 따르지 말라고 하며, '이 세상의 기준'에 기대지 말라고 합니다. 번드레한 옷으로 치장하고 있지만 인간 모두는 자기 중심의 탐욕으로 뒤범벅이 되어있습니다. 세상의 가치와 목표에서 벗어나지 못한 인간의 취향이 오죽이나 왜곡되어 있으며, 인간의 합리성과 이성이라는 것이 또 얼마나 한계 투성이겠습니까? 이런 까닭에, 인간은 하나님의 역사하심을 통해 근본의 변화를 이루어 '하나님의 선하시고 기뻐하시고 온전하신 뜻이 무엇인지를 분별할 수 있'어야 합니다.

IV. 우리도

근본되는 변화는 부분의 변화보다 그 길이 좁고 험난합니다. 외롭기도 합니다. 때로 고작 한 사람으로부터 시작하고, 때로 두서너 사람으로 시작하고, 때로 열두 사람으로 시작합니다. 아니, 스물 넷으로 시작할 수 있으며, 이들과 함께 하는 한 작은 '배움의 공동체'로부터 시작할 수도 있습니다. 그 길이 좁고 험난하고 또 외로울 것이지만 그러나 그 길은 옳습니다. 가지 않으면 안 될 길입니다.

우리가 기도 가운데 부름 받은 자의 소명 의식을 확인할 수 있다면, 하나님의 은총이 우리와 함께 하신다면, 이 일은 한국 교회에 새로운 변화, 바른 변화, 밑뿌리의 변화를 겨냥하는 역사의 한 획을 긋고야 말 것입니다. 그러므로 오늘은 한국교회 120년 역사에서 실로 떨리는 첫 걸음입니다.

이 일에 우리 모두 함께 했습니다. 이 일에 우리 모두 형제로, 형제 자매로 함께 하고 있습니다. 경직된 교파의 구획과 답답한 칸막이를 허물고 우리 모두 참된 변화를 일굴 하나님의 일꾼 되고자 여기 함께 나왔습니다. 수많은 사역자 가운데서 어찌 우리들을 부르시어 '참 변화의 도구' 되게 하셨는지, 어찌 우리에게 이런 일을 감당하게 맡기셨는지, 하나님의 뜻이 아니라면, 그의 은총이 아니라면 참으로 이해할 수 없는 신비스런 사건입니다.

오늘은 이 놀라운 하나님의 역사에 동참하도록 우리가 부름 받아 나선 날입니다.

이 일에 하나님의 은총이 함께 하기를 우리는 간절히 기도합니다. 이 배움의 공동체에 주님의 인도하심이 함께 하기를 우리는 간구하고 또 간구합니다.

2. 믿음의 세계와 학문의 세계*)

'우리 사회에서 학문을 한다는 것'에 대한 한 토막 이야기

I. 관심

삶의 이야기는 구원의 이야기이다. 삶은 내가 결정하는 것이 아니라 주어진 삶의 상황 속에 던져져 거기서 나의 삶이 결정되어 나온 것이라는 뜻에서 그러하다. 하여 삶은 은총이다. 일본의 지성 사학자 이에나가 사부로(家永三郎)의 말로 하면, 그 삶은 '자력'(自力)으로 빚어내는 것이 아니다. '타력'(他力)으로만 풀이될 수 있는 것이다. 우리의 삶이란 그렇게 이해할 수밖에 없다. 내 안으로부터 나오는 무슨 힘이 있어서 그 힘으로 무언가 일구고 엮어놓은 것이 아니라 밖으로부터 내 안으로 쏟아지는 어떤 힘 때문에 나의 나됨이 영글어지고 나의 됨됨이가 짜여져 나온 것이다. 내가 어렸을 적부터 삶에 대한 어떤 생각을 품을 수 있었다면 그것은 결코 나의 선택이 아니다. 오늘에 이른 헤아릴 수

---

* 이 글은 박영신, 기독교역사문화연구소가 연 제1회 콜로키움(2006년 6월 17일 숭실대학교)에서 발표한 글이다.

없는 숱한 삶의 이야기들이 바로 그러한 것이었다.

나는 3대째 기독교 집안에다 목사의 아들로 태어났다. 목사가 되기를 바라는 분위기에서 자랐다. 교회에는 빠지지 않고 참석했다. 걸핏하면 주일인데도 학교에 나오라고 했지만 마땅히 학교를 거부하고 교회로 갔다. 훈육주임에게 끌려가 매질을 당해도 언제나 그러하였다. 그때부터 기독교 학교에 가야겠다는 마음을 굳혔다. 주일에 학교에 오라고 하지는 않을 터이고 반기독교 성향의 훈육주임은 없을 것이기 때문이었다.

그렇게 기독교계 고등학교를 졸업하고도 곧장 신학교로 가지는 않았다. 초등학교에 다닐 때 어쩌다 페스탈로치 전기물을 읽고 감동한 나머지 교육자이자 목사이고, 목사이자 교육자인 그러한 사람이 되고 싶었다. 학부에서 교육학을 공부해야겠다고 마음먹은 것은 이 때문이었다. 요즘 말로 하면 인문학 쪽의 교육학, 사범학교 안에 있는 교육학과는 다른 그러한 교육학과에서 공부하고 싶었다. 그 때 내가 다닌 교육학과는 문과대학에 자리하고 있었다. 그러다 점차 사회에 대한 관심을 가지게 되고 마침내 사회학을 전공하여 사회학도로 평생을 살게 되었다. 마치 벌써부터 학문의 길로 들어서기 시작했다는 듯이 대학원 석사논문의 앞머리에 이러한 나의 관심사를 적어둔 바 있다. 지금 다시 꺼내어 읽기에는 너무도 언짢은 투로 어처구니없게도 나의 길을 "광활한 학해(學海)로 원양의 길을 떠나는" 것에 견준 다음, "한국사회와 교육, 그리고 기독교 이 셋의 관계 도식"이 내 필생의 과제라고 하고는, 그것이 "내 생의 형식이자 곧 내용이 된다"고도 했다.

그 관심 세계만을 두고 보면 그 때부터 오늘에 이르기까지 크게 달라진 것은 없는 것 같다. 관심의 진폭이 있기는 해도 그리고 통례의 전공을 넘나들기는 해도 관심의 핵에서는 크게 벗어나지 않았다.

지난날 나의 학부 공부를 오늘에 와서 한마디로 평가할 수는 없다. 많은 것을 배울 수 있었던 과목도 있고 그러지 못한 과목도 있다. 그러나 교육학과 뿐 아니라 철학과와 역사학과, 그리고 문학과 신학 쪽의 과목을 되도록 널리 찾아 듣고자 했다. 학과 공부 이외에 손에 잡히는 대로 여러 글을 읽으려고도 했다. 그러한 과정에서 내게 커다란 충격을 준 것은 합리주의와 실존주의 철학이었다. 그 동안 내가 지켜온 믿음의 초석들이 순식간에 내려앉아 폐허와도 같은 허허한 들판에 던져진 경험이었다. 그 벌판은 좀처럼 벗어날 수 없는 막막한 넓은 땅이었다. 어찌 보면 몹시 자유스러운 공간이기도 했다. 지금까지 내가 틀어박혀 있던 믿음의 세계는 합리주의라는 힘 앞에 걷어치워야 할 맹신에 지나지 않는 것 같았다. 합리성을 무기로 하는 계몽주의의 빛 아래 사라져버려야 할 칙칙한 어두움에 내가 그토록 오래 머물러 있었다는 자책이 들기도 했다. 기댈 것이란 인간의 이성 밖에 아무것도 없는 그러한 들판에 서 있어야 했던 내게 그것이 자유라면 자유였다.

그 어정쩡한 상태에서도 오랜 인습의 굴레를 완전히 벗어나지는 못하였다. 교회 출석을 하고 교회 봉사도 해야 했다. 제법 열심히 그렇게 하였다. 한 동안 믿음의 세계와 이성의 세계가 병렬 상태로 공존하도록 조정코자 하였다. 서로 무시하면서 대화는 하지 않더라도 하나가 다른 하나를 압도하거나 제거하는 것은 건강하지 않다는 생각이었다. 4년 넘게 복무한 군대 생활에서도 이 둘의 관계는 불편한 채로 그대로 남아 있었다.

하지만 계몽주의조차 절대의 자리에 올라서게 해서는 안 되었다. 내가 받은 믿음의 마지막 보루는 그 어떤 것도 절대화할 수 없다는 데 진치고 있었기 때문이다. 합리성이라는 무기로 모든 것을 제압할 수 있는 설득력을 구사하고 있다 하더라도 그것을 절대의 자리로 올려놓을 수는 없었으며, 절대의 자리에 올라선 그 위풍당당함을 있는 그대로 인정할 수는 없었다. 거부해야 할 또 다른 우상숭배였기 때문이다.

여기 하나의 탈출구를 제공해 준 것은 막스 베버였다. 개신교 윤리와 근대 자본주의의 정신을 이어놓고자 한 그의 연구 관심에서 나는 믿음에 터한 행동 지향성의 중요성을 찾아보게 된 것이다. 그것은 합리성으로 다 풀이할 수 없는 믿음의 세계를 있는 그대로 받아들여 그것이 행동의 밑바탕을 이루어 행동을 방향 짓고 이끌어간다는 동기와 힘의 원천이었다는 논증이었다.

이러한 생각은 저 쓸쓸한 허무의 어두운 땅에 내리비추는 번뜩이는 햇살이었다. 내가 벗어나야 했던 그 허허벌판에 난데없이 나타난 은총의 빛줄기였다. 나의 관심은 바로 이러한 곳으로 나아가기 시작했다. 이 관심에 따라 과목을 택하고 선생을 찾았고 학교를 선택하였다.

II. 전개

사회학과의 선생이 된 것은 나의 계획과 무관하다. 나는 일찍이 대학에서 가르치겠다는 뜻을 세워본 적이 없다. 목사가 되고자 했고 목사가 되고 싶었다. 그러나 뜻하지 않게 사회학 전공자가 되고 사회학과에서 가르치게 된 것이다. 하지만 나의 관심은 직종과는 상관없이 내 '직업'의 소명 의식에 단단히 들어서 있었다. 앞서 필생의 과제라고 했던 그 관심 세계만은 어찌할 수 없었다. 나의 삶이 '한국사회, 교육, 기독교'라는 '셋의 관계 도식'에 이렇게 저렇게 이어져 있어야 했다.

나의 사회학은 이론이라는 바퀴와 역사의 경험을 탐구하는 다른 또 하나의 바퀴에 의지해 굴러가는 수레이고자 했다. 거기에 여러 관심의 짐을 싣고 그것으로 학문의 세계로 나아가고자 한 것이다. 이를 위한 훈련과 실행의 과정은 참다운 뜻에서 '즐거운' 일이었다. 학문이란 실로 무엇을 의미하고 학문하는 마음가짐은 어떤 것이어야 하는지를 다시 생각하게 되고, 그 학문을 '행정'이나 '관직'과 이어놓고자 하는 조선시대 이래의 의식 세계로부터 '자유로워야' 한다는 결의도 굳히게 되었다. 내가 들어서게 된 공부와 내가 만난 선생으로부터 이러한 것을 배우고 확인하게 된 것이다. 정녕 공부하는 맛을 본 셈이다. 달리 말하여 학문의 길에 들어선 '기쁨과 보람'을 터득했다고 할 수 있을지 모르겠다. 그만큼 공부라는 것이 뜻 있게 다가왔다.

학위를 끝내고 돌아왔을 때는 유신 절정기였다. 돌아오는 길에 '고민과 주저함'이 없을 수 없었다. 나의 선생은 그 안에서 "불을 지펴야 한다"고 격려하고 조언해 주었다. 그 곳에서 가르칠 수 있는 기회도 있었지만 돌아오고자 했다. 내가 무엇을 얼마나 할 수 있을 것인지에 대해서는 전혀 감히 잡히지 않는 어두운 시대였다. 다만 가르침 가운데 은은히 깔아둘 수밖에 없는 '제한된 삶의 목표를 설정하고서야' 돌아올 수 있었을 뿐이다. 앞서 공부한 사람들이 모두 가르치고 연구하는 '교수의 자리'에서 곁길로 나아갔다면 적어도 나는 그 자리를 지켜야 한다는 내면의 굳은 결의를 소중히 간직하고자 했다. 그러할 때 언젠가는 우리도 남의 나라에 다녀오는 것이 대학의 교수 자리나 연구직에 들 수 있는 이점이나 자격 요건이 되는 현실을 넘어설 수 있을 것이기 때문이다. 그러한 뜻에서 작디작은 불을 지펴보고자 한 것일 수도 있다.

그리하여 대학에서 가르치기 시작한 지 몇 해 되지 않아 학술 계간지 〈현상과 인식〉을 만드는 일에 함께 앞장 서 보고 〈사회학연구〉를 엮어보기도 하고, 사회 이론을 함께 생각하는 모임을 만들 때도 참여하여 "사회이론"을 펴내는 일에도 열성을 내었다. 특히, 우리나라의 학문이 얕고 좁아 그 모든 칸막이와 테두리를 벗어나고 때로 허물어뜨려야 한다는 생각에 빠져 있었다. 바로 이러한 까닭에 나는 사회학도이면서 사회학의 좁다란 울타리 안에 갇혀 있고자 하지 않았다. 나아가 내가 열정을 가지고 찾아든 그 학문의 흐름에 대한 견딜 수 없는 불만과 불화가 더해가고만 있었다. 이른바 '전문화'라는 이름으로 전문 기술자로 자처하며 교묘한 기술과 능란한 솜씨를 과시할 수 있는 문제만을 택하여, 거기에 얽혀드는 것이 사회학자의 정도인 것처럼 여기는 흐름이 주도하고 있기 때문이었다. 이 과정에서 사회학도로서 함께 다가가야 할 더욱 깊고 넓은 삶의 문제 상황에 대한 '비판의 마음가짐'을 저버린 것이다. 다른 말로, 삶에 대한 도덕 관심으로부터 떨어져 나가 숫제 그러한 관심을 학문의 관심 세계 그 창밖으로 팽개쳐버렸다는 뜻이다. 사회학의 문을 두드린 다음 그 안으로 들어섰던 "애초의 나의 열정이 배신당하고 말았다는 느낌이었다. 사회학에 대한 나의 배신이 아니라 나에 대한 사회학의 배신이었다"(《우리 사회의 성찰적 인식》, '책 앞에', 4-5쪽).

'도덕 관심'을 저버리고 '기술 관심'으로 들어선 사회학에 대한 실망, 그 실망이 아무리 깊다 하더라도 거기에 주저앉아 버릴 수는 없었다. 한 동안 그 기술 관심을 뒤따라보기도 하고 그 정교함에 몰두해보기도 했다. "그러나 그 추종이 한없이 맹목적일 수도, 끝없이 타율적일 수도, 어처구니없게 몰역사적일 수도 없었다." 전문화의 깃발 밑에 학문의 관심이 산산조각이 나게 되어 한낱 부스러기처럼 떨어져버리는 절망의 상태가 더욱 심화될 때 우리가 겪어온 역사의 경험 내용에 대한 우리의 관심과 나의 관심을 불어넣어야 하겠다는 '주체의 발언'을 더욱 강조하고 싶어졌다. 기술 차원의 재능을 부리면서 '정교화로 뻐겨대는 논의의 마당에 공공성이라는 삶의 새 지평'을 열어둬야 한다는 '도덕 관심'의 발로였다.

어떤 집합의 역사 과정을 밟아 우리의 삶과 그 삶의 터전이 오늘날 이런 모습으로 구성되어 왔는지에 대한 이론 관심이며 역사 사회학의 접근이었다. 우리의 역사 전통과 그 변형의 과정은 다른 사회의 그것을 복제해 놓은 것이 아니라 그 나름의 긴 이야기를 담고 있기 때문이다. '그 이야기'는 우리의 이야기이다. 맑스가 풀이해 줄 수 있는 것도 아니며 베버가 관심을 두었던 것도 아니었다. 우리가 밤잠 이루지 못하면서 파헤쳐보고 풀이해야 할 우리의 문제이며, 우리 모두의 어깨 위에 지워진 학문의 짐인 것이다(윗글, 5쪽).

우리의 문제를 두고 함께 씨름하고 우리에게 지워진 짐을 나누어지기 위해서는 '모름지기 지배의 자리에 올라서 있는 통상의 학문 세계'를 무턱대고 따라갈 것은 아니었다. 우리가 문제를 던지고 우리가 함께 이야기를 나누고 함께 배우고 가르치며, 우리가 함께 애를 태우며 괴로워하고 우리가 함께 풀이해 보아야 할 것이었다. 힘이 부치고 마음이 지친다 하더라도 우리 모두 그렇게 함께 가야할 길이 달리 있을 수 없었다. 바로 그것이 학문의 길에 들어선 자의 도덕 관심일 터이다. 그것은 '객관성'이라는 몽둥이로 자체의 객관성의 잣대에 맞지 않으면 그 어떤 것이든 마구 후려갈겨버리는 비좁은 학문 풍토에서 '도덕 관심'은 그러한 객관성을 담보하지 못한다는 이유에서 무참히 짓눌려버리고 있다. 도덕 관심을 정면에 내세우는 논의가 여지없이 쇠잔해지고 있는 난폭한 정황에 맞서, 새삼 도덕 관심을 치켜세우려는 학문 관심은 피할 수 없이 지배 학문에 대한 저항의 자리에 설 수밖에 없다. 나는 이 저항을 보람되게 여기게 된 것이다.

이러한 줄기의 학문은 내가 목사가 되지 않아도 우리의 삶터에 대한 자기 이해와 자기 성찰을 자극한다는 점에서 목사와 같은 목소리를 내는 것이며 목사와 같은 글을 쓰는 것이라고 할 수도 있다. 실제로 내가 1980년 가을 어느 학술 모임에서 발표했을 때 논찬자로 나온 한 선배 사회학자가 "설교를 잘 들었다"고 논평한 적이 있었는데, 다른 사람의 반응은 알 길이 없으나 적어도 나는 적중한 지적이라고 생각하고 순순히 받아들였다. 다만 나의 관심 세계가 통상의 색조와 달리 뒤틀린 삶을 이야기 하고 빈궁한 삶의 황폐화를 이야기 하고 있었다는 점에서 평범한 사회학자들에게 실로 엉뚱하고 터무니없게 들렸을지 모르나, 그것은 오늘의 전문화 과정에서 졸아들어 버리게 된 그 이전의 도덕 관심에 이어지는 것이었으며 초기 사회학의 창건자들이 지녔던 관심 세계에 맞닿아 있는 것이었다. 그것이 청취자에게 어떻게 들렸든 나의 관심은 그러한 도덕 관심의 뿌리에 연결되어 있었으며, 나의 오랜 관심을 사회학이라는 세속 낱말로 세속의 맥락에서 풀이하여 내놓았을 뿐이었다.

오늘의 사회학은 전문화된 개념의 조작과 빈틈없는 절차의 정교함에 사로잡혀 삶의 궁극 관심을 제쳐두고 그 관심에서 동떨어져 나오게 된 것을 학문 발전의 당연한 귀결이라고 여기는 상황에 들어서 있다. 계몽주의의 후예답게 자연과학이 표상하고 있는 그러한 논증의 방식에 이제껏 충실하고자 함에서이다. 그러나 그것은 짧고 얕은 지식에서 비롯되어 나온 섣부른 행각이다. 어쩔 수 없이 계몽주의에 힘입었다 하더라도 위대한 학문의 창건자들 가운데는 운명처럼 그 지식의 한계에 매여 있기를 거부한 특출한 이론가들이 있었다. 그들의 학문 세계와 그들이 이끌어낸 결론에 동의하고 안 하고는 그 다음 문제이다. 맑스가 그렇게도 공박했던 '인민의 아편'이 행사하는 종교의 마력은 그 역시도 과소평가할 수 없었다. 프로이드가 의식의 세계 그 밑에 깔려 있는 무의식의 세계를 밝히고자 한 것은 좁은 인간의 합리성으로 간단하게 축소할 수 없는 엄청난 몰합리성의 영역에 대한 확인이었고, 뒤르케임의 집합 열광과 집합 가치 의식은 일종의 '집합 무의식'이었으며, 베버가 찾아보고자 한 종교 윤리와 그 지향성과 함께 그가 관심을 두었던 '카리스마의 사회학'은 모두 좁다란 합리주의에 에워싸인 전문화 과정의 한계를 드러내 보여주었던 연구였다. 그들은 모두 뜻하고 뜻하지 않고 간에 합리성의 껍데기에 가려 눈에 띄지 않는 깊은 문제를 꿰뚫어보고자 했으며, 궁극의 관심을 두고 씨름해 왔다 할 수 있다.

나의 학문 관심은 바로 이러한 데 놓여 있었다. 비록 작은 것이지만 앞서간 몇몇 사회 이론가들이 남긴 관심의 줄기와 다시 한번 연결의 고리를 달아두려는 것이 나의 관심이었다. 그들의 관심에 눈길을 돌리고 그들의 관심을 선별하여 되살리려는 것이었다. 이러한 나의 학문 관심은 곧잘 대세에 휩쓸려드는 우리의 학문 관행에 대한 도전일 수밖에 없었으며, 실제로 그러한 도전의 실천 행위로 나아가고자 했다.

III. 의미

이처럼 우리가 학문한다는 것은 깊은 물음을 던지는 일이다. 지엽말절에 휘감겨들기를 거부하고 우리의 역사 경험 그 뿌리로 다가서는 근본에 대한 관심에 이어져 있어야 한다. 그러한 점에서 요란을 떠는 유행의 물결을 거슬러 애초 학문의 거장들이 지녔던 그들의 관심 세계에 들어가 그들과 대화할 필요가 있다.

그럼에도 이것만으로는 모든 것이 풀리지 않는다. 우리가 겪은 역사 경험은 서구인들의 것과는 다르기 때문에 서구의 연구자들이 아무리 빼어났다 하더라고 그들의 이론에 맞춰 우리의 것을 다 풀이할 수 있는 것은 아니다. 이러한 뜻에서 사회(과)학은 자연과학과 다르다고 하는 것은 자명한 이치다. 거대한 문명의 물결 위에 오늘날 모든 인간이 다 들어서 있다 하더라도 역사와 문화 가치를 담아내고 있는 사회 구조가 나라마다 다르기 때문에 그 경험을 자연과학의 경우처럼 어느 한 공식이나 법칙으로 간단하게 풀이해 낼 수는 없다. 우리는 그들이 겪지 못한 우리 나름의 문제, 그들이 대신 풀이해 줄 수 없는 우리의 문제에 맞닥뜨려 있다. 그러므로 우리는 우리 나름의 섬세한 투시력을 요청받고 있다.

나의 수련 과정에서 눈여겨볼 수밖에 없었던 우리 사회의 구조와 변동을 풀이하면서, 내 나름의 생각을 개진한 것은 바로 이러한 관심 때문이었다. 집안을 단위로 하여 집안을 위해 일을 열심히 해야 한다는 동기가 어떤 동기보다 강렬하고 집안의 이익을 일차의 관심거리로 삼는 '가족주의' 또는 '유사 가족주의'를 이야기하고, 아울러 이른바 '조국 근대화'라는 경제 성장 과정에서 경험했던 그 경제 가치에 제일의 가치를 두고 그 가치를 절대의 것으로 신앙해 왔던 '경제주의'를 말하고, 마침내 이 두 가지가 한통속이 되어 우리 사회의 발전을 추동해 오고 우리의 삶을 부추기고 있다고 한 것은 우리가 던져야 할 물음과 우리가 풀이해야 할 사회학이었다. 그리하여 우리의 역사 변동의 경험은 서구의 경험과는 달랐다는 점도 논증할 수 있었던 것이다. 막스 베버가 말한 '친족의 사슬'을 부수지 않고, 이 '친족의 사슬' 속에서 진행되어 온 우리 사회의 특별한 경험을 드러내어 서구의 경험 내용을 일반화할 수 없다는 예증도 가능하였다 할 수 있다.

학문 행위는 여러 차원에서 긴장을 자아내기 마련이며 긴장 속에 뛰어드는 일이다. 적어도 믿음의 세계에 들어서 있는 사람이라면 이 긴장의 과정은 피할 수 없는 '특별한' 삶의 조건 상황이다. 그것이 괴로워

영합을 일삼는다든지 아니면 학문과 믿음의 세계를 별개의 두 세계로 분리해 둔다면 '믿음의 세계를 지키는 자'의 자기다운 맛은 잃어버리고 만다. 믿음의 세계를 깡그리 무시해버리는 학문 세계의 압력에 맞서기도 하고, 그것을 돌파할 수 있는 능력도 갖추고 있어야 한다.

그렇다고 해서 믿음의 세계에서 쓰는 낱말과 그 세계에서 통용되는 개념을 절대의 것으로 받아들여 그것으로 학문 세계를 정복해야 한다는 뜻은 아니다. 학문의 이름으로 믿음의 세계를 제멋대로 휘어잡고자 하는 횡포를 받아들일 수 없는 것과 같이, 믿음의 이름으로 학문의 세계를 제압하려는 것 또한 거부되어야 할 횡포이다. 이것은 인류 역사에 나타난 극복해야 할 극단주의의 다른 두 유형일 뿐 꼭 같은 일방의 횡포이다. 믿음의 세계와 학문의 세계가 함께 만나 서로 이야기를 나눌 수 있는 언어와 개념에 대한 관심을 겸허히 지켜가야 하며, 그 가운데서 서로 이해할 수 있는 공동의 영역을 확장해 갈 수 있어야 한다. 한 가지가 다른 하나를 억압하고 독점의 절대성을 행사하는 것은 위험하기 이를 데 없는 독선이다. 두 관심 세계는 겸허를 배우면서 서로 배우고자 할 뿐이다. 각각 자기 관심 세계의 한계를 인정할 때만이 각각의 관심 세계가 풍요로워지고 두 관심 세계가 함께 만날 수 있는 소통의 자리 또한 기대해 볼 수 있는 것이다. 어느 하나가 전체를 자임할 수 있지 않으며 각각 전체의 부분으로 남아있을 따름이다. 파아슨스가 사이버네틱스 모형으로 각각 다른 세계가 통합 가능하도록 이어놓은 것은 돋보이는 돌파구이다.

이러한 전제 위에 내가 지니고 있는 믿음의 관심이 자리하고 있다. 그 관심은 학문의 관심 세계 안에 들어있을 수밖에 없으나 그렇다고 그 관심에 마냥 예속되어 있는 것은 아니다. '이 세상 안에 있으면서도 이 세상의 것이 아니라'고 하는 개신교의 정신을 학문 세계에서 표출시켜야 할 뿐이다. 이 땅 위에서 학문 행위를 하고자 하는 한에서 우리는 자기가 들어서 있는 학문 영역에서 인정을 받을 수 있어야 한다. 다만 그 영역의 평가가 완전무결할 수 없기에 그것을 절대화시킬 필요는 전혀 없다. 믿음의 관심을 지켜가고자 하는 학인이라면 모름지기 그러한 학문 활동에 헌신하고, 그 학문 세계를 변형시킬 수 있는 수련 과정을 밟고 그러한 능력을 터득하고 있어야 한다. 학문의 창의성이 뿌리내리고 있는 믿음의 자원이다.

어쩌겠는가? 우리가 받은 달란트가 제한되어 있는 것을. 많은 달란트를 받은 사람들을 보고 분개할 필요는 없다. 내가 받은 그 달란트로 열심히 '학문' 할 뿐이다. 거기에서 부름 받은 자의 소명 의식도 확인해 가면서. 그것이 믿음의 세계와 학문의 세계 사이에서 살아가야 하는 우리의 삶이며, 이 땅에서 학문하는 것의 뜻이 아니겠는가.

어차피 우리의 삶은 바빌론에서 믿음을 지켜가는 긴장의 계곡에 들어서 있다. 에드워드 사이드가 지성인을 유배된 삶에 견주었듯이 우리가 받은 삶은 그러한 삶을 살아가도록 부름 받은 자들이다. 곤궁함도 당하고 좌절도 겪어야 하지만 그것을 돌파해 가는 기쁨도 누리고 깊은 뜻에서 그 일을 즐기면서. 그렇게 살아갈 수 있는 능력이 있는 자만이 아마도 부름 받은 자의 소명을 지켜가고 있는 학인일 터이다.

3. 한국 교회가 돌파해야 할 '현실'은 무엇이고, 지향해야 할 '미래'는 무엇인가?*)

I. 오래된 문제

한국교회가 위기를 맞고 있다는 이야기는 이제 새삼스럽지도 않다. 거의 무감각해질 정도로 숱하게 들어온 바다. 최근에 나온 통계청의 '인구주택 총 조사' 결과는 이전의 위기론을 확인시켜 주면서 그 논의를 더욱 강화시키게 되었다. 지난 70년대부터 80년대까지 급성장했던 한국 교회가 교인의 감소 현상을 보였다는 것은, 가히 한국 교회의 '위기 담론'에 기름을 붓는 격이라 할 수 있다. 지난 10년 동안 천주교 신자는 295만 명에서 219만 5천 명이 늘어나 514만여 명에 이른 74.4%의 급성장을 이룬데 반하여, 개신교는 876만 명에서 14만 4천명이 줄어 861만 육천 명으로 1.6% 감소했다는 것이다. 천주교는 인구 구성비 6.6%에서 10.9%로 늘어나고 개신교는 19.7%에서 18.3%로 줄어들었

* 이 글은 박영신, 한국기독교목회자협의회 제8차 전국수련회가 2006년 6월 26-27일 사랑의교회 안성수양관에서 열렸는데, 거기서 발표한 '주제 강연'의 원고이다.

다. 지난날 개신교 교인의 수가 부풀려졌던 것인지에 대한 더욱 정밀한 조사가 필요하지만, 어떻든 그 수치를 놓고 보면 한국 개신교회의 위기 담론을 더욱 부추길 수밖에 없다.

그러나 통계청의 수치에 걸쳐 있는 한국 교회의 '성장 위기론'에 더하여, 아니 그것보다 더욱 심각한 것은 오늘의 한국교회가 다가오는 미래에 적절히 대응할 수 있겠는가 하는 '본질 위기론'이다. 앞의 것과 뒤의 것이 연결되어 있기는 하되, 깊이 생각하고자 하는 사람이라면 한국 교회의 본질 문제에 시선을 돌려 그 문제를 뜯어보게 될 것이다. 실제로 이러한 문제에 대한 관심은 다만 어제 오늘에 나온 것이 아니다. 교회 안팎에서 간단없이 들어왔던 소리이며 또한 여러 가지로 개진되었던 문제이기도 하다.

아래에서도 바로 이 문제에 초점을 맞춘다. 우선 우리가 두 발을 딛고 서 있는 오늘의 한국사회가 어떻게 빚어져 구조화되었는지, 그 삶의 터전을 사회학의 눈으로 분석해 본 다음, 우리 사회의 구조와 변동 과정 속에서 한국 교회는 어떤 모습으로 터 잡아 왔는지를 풀이하고, 거기에 어떤 문제가 도사리고 있는지를 살펴본다. 그리고 미래로 나아가기 위해 한국 교회가 어떤 일을 감당해야 할 것인지를 함께 생각해 보고자 한다. 그러므로 이 글은 한국 교회가 어떤 문제 상황에 던져져 있는지에 대한 '자기 이해'이며 '자기 분석'이다.

II. 한국사회의 구조와 변동

사회학은 언제나 사회 질서와 사회 변동을 주목해 왔다. 산업화와 민주화 과정을 눈여겨보고 탈산업 사회와 정보화 시대를 문제 삼고 시민사회를 거론한다. 새로운 사회 질서가 떠오르고 사회가 변동하는 기제를 분석하고 그 과정에 나타나는 기득권 세력과 변동 세력을 예의 주목한다. 사회학자들은 여태 이 끊이지 않는 문제 상황과 씨름하고 있다.

우리 사회도 그러한 문제 상황에 들어있다. 급격한 산업화의 결과로 도시화를 겪으면서 농촌은 피폐해졌다. 농촌의 전원 풍경은 사라지고 인간이 만든 거대한 도시가 나타났다. 농촌 인구의 도시 유입과 함께 삶의 형태도 바뀌고 사회의 기본 단위가 되는 가족의 형태도 변화를 겪었다. 이에 더하여, 민주화의 변동 과정에도 들어섰다. 자연히 사회 참여를 당연한 권리로 주장하게 되면서 권력의 독점 체제를 허용하지 않게 되었다. 거기에다 확장 일로를 겪고 있는 지식과 정보의 흐름 속에 들어서 지식과 정보의 공유와 투명성을 요구하기에도 이르고 있다. 변동의 과정은 언제나 혼란과 불안을 낳는다. 피할 수 없고 거역할 수 없는 흐름이다. 이 변동의 세력은 어느 한 곳에 머물지 않는다. 서쪽에서 불어와 동쪽을 휩쓸고 북쪽에서 몰아쳐 남쪽을 강타하기도 한다. 변동은 날로 증폭하여 그 파장은 온 세계를 뒤덮고 있다. 노동 형태의 재구성, 지식과 기술의 오름세, 정보의 소통, 성장과 생태계 파괴, 지금까지 세계를 지배해 온 '생각의 틀' 자체를 넘어서려는 여러 생각과 주장, 이러한 것들이 지구 전체를 휘몰아가고 있다. 변동의 세기이며 세기의 변동이다.

그럼에도 불구하고 이 변동의 기제는 사회마다 다르다. 그 기제가 같다면 어느 특정 문화권의 특출한 사회 분석가의 이론에 맞춰 모든 사회의 문제 상황을 진단하고 치유할 수 있을지 모른다. 그러나 사회(과)학은 자연과학과 다르다. 역사와 문화 가치를 담아내고 있는 사회구조가 나라마다 다르기 때문에 각각의 사회가 겪는 변동의 역사 경험은 같을 수 없고 그 기제 또한 다르기 마련이다. 여기에 그 사회 나름의 문제에 맞닥뜨려야 하는 사회 분석가의 섬세한 투시력이 요청되는 것이다.

우리나라의 변동 기제는 어떠했으며 그 역사의 경험은 또 어떠했는가? 이에 대한 논의는 여러 관점에서 논의되어 왔다. 그 가운데서 역사사회학의 눈으로 풀이하고자 하는 분석의 내용을 짧게 적어보면 아래와 같다.

우리 사회의 변화에는 특별한 점이 있다. 서구의 근대화와 경제 발전은 전근대의 사회 구조를 근본에서 재구성할 수 있는 변형의 가능성을 확보하고 있었지만, 우리나라에서 근대화라고 했던 경제 발전은 전래의 사회 구조를 근본에서 허물어뜨리지 않고 이를 조정-원용하여 온존시켜 온 변동의 과정이었다. 급속한 경제 성장을 이룩하며 놀라운 변화를 일으켰으면서도 우리는 전래하는 가족 중심의 의식 세계를 지켜왔을 뿐 아니라, 바로 그 의식을 효과 있게 동원하여 경제 성장을 부추기고 경제 발전을 도모했던 것이다. 이 의식 세계를 자극하여 '우리 집안이 잘 살아야 한다'는 강한 의지를 집집마다 나누어 가지도록 경쟁 동기를 유발시켰으며, 실제로 그것은 우리의 경제 성장 과정에서 매우 유효하였다. 우리가 이룩한 경제 성장의 이야기는 이러한 기제로 풀이되어야 할 것이었다. 집안을 단위로 하여 집안을 위하여 일을 열심히 해야 한다는 동기를 불어넣어 경제의 부를 추구하고 획득하도록 행동 지향성을 몰아붙였다. 가족의 이익에 초점을 맞춘 '가족주의' 또는 회사와 같은 조직체를 가족으로 유추하는 '유사 가족주의'라는 의식 세계였다. 이 힘이 우리가 추종하고 신앙했던 '조국 근대화'라는 경제 성장 과정의 밑바탕이었다. 바로 이것이 오늘날 모든 것을 경제의 잣대로 재고자 하는 '경제주의'와 한통속이 되어 우리의 삶을 지탱하고 우리 사회의 변동을 추동해 온 것이다.

겉으로 드러난 것을 보면 우리의 모습은 다른 나라와 크게 다르지 않다. 고층 건물이 들어선 서울의 모습은 뉴욕과 런던과 파리와 버금할 정도다. 그러나 친분 관계를 중시하며 그 테두리 안의 친밀성을 강조하고 신뢰 관계를 그 밖으로 확장하지 못하여 좀처럼 좁다란 의식의 테두리를 벗어나지 못하고 있다는 점에서, 우리나라 사람들의 행동 지향성은 견고한 전래의 친분 관계의 틀을 허물어뜨리고 그 도시에 어울리는 도시민의 의식을 일궈온 다른 나라의 도시 사람들과 같지 않다. 우리의 경우 특정 도시에 살면서도 사사로운 친분성을 뛰어넘는 '도시민'의 의식 세계를 갖지 못하고 전래의 친분 관계에 집착하는 '가족' 또는

'유사 가족'의 의식 테두리 안에서 살아간다. 밖으로 나타나는 근대의 모습과는 달리 사회 구성원의 행동 지향성은 전래하는 의식의 틀 속에 단단히 뿌리내리고 있다는 말이다. 서구와는 달리 우리의 사회 변동은 이러한 '친분 중심의 의식' 세계 안에서 일어난 과정이었기 때문이다. 사회학자 베버의 표현으로, '친족의 사슬'을 깬 서구의 역사 경험과는 달리 '친족의 사슬' 그 안에서 사회 변동을 이룩해 온 특이한 역사 경험인 셈이다.

III. 한국교회의 실체

바로 이러한 한국사회의 구조 속에 한국 교회가 터 잡고 있다. 한국 교회도 우리 사회의 구조 밑에 들어서 있으며 그 구조화 과정에 끼어들 수밖에 없었다. 이 변동의 과정에 어떻게 대응하고 그 과정에 어떻게 적응해 왔는지는 역사 사회학자들에게 실로 흥미 있는 관심거리로 다가온다.

지난 역사의 질곡에서 개신교는 우리 사회의 변혁 운동에 앞장서 왔으며 그 일에 만만찮은 기여도 하고 지울 수 없는 업적도 남겼다. 그것은 다만 역사의 우연이 아니라 개신교가 지니고 있는 '변형의 능력' 때문이었다. 개신교 지향성은 세속 질서에 대하여 언제나 긴장을 자아내는 변형의 가능성을 뿜어내기 마련이다. 기존하는 질서가 어떤 것이든 그것을 거룩한 것으로 여겨 절대화할 수 없는 초월의 변형 지향성을 구체화하여 실행할 수 있었다는 뜻이다. 사회의 온갖 습속에 도전하고 새로운 삶의 가능성을 제도화하기도 했다. 제사라는 가족 중심의 종교의례도 타파하고 신분의 칸막이를 부수고 한문 중심의 의식 세계도 허물어뜨렸다는 것은 다만 보기에 지나지 않는다. 초기의 한국 교회는 이러한 변형 지향성을 표상하는 '특별한 사람'들의 조직체를 가리켰다.

그런데 자기 사회를 향한 기독교의 '변형 지향성'과 에너지는 일제 강탈기에 접어들어 겨레 해방의 반일독립 운동에 투입되면서 잠시 멈춰버리고 말았다. 말하자면, 전래의 사회 구조와 의식 세계를 변혁코자 했던 그 변형의 과제가 중도에서 정지해버린 것이다. '가족주의'를 종교 차원에서 표상해 온 조상숭배의 제사 의례를 부술 수 있었던 그 강력한 변형의 능력이 반일 독립 운동의 의식 세계 그 밑으로 들어가 사그라지게 된 상황이 되었다. 그 상황에서 광복을 맞았다. 깊은 수준에서 처리되지 않은 전래의 가치 지향성 위에, 산업화의 물결이 휩쓸고 들어온 것이다. 앞에서 말한 '가족주의' 또는 '유사 가족주의'에 터한 경제 성장의 과정이 전개되었던 배경이다.

알다시피 군부 쿠데타 세력이 내세운 조국 근대화의 경제 성장 이념은 어렵지 않게 모든 사회 구성원들의 호응과 지지를 획득하였다. 광복은 했으되 남과 북으로 두 동강이 나고 이어 터진 전쟁으로 궁핍할 대로 궁핍한 상황에서도 정치의 민주화를 지키고자 했고, 그것이 반공의 유일한 방패였던 시대가 있었다. '빵보다 자유!'라는 구호가 호소력을 행사했던 민주화의 맹아기가 있었던 것이다. 그러나 쿠데타 세력이 집권하고, 이 구호의 앞뒤는 바뀌고야 만다. '자유보다 빵!'이 등장한 것이다. 더욱 강렬한 호소력을 행사하게 된 구호였다. 우리 사회 전체가 바야흐로 경제 성장을 가장 높은 가치로 치켜세워 자유와 민주주의와 같은 가치는 일단 접어두고 모두가 '성장의 목표'를 향하여 일사분란하게 행진코자 했다.

여기 교회도 예외가 아니었다. 절대의 자리로 올라서고 궁극의 가치처럼 받아들이게 된 '조국 근대화'는 차라리 종교의 모습을 지니게 되었다. 교회는 이 경제 성장이라는 신앙(?) 운동에 어떠한 긴장도 느끼지 않았으며, 당연히 어떠한 반론도 던지지 않았다. 오히려 그 운동에 합세하였다. 교회는 성장 종교의 동조자이자 협력자였다. '조국 근대화'의 깃발이 약속해 주는 풍요로운 땅을 향해 국가와 교회가 손을 맞잡은 것이다. 둘 사이에 이견이란 있을 수 없었다. 같은 목표, 같은 뜻을 지향하고 있었다. 교회마다 물질의 풍요와 여유를 갈구하고 마침내 그것이 거의 유일한 '축복'으로 여기는 열렬한 신앙이 넘쳐나고, 모든 것을 물량의 잣대로 재는 것을 당연시하는 의식의 세계를 고착화시키기에 이르렀다. 이른바 목회의 성공이라는 것도 양과 수치로 가름하고 교회의 권위마저도 수량의 크기로 판단케 되었다. 소용돌이치는 경제 성장의 물결에 한국교회가 여지없이 휩쓸려들었다. 물질의 풍요를 일차의 관심과 가치로 삼는 '경제주의'의 세력에 교회가 '식민화'되어 버린 것이다.

경제주의의 지배 밑에 들면 모든 것을 경제의 가치로 바라보고 모든 것을 경제 논리와 경제 잣대로 풀이코자 하기 때문에 그 밖의 것은 언제나 부차의 것이다. 민주의 가치가 무시되고 인권의 중요성이 짓밟혀도 그것들은 경제 우선의 가치와 논리에 의하여 정당화된다. 심지어 수단 방법 가리지 않고 오직 경제의 성장에 모든 힘을 쏟아 부어야 할 때라고 일장 설파를 한다. 그렇게 우리의 경제 성장이 전개되었고, 그러한 흐름 속에서 한국 교회가 성장해 왔다. 교회의 성장은 그러한 경제 성장의 절대화 과정과 동행해온 역사의 산물이었다.

마치 천민 자본주의를 이야기하듯이 '천민 기독교'를 이야기하지 말라는 법은 없다. 좁다란 자기 집안의 이익과 치부를 위하여 집안의 테두리 넘어 더욱 넓은 삶의 세계에 대하여 관심을 두지 않는 이기성에 뿌리내린, 그 일그러진 탈선 자본주의의 행태가 교회 속에도 침투하고 있기 때문이다. 수단과 방법의 윤리성을 묻지 않는 행동 지향성이 사회 구석구석에 들어와 있고, 물질 획득에 집착하는 물량주의에 모든 사회 영역이 침식되고 매몰되어 버린 것이다.

이처럼 한국 교회는 오늘의 우리 사회의 흐름을 고스란히 반영하고 있다. 전래하는 좁다란 '가족주의' 또는 '유사가족주의'의 틀 안에 갇혀 교회도 좀처럼 그 너머 이웃 일반에 대한 넓은 관심을 갖지 못하고 좁은 이익만을 추구하려는 행동 지향성을 떨쳐내지 못하고 있다. 교회는 자체의 좁다란 울타리 너머로 나아가지 못하고 그 안에 머물러 있다. 자기 교회의 울타리 너머 다른 교회와 협력하고 다른 교단과 연합하는 일이 어렵기만 하다. 좁은 친밀성이 끄는 의식의 세계에 굴복하고 있기 때문이다. 여기에, 모든 것을 물질의 획득과 물질 향유의 맥락에서 평가하고자 하는 '경제주의'가 합류하여 좁다란 교회 조직체의 물량화를 더욱 부채질 하여 교회의 부흥과 성공이 바로 개교회의 수량화와 그 크기로 이해하고자 하는 천한 수준으로 떨어지고 만 것이다.

실로 역설이다. 말씀으로 모든 것을 이해코자 하는 교회가 좁다란 집단의 이익과 경제 논리의 늪에 빠져 모든 것을 좁은 이해관계와 물량의 잣대로 바라보게 되었으니 말이다. 교회의 관심이 자기 교회의 울타리 안에 감금되어 있고 교회의 활동도 돈이 있어야 한다고 믿고 있다. 뒤바꾸어, 경제력만 있으면—어떤 목사의 표현으로, '자본만 있으면'—자기 교회도 좀 일할 수 있을 것이라고 푸념하고, 나아가 물질의 여유가 있으면 어떤 일이라고 할 수 있다고 외친다. 물질의 문제가 해결되면 모든 것이 자연스럽게 풀린다는 '경제주의'의 하수인이요 시녀가 된 것이다. 경제 요인을 우선하는 의식 세계이며 그 세계에 정복당한 자들의 의식 세계이다. 짐짓 비판하고 나오는 저 맑스류의 '좌파' 유물론의 옆자리로 들어선 '우파' 유물론자이다. 바깥 유물론을 공격하면서 '자기 안'의 유물론은 보려고도 하지 않고 도려내려고도 하지 않는 한국 교회의 위선이다.

IV. 미래를 향한 돌파

한국교회가 전래하는 좁다란 '가족주의' 지향성과 오늘에 이르면서 더욱 기승을 부리게 된 물질 획득의 '경제주의' 지향성을 돌파하지 않고서 새로운 앞날을 약속받겠다고 한다면, 참으로 천박하다 하지 않을 수 없다. 교회는 세상의 잣대가 아닌 교회의 잣대를 가져야 하고, 그 잣대로 세상을 이야기할 수 있는 능력을 확보하고 있어야 한다. '가족주의' 또는 '유사 가족주의'와 경제주의가 맞장구치며 구조화시켜 놓은 우리 사회의 지배 가치와 이념, 그 밑에 무릎 꿇어온 지난날을 청산할 때가 온 것이다. 그 지배의 틀을 벗어나 그것을 넘어설 수 있을 때 비로소 한국 교회는 미래를 이야기할 수 있기 때문이다.

이 일은 참으로 만만찮다. 이 두 지향성이 우리 사회에 단단히 진치고 있기 때문이다. 그러나 교회가 교회로 서 있기 위해서는 그 구조를 돌파하여 교회의 본질을 되찾아 그것을 지켜가야 한다. '교회는 교회이다.' 교회는 좁다란 자기 이익과 물량의 계산에 집착하는 다른 조직체와 성격을 달리한다. 기업체나 관공서와 같은 다른 목적과 존재 이유를 가진 조직체를 흉내낼 것이 아니다. 교회는 기존하는 사회의 흐름에 동조하여 그것을 옹호하며 유착하는 것이 아니라, 언제나 '비판의 거리'를 둘 수 있어야 한다. 교회와 다른 사회 영역이 유착할 때 교회는 그 특유의 '변형 능력'을 잃고 현상 유지의 타성에 빠져 타락의 길로 떨어진다. 개신교 정신은 국가와의 유착도 거부할 뿐더러 특정 정파나 특정 세력과 뒤범벅이 되는 유착과 용해의 자리에 결코 들지 않는다. 교회는 이 모든 것에서 '초월'하여 이 모든 것과 일정한 '거리'를 유지하면서 자유롭게 '비판할 수 있는 자리'를 지키고자 한다. 그것이 개신교 전통의 생동력이고 활력소이다.

우리의 역사에서도 그러하였다. 우선 좁다란 친분 중심의 관계가 아무리 오래되고 아무리 뿌리가 깊다 하더라도, 아니 그것이 아무리 우리의 미풍양속에 속하는 것이라 하더라도 그것과 일정한 거리를 두고 긴장을 자아내어야 했다. 그리스도 안에서는 유대인과 이방인, 종과 상전, 여자와 남자가 하나라는 말씀의 위력을 실천해야 했기 때문이다. 말씀은 사회 변형의 능력을 제공해 주는 힘이었기에, 그 힘에 의지하여 교회는 조선 시대의 습속을 도전하고 재구성하고자 했다. 바로 그러한 변형의 능력을 오늘의 교회가 상실해버린 것이다. 나아가, 궁핍하기 이를 데 없는 한말 조선 사회에서도 물질의 부를 내세우기보다는 그 너머, 그것보다 더욱 깊고 더욱 높은 새로운 인간관과 세계관을 널리 펼치는 데 더욱 큰 관심을 쏟아야 했다. 사회 약자들에게 다가갔고 억눌린 자들을 보살피는 새로운 삶의 유형을 만들어 왔다. 한 세기 전 역사를 새롭게 일군 한국의 교회가 이 땅에서 보여준 하나님의 증인됨이 그렇게 전개되었던 것이다. 이러한 변형의 능력도 오늘의 교회는 잃어버리고 말았다.

전래하는 좁은 가족주의의 뿌리를 도려내지 못했기에 우리의 의식세계도 좁다란 관심 세계에 묶여 있게 되었으며, 꽉 막힌 개교회주의와 답답한 교파주의의 굳은 담벼락 안에 갇혀 있게 되었다. 우리 사회를 온통 휘몰아가고 있는 경제주의에 모두가 굴복했기에 우리의 삶이 물량의 힘에 휘둘리게 되었으며, 교회와 목회의 본질조차 물량화의 맥락에서 뒤틀리게 되었다.

한국교회는 우리 사회를 괴롭히고 우리의 삶을 왜곡시키고 있는 좁다란 친분주의의 울타리를 걷어치우는 일에 앞장서야 하며, 인간의 삶을 오직 경제의 잣대로 재고 있는 피폐한 경제주의의 틀을 부수는 일에 모범을 보여야 한다. 한국교회가 이 상황을 타개하지 않는다면 어디에서 그 극복의 가능성을 기대해 볼 수 있을 것인가. 바로 이러한 이유 때문에 우리는 한국교회에 다시 한번 '변형의 능력'을 발휘할 것을 기대하고 요청한다.

그리하여 한국 교회는 한국사회의 구조 속에 터하고 있으면서도 그 구조에 속하기를 거부하는 '긴장의 자원'을 제공해 주어야 한다. 누구도 그 문제의 심각성을 질문하지 않는 좁다란 우리 사회의 '(유사)가족주의'와 '경제주의'를, 한국 교회만은 질문할 수 있어야 한다. 그러할 때만, 친분의 좁다란 울타리 밖의 이웃한 사람들의 아픔과 신음 소리를 들을 수 있고, 자기의 이익 계산과 이익 극대와의 좁은 세계 너머 이웃한 사람들의 어려움을 보살필 수 있는 넓은 공공의 관심 세계 곧, 하나님 나라의 시민으로 살아갈 수 있기 때문이다.

V. 영성의 목회

사회가 분화되고 전문화되기 이전의 목회자는 모든 것을 이야기할 수 있는 자리에 있었다. 모든 영역이 목회자의 관심거리이자 목회자가 지도해야 할 항목이었다. 그러나 사회 분화의 과정을 겪으면서 사회 영역이 여러 갈래도 나누어졌을 뿐만 아니라 구체스런 수준으로부터 일반스런 수준과 층위로 세분화되었다. 이러한 변화된 상황에서 목회자는 지난날과 같이 모든 것에 관심을 쏟기란 불가능하게 되었다. 이제 목회자의 관심은 삶의 근본 방향을 설정하는 '일반 수준'에 집중할 필요가 있다. '구체 수준'의 문제는 그 영역에 관심을 집중하고 있는 분화된 영역의 담당자들이 책임을 지도록 그들에게 맡겨둘 수밖에 없다. 세세한 데 이르기까지 지시하고 규정하는 것은 무리이고, 이것은 새로운 율법주의의 함정을 파는 일이 된다. 이 점에서 목회자는 '세상의 소리'를 대행하여 반복하는 것이 아니라 그 소리를 질문하고 초월할 수 있는 '말씀의 소리'를 내야 한다. 영성의 차원이란 다름 아닌 바로 여기에 놓여 있다.

일상인들이 '현실'이라는 이름으로 현 상태를 두둔하고 정당화할 때 영성의 지도력을 갖춘 목회자라면 언제나 그 '현실' 논리를 질문하여 현 상태를 넘어설 수 있는 새로운 가능성의 세계를 보여주고자 할 것이다. '현실'의 경제 상태가 어렵기 때문에 흑인 노예제도를 바꿀 수 없다고 하는 '현실' 논리를 질문했던 것처럼, 남과 북이 대치하고 있는 상황이기 때문에 민주화와 인권을 유보할 수밖에 없다고 하는 '현실' 논리를 질문했던 것처럼, 경제를 살리기 위해서는 자연 생태계쯤은 훼손할 수밖에 없다고 하는 '현실' 논리를 질문하고 있는 것처럼, 영성의 목회자들은 그 완고한 '현실' 논리를 돌파하는 변형의 능력을 행사할 것이다. 영성의 지도력을 지닌 목회자라면 온갖 '현실' 논리의 탈을 쓰고 나타나는 현실의 압력을 질문하고 또 질문하고, 마침내 이를 돌파해 나갈 것이다. 그 '현실'이라는 것은 다름 아닌 '세상의 틀'이며, '세상의 논리'이기 때문이다. 모든 것을 세상의 틀에 맞춰보고 세상의 논리로 풀이하는 것들을 거꾸로 뒤집어, 하나님 나라의 틀에 맞춰 세상의 틀을 보고 하나님 나라의 논리로 세상의 논리를 비추는 것, 그것이 우리가 필요로 하는 '영성의 사회 신학'이다.

이렇게 하여 한국교회는 우리의 삶을 다스리고 있는 비좁은 의식 세계를 돌파하여, 그 너머의 새로운 삶의 세계를 바라볼 수 있는 안목을 자아낼 수 있어야 한다. 그것이 미래로 나아가야 하는 한국 교회의 과제이며, 거기에 한국 교회의 미래가 달려 있는 것이다.

4. 386세대와 포스트 386세대에 대한 사회학적 이해*

우리나라 30-40대에 대한 분석을 하는 데에서 이들을 단순히 나이에 따라 30대 또는 40대로 구분하는 것은 큰 의미가 없다. 왜냐하면 우리나라에서 30-40대에 속하는 사람들은 나이보다도 세대에 따라 서로 다른 특성을 보이기 때문이다. 그런데 이 세대라는 개념은 한 가지 의미로만 쓰이는 것이 아니다. 사회과학에서 사용되는 세대 개념은 다음의 네 가지로 분류될 수 있다. 첫째는, 인류학에서 주로 사용되는 것으로 세대를 조부모-부모-자녀 관계와 같이 친족 계보에서 같은 항렬에 속하는 사람들이라는 의미로 사용하는 것이다. 둘째는, 세대를 동일한 시기에 태어난 집단 곧 코호트(cohort)로 보는 것이다. 셋째는, 세대를 동일한 생애주기 단계에 있는 사람들로 보는 경우이다. 마지막은 세대를 역사상의 특정 시기에 생존한 사람들로 보는 경우로 주로 역사학계에서 사용된다. 사회학자들은 대개 같은 시기 출생 집단으로서의 세대

* 이 글은 정재영, 〈목회와 신학〉 2005년 11월호에 실린 글이다.

개념에 주목한다. 그러나 사회학자들에게 세대는 단순한 동년배 집단의 의미를 넘어 공통의 경험을 공유하면서 당대의 거대한 사건이나 역사 상황에 노출되었다는 사실을 통해 자신들의 정체성을 규정하는 집단을 의미한다.

이렇게 보았을 때, 나이와 세대는 모두 인구학 측면의 척도이지만 두 항목이 가지는 사회 차원의 의미는 매우 다르다. 나이가 기본적으로 생물학의 범주라고 한다면, 세대는 나이를 기본으로 하는 '사회문화 차원의' 범주이다. 다시 말해서, 젊었을 때는 이러하고 나이가 들면 이렇게 바뀐다는 말에는 사회의 변화가 전제되어 있지 않지만, 동시대에 태어나 동일한 역사 경험을 가진 세대는 집단의 기억을 공유하고 있으며 사회 문화 차원에서 공통의 특성을 지닌다는 말이다. 특히 우리나라와 같이 변화가 심한 사회에서 세대의 사회학적 의미는 더 크다고 하겠다. 흔히 '압축적 근대화'라는 말로 표현되듯이 서양에서 200년에 걸쳐 경험한 것을 전후 50년 사이에 압축해서 경험한 우리 사회에서 세대의 비중은 다른 어떤 척도보다도 중요하다는 것이다.

이렇게 세대에 따라 구분하면 나이에 따라 30대와 40대로 나뉘었던 부류는 더 세분화된다. 먼저 나이로는 40대 중후반으로 한국 전쟁 이후 출산 장려 정책에 따라 출산율이 급성장한 시기에 태어난 베이비붐 세대, 다음으로 30대 후반에서 40대 초중반에 걸친 이른바 386세대, 그리고 나이는 30대이지만 기존의 386세대와는 여러 가지 면에서 차이를 나타내는 30대 초중반의 포스트 386세대이다. 386세대 이후를 통틀어 포스트 386세대라고 할 수 있지만, 흔히 N세대라고 불리는 세대와도 다른 특성을 갖기 때문에 이 글에서는 포스트 386세대를 30대 초중반으로 제한하고자 한다. 그리고 N세대는 주로 20대 이하를 지칭하므로 이 글의 논의에서는 제외하도록 하겠다. 이 세대들은 크게 보면 비슷한 연배이기 때문에 언뜻 큰 차이를 느끼지 못할 수도 있으나 각각의 세대가 경험한 역사상의 사실이나 정치 지향성, 문화 코드의 차이는 이들을 단순히 나이로만 묶을 수 없는 중요한 이유가 된다.

I. 베이비붐 세대

베이비붐이란 전쟁 후나 불경기 후에 경제나 사회가 풍요롭고 안정된 상황에서 인구의 자연 증가율이 현저하게 높아지는 현상을 말한다. 미국에서는 제2차 세계대전 후인 1945-1950년 사이에 베이비붐 현상이 일었고, 미국의 베이비붐 세대는 미국 사회의 소비문화를 주도해 온 것으로 이야기된다. 우리 사회에서 베이비붐 세대는 한국 전쟁 후 다산의 시대에 출생한 사람들을 일컫는다. 이 세대는 전후 궁핍한 시절에 태어나 경제개발 5개년 계획 아래에서 성장했고, 정치사 측면에서는 냉전과 반공 이데올로기 속에서 유신의 시대를 중요한 집단 기억으로 가지고 있다. 통계청 자료에 따르면 전후 신생아 출생 수치는 1955년부터 늘기 시작하여 1958년에 절정을 이룬다. 전후 베이비붐 세대의 중심에 이른바 '58년 개띠'들이 서 있는 것이다. '58년 개띠'가 베이비붐 세대를 대표하는 이름으로 불리게 된 이유를 여기서 찾기도 한다.

그리하여 베이비붐 세대가 지나갈 때마다 우리 사회는 기존의 사회 구성과 질서, 제도에 큰 변화를 주어야 했다. 이들이 학교에 들어가는 시점마다 우리 사회의 교육 제도가 크게 변화를 겪었으며 이들이 결혼할 무렵에는 신혼 부부들의 주거지를 위해 분당과 일산에 신도시를 건설해야 했다. 또한 동년배들이 넘쳐나므로 입학과 취업 과정에서는 말로 표현할 수 없을 정도로 치열한 경쟁을 치러야 했다. 여기에 설상가상으로 1997년 외환 위기까지 닥쳐서 직장에서 가장 많이 퇴출당해야 하는 아픔까지 겪었다. 당시 언론은 이들에 대해 "그만두기에는 너무 이르고, 시작하기에는 너무 늦은 세대"라는 표현을 쓰기도 했다. 정보화 사회에 접어들어간 이후에 386세대가 나름대로 변화에 적응하는 태도를 보였고, 개발 연대의 주류 세대인 50대가 변화에 대한 적응을 포기한 반면에, 베이비붐 세대는 양 세대에 다리를 걸친 채 이러지도 저러지도 못하는 혼란스러움에 쌓였다. 그리고 이들이 노인이 될 때, 다시 한 번 우리 사회를 뿌리째 뒤흔들게 된다. 이들이 60세를 넘어서면서 우리나라는 고령사회(2018년)로 진입한다. 이어 7년 만인 2026년에는 초고령사회로 급변하게 될 것이다. 영국이 44년에 걸쳐, 프랑스가 40년, 일본이 12년에 도달하는 초고령사회를 우리나라는 불과 8년 만에 도달하는 것이다. 부모 부양의 관념을 고수하고 있는 마지막 세대로서 부모에 대하여 져야 하는 경제적 부담과 함께 자신의 자녀들에게 기댈 수 없는 자신들의 노년도 준비하지 않으면 안 되는 처지에 놓인 것이다.

이렇듯 일단 수의 측면에서 다른 세대와 비교가 안 되는 베이비붐 세대는 정치 지향에서는 386세대의 진보 성향과 구별되면서도 전쟁을 경험한 세대의 보수주의와도 차이를 나타낸다. 세대 갈등의 영역에서 위로부터는 권위에 눌리고 아래로부터는 기세에 밀리는 '낀 세대'로서의 경험을 가지고 있다. 민주화를 향해 거세게 저항한 세대였지만 실패와 좌절의 기억을 더 많이 가지고 있는 세대이기도 하다. 87년 민주화 운동 당시 거리를 메웠던 이른바 '넥타이 부대'가 바로 30대 초반을 지나던 베이비붐 세대였으나 동시에 4 · 19 이후 민주화 세대의 변절을 목격한 것도 바로 이들이다. 최근 주요 선거에서 변화를 추구하는 20–30대와 안정을 희구하는 50–60대로 성향이 양극화되어 가는 상황에서 넥타이 부대로 통해 온 베이비붐 세대의 선택이 캐스팅 보트로 작용했음은 주목할 만한 것이다. 이념과 가치관의 대립으로 인한 사회 혼란 속에서 숫자상 다수 집단으로서의 베이비붐 세대의 잠재력은 결코 과소평가될 수 없을 것이다.

II. 386세대

잘 알려진 대로 386세대는 1960년대에 태어나 80년대에 대학을 다닌 30대를 당시 컴퓨터 칩의 모델 번호에 빗대어 부른 표현이다. 386세대의 특징은 무엇보다도 권위주의 정권에 대한 대규모 저항을 통해 가시적 민주화의 성취를 이끌어낸 세대라는 점이다. 이러한 386세대의 힘은 그들의 성장 배경에서 찾아볼 수 있다. 386세대는 우리 사회에서 경제가 본격 성장할 시절에 10대를 보냄으로써 굶주림을 느껴보지 못한 첫 세대로 불린다. 이것은 386세대가 현실의 생활고에 매몰되지 않고 탈물질적 가치를 가질 수 있는 여건을 제공했으며 나아가 사회구조의 모순에 천착하여 거침없는 저항을 가능하게 하는 유년으로부터의 조건이 되었다고 여겨진다. 신군부에 의한 권위주의 정권이 절정에 달하여 강력한 지배력을 행사할 즈음에 대학을 다닌 386세대는 80년대의 민주화를 주도하게 된다. 여기에는 1981년부터 시행한 졸업 정원제로 인해 386세대의 대학생 규모가 크게 팽창된 것도 하나의 요인으로 작용한다. 1975년에 대학생 수 증가율이 35%이던 것이 1985년에는 15.9%로 급격히 늘어났고, 이렇게 늘어난 이른바 '백만학도들'은 '광주의 경험'을 집단의 기억으로 전승했다. 이어 87년 6월 항쟁은 386세대의 규모와 헌신이 가장 중요한 기반이 되어 87년에 민주화의 봄을 이끌어 내기에 이른다. 386세대에 대한 조사를 보면 이들은 생애 과정에서 가장 큰 영향을 받은 제1순위로 6월 항쟁을, 제2순위로 광주항쟁을 꼽고 있다. 결국 이 세대는 이 두 사건의 집단 경험을 통해 자신들의 삶의 방향과 정치 지향을 설정했다고 볼 수 있다.

이러한 경험을 통해 386세대는 강한 공동체의식을 가지게 된다. 유년 및 청소년기를 보낸 유신 정권 시절에는 개인보다는 우리 가족과 우리나라의 번영을 겨냥하는 가족 및 민족공동체에 대한 일체성을 학습했고, 콩나물 시루 교실에서 보낸 중, 고등학교 시절은 집단이 한 데 부대끼는 공동성이 체질화되도록 했다. 그리고 대학 시절에 대학생 규모의 팽창에 따라 대중화된 학생 운동을 통해 인식된 민중공동체에 대한 관념은 이들을 동료와 선후배 집단에 강하게 결속시켰다. 386세대에 대한 조사에서 함께 부대끼며 살아간다는 대중 공동체 의식이 다른 세대보다 훨씬 더 강하게 나타났다는 것은 이러한 사실을 반영하는 것이다.

이와 같이 386세대는 아래로부터 권력에 대한 직접적인 저항과 집합적 분출을 주도적으로 경험했으며 민주화라는 가시적인 결실을 성취해 보았다는 점에서 이들에 앞선 베이비붐 세대와는 같은 세대로 묶을 수 없을 만큼 매우 다르다. 베이비붐 세대는 산업 근대화와 유신 시대를 거치면서 순응적이고 현실주의적인 성향으로 다듬어진 반면, 386세대는 민주화 투쟁을 펼치며 사회비판적이고 민중지향적인 성향을 지니게 되었다. 1995년 SBS 드라마 「모래시계」에 몰두하여 '모래시계 세대'라고 불리기도 하는 386세대는 1996년 총선에서 정치 개혁의 주체로 부각되기 시작하였다. 또한 1990년대 이후 다양한 형태로 등장한 시민운동 단체에서도 386세대들은 핵심 역할을 담당하고 있다. 현재 우리 사회의 시민운동을 선도하고 있는 거대 시민 단체들이 성장하는 데에는 이들의 헌신이 결정적이었다고 평가된다. 이것은 소외 집단이나 민중에 대한 386세대들의 강한 부채의식에서 연유한다. 한 조사에 따르면 386세대들은 스스로 다른 어떤 세대보다 사회적 약자 집단에 대한 이해심이 높다고 생각하고 있다. 386세대는 특유의 강한 응집력으로 앞으로도 우리 사회에서 커다란 영향력을 발휘할 것으로 예상되지만, 최근의 여론조사에서는 여러 가지 사회 태도에 대한 지표에서 보수 성향을 나타내는 등 386세대도 나이가 들면서 '혁명'에서 '적응'으로 변하고 있는 조짐을 보이고 있다.

Ⅲ. 포스트 386세대

포스트 386세대는 최근까지도 크게 주목받지 못했으나 흔히 386세대의 다음 세대로 여겨지는 N세대와 구별되면서도 기존의 386세대와도 동일시되기 어렵다는 측면이 부각되면서 주목을 끌기 시작하였다. 포스트 386세대는 1970년대에 태어나 1990년대에 대학을 다닌 연령층을 뜻한다. 흔히 X세대로 불리지만 한동안 쓰였던 '신세대'라는 말이 가리키는 세대도 포스트 386세대와 크게 다르지 않다. N세대는 이와 다른 특징을 갖는다. N세대는 80년대에 출생해 2000년대에 대학을 다니는 세대로 인터넷, 휴대폰에 익숙한 네트워크 세대를 가리킨다. N세대는 우리 사회에서 멀티미디어 테크놀로지가 대중화되기 시작한 96–97년경에 디지털 문화가 도래함과 함께 등장한 세대로 정보화 마인드를 가진 최초의 세대라고 할 수 있다. 이들을 포스트 386세대와 구분하는 기준은 인터넷을 포함한 디지털 테크놀로지의 일상적 수용 여부이다.

포스트 386세대는 우리 사회가 이미 고도성장기에 들어선 시기에 10대를 보냄으로써 흔히 배고픔을 전혀 모르고 자란 세대로 표현된다. 이들이 대학을 다닌 88년을 기점으로 탈산업사회의 소비문화공간이 최초로 등장하기 시작했다. 80년대 말 대학교 먹자골목에는 막걸리집이나 찌개집이 자취를 감추고 대신 갈비집, 호프집이 등장하기 시작했으며, 통유리로 안과 밖의 경계가 사라지게 만든 이른바 커피 전문점들도 이때를 기점으로 본격 체인화되기 시작했다. 소비문화의 도래를 가늠하게 하는 결정적인 지표인 외국 패스트푸드 체인점이 대중화되기 시작한 시기도 바로 이때이다.

92년 1월 '서태지와 아이들'의 등장 이후 집중 조명되기 시작한 포스트 386세대의 문화에서 이들의 탈정치성향과 현실의 이해타산, 이성보다는 감성, 구속보다는 개방, 종합보다는 차이, 윤리보다는 개성에 대한 선호가 특징으로 부각되었다. 이들은 이전 세대들과는 달리 출생률이 저하되는 세대를 의미하는 '베이비 버스터' 시대의 초입에 출생하여 교복자율화와 강남으로 대변되는 기형적 성장의 시대에 10대를 보내고, 학생운동이 퇴조하던 시기에 대학을 보낸 세대이다. 따라서 이들은 386세대와는 정체성이나 감수성 면에서 확연히 다르다고 할 수 있다. 어떤 이는 이것을 정체성 면에서는 '현실주의 세대'에서 '표현주의 세대'로, 정치 면에서는 '이념 학습 세대'에서 '감성 세대'로, 대중문화의 영역으로 보자면 '조용필 세대'에서 '서태지 세대'로의 이동이라고 표현하기도 한다. 1980년대 후반 학번 학생들이 대학에 복학을 해서 90년대 초, 중반에 대학을 다닐 때 가장 적응하기 어렵다는 말들을 많이 했었는데, 이것도 이 두 세대의 정서상의 차이를 반증하는 보기로 여길 수 있을 것이다.

IV. 386세대와 포스트 386세대의 비교

386세대와 포스트 386세대에 대해서는 두 세대 사이의 차이를 살펴봄으로써 보다 잘 이해할 수 있으리라고 생각된다. 두 세대의 차이에 대해서는 얼마 전에 한 일간지에서 집중적인 조사와 분석을 시도한 바 있다. 이 기사에서는 포스트 386세대에 20대까지 포함시키고 있지만, 386 이후 세대의 특징에 대한 어느 정도의 암시를 얻을 수 있을 것으로 보여 그 내용을 간략하게 살펴보고자 한다. 이 조사에 따르면, 포스트 386세대는 386세대보다 대기업의 국민 경제 기여도를 낮게 평가하고 386세대보다 분배 정의를 강조하는 반면 시장 개방과 외국 문화 수용에는 보다 적극적이어서 언뜻 진보적인 성향을 나타내는 것으로 보인다. 그러나 다른 조사 결과들은 이들이 결코 진보적인 성향을 가진 것으로 평가할 수 없음을 보여준다.

포스트 386세대는 자본주의 시장 경제 체제에 호감을 갖고 있으며 직장보다 '내 일'에 대한 집착이 강하고 사회 참여에 대한 관심은 약한 것으로 드러났다. 포스트 386세대는 자본주의를 대세라든가 '주어진 것'으로 여겨서 "우리는 어차피 자본주의 사회인데"라고 전제하는 경향이 강하다. 그래서 자본주의에 대해 비판하기보다는 자본주의라는 현실에서 자신의 능력을 발휘하는 데 더 관심을 갖는다. 설문조사에서는 이들이 386세대보다 평등지향적이라고 나타났으나 이것은 사회적 약자를 위한 평등이라기보다 자신의 권리가 침해당하지 않기 위한 발상에서 연유한 것으로 보인다. 성장보다 분배를 선호하는 것도 마찬가지 이유이다. 그래서 '평등과 개방은 좋으나 내 것은 건드리지 말라'는 것이 포스트 386세대의 슬로건으로 불린다. 이것은 포스트 386세대가 우리 사회의 고도 성장기에 청소년 시절을 보냈고, 이들의 청년기인 90년대가 386세대가 경험했던 80년대에 비해 사회의 모순이나 갈등이 훨씬 완화되었기 때문으로 풀이된다.

의식 구조를 보자면, 386세대는 공동체 규범과 시민윤리를 강조하여 공동체의 질서를 우선시하는 반면, 포스트 386세대는 자신의 권리를 중시하는 경향이 강하다. 이것은 포스트 386세대가 가족, 이웃, 조상에 대한 소속감이 약한 데서도 알 수 있다. 또한 포스트 386세대는 386세대보다 결혼이나 이성 문제에 매우 개방적인 태도를 보인다. 혼전 동거를 긍정적으로 받아들이고 자녀 중심의 가족 관념도 약한 것으로 나타났다. 이렇듯 포스트 386세대는 '우리'라는 집단과 결별하고 스스로 존재하는 '나'에 대한 정체성을 중시하는 성향을 보인다. 이러한 개인주의 성향은 양면성을 지닌다. 흔히 개인주의를 이기주의와 혼동하여 부정적으로 생각하는 경우가 많으나 개인주의는 그렇게 부정적으로만 평가될 것은 아니다. 집단을 지향하는 공동체 중심의 사고가 모든 면에서 좋은 것으로 여겨질 수는 없기 때문이다. 우리는 공동체나 집단의 이름으로 개인의 권리마저도 억압하는 경우를 흔히 볼 수 있다. '가족적'이라는 미명 아래 권위주의식 위계 질서를 강요하는 경우도 많다. 따라서 포스트 386세대의 자기 권리 찾기는 개인의 인격에 대한 존중이라는 측면에서 긍정적인 의미를 포함하고 있는 것으로 평가되어야 할 것이다.

V. 한국 교회에 대한 함의

종교적 특징도 세대에 따라 다르게 분석될 수 있다. 미국의 한 학자는 미국의 베이비붐 이전 세대, 베이비붐 세대 그리고 베이비붐 이후 세대의 특징을 비교하면서 베이비붐 이전 세대에서는 선교와 기도, 성경공부에 관심을 가지던 교인들이 베이비붐 세대에서는 사람에 대하여 관심을 가지게 되었고 베이비붐 이후 세대에서는 복지와 관련된 프로그램이나 봉사에 관심을 가지게 된다고 분석한 바 있다. 우리 사회에서도 세대에 따라 종교성에 차이를 보여 왔다. 베이비붐 세대가 청년기이던 70년대에 한국의 교회에서는 성경공부에 대한 열기가 일기 시작했다. 캠퍼스와 몇몇 교회의 대학 청년부를 중심으로 70년대 중반부터 가시화된 개인성경공부(PBS)와 그룹성경공부(GBS) 운동은 70년대 말과 80년대 초에 한국교회 청년 대학생 신앙 운동과 한국교회의 질적 성장에 크게 기여한 것으로 평가되고 있다. 기존의 부흥회나 사경회와는 구별되는 소그룹 성경공부가 태동한 것이 바로 이 시기인 것이다.

70년대에 일기 시작한 성경공부에 대한 열정은 386세대가 대학 시절을 보낸 80년대에 들어서 제자훈련이라는 형태로 정립되기에 이른다. 제자훈련의 핵심은 소그룹의 지도자가 신앙과 삶에 본을 보임으로써 소그룹 구성원들을 가르치고 훈련시키는 것이다. 여기서 '훈련' 이라는 말속에는 특별한 의도가 담겨 있다. 기존에는 훈련이라는 말보다는 교육이라는 말을 많이 사용했다. 그러나 제자 훈련이라는 말을 사용함으로써 기성 교회에서 하고 있던 교육에 반발하여, 좀 더 적극적으로 현실에 어울리는 교육 방법이 필요하다는 강한 주장을 표현했던 것이다.

이것은 당시 대학생들에게 설득력을 가질 수 있는 중요한 요인이 되었다. 당시에는 일반 대학생들이 대학 생활을 시작하면서 거의 일대일로 선배와 만나 토론하는 중에 사회 현실에 대해 눈을 뜨게 됨으로써 이른바 '의식화' 되는 과정을 겪었다. 그리고 소그룹으로 모이는 '학회' 활동을 통해 사회 비판 이론을 체계적으로 배우게 되었다. 이 과정에서 많은 기독교 대학생들은 갈등을 경험하게 된다. 대학에 와서 사회의 부조리에 대해 깊이 있게 알게 되지만, 이에 대한 기독교적인 응답이나 대응법을 배울 수가 없었기 때문이다. 이런 상황에서 제자 훈련식 소그룹 활동은 나름대로의 대안이 될 수 있었다. 이 소그룹의 리더들은 소그룹 구성원들과 밀착 교제를 하면서 일반 대학 선배들이 후배들을 의식화시키듯 그들을 훈련시키며 이끌어 주었다. 요즘 표현으로 말하자면 고민 많은 후배들의 '멘토'가 되어주었던 것이다. 그리고 세계관 공부를 통해 교회와 사회와의 관계에 대해서 인식했기 시작했다. 일부 대학 선교단체들은 소그룹 리더들과 함께 사회 현실에 대해 토론하고 시위에도 참여하는 등 적극적인 사회 참여 활동을 벌이기도 하였다. 그 보기 가운데 하나가 87년 대선 당시에 벌였던 공명선거 감시활동이다. 이런 점에서 대학에서 이루어졌던 소그룹 제자 훈련은 일반 대학생들이 참여했던 '학회' 활동의 기독교 버전이라고 이해해도 될 것이다.

이러한 분위기는 90년대에 들면서 급격한 변화를 겪게 된다. 386세대가 가시적인 민주화를 성취하고 사회 문제도 어느 정도 해소되어 감에 따라 대학생과 젊은이들은 빠르게 정치 문제로부터 고개를 돌리게 된다. 그리고 당시에 불기 시작한 포스트모더니즘의 바람으로 그 관심은 문화로 옮겨간다. 이것은 기독교 대학생들도 마찬가지여서 소그룹 모임도 제자 훈련식 일변도에서 다양한 형태와 특성을 지닌 소그룹으로 분화되어 갔고 이어서 등장한 것이 이른바 '경배와 찬양'식의 찬양 예배 운동이다. 흔히 감성 중심이라는 포스트 386세대가 청년 대학부의 중심을 이루던 90년대에 '경배와 찬양'이 큰 반향을 불러일으킨 것은 결코 우연의 일치가 아니다. 80년대 후반부터 시작된 '경배와 찬양' 운동은 90년대 들어 폭발적인 반응을 얻으면서 한국 복음성가계 뿐만 아니라 예배의 형식에까지 영향을 미쳐 열린 예배라는 새로운 예배 형태에 접목되기에 이르렀다.

VI. 글을 맺으며

교회는 언제나 사회와 영향을 주고받는다. 이 땅에 기독교가 전해져 온 이후 끊임없이 교회는 자신이 몸담고 있는 이 사회에 대해 관심을 가져왔고, 우리 사회는 그런 교회에 주목해 왔다. 그러나 사회는 언제나 고정불변한 것이 아니고 시간이 흐름에 따라 변해간다. 당연히 그 사회를 구성하고 있는 사람들도 변한다. 교회는 이렇게 변해가는 사회와 사회 구성원들에게 관심을 기울여야 한다. 교회를 구성하는 교인들도 똑같은 사회에서 삶을 살아가는 이들이기 때문이다. 교회는 변해가는 사회와 교체되어가는 사회 주역들의 필요에 민감해져야 한다. 기독교의 전통은 사회 상황에 따라 끊임없이 해석되고, 재해석되어야 한다. 기독교의 복음은 현대의 사회 상황에 적절한 형태로 제시되어야 한다. 일방적으로 진리 선포를 하는 시대는 지났다. 길거리에서 일방적으로 복음을 외치는 것은 상대방의 존재를 인정하지 않고 나 혼자만 떠들고 귀를 막아버리는 것과 다름 아닌 행위이다.

흔히 요즘 세대는 정치에 무관심하고 흥미 위주의 사고방식에 진지함을 결여하고 있다고 이야기된다. 이것은 일면 타당하기도 하나 한편으로 이들의 세계를 제대로 읽지 못한데서 오는 오해이기도 하다. 요즘 세대는 영상을 통해 세상과 교신하며 온라인을 타고 들며 즉각적 감흥과 교류하면서 자아를 형성해온 세대이다. '멀티 태스킹'이 안 되는 386 컴퓨터와 같이 실생활에서도 멀티 태스킹이 안 되는 386 이전 세대와 달리 이들은 실생활에서도 멀티태스킹을 자유자재로 하는 세대이다. 이들은 인터넷을 통해 풍자 패러디 작품을 만들면서 정치인들을 꼬집기도 하고 현실을 비판하기도 한다. 도서관 앞에 붙은 대자보를 읽으면서 의사소통하던 세대와는 전혀 다른 방식으로 자신을 표현하는 것이다. 이러한 상황에서 거룩할 뿐 감동을 주지 못하는 종교 지도자는 이들에게 설득력을 얻지 못한다. 흔히 말하듯 기성세대는 거시 담론과 종교 앞에서 경건해지지만, 젊은 세대에게 감동 없는 경건함은 존재하지 않는다. 그렇다고 요즘 세대에게 종교적 영성이 부족하다고 단언하기는 어렵다. 그들은 기성세대가 이해하지 못하는 또 다른 방법으로 스스로 진리를 찾아 순례하고 있을 것이다. 교회는 각각의 세대가 필요로 하는 것과 그것의 적절한 매개 방식을 찾아서 각 세대와 의사소통하며 그들을 도울 방법을 마련해야 할 것이다.

5. 인구 통계 조사 결과에 대한 개신교 관점의 분석*

통계청은 2005년 11월 1일부터 15일까지 15일에 걸쳐서 실시한 인구주택 총조사의 결과를 발표했다. 그 내용 중 교회의 관점에서 눈여겨보아야 할 사항을 중심으로 개신교에 대하여 갖는 시사점을 따져보고자 한다. 통계청의 발표 내용을 살펴보면, 첫째로, 2005. 11. 1일 현재 우리나라의 총 조사 인구는 4,728만 명으로 2000년(4,614만 명)에 비해 114만 명(2.5%) 증가, 연평균 0.5% 증가한 것으로 나타났다. 이는 50년 전인 1955년(2,153만 명)보다 2.2배 증가한 것이다. 또한 수도권(서울, 인천, 경기) 인구는 2,277만 명으로 전체 인구의 48.2%를 차지하며, 2000년보다 141만 명(6.6%) 증가한 것으로 나타나 인구의 수도권 편중이 심화되었음을 보여주었다. 특히 동 지역이 4.8%, 읍 지역이 5.0% 증가한 반면에 면 지역은 14.3%가 줄어들어 여전히 도시 지역으로 인구가 집중되고 있는 것으로 드러났다. 그나마 읍 지역의 인구증가

* 이 글은 정재영, 〈뉴스앤조이〉 2006년 5월 31일자에 실린 글이다.

는 65세 이상의 노인 인구이고 청장년층은 감소하고 있는 것을 감안할 때 농촌 인구의 고령화는 더욱 심해질 것이고, 이것은 갈수록 농촌 목회가 더 큰 어려움에 직면할 것이라는 점을 시사한다. 농촌 교회에 대한 지원과 함께 농촌 교회들 사이에 연합 활동이 절실히 요구된다. 또한 도농 교회들 사이에 협력이 원활하게 이루어지지 못하고 있으므로 이를 해결할 도농 통합의 네크워크 모델을 개발할 필요가 있다.

다음으로, 연령별 인구 구조는 30대, 40대 인구가 가장 많으며, 유소년 인구가 감소하고 노년 인구가 증가함에 따라 "항아리형" 인구 피라미드를 나타내는 것으로 조사됐다. 연령 계층별로 보면, 유소년 인구는 1970년을 정점으로 계속 감소하고, 청장년 인구는 계속 증가하고 있으나, 증가율이 둔화되어 전체 인구에서 차지하는 비중(71.6%)이 2000년(71.7%)에 비해 감소한 것으로 나타났다. 반면에 65세 이상 노년 인구는 1995년 이후 빠른 속도로 증가하여 2000년의 300만 명 대 진입에 이어 5년 만에 400만 명대로 진입했으며, 노년 인구의 비중이 9.3%로 2000년의 7.3%보다 2.0% 증가하여 인구고령화가 급속하게 진행되고 있음을 알 수 있다.

농경이 주를 이루었던 전통 사회에서는 노인을 포함한 대가족이 생산 활동에 참여했고 이러한 상황은 생산 활동의 주체이자 가산의 대표인 노인이 가장 존경받고 중시되는 환경을 제공했다. 그리고 농촌 사회를 토대로 한 유교 사상은 예로부터 우리 사회의 구성원들을 통합시키는 중요한 종교의 역할을 감당해 왔다. 그러나 유교가 그 사상의 토대를 상실한 현대 산업사회는 이에 걸맞는 새로운 종교 이념을 필요로 한다. 그렇다면 한국의 개신교가 대안이 될 수 있을까? 한국의 개신교가 근대화와 산업화에는 어느 정도 기여했다고 말할 수는 있겠지만 근대화와 산업화 과정에서 소외된 계층의 사람들에게 얼마나 관심을 가졌는가 하는 것은 많은 반성을 필요로 한다. 현대 사회에서 새로운 소외 계층으로 대두되고 있는 노인층에 대하여 선한 사마리아인의 태도로 관심을 갖고 도움을 줄 수 있어야 할 것이다.

우리 사회에서 고령화와 함께 최근 크게 대두되고 있는 것이 저출산 문제이다. 이번 조사에서 유소년 인구가 꾸준히 감소하고 있는 것으로 나타난 것을 보아도 저출산 문제의 심각성을 알 수 있다. 저출산과 관련된 최근의 조사 결과를 보면, 임신 기피의 첫째 이유는 경제적 이유 곧 양육비 부담이 크기 때문인 것으로 나타났다. 여기서 우리 사회에 만연해 있는 경제주의식 사고방식의 문제를 지적할 수 있다. 우리 사회에서는 많은 문제를 지나치게 돈 문제로 귀결시키는 경향이 짙다. 사회 구성원을 재생산하는 중대한 사안을 문제시하는 것도 국가 경쟁력 약화라는 경제주의식 사고이고, 출산을 기피하는 이유도 경제주의식 발상인 것이다. 과거 권위주의 정권 시절의 산아제한 정책은 정부가 나서서 아기를 많이 낳는 것이 경제 발전에 장애가 된다고 하며 강요하다시피 주도하여 세계에서 유래를 찾아보기 힘들 정도로 큰 효과를 본 것으로 평가받고 있다. 그런데 또다시 정부나 국가 기관에 의해 출산을 강요한다면 개인의 권리를 심각하게 침해하는 결과를 초래할 것이다. 경제중심주의 인식에서 벗어나 출산은 생명을 탄생시키는 고귀한 일임과 동시에 사회 구성원을 재생산하는 공공성을 지진 일임을 인식할 필요가 있다.

또한 최근의 연구 결과, 남성중심의 사회일수록 저출산이 심각하다는 것은 매우 중요한 점을 시사한다. 산업 자본주의 사회에서는 가정과 직장이 분리되면서 직장이 중시되고 가정은 소비의 공간으로 인식되어 왔다. 출산과 육아는 사사로운 개인의 일이며 하찮은 일로 인식되어 왔고, 특히 출산 후 집에 머무는 시간이 많아진 여성에게 책임이 전가돼 왔다. 그러나 대부분 산업 사회의 경제는 가사 노동이 떠받치고 있다는 것은 주지의 사실이다. 그렇다면 한국 교회에서는 어떠한가? 한국에서는 교회에 열심히 다니는 사람일수록 남성중심의 사고방식이 강한 특성을 나타내고 있다. 교회 안에서 중요한 의사결정이 이루어지는 당회나 기획위원회에 대한 기회는 여성들에게 제도적으로 제한되어 있고 교회에서 여성들은 대개 주방일이나 행사 동원 등과 같은 보조 업무를 맡고 있다. 교회 안에서 양성 평등의식을 높임과 함께 가부장식 교회 구조에 대한 개선이 절실하다 하겠다.

다음으로 교육 상태별 인구를 보면 초·중·고, 대학 등 정규학교 졸업자의 학력별 분포는 초등 및 중학교 졸업자는 750만 명(24.5%)이며, 고등학교 졸업자는 1,263만 명(41.2%), 대학 졸업 이상은 1,050만 명(34.3%)으로 조사되었다. 특히 우리나라 30세 이상 인구의 평균 교육 년수는 11.01년으로 2000년(10.24년)보다 0.77년 증가하여 고학력화 경향이 지속되고 있는 것으로 나타났다. 이것은 우리 사회의 뜨거운 교육열의 결과로 볼 수 있을 것이다. 그러나 우리 사회에서의 교육열이 교육을 받는 당사자인 학생들의 교육열이 아니라 교육을 시키는 학부모들의 교육열이라는 점을 고려할 때 지나치게 입신 출세를 위한 교육이 되지 않도록 교회 차원의 지도가 필요하리라고 생각된다. 사회에서 성공하고 최고가 되라고 가르치기보다 힘들고 어려운 여건에서도 하나님의 영광을 위하여 산다는 것이 어떤 것인지를 가르치고 뿐만 아니라 더 어려운 이웃을 도울 수 있고 약한 사람을 배려할 수 있도록 가르쳐야 할 것이다.

대부분의 산업 사회에서 나타나는 특징이지만, 고학력화가 진행될수록 혼인 시기는 더 늦춰지는 것이 보통이다. 교육을 마치고 결혼이 가능한 시기가 그만큼 더 늦춰지기 때문이다. 실제로 이번 조사에서는 연령별 혼인상태가 2000년과 비교하여 미혼자 비중은 20대 후반과 30대 초반에서 10%이상 증가하여 늦은 결혼과 독신주의 경향을 나타냈다. 또한 이혼자의 비중은 2000년 총조사 대비 1.1% 증가한 것으로 조사되어 이혼율이 계속 증가하는 것으로 나타났다. 이러한 점은 이제까지 이혼에 대하여 가져온 교회의 관점을 바꾸어야 함을 시사한다. 우리 사회에서는 이혼에 대해 지나치게 편견을 가지고 있었다. 이혼한 사람은 뭔가 정상이 아니고 어딘가 문제가 있는 사람으로 여겨온 것이다. 이것은 교회에서도 마찬가지이다. 어떤 교회에서는 초혼자에 한해서 목사님이 주례를 해준다고 정해 놓음으로써 재혼자(이혼자)의 결혼을 사실상 인정하지 않는 경우도 있다고 한다. 또한 이혼을 함으로써 가정의 소중함이 깨져버린다고 생각하기도 한다. 그러나 이혼을 한다는 사실이 가정을 소홀히 하거나 가정의 중요성을 무시하는 것으로 치부할 수는 없는 것이다. 오히려 가정이 소중하기 때문에 불행한 결혼 생활을 끝내고 행복한 결혼 생활을 추구하는 노력으로 볼 수 있는 것이다. 물론 그렇다고 해서 이혼을 권장한다거나 쉽게 이혼을 결정하라고 부추기고자 하는 것은 절대 아니다. 다만 늘어나고 있는 이혼자에 대해 이제는 교회에서 포용력 있게 품어주고 소외되지 않도록 돌봐야 한다는 것이다.

마지막으로 가장 기독교인들의 관심을 끄는 부분은 종교에 대한 조사이다. 조사 결과, 우리나라에서 종교를 가지고 있는 인구는 2,497만 명으로 전체 국민의 53.1%이며, 1995년에 비해 10.5% 증가한 것으로 나타났다. 그런데 이것을 종교 유형별로 보면 전체 인구 중 불교 인구가 22.8%로 가장 많고, 개신교 18.3%, 천주교 10.9% 순으로 나타났으며, 3대 종교 중 불교는 3.9% 증가했고, 천주교가 74.4% 증가한 반면에 기독교는 1.6% 감소한 것으로 드러났다. 물론 실제 기독교 인구가 줄어들었는지에 대해서는 추가적인 조사가 필요할 것이다. 그러나 기존에 기독교 인구가 1,300만 명이라고 이야기되어온 것은 실제보다 부풀려졌을 가능성이 크다.

기독교 인구가 부풀려지는 과정을 설명하면 이렇다. 대개 교회에서 교인 수에 대한 통계는 출석 교인수가 아니라 재적 교인수에 기초하고 실제로 출석을 안 한지 오래 되어도 여전히 재적 교인으로 남아 있게 되는 경우가 대부분이다. 게다가 한 교회를 떠난 교인이 다른 교회에 출석을 할 경우, 그 교인은 이전 교회에서도 재적 교인수로 잡히고 옮긴 교회에서도 재적 교인수로 잡히기 때문에 교인수가 부풀려지게 되는 것이다. 그리고 그 교인이 또 다른 교회로 몇 번 옮길 경우에는 세 개 또는 그 이상의 교회에서 재적 교인으로 잡히기 때문에 실제 교인수보다 훨씬 많아지게 되는 것이다. 게다가 교세를 과시하기 위해 재적 교인수 자체를 부풀려 보고하는 경우까지 있다고 가정하면 기독교 인구는 실제보다 엄청나게 부풀려질 수 있는 것이다. 그래서 각 교단에서 보고하는 교인수를 다 합하면 우리나라 전체 인구보다 많다고 하는 웃지 못할 이야기까지도 나오는 것이다.

이번 통계청의 조사를 전제로 할 때, 종교 인구에 대한 조사 결과는 한국 기독교에 중대한 시사점을 던져준다. 한국의 기독교가 70년대 이후 80년대까지 폭발적인 성장을 했다는 것은 주지의 사실이다. 그러나 당시에는 기독교 인구만 증가한 것이 아니라 불교와 천주교 인구 역시 대폭 증가하였다. 그런데 이번 조사 결과에서 보는 대로 불교와 천주교 인구는 여전히 증가했는데 유독 기독교 인구만 감소했다. 이것은 무엇을 의미하는가? 한미준과 한국갤럽이 2005년에 공동 조사한 내용을 통해서 보면, 과거에 종교를 가졌지만 현재 종교를 갖지 않은 사람들 중에서 과거에 가졌던 종교로 3대 종교 중 기독교가 62.2%로 가장 높게 나타났다(불교: 21.1%, 천주교: 16.7%). 반면에 종교인 중 개종 경험이 있다고 응답한 비율은 개신교에서 12.2%로 가장 낮게 나타났고, 천주교에서는 18.8%로 가장 높게 나타났다. 특히 천주교인 중 과거에 다른 종교를 가진 사람들 중에 개신교로부터 개종한 사람이 57.1%로 나타났는데, 이는 98년도의 52.9%보다 다소 증가한 수치이다. 물론 이 조사에서 과거 종교를 가진 천주교인이 20여 명에 불과해 일반화 하는 데에는 무리가 있다. 그러나 개신교가 다른 종교에 비해 흡인력이 가장 부족하고 이탈률이 가장 높다는 것은 분명하게 드러났다. 이것은 개신교가 사회에서 공신력을 잃고 있다는 사실과 무관하지 않다. 많은 개신교 관련 조사에서 개신교가 공신력을 잃고 있다는 결과가 나온 것은 잘 알려진 사실이다. 그 원인은 개신교 지도자를 포함한 개신교 구성원들의 신앙과 삶이 일치되지 못하고 있으며 조직으로서의 한국 교회도 사회에서 기대하는 올바른 역할을 감당하지 못했기 때문이다.

여기서 또 하나 생각해야만 하는 것은 교인수 자체가 절대적으로 중요한 것은 아니라는 점이다. 교인수가 아무리 많은들 성서의 가르침과 기독교의 정신대로 살지 못한다면 그것은 아무 의미도 없는 것이기 때문이다. 요즘 우리 사회에서 나타나는 교계 내의 반목과 갈등을 보면, 정말 하나님의 뜻은 어디에 있는지 다시 생각하게 된다. 흔히 보수와 진보 사이의 갈등을 이야기하지만, 보수와 진보라는 것도 역사와 시대에 따라 다르게 이해되는 것이다. 보다 중요한 것은 세속의 가치에 매몰되지 않으면서도 동시에 사회로부터 고립되지 않고, 한 걸음 물러서서 성서라는 절대성을 지닌 기준에 터하여 모든 것을 상대화하고 비판할 수 있는 초월의 가능성을 가지고 있느냐 하는 것이다. 이번 인구 총조사는 한국 교회에 대하여 많은 문제를 제기하고 있다. 한국의 개신교가 사회에서의 공신력을 회복하고 올바른 역할을 감당하기 위해서는 현실에 영합하지 않고 성서의 가르침에 근거하여 현실 사회를 비판할 수 있는 능력을 가지는 예언자의 기능과 함께 세속 사회에서 하나님의 영광을 위하여 산다는 것이 무엇인지 알 수 있도록 사회 구성원들에게 의미 있는 삶의 틀과 규범을 제시하는 사제의 기능을 충실하게 할 수 있어야 할 것이다.

6. 소그룹을 통한 교회 공동체의 실현*

I. 교회 소그룹의 등장

오늘날의 한국교회는 근대화의 물결을 타고서 폭발력을 가진 성장을 이룬 반면에 교회의 대형화 추세에 따른 내부 빈곤감이 이전에 비해 증폭되고 있다. 교회 활동이 교인 수 확장, 건물 확대, 재정 확대 등 외양에 치중을 하면서, 한국 교회들은 공동체성이 점점 희박해지는 실정에 이르게 된 것이다. 이런 상황 속에서 최근 한국교회에 주목할 만한 하나의 현상이 나타났다. 적게는 수백 명에서 수천 또는 수만 명의 교인수를 가지고 있는 여러 교회들 속에 10명 안팎의 적은 사람들이 모여서 친밀한 대면 관계를 이루며 활동하는 소그룹 운동이 그것이다. 교회 안의 소그룹 운동은 이전에도 여러 형태로 존재했지만, 80년대 이후 대학가를 중심으로 활발하게 일어났다. 이것은 교회 조직 안에서 평신도의 중요성이 증가함과 함께 나타나서 제자 훈련의 한 방법으로 더

---

* 이 글은 정재영, 〈교회성장〉 2002년 8월호에 실린 글이다.

욱 유용하게 활용되었다. 이에 따라 현재 많은 교회들이 여러 가지 이름과 형태로 소그룹을 운영하고 있으며, 이 소그룹 활동이 활성화되는 교회에는 더 많은 교인들이 몰리게 됨으로써 실제로 양의 성장에도 크게 기여하고 있는 것으로 보인다. 이러한 시점에서 현재 한국 교회에서 운영되고 있는 소그룹에 대해서 검토하고 보다 의미 있는 활동이 되도록 노력할 필요가 있다.

II. 소그룹 등장의 사회 요인

교회의 소그룹은 2천 년 전, 예수님의 제자 훈련에서 가장 전형이 되는 모형을 찾을 수 있고 중세 교회와 근대 교회를 통해 계속해서 존재해 왔다. 그리고 현대 교회에서 소그룹 운동이 일어난 것은 대략 50년 전이다. 20세기 들면서 소강상태에 접어들었던 미국 교회는 20세기 말부터 시작된 소그룹 운동을 통해 양과 질의 모든 부분에서 크게 성장하고 있다고 평가받고 있다. 우리에게도 잘 알려진 새들백교회, 윌로우크릭 커뮤니티교회, 새소망교회 등이 그 보기이다. 이처럼 소그룹 운동이 교회 안에서 주목받는 원인은 무엇일까? 우리는 이 소그룹이 현대에 와서 특별히 주목을 받고 있는 이유에 대해서 생각해 보아야 할 것이다.

소그룹에 대한 교회 안의 필요에 대해서는 여러 책과 글에서 소개가 되었기 때문에 여기에서는 사회 측면에 대해서만 이야기하고자 한다. 소그룹이 현대에 급부상한 배경에는 교회 안의 필요들뿐만 아니라 교회 밖의 사회에 기인하는 이유들이 있다. 그것은 곧 변화하는 사회 환경에 대한 기독교의 대응과 관련된 것들이다. 근대 사회의 출현 이후 전통 사회에 존재했던 공동체의 변화 및 붕괴로 현대사회에서는 사회 구성원들을 결속시키는 통합력이 약화되면서 공동체 관계들이 깨져가고 있다. 현대 사회 조직의 거대화와 관료주의화는 사회 구성원 사이에서 서로에 대한 친숙성이 어렵게 하며 인격이 없는 인간 관계를 초래한다. 이런 상황에서는 구성원들 사이의 신뢰성과 인격의 상호성 또한 약해지고, 결국 소외감을 느끼게 된다. 사회학자인 니스벳(Robert A. Nisbet)은 이런 소외가 번져 나가는 데에 대한 유일한 대안은 "작은 규모와 안정된 구조의 공동체"라고 말한다. 이것은 현대인들 사이에 예전의 공동체를 그리워하고 공동체 안에 안주하려는 욕구가 심화되고 있다는 것인데, 이런 사람들은 일반 사회 조직과 똑같이 거대화되고 관료주의화된 교회 조직에 정착하지 못한다. 이러한 사람들에게 공동체를 제공하는 것이 바로 교회 안의 소그룹이다. 사람들은 소그룹 안에서의 대면 활동을 통해 인격 관계를 형성하고, 공동체 의식을 형성하게 되는 것이다.

Ⅲ. 소그룹의 공동체성

흔히 "교회 공동체"라는 말을 사용했을 때, 서로 다른 의미로 사용되는 경우가 있다. 그것은 공동체의 두 측면이 혼용되는 데서 생기는 문제이다. 따라서 소그룹의 공동체성을 생각할 때 우리는 공동체 개념을 두 측면, 곧 안으로의 공동체와 밖으로의 공동체라는 개념으로 나누어서 따져 보아야 한다. 여기서 안으로의 공동체는 공동체의 통합 측면 곧 "공동체 의식"을 바탕으로 한 연합과 결속에 대한 것이다. 이것은 공동체를 잃은 현대인들에게 교회가 하나의 안식처를 제공할 수도 있고, 좋은 공동체 생활의 본보기를 보여 줄 뿐만 아니라, 교회의 하나됨을 통해 보다 더 효율성 있는 조직이 됨으로써 교회의 양의 성장에도 중요한 요인이 된다고 볼 수 있다.

소그룹과 공동체는 동전의 양면과 같이 불가분의 관계에 있다. 앞에서도 말했듯이, 현대의 대형화된 교회에서 공동체성을 회복하기 위해서는 소그룹이 필수 조건이기 때문이다. 현대의 대형 교회들에서는 비록 같은 건물 안에 있다고 해도 대면 접촉을 하는 친밀한 결속을 유지할 수 없다. 현대 교회에서는 극장식 예배당에서 모두 앞을 보고 앉아 설교를 듣고 찬송을 부르며 예배 후에 간단하게 식사하는데, 이런 식으로는 친밀감과 결속력을 발달시킬 수 없는 것이다. 공동체는 대중이 아닌 소그룹 속에서만 구현될 수 있다. 소그룹이 아니면 대면의 친밀감과 깊은 결속력을 보일 수 없기 때문이다. 적은 수가 정기적으로 모이는 소그룹 안에서만 공동체의 특성들이 계발될 수 있는 것이다.

이와 같이 소그룹이 공동체를 이루게 되는 것은 구성원들 사이의 친밀한 사회 교섭을 통해서 서로에 대한 신뢰를 형성하게 되기 때문이다. 신뢰는 오랫동안의 교제에 근거한 "공동의 틀"(common framework)을 가지고 있을 때 가능하다. 곧 한 집단에 속하여 서로 교섭을 하는 과정에서 사람들은 각자의 가치관과 생활 습관에 대하여 알게 되고 서로에 대한 신뢰가 형성되는 것이다. 이러한 의미에서 소그룹에의 참여는 구성원들이 오랜 시간 동안 서로를 볼 수 있고, 또한 다른 구성원들이 신뢰할만하다는 사실을 배우게 됨으로써 신뢰를 형성할 수 있게 하는 요인이 되는 것이다. 이것은 소그룹의 밖으로의 공동체성에 대하여 중요한 의미를 갖는다.

밖으로의 공동체는 교회 소그룹이 자체로 공동체를 이룰 뿐만 아니라 도덕 공동체로서 소그룹의 공동체성이 교회 밖으로 나가서 사회 안에 구현될 수 있는 "공동체 정신"을 나타낸다. 교회 소그룹 공동체 안에서 훈련된 기독교인이라면 교회 밖에서도 교회의 권위에 지배를 받아서 보다 더 엄격한 도덕 기준에 따라 일반인들의 삶의 양식과는 차이를 나타내야 할 것이다. 그렇게 된다면 교회는 소그룹을 통해 사회에 기여할 수 있는 올바른 시민을 길러내는 조직이라고 할 수 있으며 기독교가 현대 사회에서 하나의 사회 운동의 원천으로서 역할을 한다고 할 수 있을 것이다. 그리고 이러한 과정을 통해서 교회는 사회에서의 공공성을 회복하게 될 것이고, 교회에 대한 사회의 공신력도 높아지게 될 것이다.

사회에 반하는 사사로운 경건은 두말할 필요 없이 성서의 정신과 부합하지 않는 것이다. 성숙한 소그룹에서 개인의 관심은 공공의 관심으로 바뀌고 공동체의 삶은 다른 사람들을 위한 삶이 되어야 한다. 성숙한 소그룹은 자신의 존재를 두고 있는 더 큰 사회를 변혁시킬 수 있는 영향력을 발휘할 수 있어야 한다. 교회 소그룹은 주로 교회 안에서만 모이게 되지만, 삶의 장이 사회이기 때문에 삶의 지평을 넓혀 사회 변화의 주체가 되어야 하는 것이다. 이와 같이 성서에 입각한 공동체는 공동체 구성원들만의 효과 있는 삶을 위한 것만이 아니라 안으로 헌신되고 절제된 삶의 응집을 통해서 공동체 밖의 사람들에게도 나누고 베풀 수 있는 여력을 가지게 된다. 따라서 공동체는 타인을 위한 여력을 가질 수 있는 삶이며 지역 사회와 더불어 함께하는 삶이다. 이러한 공동체는 시민 사회를 위한 결속에 가장 기초가 되는 조직이 되는 것이다. 더 나아가 교회 공동체가 자신을 내어줌으로써 시민사회 안에 공동체를 건설해야 한다. 이러한 공동체들이 모여 시민 사회를 이룸으로써 시민 사회의 원리가 약자를 보호하는 공동체 원리가 되게 하는 것이 교회 공동체의 사회에 대한 임무이다.

이것이 바로 기독교의 공공성과 관련되는 것으로 영성은 개인 수준에서 머무는 것이 아니라 공동체와 사회 수준에서 발현되어야 하는 것이다. 현대 사회에서는 다원주의와 상대주의에 의해 개인의 느낌을 고립시키고 소외시키는 사사로운 신앙의 경향이 조장되어 왔다. 그러나 이러한 사사로운 종교성은 그 속성상 공동체 삶을 부정하기 때문에 재생산 자체가 불가능하고 설사 그들만의 공동체가 존재한다고 하더라도 확장되고 다원화된 현대 사회의 지평에서 어떠한 기여도 할 수 없다. 교회가 세속화된 사회에서 종교 권위를 회복하려면 공동체를 통해 교회 구성원들의 정체성을 확립하고 공공의 참여에 대한 의식을 형성해야 한다.

사회학자인 우스노우(Robert Wuthnow)는 종교가 완전히 사사롭게 되어서 사람들이 더 이상 누구를 신뢰할 수 있는지 확신하지 못할 때,

소그룹 안에서의 사회 교섭을 통해 돌파구를 마련할 수 있다고 말한다. 곧 공동체주의자들과 자원 결사체의 지도자들이 했던 것처럼 사회 교섭을 더 많이 증진시키는 것이 신뢰 회복의 중요한 방법이라는 것이다. 공동체 환경에서 교섭을 통해 형성된 신뢰감은 사람들에게 절대로 혼자가 아니라는 확신을 심어주며, 시민 사회에 참여할 수 있게 되는 것이다. 이와 같이 소그룹의 공동체성은 교회가 시민사회에 기여할 수 있는 일종의 사회 자본이 되기도 한다. 사회 자본이란 경제학에서 말하는 자본과 달리, 사회 구성원들의 신뢰 관계를 바탕으로 하여 사회활동을 활성화시킬 수 있는 자본을 말하는데, 소그룹 모임은 시민 조직에 참여하는데 필요한 대인 기술을 얻고, 시민 활동에 필요한 정보가 의존하는 연결망을 발전시키면서 사람들이 서로 교섭하고 신뢰하는 것을 배우는 장소가 되기 때문에 사회 자본이 될 수 있다는 것이다.

IV. 공동체의 실현을 위하여

공동체 주제는 우리 사회의 도덕성에 대한 문제가 불거지면서 최근 많은 주목을 받고 있는 주제이다. 우리는 사회에서 도덕의 원천이 종교임을 생각할 때 한국 종교 중 가장 많은 회원을 갖고 있는 개신교 교회의 공동체성에 대하여 생각해보지 않을 수 없다. 여기서 공동체가 집단 안으로 형성되는 공동체 의식만을 의미한다면, 사회에 대하여 갖는 의미가 크지 않을 것이다. 외부에 대하여 폐쇄성을 갖고 다른 집단에 대하여 배타성을 갖는 종교 집단이라면 사회에 대하여 아무런 기능도 할 수 없을 것이기 때문이다. 현대 사회에서 종교에 대하여 기대하는 것은 사회에서 무시되고 있는 도덕의 차원을 다시 공공 영역으로 들여옴으로써 사회 구성원들이 개인 및 집단 이기주의로부터 벗어나 다른 사람들에 대한 책임과 의무를 갖도록 하는 데 기여하는 것이다. 특히, 최근에 시민 사회에 대한 관심이 커지고 있는데, 시민 사회는 법과 정치의 강제력에 의해서가 아니라 결사의 자유가 적용되는 자원의 영역이고, 이윤과 이기심보다는 헌신에 의해 동기 부여되는 삶의 영역들과 관련된다는 것을 감안할 때, 공공 영역에서 사람들 사이에 사회 교섭을 증가시키고 도덕에 대한 헌신에 동기 부여할 수 있는 집합적인 가치들을 형성하는 것은 매우 중요한 일이다. 교회가 이러한 시민사회의 힘에 기여할 수 있는 사회 자본을 형성한다면 세속화 과정에서 사사로운 영역으로 물러난 교회가 다시 공공성을 회복하게 되는 것이다.

사회 측면에서 교회의 소그룹이 주목받는 이유가 바로 여기에 있다. 소그룹은 사람들이 서로 교섭하고 신뢰하는 것을 배우면서 시민 조직에 참여하는 데 필요한 인간 관계에 대한 기술을 계발하고, 지원 집단이나 공동 작업에 필요한 연결망을 발전시키기 때문이다. 우스노우에 따르면, 문화 변동과 관련하여 소그룹 운동은 이중의 의미를 갖는다. 소그룹은 분명히 현대 사회에서 충족되지 않는 정서의 필요들을 충족시켜 준다는 점에서 사회 흐름을 거스르는 것으로 보일 수 있지만, 다른 측면에서 소그룹 운동은 현대 사회에서 일어나고 있는 경향들과 친화력을 갖기 때문에 성공하고 있는 것이다. 그것은 소그룹이 현대 사회의 일시성과 삶의 파편화, 그리고 다원성의 경향과 상충하기보다는 조응함으로써 스스로의 입지를 키워나갔다는 것을 의미한다. 이와 같이 소그룹은 현대 사회의 파편화된 조건에 잘 적응하면서도 현대 사회에서 공동체의 역할을 유지하거나 강화하는 중요한 잠재력을 지니고 있는 것으로 보인다.

그러나 이 잠재력이 실현될지 여부는 이 집단을 옳은 방향으로 이끌려는 운동의 지도자, 참여자, 그리고 관심 있는 외부인들의 능력에 달려 있다. 현대 사회에서 교회가 공동체의 역할을 감당하기 위해서는 교회 구성원들에게 양심 있는 시민이 되도록, 사회에 대한 프로그램을 세우고 운영하기 위해 주도권을 쥐도록, 정치 문제들에 대해 잘 알도록, 그리고 그들의 양심에 따라 지지하거나 반대하도록 격려할 필요가 있다. 하지만 개인의 활동은 보통 그 효과 측면에서 제한을 받기 때문에 사회 안의 특별한 필요들에 관심을 갖는 소그룹을 형성해서 참여하고, 적절한 행동을 조직하도록 장려되어야 한다. 이러한 활동은 전체로서의 교회가 할 수 없는 일들이며 소그룹을 통해서만 가능한 것이다. 이와 함께 소그룹 참여자들은 개인으로서 그들이 관심 갖거나 선택한 시민단체, 사회 운동 단체에 책임감을 갖고 참여하도록 격려 받아야 한다. 그리고 가능할 때마다 소그룹과 연계 또는 연합 활동을 전개해야 한다.

이와 함께 소그룹을 통한 사회봉사 활동도 지속되어야 한다. 사회봉사에 대한 기존의 방법론은 재고될 필요가 있다. 교회의 사회 참여 방법은 제도 차원의 대규모 지원으로부터 스스로 공급할 수 있는 방식으로의 전환이 필요하다. 대부분의 교회에서는 사회봉사에 대하여 교회 차원의 거창한 사업에 몰두하는 경향이 있다. 간혹 몇 억, 또는 몇 십억 이상의 거대 자금을 동원하여 거대한 시설을 설립하여 세간의 이목을 끌만한 일을 하려고 하기도 한다. 그러나 이런 일은 전체 교회 수준에서 거대 조직을 필요로 하는 일이며 이 조직 안에서 주요 직책을 맡은 소수의 사람을 중심으로 운영되게 마련이다. 교회 구성원 누구라도 자신의 의사에 따라 참여할 수 있는 일이 아닌 것이다. 생각을 바꾸어 소그룹을 통해 접근한다면, 사회봉사가 반드시 거대 자금이 필요하다거나 대형 교회만 할 수 있는 일이 아니라는 것을 알게 된다. 몇 억의 자금을 지원할 수 있는 하나의 거대 조직보다는 백 만원을 후원할 수 있는 백 개의 소그룹을 통한 봉사 활동이 훨씬 더 효율성과 융통성을 발휘할 수 있을 뿐만 아니라 보다 더 많은 자발성과 주체성을 가진 사람들이 직접 활동에 참여할 수 있도록 하는 것이다. 이렇게 소그룹이 사회활동에서 역할을 담당할 때 그만큼 우리 사회에서 공공 영역이 확장되고, 개인들은 사회의 공공 영역 속에서 자신의 권리를 찾게 될 것이다. 그럼으로써 교회 구성원들은 올바른 종교인으로서만 아니라 참여하는 시민으로서의 역할도 수행하게 되는 것이다. 이러한 상태에서라야 기독교는 사사로운 영역에서 벗어나 공공의 마당에서 의미 있는 역할을 감당하게 될 것이다.

주요 항목 색인

개념 색인

인명 색인